Dirección de Ignacio Arellano,
con la colaboración de Christoph Strosetzki y Marc Vitse

Secretario ejecutivo: Juan Manuel Escudero

Biblioteca Áurea Hispánica, 59

DRAMATURGIA Y ESPECTÁCULO TEATRAL EN LA ÉPOCA DE LOS AUSTRIAS

JUDITH FARRÉ (ED.)

Universidad de Navarra • Iberoamericana • Vervuert • 2009

Bibliographic information published by Die Deutsche Nationalbibliothek.
Die Deutsche Nationalbibliothek lists this publication in the Deutsche
Nationalbibliografie; detailed bibliographic data are available on the Internet at
http://dnb.ddb.de

Agradecemos a la Fundación Universitaria de Navarra su ayuda en los proyectos de investigación del GRISO a los cuales pertenece esta publicación.

Agradecemos al Banco Santander por la colaboración
para la edición de este libro.

Reservados todos los derechos

© Iberoamericana, 2009
Amor de Dios, 1 – E-28014 Madrid
Tel.: +34 91 429 35 22 - Fax: +34 91 429 53 97
info@iberoamericanalibros.com
www.ibero-americana.net

© Vervuert, 2009
Elisabethenstr. 3-9 – D-60594 Frankfurt am Main
Tel.: +49 69 597 46 17 - Fax: +49 69 597 87 43
info@iberoamericanalibros.com
www.ibero-americana.net

INSTITUTO TECNOLÓGICO Y DE ESTUDIOS SUPERIORES DE MONTERREY
Av. Eugenio Garza Sada 2501, Col. Tecnológico, C.P. 64849
Monterrey, Nuevo León, México.

Agradecimiento especial por su colaboración:
CONSEJO NACIONAL DE CIENCIA Y TECNOLOGÍA DE MÉXICO (CONACYT)
Av. Insurgentes Sur 1582, Col. Crédito Constructor Del. Benito Juárez
C.P.: 03940, México, D.F.

ISBN 978-84-8489-449-0 (Iberoamericana)
ISBN 978-3-86527-474-8 (Vervuert)

Depósito Legal: S. 1.139-2009
Cubierta: Cruz Larrañeta

Impreso en España

Este libro está impreso íntegramente en papel ecológico sin cloro.

ÍNDICE

Palabras preliminares 9

CONFERENCIAS PLENARIAS

Ignacio Arellano
Doctrina y espectáculo: escenografía mimética y escenografía mística en los autos de Calderón 21

María Dolores Bravo Arriaga
Aspectos jocoserios de un mismo género dramático: máscaras serias y máscaras facetas 47

Aurelio González
La técnica dramática de Bances Candamo 71

EL TEATRO EN ESPAÑA Y PORTUGAL

Jaime Cruz-Ortiz
Lealtades divididas: las alianzas literarias y políticas del dramaturgo portugués Jacinto Cordeiro 95

A. Robert Lauer
La figura trágica del poder en Amor destrona monarcas, y rey muerto por amor 107

George Peale
Querer por sólo querer. *Un hito en la historia materialista del teatro cortesano* 123

Héctor Urzáiz Tortajada
Noticia que no es bien que se toque: *el teatro del Siglo de Oro frente a la censura* 147

LITERATURA VIRREINAL

Judith Farré Vidal
Cartografía simbólica de la Ciudad de México y pedagogía de virreyes (1665-1700) 167

María Águeda Méndez
Sentimiento íntimo y exequias públicas a una ilustre dama poblana (1681): un túmulo poco común 191

Sara Poot-Herrera
El Mercurio encomiástico, *una compilación de festejos religiosos novohispanos en náhuatl y en español* 203

Dalmacio Rodríguez Hernández
Acerca de los genera dicendi *en los arcos triunfales novohispanos en la época de los Austria* 217

CUESTIONES DE ESCENOGRAFÍA

Edith Mendoza Bolio
Entre fabricantes de apariencias: El gran teatro del mundo *en siete proyectos de Remedios Varo* 235

Claudia Parodi
Indianización y diglosia del teatro criollo: los tocotines y los cantares mexicanos 251

Octavio Rivera
«Representantes», gente de teatro y del espectáculo en Nueva España en el siglo XVI 271

José A. Rodríguez Garrido
El teatro cortesano en la Lima colonial: las obras y su recepción 285

Javier Rubiera
El teatro en palacio y el palacio en el teatro. El licenciado
Vidriera *de Moreto* 303

TEMAS, MOTIVOS Y FORMAS DEL TEATRO DEL SIGLO DE ORO

Serafín González G.
El tema de la nobleza en La crueldad por el honor *de Ruiz de Alarcón*.. 325

Dalia Hernández Reyes
Festín de las morenas criollas: *danza y emblemática en el recibimiento del virrey marqués de Villena (México, 1640)*............ 339

Blanca López de Mariscal
A propósito del teatro doctrinal en la América hispánica. Una comedia a la Virgen de Guadalupe (1601-1602)................. 359

Beatriz Mariscal Hay
La batalla naval de Lepanto en el teatro de Fernán González de Eslava... 371

Lillian von der Walde Moheno
De la apariencia horrible en El burlador de Sevilla 381

PALABRAS PRELIMINARES

En este volumen se recogen las intervenciones presentadas durante el congreso *Dramaturgia y espectáculo teatral en la época de los Austrias. España y América*, celebrado en el Tecnológico de Monterrey del 22 al 24 de octubre de 2007, como parte de las actividades programadas dentro del proyecto «La imagen del poder en la corte virreinal (1665-1700)», financiado con fondos otorgados por el Consejo Nacional de Ciencia y Tecnología de México (CONACYT) en la Convocatoria de Investigación Básica 2004.

En la primera de las conferencias plenarias que aparecen en el libro, Ignacio Arellano traza un exhaustivo repaso de los usos de la escenografía y otros sistemas de signos de la puesta en escena de los autos de Calderón. El análisis se articula en torno a los usos que el autor denomina como «miméticos» o de «primer grado» hasta las más complicadas dimensiones alegóricas o aplicaciones «místicas», apoyadas en tradiciones culturales, doctrinales y artísticas (desde las normas de la pintura hagiográfica hasta la emblemática o la exégesis de los Padres). Dicha distinción surge al tener en cuenta el tipo de lectura que demandan los signos de escenografía del auto sacramental y considerar que el teatro del auto sacramental está previsto para representarse ante un público masivo, además de frente a una elite cortesana, y que, como el teatro palaciego, cuenta con presupuestos asegurados y el apoyo de las autoridades, que determinan pueda ostentar medios suficientes para su puesta en escena. En este sentido, Arellano documenta su análisis a partir de ejemplos extraídos de las memorias de apariencias de Calderón y dedica su trabajo al estudio de la función mística que se sobrepone y determina la función mimética de las escenografías. Con ello, puede decirse que se evidencian en los autos de Calderón complejas facetas, que, en última instancia, ilustran sobre las posibilidades del auto como uno de los géneros auriseculares con mayores posibilidades de exploración artística «en cuanto a la flexibilidad, libertad y polivalencia de sus mecanismos, conciliados a menudo con rigurosos esquemas conceptuales, doctrinales y simbólicos en una construcción que, en el caso calderoniano, alcanza admirables extremos de perfección».

También de la escenografía se ocupa el tercer apartado de comunicaciones, que inicia con el trabajo de Edith Mendoza sobre siete bocetos para la representación del auto calderoniano *El gran teatro del mundo* por parte de la pintora española exiliada en México, Remedios Varo, y que se habría puesto en escena durante el año de 1958 en el Claustro de Acolman de la ciudad de México. Los diseños de las máscaras y sombreros de los personajes del auto surgen del encargo de otro exiliado español, Álvaro Custodio, director y fundador de la compañía «Teatro Español de México» y se inscriben de lleno en la línea principal de la producción artística de Varo, pues reproducen plenamente los principales rasgos de su estilo pictórico. En el siguiente trabajo, Claudia Parodi aborda otra forma de trasvase en el cruce de elementos escenográficos y plantea cómo, en el teatro novohispano cortesano y humanista, se reflejan los efectos de la diglosia producida por el contacto de lenguas europeas y americanas —español, latín y lenguas indígenas— y se incorporan elementos indígenas americanos. Entre estos elementos incorporados destacan los *netoliztli*, cantares y bailes mexicanos, que adoptan el nombre de «tocotines» y que mantienen en el teatro sus componentes estructurales indígenas, aunque se adaptan a la métrica española y tratan temas relativos a los naturales pero desde una perspectiva criolla. Del mismo modo, Parodi también señala cómo el contacto de indígenas y españoles también afectó a la cultura española de Nueva España, indianizándola. A continuación, Octavio Rivera, al ocuparse de las primeras noticias sobre representantes y gente de teatro en Nueva España, inicia su revisión con los particulares matices que adquirieron las fiestas religiosas al convertirse en instrumentos para la conversión del indígena al cristianismo. En estas primeras escenificaciones del teatro misionero, los representantes eran exclusivamente indios, lo cual conllevó que en este nuevo arte de hacer teatro se plantearan ideas, condiciones y convenciones diferentes a las del arte de la representación propia de la cultura indígena. El artículo continúa con otros dos apartados: el primero, sobre el teatro criollo, cuyos «representadores», ya españoles, permiten constatar la presencia, en la etapa de 1585 a 1600, de los primeros actores profesionales de teatro; el segundo, dedicado al teatro jesuita, en el que los representantes eran los mismos estudiantes de los colegios.

Sobre otras prácticas escénicas, las acaecidas en el Palacio Virreinal de Lima entre 1672 y mediados del siglo XVIII, trata el trabajo de José Antonio Rodríguez Garrido. A partir de relaciones de fiesta, noticias procedentes de diarios y manuscritos teatrales, su investigación fija un corpus de análisis de doce representaciones teatrales. Su peculiaridad, frente a las abundantes noticias sobre otras representaciones palaciegas en el mismo periodo de 1642 a 1747, es que éstas doce se representaron en el interior del palacio con la mención expresa de que se llevaron a cabo sobre un escenario «a la italiana». Establecido el corpus de análisis, Rodríguez Garrido se ocupa del contexto así como de de las circunstancias y las peculiaridades de los distintos espacios de representación, lo que conduce a considerar dichos festejos bajo una óptica de análisis más amplia: la de la fiesta teatral barroca, en la que resulta esencial el estudio de la eficaz confluencia entre el público y los recursos espectaculares por parte de quienes diseñaron este tipo de espectáculos. El teatro en palacio es también el marco de análisis sobre el que Javier Rubiera inscribe sus reflexiones a propósito de la comedia *El licenciado Vidriera*, de Agustín Moreto, la cual, a pesar de que probablemente fuera escrita para representarse en un ambiente cortesano, no es un texto de gran aparato, ya que se trata más bien de una «comedia de cámara». Lo que le interesa a Rubiera, responsable de la edición de dicha comedia para el proyecto de investigación sobre la edición y el estudio del teatro completo de Moreto (www.moretianos.com), es analizar otra vertiente en el contexto palaciego de su puesta en escena. Se ocupa, en concreto, de los recursos del «aparte al público» y de la «alocución dirigida al público», cuyo propósito es, según el autor, implicar a los espectadores palaciegos en el espacio de ficción, para trazar una realidad envolvente en la que se equiparen los cortesanos de Urbino sobre el tablado y la corte madrileña que asiste a la representación. Con esta fusión de públicos, resulta así más eficaz el parlamento final del protagonista en el que decide poner fin a su locura fingida.

En la segunda de las conferencias plenarias, dedicada a la literatura virreinal, Dolores Bravo traza una valiosa «composición de lugar» sobre las máscaras en la capital de Nueva España. Si bien el desfile y la procesión son algunos de los rasgos fundamentales del género, lo esencial en la identidad y distinción de la máscara reside en su finalidad, aspecto que permite diferenciar entre máscaras graves y facetas. Mientras las primeras revelan pasajes ejemplares del homenajeado, representados mediante recursos característicos de la tradición emblemática, las segundas escenifican motivos relacionados con los mecanismos para mover a risa procedentes del sustrato folklórico de la cultura carnavalesca. Tras aportar las principales claves teóricas del género, Bravo se centra en el análisis de algunas máscaras graves y facetas de festejos jesuitas a propósito de la canonización de san Francisco de Borja, cuya proclamación de santo se expidió en abril de 1671. La estudiosa repasa primero los principales hitos festivos que conmemoraron el acontecimiento en la capital de las Filipinas y relatados en un testimonio impreso en Manila (1674), para centrarse después en los fastos que celebraron la canonización de san Francisco de Borja en la ciudad de México en 1672. El texto novohispano consta de dos partes: la relación del festejo y el certamen poético, en el que también se incluyen ocho sermones predicados durante el tercer octavario de la canonización del tercer general de la Orden y entre los que destacan el predicado por el célebre confesor de sor Juana, el padre Antonio Núñez de Miranda. Dicha relación festiva es, quizá, más conocida que el texto impreso en Manila, aunque hasta el momento había recibido un interés parcial por parte de la crítica.

El capítulo dedicado a la literatura virreinal se inicia con el artículo de Judith Farré en el que, desde el campo de estudio de la fiesta como una ritualidad compartida en la que entran en juego tanto los mecanismos de ostentación de un ideal de gobierno por parte de quienes lo representan como la adhesión afectiva y efectiva por parte de quienes conforman las distintas jerarquías de dicho orden político, se ocupa de la proyección simbólica y el embellecimiento ocasional de la ciudad de México en los arcos de bienvenida a los nuevos virreyes. El análisis se centra, en concreto, en los fastos en torno a la toma de posesión en el cargo del marqués de la Laguna (1680) y del conde de Moctezuma (1697), y, del estudio de su función pedagógica, surge la consideración de una serie de alegorías en las que serán identificables los problemas del mundo real novohispano que, a medida que vaya avanzando el siglo XVII, irán formando parte de la conciencia criolla. El siguiente análisis, por parte de María Águeda Méndez, se ocupa de otro ceremonial festivo, aunque en esta ocasión no se trata de ensalzar las virtudes mediante un arco de recibimiento, como en el caso anterior, sino que la autora se centra en las manifestaciones de poder asociadas a la despedida, es decir, a los túmulos de exequias públicas. Su investigación se centra en el análisis de un túmulo erigido en Puebla en honor a doña Jacinta de Vidarte, una ilustre dama poblana (1681). Su deceso, a los veintidós años, le permite a fray Gregorio Sedeño no sólo trazar un elogioso encomio de la dama en su prédica sino también buscar el efecto edificante entre el público, que sin duda se habría reforzado por la espectacularidad del entierro, en el que se dispuso el desfile de la cruz de la catedral por las principales calles de la ciudad acompañado de una engalanada procesión de autoridades de las más altas jerarquías civil y eclesiástica. La originalidad de estas exequias poblanas reside no tanto en la fastuosidad que rodea el entierro sino en el túmulo que se erigió, un honor reservado en general a los varones y ocasionalmente destinado también a algunas religiosas. Los festejos religiosos novohispanos son también el objeto de estudio de Sara Poot-Herrera, que aborda el complejo entramado en torno al autor, la fecha y la tradición textual de un legajo de documentos en el que se compilan varias piezas teatrales breves insertas en festejos religiosos, con un fuerte componente mestizo, escritas por fray Joseph de la Fuente alrededor de la segunda mitad del siglo XVII. Sara Poot parte de la tradición del teatro indígena de la primera mitad del siglo XVII, a partir de los estudios de Méndez Plancarte y los catálogos de Beristáin, para contextualizar a Joseph de la Fuente y todo el teatro religioso de los últimos años del siglo XVII y principios del XVIII. El apartado dedicado a la literatura virreinal se cierra con el estudio de Dalmacio Rodríguez acerca de la tradición que desempeñan los arcos triunfales de bienvenida a los virreyes como textos de elogio e instrucción política, vinculados a la tradición de los «espejos de príncipes», al mismo tiempo que actuaban como recordatorio para los nuevos gobernantes de la necesidad de aplicar medidas concretas de gobierno, que respondían a las específicas necesidades de quienes ideaban el festejo. Bajo esta óptica de análisis, Rodríguez aborda las implicaciones del arco triunfal que la catedral de México erigió en 1650 para conmemorar la llegada del conde de Alba de Liste, entre otros ejemplos de monumentos efímeros. Su análisis contempla también cómo las características de estilo de las descripciones de arcos deben tener en cuenta no sólo la teoría de los estilos sino también considerar otras partes de la retórica que, en el nivel elocutivo, puedan discernir las intenciones del discurso que confluyen en este tipo de textos.

La tercera de las conferencias magistrales, a cargo de Aurelio González, se ocupa de la técnica dramática de Bances Candamo, uno de los dramaturgos más sobresalientes de la última generación de autores barrocos y poeta oficial en la corte de Carlos II. En su aproximación metodológica reivindica el análisis de la dramaturgia de Bances en el marco de la cultura del Barroco, «como Calderón, Lope o Cervantes», y no tanto bajo los condicionantes de la perspectiva de la historiografía literaria. Más allá de determinar su rango o el nivel de dependencia del teatro de Bances respecto de las grandes figuras, Aurelio González inicia sus páginas situando al dramaturgo en el marco de la fiesta barroca y, como representante de la vida pública de su época, practicando un teatro que se inscribe de pleno en la estética y la ideología propias del Barroco. Bajo esos principios, repasa la producción de Bances en todos los géneros vigentes en la dramaturgia del XVII y, en el análisis de sus comedias, quedan considerados los principios que rigen tanto el «texto dramático» como el «espectacular». Es así como la revisión de la técnica dramática de Bances alcanza su propia perspectiva, al tomar en cuenta el manejo por parte del dramaturgo de las convenciones escénicas, dentro de su propia tradición teatral, así como bajo las expectativas del público de la época.

El apartado dedicado al teatro en España y Portugal empieza con las páginas que Jaime Cruz-Ortiz dedica al teatro luso castellanizado de los siglos XVI al XVIII y, en concreto, a la figura de Jacinto Cordeiro, poeta y dramaturgo lisboeta. Con el trasfondo de las lealtades divididas propias de esa generación de dramaturgos, afín, por un lado, a la dramaturgia del *Arte nuevo de hacer comedias*, y, del otro, portavoz de una conciencia política a favor de la soberanía lusitana, Cruz-Ortiz propone el análisis concreto de algunas de las piezas de Cordeiro, empezando con las comedias *La entrada del Rey en Portugal* y *Los doce de Inglaterra*, hasta su obra más famosa, *El elogio de poetas lusitanos* (1631), poema que responde al *Laurel de Apolo* de Lope de Vega. Por su parte, A. Robert Lauer presenta un estudio de la figura del rey trágico en el teatro barroco tardío, un período en el que el personaje que ostenta el poder ha perdido ya el carácter luciferino —un rasgo característico en la comedia del XVI—, o el perfil defectuoso o político —aspecto fundamental del teatro del XVII—, para transformarse en un ser patético, cuya desaparición es posible apreciar en una dimensión trágica. Bajo esta perspectiva, Lauer abordará la figura trágica del poder en la *Comedia heroyca amor destrona monarcas y rey muerto por amor*, de un ingenio valenciano, en la que, a pesar de las concesiones al público, a quien se complace con la espectacularidad de sus efectos y la representación de acciones militares, el tratamiento trágico de la figura del poder responde a las nuevas razones del buen gusto vigentes entre la elite ilustrada, complacida por un final edificante y decoroso.

A continuación, George Peale dedica su estudio a *Querer por sólo querer,* la comedia de Antonio Hurtado de Mendoza que, por varios aspectos, representa un importante hito histórico en la historia del teatro español del Siglo de Oro. En primer lugar, por todos los detalles que proporciona la relación impresa que ha llegado hasta nuestros días, pero sobre todo por representarse en el marco de una de las fiestas más costosas escenificadas en la corte de los Austrias, así como por ser la comedia más larga del teatro clásico español. El trabajo de Peale presenta el estudio de parte de la documentación encontrada durante su exhaustiva investigación en archivos de Simancas, Madrid y Florencia, que, sin lugar a dudas, contribuye a esclarecer la fecha y las circunstancias de su representación, y situar la comedia como una de las principales manifestaciones del teatro cortesano español, junto con *El caballero del Sol*, de Vélez de Guevara, y *La gloria de Niquea*, de Villamediana. Finalmente, este apartado se cierra con el trabajo presentado por Héctor Urzáiz dedicado a la censura, que se inicia con un estado de la cuestión acerca de las distintas valoraciones críticas sobre la acción represora de la Inquisición para luego centrarse en las implicaciones de la censura en el teatro del Siglo de Oro. En el caso concreto del teatro, el campo de acción de la vigilancia inquisitorial se ejercía en circunstancias muy similares a las del resto de producciones literarias: la Iglesia velaba de manera particular sobre los contenidos religiosos o sobre aquellos en los que se atribuía un legítimo papel supervisor, aunque debe puntualizarse que también se dieron prohibiciones tocantes a cuestiones políticas. Como afirma Urzáiz, este segundo tipo de prohibiciones fueron más escasas, pero las razones políticas para la censura fueron aducidas con frecuencia por los detractores del teatro para pedir el cierre de corrales de comedias o ejercer la prohibición de ciertas comedias, del mismo modo que los defensores del teatro basaron a veces sus posturas a partir de razones de conveniencia política. La doble naturaleza del teatro, como texto literario y espectáculo popular, determina, sin duda, que éste se considerara un campo especialmente sensible dada su capacidad de penetración en el público iletrado.

El último capítulo, sobre «Temas, motivos y formas», retoma distintos aspectos dramáticos acerca de la escritura y la puesta en escena del teatro español y novohispano. En primer lugar, Serafín González aborda el tema de la nobleza en la comedia de Ruiz de Alarcón, *La crueldad por el honor*. El primer punto que centra el interés del artículo se refiere a la cuestión de si se trata de una comedia artísticamente desarrollada o no, aspecto para el cual resulta necesario fijarse en la evolución de Sancho, el protagonista, así como en las relaciones que establece con el resto de los personajes. Para ello, Serafín González repasa la definición dramática de Sancho Aulaga en la vertiente política que se refiere a la esfera pública del personaje y en su comportamiento amoroso, propio del ámbito privado. Las conclusiones finales las sitúa el autor en el momento en que, más que hablar de la redención del protagonista, se restaura la fama de Sancho. El siguiente trabajo de Dalia Hernández gira en torno al *Festín de las morenas criollas*, una fiesta de música y danza que se llevó a cabo en el palacio virreinal de la capital novohispana para el recibimiento del nuevo virrey, el marqués de Villena, en 1640. Lo interesante de este festín coreográfico ideado por Nicolás de Torres es, en palabras de la autora, el hecho de que participara en él la población negra como parte central y, además, se conservara el testimonio impreso dedicado exclusivamente a la descripción detallada de este sarao de corte. Su coreografía, además, adoptó la estructura de un desfile de personajes, fingidas estrellas, en el que cada uno de ellos portaba una tarja con emblemas (todos con su mote, imagen y explicación). Tras el análisis de la función panegírica de dichos motivos emblemáticos, Dalia Hernández concluye en la originalidad que representa la combinación entre las ejecutantes, morenas criollas, y las estrategias del encomio, que combinan la danza y la emblemática, en esta forma de teatralidad que formó parte del recibimiento al nuevo virrey y que se escenificó en el interior del palacio virreinal. A continuación, Blanca López de Mariscal se ocupa de las similitudes y diferencias entre una serie de piezas dramáticas dedicadas a la Virgen de Guadalupe y que fueron escritas y representadas entre 1601 y 1722. La comparación parte de la *Comedia de Nuestra Señora de Guadalupe*, escrita por Fray Diego de Ocaña y publicada en la relación manuscrita del viaje que realizó por tierras americanas entre 1599 y 1605, para establecer un cotejo con otras tres piezas que recogen la tradición milagrosa de la guadalupana que circulaba en la península ibérica: *El Auto de la soberana Virgen de Guadalupe y sus milagros, y grandezas de España*, atribuida a Miguel de Cervantes; el *Auto sacramental de la virgen de Guadalupe* de Felipe Godínez y la *Comedia famosa de La virgen de Guadalupe*, de Francisco Bances Candamo. Para establecer su comparación, Blanca López toma en cuenta las especiales características que implicaba el espacio de representación del teatro virreinal y que, para el caso de la comedia de Ocaña —una comedia que con frecuencia fue señalada por la crítica como de escaso valor literario—, debe tener en cuenta las exigencias derivadas para el tratamiento del tema en el espacio americano y, sobre todo, el horizonte de expectativas del público ante el que se iba a representar. También Beatriz Mariscal se ocupa de la comparación transatlántica de otro motivo literario, la batalla naval de Lepanto. Los versos con los que Cervantes inicia la «Epístola a Mateo Vázquez» encabezan el trabajo en el que la autora se propone estudiar el tratamiento dramático que del tema hizo Fernán González de Eslava. Previamente, debe considerarse que el Cabildo de la Ciudad de México acordó en junio de 1572 la celebración de la victoria de Lepanto, según consta de los suntuosos gastos en torno a los festejos previstos para su conmemoración en la plaza mayor de la capital novohispana, que incluyeron incluso la representación de una batalla entre la flota cristiana y la turca. La hipótesis de Mariscal es que González de Eslava compuso su *Coloquio Doze, De la Batalla Naval que el serenísimo Príncipe Don Iuan de Austroa tuvo con el Turco*, teniendo en mente los festejos anteriores organizados en la Ciudad de México, y de ahí la ausencia de acotaciones escénicas presentes en el Coloquio y la escasez de recursos materiales para su puesta en escena, ya que el público tendría muy presente la anterior representación espectacular de la batalla. Para finalizar, Lillian von der Walde Moheno reflexiona en torno a las implicaciones del tópico del engaño a los ojos en la comedia de *El burlador de Sevilla*. Su tesis consiste en oponer la perversidad que representa la compostura hermosa y la vil perversión del burlador don Juan, un hombre que pertenece a un estamento social privilegiado, frente a la vida pecaminosa y la fealdad de las prostitutas que ha frecuentado. Como demuestra la autora, la grotesca fealdad de estas rameras la relaciona directamente con la maldad y, al entrar en contacto con don Juan, la comedia muestra cómo las corrupciones sexuales del protagonista pueden interpretarse como signos de la maldad, a pesar de su bella apariencia.

Para finalizar esta panorámica recopilación a propósito de los trabajos presentados en el transcurso del congreso sobre teatro español y novohispano celebrado Monterrey, estas palabras preliminares no pueden cerrarse sin un sincero capítulo de agradecimientos a todas las personas e instituciones que hicieron posible su celebración, así como la relación impresa que a continuación se presenta: el Consejo Nacional de Ciencia y Tecnología de México (CONACYT), pues el congreso fue posible gracias a la ayuda concedida en el marco de la Convocatoria de investigación básica 2004; el Tecnológico de Monterrey, que en todas sus instancias mostró un apoyo incondicional a lo largo de todas las fases de organización del evento y para que esta publicación pudiera salir adelante, y el Grupo de Investigación del Siglo de Oro de la Universidad de Navarra (GRISO), un apoyo decisivo en el proceso de publicación. Y por último, pero de manera muy especial, también quiero dar las gracias a todos los autores que, a lo largo de los tres años de vigencia del proyecto, han acudido a sus dos convocatorias de reunión, así como a todos los amigos que desde ambos lados del Atlántico han brindado su constante apoyo y sabios consejos.

CONFERENCIAS PLENARIAS

DOCTRINA Y ESPECTÁCULO: ESCENOGRAFÍA MIMÉTICA Y ESCENOGRAFÍA MÍSTICA EN LOS AUTOS DE CALDERÓN[1]

Ignacio Arellano
Universidad de Navarra, GRISO

En manuales y estudios dedicados al teatro del Siglo de Oro[2] se contraponen habitualmente, con razón, las escenografías y puestas en escena del teatro de corral y del cortesano. El primero se caracteriza por su pobreza (*cum grano salis*) de medios; el segundo por la ostentación suntuosa. En palabras de Neumeister[3] los corrales deben «respetar la ley de la economía, o sea, de la escasez de fondos», mientras que la fiesta cortesana «por el contrario, aunque suene increíble, tiene el deber de gastar lo más posible». La escenografía del auto sacramental podría colocarse en un territorio mixto: pretende exhibirse ante un público masivo, no solamente a la elite cortesana —y en ese sentido es un tipo de teatro popular, désele a esta calificación la extensión que se quiera—, pero al ser un teatro que goza del apoyo de las autoridades

---

[1] Este trabajo se ha realizado en el marco del proyecto de investigación HUM2004-03648 del Ministerio de Educación y Ciencia. Dirección General de Investigación.

[2] Para la escenografía y puesta en escena de teatro de corral ver Ruano de la Haza, 2000, que pone en su justa medida la pobreza de la escenografía comercial (es pobre en comparación con el palacio, pero mucho más rica de lo que se decía antes de este trabajo fundamental de Ruano); para el de corte ver Neumeister, 1989; y el espléndido libro de María Teresa Chaves, 2004; recientes y variados son los trabajos incluidos en el volumen *Calderón y su puesta en escena a través de los siglos* (ed. Tietz, 2003), algunos de los cuales se refieren a autos sacramentales.

[3] Neumeister, 1989, p. 144.

y de presupuestos asegurados, puede desarrollar los efectos escénicos en dimensiones que recuerdan parcialmente al teatro de palacio. Podría, desde esta perspectiva, trazarse un camino de enriquecimiento progresivo de los sistemas de signos de la puesta en escena desde el corral a la exhibición palaciega, pasando por los carros sacramentales.

Esta visión, que resulta pertinente desde el nivel puramente descriptivo de los mecanismos escénicos, se complica si adoptamos como criterio el tipo de lectura que reclaman esos signos de la puesta en escena. En efecto, si atendemos a ciertas claves de interpretación, el teatro de corral y el de palacio responden a unas mismas técnicas y funciones, mientras que el auto sacramental se aparta de ellos, insertando en su escenografía una categoría esencial que solo marginalmente aparece en las otras representaciones.

Estamos, pues, ante dos modalidades distintas de escenografía: la que llamaré «mimética» y la que responde a la explotación simbólica que en los autos conecta los mundos humano y divino: denominaré a esta segunda modalidad «alegórica» o «mística»[4].

La primera comprendería igualmente la mímesis de los personajes sobrenaturales o de abstracciones, en su dimensión de mímesis «directa»: de esta categoría serían, por ejemplo, atributos vestimentarios de Dios, o de los santos, de los ángeles, la Fe, Envidia, etc., a menudo orientados por la emblemática o las normas de la pintura hagiográfica codificadas en tratados como el *Arte de la pintura* de Francisco Pacheco. Este tipo de mecanismos pueden considerarse en parte simbólicos, pero de un simbolismo, en todo caso, más directo y directamente interpretable que el uso alegórico de segundo grado; ese mismo reducido simbolismo puede advertirse en el uso «sinecdótico»[5] de la escenografía de corral.

La densidad de efectos maravillosos en las fiestas cortesanas de gran espectáculo enmascara a veces su objetivo básico de «realismo verosimilizador». Sea cual fuere la clase de escenario que se quiera construir (palacio terrestre, alcázar de los dioses, grutas de hechiceros, jardines de la luna, playas agrestes de países exóticos, castillos de encantadores…), la escenografía de palacio intenta reflejar miméticamente dichos espacios dramáticos: las extraordinarias mutaciones pretenden colocar un

---

[4] He aplicado estas categorías en mis anteriores estudios Arellano, 2001, pp. 147-193 y 195-220; Arellano, 2006; adapto aquí algunos ejemplos y materiales de esos trabajos.

[5] Término de Ruano, 2000, p. 25.

fondo adecuado a la acción, de modo que resulte más creíble, siempre dentro del marco convencional de su propio género dramático. Al analizar la puesta en escena de *La fiera, el rayo y la piedra*, Egido[6] observa que se combinan dos escenarios posibles, el trágico y el satírico, «mostrando una evolución ambiental ya indicada de aldea a corte, íntimamente ligada al propio discurrir de la acción dramática». Dicho de otro modo: lo único que diferencia en este terreno al teatro de corral del cortesano es que la escenografía comercial tiene que limitarse a una indicación de la parte por el todo (una mata significa un bosque: es la convención sinecdótica, que apuntaba Ruano de la Haza), mientras que la de palacio puede representar escénicamente el todo (un bosque lleno de árboles, peñascos, arroyos y cuevas…). Si tenemos en cuenta los conceptos de espacio dramático y espacio escénico[7], la diferencia entre el corral y el coliseo consiste solo en el grado de materialización escénica del espacio dramático, pero en ambos casos se trata de escenografías con valor principalmente mimético.

Ese valor mimético, por el contrario, es solo el punto de partida en el género sacramental.

Recordaré que Calderón distingue en sus autos los planos historial y alegórico, correspondientes respectivamente a lo que llama argumento y asunto[8]: la dimensión mimética se reduce al plano historial, y ha de ser interpretada alegóricamente para descifrar su verdadero sentido místico.

No me interesa en esta oportunidad la descripción de las escenografías[9], sino ese funcionamiento «místico», que se sobrepone y domina siempre al mimético. En esta perspectiva no es esencial el grado de materialización escénica del espacio dramático, el cual puede ser evocado por medio del «decorado verbal», indispensable en algunos casos. Procuraré documentar, no obstante, los ejemplos principales, con las memorias de apariencias de Calderón, que reclaman una materialización efectiva de ciertos elementos[10].

---

[6] Egido, 1989, p. 165.
[7] Ver Arellano, 2001, pp. 147-152 para estos conceptos en relación con los autos calderonianos.
[8] Ver Arellano, 2001, pp. 10-146 para estos conceptos de planos historial y alegórico, argumento y asunto.
[9] Ver a este respecto Varey, 1987.
[10] Claro está que los espacios escénicos pueden variar en cada representación y en este terreno solo se pueden apuntar aproximaciones e hipótesis. De hecho,

Extraigo de los infinitos recursos de Calderón algunos ejemplos, muy parciales, aunque, espero, significativos.

El argumento, que constituye el plano historial de los autos, requiere, en principio, una determinada escenografía mimética, lo mismo que sucede con las comedias de corral o fiestas palaciegas, que sirve a la verosimilitud de la trama y sus episodios. El mismo título de varios autos remite precisamente a un espacio determinado que implica cierta configuración escénica: *La viña del Señor, El gran teatro del Mundo, El gran mercado del Mundo, El Año Santo en Madrid, El jardín de Falerina, El nuevo palacio del Retiro*, etc. Las calles de Madrid en la *Loa en metáfora de la Hermandad del Refugio*, o en AM; el jardín (JF), el monte Carmelo (FC), un campo de mieses y campo de batalla (ER), el solar de construcción de la catedral de Toledo (SRP), el palacio del Retiro y sus plazas (NP), las montañas de Armenia donde va a parar Noé (TB), la piscina de Betsaida del Evangelio de San Juan (PR), etc., son algunos casos de los innumerables que se pueden acopiar.

Calderón ofrecerá, por tanto, descripciones tan significativas como la de la viña en el primer auto citado (con cerca, bardas, torres de vigilancia, etc., vv. 50 y ss., vv. 707 y ss.), pero se apresurará a subrayar su sentido espiritual[11] apoyado en un texto del profeta Isaías:

> MALICIA   ¿Qué fértil viña bella,
> que hasta hoy no vi, será la que cercada
> tanto sobre las bardas se descuella,
> que deja ver en ella,
> de fértiles verdores coronada,
> los laberintos de amorosas lides
> con que se enlazan pámpanos y vides?

las memorias de apariencias no precisan todos los detalles ni serían ejecutadas siempre como lo pedía Calderón, que también acostumbraba a cambiar detalles a última hora.

[11] La viña es aquí el pueblo de Dios fiel, cuyo guardián es la Iglesia del Nuevo Testamento, leído el texto en sentido espiritual. En el pasaje citado la descripción de la heredad parece inspirada en una paráfrasis libre de *Isaías*, 5, 1 y ss.: «compró mi amado una viña en un collado muy fértil, la cual cercó de seto y despedregó, y la plantó de cepas elegidas, y edificó una torre en medio de ella, y construyó en ella un lagar». Ver notas al texto en la edición del auto citada en bibliografía. Cuando cite pasajes de los autos con mención de versos o páginas, me referiré a las ediciones recogidas en la bibliografía.

| Lucero 2 | ¿Qué fuera ¡ay infeliz! que la alta torre
de la viña atalaya, unión tuviera
con aquel canto? (VI, vv. 50-62) |

La realización escénica de la viña en su dimensión mimética puede variar, pero lo decisivo es el sentido alegórico. De hecho, según las instrucciones de la memoria de apariencias autógrafa[12], los adornos del segundo carro:

> han de ser un emparrado y su pintura instrumentos de vendimia, y su elevación en un cogollo de hojas de parra con un cáliz sin hostia, tan grande que subiendo otro niño delante dél se muestre descubierto...

Tal descripción contiene dos rasgos significativos: por un lado hallamos la misma convención sinecdótica que en el corral, mediante la cual un emparrado y la pintura de las herramientas del viñador evocan una escenografía mimética de viña; por otro, la presencia de ciertos elementos exclusivamente simbólicos, como el cáliz, conducen a una lectura mística del conjunto que supera la mera función ambientadora.

Una interesante variedad es la de ER, donde se advierte la maestría de Calderón en sus composiciones alegóricas. El primer carro

> ha de ser una fábrica pintada de campañas con varios ejercicios de labranza como son arar, sembrar, segar y coger los frutos, llena toda de haces de trigo...[13]

Esta es la escenografía mimética que corresponde al argumento del auto *Las espigas de Ruth*. Según la memoria, no hay elementos en este primer carro que apunten a la interpretación alegórica, pero tal lectura se activa al poner en relación la escenografía del carro primero con la del cuarto «correspondiente al primero»: este cuarto carro

> ha de ser en su pintura campañas y labranzas. Su primera fachada ha de ser un nacimiento, hechos de pasta la María, el Josef y el Niño, y todo su cielo de ángeles pendientes, y su pintura como un portal de Belén. Su

---

[12] Escudero y Zafra, 2003, p. 147.
[13] Escudero y Zafra, 2003, pp. 79-81.

respaldo deste ha de ser un altar con una Custodia, y en ella la imagen del Sacramento...

De esta manera el primer carro es tipo del cuarto, y ha de someterse a la lectura tipológica[14], según la cual personajes y episodios del Antiguo Testamento son anuncios del Nuevo: Ruth es figura de la Virgen María; sus espigas, figura del Sacramento[15]. Desde la visión del cuarto carro se puede iluminar el verdadero sentido de la escenografía del primero, solo aparentemente reducida a su función mimética.

Ésta es la peculiaridad que define el manejo del espacio dramático y escénico de los autos: su sistemática dimensión alegórica o mística. En otros géneros teatrales la configuración de la escena puede evocar, naturalmente, sentidos simbólicos asociados: la intrincada espesura, la cueva en la que vive Segismundo en *La vida es sueño*, por ejemplo, expresan simbólicamente su condición salvaje, lo mismo que su vestido de pieles. Pero en el auto todos los elementos escénicos significativos presentan de manera constante e indisoluble este sentido que apunta a un universo espiritual, religioso.

En SP, el primer carro representa una montaña, según un espacio escénico que podrá responder más o menos a las instrucciones de las memorias de apariencias, en que se pide:

> una montaña hermosa, pintada de árboles, fuentes y flores. Desta a su tiempo ha de subir en elevación otra montaña que en forma piramidal remate en diminución, y en lo eminente de la cumbre un sol entre nubarrones y rayos, y dentro dél un cáliz grande y una hostia. Lo demás deste segundo cuerpo ha de tener a manera de nichos o quiebras de la misma montaña, lugares compartidos para diez ninfas, de las cuales las cinco han de ser vivas y las otras cinco pinturas cortadas de tabla, del tamaño natural de una mujer...[16].

---

[14] «La tipología consiste en comprobar la correspondencia que existe entre personas, acontecimientos, instituciones y objetos de una época anterior y otros determinados de una época posterior. Para ello es en realidad indiferente que la relación sea positiva (Moisés/Cristo) o negativa (Adán/Cristo) o que presente una clara gradación» (G. T. Arsmstrong, citado por Schreiner, 1974, p. 19).

[15] Ver Arellano, 2000, *s.v.* espigas de Ruth; Ruth.

[16] Escudero y Zafra, 2003, p. 41.

Tal escenografía, que es, según el argumento del auto, el Monte Parnaso (o Pernaso, forma que usa Calderón), la interpreta el Judaísmo como el Paraíso, y la Gentilidad como los Campos Elíseos. Pero este Parnaso (escenario historial o mimético) tiene otro nivel de lectura: entendido «a dos visos, a dos haces» (historial y alegórico) «es Pernaso y es Sión», cuya fuente Castalia significa la fuente de la gracia divina, y su verdadero Apolo es Cristo, de tal manera que el monte es figura o concepto imaginado del cielo (espacio místico):

> ese imaginado monte
> hoy a dos visos, dos haces,
> ya que Paraíso no,
> ni Elíseo, como pensastis,
> es Pernaso y es Sión
> [...]
> una fuente que en el monte
> porque aun esto no le falte
> de sacro Pernaso tiene
> tal virtud, que docta añade
> al hombre gracia (vv. 418 y ss.)

El cáliz y la hostia, por otra parte, son elementos que determinan la lectura de la escenografía y niegan las interpretaciones de Judaísmo y Gentilidad.

En HP (pp. 146-47) la composición escenográfica muestra un trono en lo alto, donde se sitúa la Sulamitis o Naturaleza Humana, con gradas inferiores que ocupan los Vicios: representa alegóricamente una concepción antropológica cristiana en que la Naturaleza Humana se coloca sobre sus inclinaciones concupiscentes, de modo que será capaz de vencerlas con su libre albedrío:

> ...ábrese un carro cuya fachada será una escala que caiga sobre el tablado y vese dentro un trono en cuya eminencia estará sentada Sulamitis como dormida, y en sus gradas el Apetito, de villano ciego; la Lascivia, de pobre mendigo; la Pereza, de leproso llagado y la Codicia, de hidrópico galán...

A menudo el texto completa y delimita el sentido que los meros elementos escénicos no pueden expresar. El espectador podría asimilar su valor mimético, pero en muchas ocasiones, sin la orientación textual, le sería incomprensible el místico. Así, el alcázar que viene describiendo el texto de PCT solo puede comprenderse bien si el propio texto lo explica:

> Este murado alcázar
> que con el capitel
> toca al sol, es tan grande,
> tan dilatado es
> que aunque parece que hoy
> fuera del Mundo esté,
> tan grande es como el Mundo,
> pues los términos de él
> comprehende, porque aquese
> pequeño al parecer
> edificio, es la hermosa
> nueva Jerusalén,
> que verás dibujada
> del celestial pincel
> en bosquejos, si acaso
> la Apocalipsis lees... (PCT, p. 356)

En SE el carro primero es el palacio o alcázar del rey que va a tomar segunda esposa. Siendo este rey imagen alegórica de Cristo, y su esposa de la Iglesia, el alcázar, descrito en otros pasajes como la «Jerusalén militante», viene a ser también la «Ciudad de Dios» (San Agustín[17]). La mención de San Juan contenida en el texto apunta también a la «Jerusalén triunfante», culminación de la anterior. Alguno de los numerosos momentos del auto en que se menciona este alcázar:

> Ya que esa altiva, esa bella
> Jerusalén militante,
> —sombra de la que triunfante
> vio en su Apocalipsi aquella
> águila (vv. 18-22)
> si no alcázar de Sión
> o templo de Salomón,

---

[17] Agustín identifica la ciudad de Dios con la Jerusalén mesiánica, con la Iglesia, cuya plenitud será la Jerusalén celeste. Alude San Agustín a otros autores que usan la misma o parecida imagen, como San Ambrosio.

es altiva imagen fuerte
que sus triunfos nos advierte,
pues murada y guarnecida
plaza de armas de la vida
ha de ser contra la muerte (vv. 31-37)

Ese primer carro representa miméticamente, en el plano de la alusión histórica, el Alcázar madrileño, donde se instaló Mariana de Austria en noviembre de 1649, pero en el plano alegórico representa la corte del rey del Austro (vv. 512 y ss.)[18], es decir, la morada celestial, y también la fortaleza de la Iglesia.

En SP, segundo carro, se funden los espacios del templo (cuya fábrica queda «al arbitrio del artífice») y del jardín. El sentido místico de ese jardín se revela por otro decorado clave: una columna en su centro, revestida de hojas de parra, con ángeles, y en su capitel un cáliz y una hostia[19]. En JF hay dos jardines opuestos en el tercer y cuarto carros[20]: en uno se ve un árbol con algunas manzanas y una serpiente, lo que permite identificarlo con el árbol del Paraíso, ocasión de la caída de Adán y Eva; en el otro hay estrellas entre sus hojas, y rodean su tronco hojas de parra y haces de espigas: un árbol imposible en el plano mimético, pero transparente símbolo eucarístico en su lectura alegórica.

Con frecuencia el sentido alegórico se apoya o confirma, como se ve, en tradiciones y/o textos culturales, iconográficos, emblemáticos o doctrinales, como el mencionado *Apocalipsis*, o los comentarios de los Padres de la Iglesia y exegetas. El decorado integra en sí mismo una múltiple tradición cultural y religiosa.

La hidra de siete cervices, por ejemplo (montura de la Gran Meretriz en *Apocalipsis*, 17), muy frecuente en referencias verbales y presencias escénicas[21], se interpreta de acuerdo a la tradición patrística como alusión a los pecados capitales o a la herejía[22]. Así aparece en MC:

---

[18] Para el sentido mesiánico de la mención del Austro (que juega con la casa de Austria) procedente de un texto de Habacuc, ver Arellano, 2000, *s. v.* Austria; Austro.

[19] Escudero y Zafra, 2003, p. 41.

[20] Escudero y Zafra, 2003, p. 157.

[21] Según las *Concordancias* de Flasche hay 34 referencias a la hidra en los autos de Calderón.

[22] Ver Arellano, 2000, *s. v.* hidra de siete cabezas.

> Ábrese el segundo carro que ha de ser un peñasco, y del primero cuerpo de él, quedando cerrado el segundo, sale una hidra al tablado, movida sobre un carretón de ruedas, con siete cabezas coronadas, y de cada una pendiente una banda que han de traer como tirando de ella la Soberbia, la Avaricia, la Lascivia, la Gula, la Ira, la Envidia y la Pereza, y en ella sentada la Culpa con una copa dorada (MC, p. 83)

Elementos escénicos como ciertas figuras de animales se interpretan también en el marco de una rica tradición de textos bíblicos y comentarios doctrinales. La disposición escénica en TM (acotación tras v. 1689) se construye visualmente según modelos emblemáticos orientados por textos de la Sagrada Escritura:

> Ábrese el carro del palacio y vese en él un león en pie sobre un altar, el cual, abriéndose en dos mitades, tiene dentro un cordero.

Más adelante, el cordero que había aparecido dentro del león se abre a su vez, para dejar ver a un niño de Pasión (acotación tras v. 1730).

> Ábrese el cordero y vese dentro un niño de Pasión con la cruz a cuestas y demás insignias en un canastico...

La comprensión del león y el cordero como figuras de Cristo dependen —sobre todo para el león— de textos como el del *Apocalipsis,* 5, 5, comentados, entre otros por San Agustín o Fray Luis de León en *De los nombres de Cristo*[23].

Adaptación escenográfica semejante a partir de los mismos intertextos bíblicos y de iguales modelos emblemáticos e iconográficos se da en MT (p. 913):

> Ábrese el león y se ve el Cordero... Ábrese el Cordero y se ve el Sacramento... Ábrese el Sacramento y se ve un Niño de Pasión con soga al cuello[24].

---

[23] Ver Arellano, 2000, *s. v.* león y cordero.
[24] Escudero y Zafra, 2003, p. 40, donde se pide si es posible un niño vivo, y si no, que sea de pasta.

Conviene hacer una precisión antes de continuar. La importancia nuclear del sentido místico en la escenografía sacramental calderoniana no anula sus valores históricos o miméticos. Ambos son esenciales y funcionan integrados. No son aceptables juicios como el de Parker, según una lectura *sub specie aeternitatis* en la que el tiempo y el espacio no existirían en los autos[25]. Por el contrario, la enorme importancia que presta Calderón a los espacios históricos en sus autos muestra que no se trata de anularlos, sino de resemantizarlos, alcanzando numerosos objetivos en el proceso.

Ningún vaciamiento del espacio historial o mimético sería posible en autos como *El Año Santo en Madrid*, que consiste en la descripción de las procesiones que en el año santo de 1652, hicieron las comunidades de religiosos, las hermandades y cofradías, órdenes militares y el mismo rey: la minuciosa topografía de Madrid y sus templos se convierte en una red de sentido religioso, pero no olvida un detallismo preciso de la urbe concreta capital de la monarquía. Diríase que se produce una transfiguración de la topografía urbana madrileña que alcanza nuevo sentido místico. Calderón levanta un plano preciso del recorrido y la disposición topográfica, sometiéndola a una lectura espiritual, que sería arbitraria o incomprensible sin la ingeniosa correspondencia con el plano historial; véase este ejemplo, en boca del Hombre:

> a las Descalzas, no yendo
> más adelante, me dice
> Ginés que no represento
> bien el papel de cristiano,
> y Agustín desde su templo
> me convence, con decirme
> que tiene a Felipe dentro.
> Hasta el sexo femenil,
> de infiel me arguye y protervo,
> si desde la Madalena
> a su conversión no atiendo,
> viendo que allí Sebastián,
> joven de flechas cubierto,
> es hoy para las mujeres

---

[25] Ver Arellano, 2001, pp. 103-146.

> el Cupido de los Cielos,
> cuyos alados arpones
> plumas dan con que su vuelo,
> pueda de la Trinidad
> llegar al claustro supremo,
> adonde la Merced suya
> aguarda con los Remedios,
> para que en la compañía
> de los justos, el imperio
> del nuevo templo, posean
> de aquel Imperial Colegio. (vv. 1556-1580)

Paterson ha estudiado aspectos interesantes de este mecanismo en *El nuevo palacio del Retiro*, que ofrece otro ejemplo relevante de espacio dramático historial transfigurado en místico[26]. La escenografía evoca los detalles arquitectónicos, los jardines y las diversas construcciones del palacio:

> un carro representa el Estanque y el otro el Palacio. No hay que confundir el Estanque con el Estanque Grande, originario del actual Estanque del Retiro, ya que las excavaciones para éste empezaron después del Corpus de 1634. El carro del Estanque llevaba una representación del Estanque ochavado ubicado al este del Jardín Octagonal en el parque real. En medio del Estanque ochavado se erguía una Torre de curiosa arquitectura, con nichos y ocho caños desde los que corría el agua para surtir el Estanque. Se llegaba a la Torre por una entrada con barandillas de madera. Tanto el Estanque como su Torre eran verdaderos atractivos del nuevo jardín a juzgar por el aguafuerte realizado hacia 1665 por el artista francés, Louis Meunier (NP, p. 30).

Lo que me interesa subrayar es cómo semejante construcción resulta imagen de la arquitectura celestial de la Nueva Jerusalén, es decir, representa a la *Civitas Dei*, a la Sión triunfante de la visión apocalíptica:

> esta fábrica que miras,
> este edificio que ves,

---

[26] Ver Paterson en su excelente estudio del auto que edita en la serie de autos completos (Calderón de la Barca, *El nuevo palacio del Retiro*) de la Universidad de Navarra-Reichenberger, por la que cito.

> casa real, invicta hoy
> y campo desierto ayer,
> el palacio que vio Juan
> en su Apocalipsi es,
> porque ésta es la hermosa y rica
> triunfante Jerusalén. (NP, vv. 185-192)

Espacio y tiempo alcanzan otras dimensiones espirituales, pasan al plano del significado alegórico, pero no anulan su significado historial.

Para conseguir semejante transmutación de lo historial en lo místico cuenta Calderón con su habilidad poética y con su dominio de las técnicas ingeniosas conceptistas, especialmente el juego con las etimologías[27]. Así, por ejemplo, la procesión principal en el jubileo de Madrid es la que saca a la Virgen de la Almudena. Puesto que Almudena se interpreta 'casa del pan', lo mismo que Belén[28], la iglesia madrileña se transfigura en el origen mismo del pan eucarístico, en un territorio místico que señala a la vez a la Virgen y a la Eucaristía:

> De aquel templo de María,
> Almudena, más que templo,
> pues del trigo de Belén
> guarda las espigas dentro,
> sale en numeroso triunfo
> y tan numeroso el pueblo. (AM, vv. 1727-1732)

Dentro de la enorme variedad de espacios y escenografías, caracterizan a los autos algunos elementos específicos del género.

La nube[29], como espacio teofánico, es muy frecuente tanto en comedias de santos como autos, pero en este género conoce una variedad exclusiva al convertirse en símbolo eucarístico, ya que oculta a la divinidad, de igual modo que Cristo está velado debajo de los accidentes en la hostia. La nube es imagen del Sacramento en NM: «*Ábrese la nube y vese el Amor con cáliz y hostia en la mano*» (v. 2370), con la proclamación del dogma de la transubstanciación:

---

[27] Ver Engelbert, 1970 y Flasche, 1992.
[28] Ver Arellano, 2000, *s. v.* Belén.
[29] Ver Arellano, 2001, pp. 158-193, donde trato con más detalles estos y otros espacios.

> En esta tersa,
> pura, limpia, nube blanca
> de la flor del pan que trajo
> en pan de flor soberana
> la nave del mercader,
> pues perdida la substancia
> de pan, aunque de pan tenga
> accidentes a ser pasa
> substancia de carne y sangre,
> con maravilla tan alta
> como estar en el pan de hostia
> su ser en cuerpo y en alma (vv. 2374-84)

De uso exclusivo en los autos es el globo celeste. El Autor de GT aparece en un trono de gloria dentro del globo celeste: «*Con música se abren a un tiempo dos globos: en el uno estará un trono de gloria y en él el Autor sentado...*» (GT, p. 211). Más adelante este globo volverá a abrirse (GT, p. 221) para exhibir una mesa con cáliz y hostia y el Autor sentado a ella. La apariencia escénica de este globo se recoge en DI con cierto detalle[30]:

> Ha de ser el primer carro un globo celeste grande, pintado por de fuera con imágenes de estrellas, signos y planetas. Este a su tiempo se ha de abrir en dos mitades, cayendo la una sobre el tablado de la representación y quedando la otra fija, en cuyo cóncavo se ha de ver un trono con su araceli lo más hermosamente adornada de rayos que se pueda, y en él sentada una mujer...

En IN (p. 28) un medio globo grande queda hecho sol al abrirse, dejando ver un trono con resplandores, en el que están sentadas la Justicia y Misericordia divinas con sus atributos emblemáticos de espada y oliva; en DF[31] el tercer carro es «un globo de nubes, estrellas y serafines, el cual se ha de abrir a su tiempo y en él ha de verse una persona sentada en trono celeste, y la pintura por dentro ha de ser de gloria, resplandores, serafines y estrellas».

A menudo estos globos de cielo se asocian con otros semejantes que representan la esfera terrestre, en una pareja antitética y comple-

---

[30] Escudero y Zafra, 2003, p. 50.
[31] Escudero y Zafra, 2003, p. 184.

mentaria: al lado del globo en que reside el Autor de GT, y que representa a las regiones del cielo, está el globo de la tierra (GT, p. 211), en cuyo centro ha de desarrollarse la comedia de la vida humana.

En DI los globos celeste y terrestre se conectan con la escala de Jacob a través del tablado, mediante una representación de la unión hipostática, que es la tradicional interpretación del motivo de la escala:

> Se abre un globo celeste, que será uno de los carros, arrojando de sí hasta el tablado una escala con ángeles en acción de bajar por ella y en lo alto se ve, en un trono de respandores, la Naturaleza Divina, la cual por las canales de elevación ha de bajar al tablado cuando lo dicen los versos. (DI, p. 143)

> Ábrese el otro carro, que será un globo terrestre y vese en él sentado en otro trono de flores el Amor [...] y en elevación también de canales, baja a su tiempo por otra escala, cuyos ángeles estarán en acción de subir. (DI, p. 149)

Bajan las dos tramoyas y el Amor y su Naturaleza divina se unen con Naturaleza Humana en el tablado, representando plásticamente la hipóstasis de la segunda persona de la Trinidad.

En otro lugar he comentado por extenso[32] algunos escenarios privilegiados en los autos, como el mar o la nave (en sus variedades de nave del diablo y nave de la Iglesia), el peñasco o la gruta infernal. Todos ellos pueden verse en la comedia de corral y sobre todo en los espectáculos de palacio, abundantes en episodios marinos, bosques intrincados y misteriosas grutas, pero no tienen el mismo sentido simbólico.

En los autos destaca sobre todo la fuente, colocada a menudo en el centro de un jardín. En la comedia palatina o fiesta mitológica la fuente completa el ámbito ameno de la academia galante, pero en el auto contiene siempre una referencia espiritual.

Así la encontramos en un texto arquetípico de CI (vv. 1441 y ss.). Sale Behomud en un jardín con una hermosa fuente, que no es solo parte ornamental o sensorial del *locus amenus*, sino que remite a su valor simbólico, como sucede por otra parte con el mismo jardín, alegoría del Paraíso Celeste:

---

[32] Arellano, 2001, pp. 158-193.

> la más hermosa fuente
> que el sol ha visto brindar
> a la sed de los mortales
> la gracia, que en sí conserva...

Fuente, pues, símbolo de vida eterna, de la gracia divina, que proporciona agua llena de gracia (v. 1454) y mediante el bautismo calmará luego la sed (espiritual) de Behomud, que fatigado por el camino (alegoría del peregrinar del hombre en el mundo), se detiene en el momento en que el calor (las tentaciones del Demonio y la Pitonisa) es más fuerte (v. 1457).

En IN el Hombre pide refugio en el sagrado que es el Paraíso, pero el ángel guardián le impide el paso. La acotación (v. 55) señala el detalle de la fuente (de la gracia) con los siete caños (figura de los sacramentos) que transmutan ese Paraíso terrenal en otro celeste:

> Al ir a subir al carro, que será un jardín con una fuente en medio, con una cruz y siete caños por remate, aparece a su puerta el Ángel Primero con una espada en la mano.

La tradición ha considerado que los sacramentos manaron del costado de Cristo, viendo una imagen de los mismos en la sangre y agua que brotaron por la lanzada del centurión. Resulta fácil comprender desde esa tradición el sentido de algunas escenografías de los autos en las que aparece el motivo de la *Fons vitae*, frecuente en la pintura y grabados religiosos[33]: en estas composiciones Cristo en la cruz dentro de una taza de fuente vierte de sus heridas la sangre y agua sacramentales. En este tipo de escenas no hay ya nada que remita a las funciones miméticas de la fuente como elemento de un espacio o paisaje determinado.

Véanse las memorias de apariencias de PR, IN y DP[34]:

> Esta montaña a su tiempo se ha de abrir en dos mitades y verse dentro de ella una fuente, cuyo remate ha de ser una cruz en que ha de estar un niño de cuyo costado, pies y manos han de salir siete listones encarnados que den en la taza de la fuente, que será a manera de cáliz (PR)

---

[33] Ver *Les estampes des Wierix*, I, núms. 574-581, espec. 581.
[34] Escudero y Zafra, 2003, pp. 57, 89, 109-110.

El primer carro ha de ser un jardín [...] Ha de tener en medio una fuente grande de taza y en ella, por remate, una cruz con siete listones carmesíes como caños que corren de ella (IN)

El cuarto carro ha de ser otro jardín [...] ha de ser en este como un estanque o pilón de jaspes del cual a su tiempo ha de salir una fuente en cuya taza ha de venir un niño en una cruz, saliéndole del costado siete cintas encarnadas que den en la taza, y della otras siete que den en el estanque (DP)

Las mutaciones súbitas del teatro, que perseguían en el espectáculo de corte provocar la *admiratio*, y desde el punto de vista funcional proporcionar a la acción un fondo adecuado, en el auto siguen provocando la admiración, pero con un objetivo didáctico religioso.

En AR las altas torres del palacio de Lascivia se hunden con un terremoto, siendo sustituidas por una lóbrega cueva (p. 259), que más adelante, una vez redimido el hombre, dará lugar a una nueva fábrica hermosa de templo, opuesta al palacio anterior (p. 280). En PCM (pp. 377 y ss.) el primer espacio dramático es la naturaleza contaminada por el pecado antes de la Redención, con malezas habitadas por fieras; en él surge una torre que elevándose compone un palacio, descrito en el texto como imagen de la Nueva Jerusalén, a la vez que la naturaleza salvaje se transforma en un *locus amoenus* lleno de flores y pájaros (p. 382). Esta metamorfosis revela el proceso místico de la salvación que se simboliza precisamente (entre otros medios) a través de la configuración del espacio dramático. En SP[35] de una montaña sube en elevación otra en forma piramidal, en cuyo remate un sol entre nubes y rayos deja ver un cáliz y una hostia. En PB[36] un bosque hermoso con árboles y animales se abre, retirándose los bastidores y cayendo la fachada de delante en escala, dejando descubierto un jardín con dos árboles de los que pende un toisón con su cordero, el cual se oculta después para transformarse en un cáliz con su hostia...

He venido comentando hasta ahora principalmente el sistema de signos de la puesta en escena que corresponde al decorado y accesorios. El análisis de otros, como el vestuario[37], confirma el peculiar funcionamiento de los medios escénicos sacramentales.

---

[35] Escudero y Zafra, 2003, p. 41.
[36] Escudero y Zafra, 2003, p. 59.
[37] Ver Arellano, 2001, pp. 195-219.

En sus innumerables usos «miméticos» el vestuario remite a una situación, oficio o estatus del personaje: las plumas indicarán el oficio de soldado; en una lectura más compleja de segundo grado podrán simbolizar la vanidad o la soberbia. El texto desempeña de nuevo una función esencial.

Las plumas y los colores son en el caso del rey Baltasar, seducido por la Idolatría y la Vanidad (CB, pp. 168-70), símbolos negativos de vanidades, pero las plumas y colores que caracterizan a la Sabiduría («*Sale la Sabiduría de dama, con un penacho de plumas de cinco colores, como dicen los versos*», MM, p. 86) son de muy diverso significado que el texto (vv. 69 y ss.) ha de explicar:

> El Altísimo crió
> la medicina, y por ella
> me adorna entre otras colores
> la pajiza...
> [...]
> La azul, que es color del cielo,
> la filosofía ostenta,
> porque en el cielo la hallaron
> el desvelo y la agudeza
> de los cánones sagrados.
> La verde en mí representa
> la católica esperanza...

Otro caso típico de polivalencia es el vestido de pieles, estudiado por Aurora Egido, que advierte la polivalencia de los vestidos, aunque identifica al vestido de pieles con el de salvaje, señalando que «ejemplifica al hombre en su estado animal, lejos de la civilización o del control de la razón»[38].

Sin embargo, este vestido en los autos lo llevan personajes muy distintos y su sentido es también diverso. Puede representar el estado de desamparo en que se encuentra el hombre fuera de la verdadera religión; sugerir un estado espiritual primitivo y en ocasiones turbulento o negativo; en algunos casos simboliza las pasiones y groseros apetitos que desvían al hombre de la verdad; en otras, el ateísmo o la

---

[38] Egido, 1983, p. 173. Aporta muchos ejemplos de este atuendo de pieles en los autos de Calderón y remito a su artículo para más ejemplos de los que aquí cito.

ignorancia de Dios[39]. Pero en San Juan Bautista responde a su vida en el desierto, y es el recogido en la iconografía habitual del santo, significante de penitencia y ascetismo. Así pues, en ciertos contextos las pieles tienen muy poco que ver con el salvaje: son un signo externo de la penitencia.

Calderón construye elaboradas escenas sustentadas en el manejo del vestuario y mutaciones de ropajes y atuendos: en DI (pp. 215-216), el cambio de colocación de los velos entre Naturaleza Divina y Naturaleza Humana expresa a la doctrina de la unión hipostática:

> la Naturaleza Humana se pone en medio, con que ejecutando en ella el golpe cay en brazos del Peregrino desmayada, y él se arrodilla con ella, ensangrentándose rostro y manos en su herida; la Naturaleza Divina a todo esto se está suspensa y elevada; y el Peregrino, como con ansias de muerte, cayendo y levantando, toma una punta del velo con que la Naturaleza Divina tiene cubierto el rostro y se va desplegando el velo, a tiempo que la Naturaleza Humana tomando la otra punta, de suerte que se vea la Divina entre los dos, pendiente de ambos, descubierto el rostro…

Como se ve, aspectos complejos de la doctrina religiosa se expresan a través del indumento, y muchos de sus usos místicos no se comprenden bien sin apelar a elementos doctrinales.

El velo que lleva Cupido en *Psiquis y Cupido* va más allá de la venda atribuida al ciego Amor (este sería el uso que he llamado mimético, y responde a la iconografía habitual de Cupido), para representar, a través de una lectura basada en metáforas patrísticas y exégesis escriturarias, al Sacramento eucarístico. El conjunto de acotación y texto es indisoluble y debe interpretarse a la luz de la metáfora del velo para la Eucaristía, habitual en los Padres y escritores sagrados[40]:

> *Sale el Amor con una cinta blanca en el rostro.*
> Ya una vez en blanco velo
> disfrazado bien es venga
> con él a verte, pues es
> el traje en que siempre eterna
> contigo me has de tener. (PCT, p. 384)

---

[39] Ver los casos que cito en Arellano, 2001, pp. 195-219.
[40] Ver Arellano, 2000, *s. v.* blanco velo.

En conclusión, los usos de la escenografía y otros sistemas de signos de la puesta en escena que no puedo analizar —como el vestuario que he apuntado someramente— evidencia en los autos de Calderón complejas facetas, multiplicando las posibilidades expresivas del signo dramático, desde los usos que he denominado «miméticos» o de «primer grado» hasta las más complicadas dimensiones alegóricas o aplicaciones «místicas», apoyadas en tradiciones culturales, doctrinales y artísticas (desde las normas de la pintura hagiográfica hasta la emblemática o la exégesis de los Padres).

Demuestra, como sucede con otros componentes dramáticos, que los autos son seguramente el género con más posibilidades de exploración artística, en cuanto a la flexibilidad, libertad y polivalencia de sus mecanismos, conciliados a menudo con rigurosos esquemas conceptuales, doctrinales y simbólicos en una construcción que, en el caso calderoniano, alcanza admirables extremos de perfección.

Y revela también una peculiaridad de la escenografía sacramental, que se diferencia de todas las otras modalidades del teatro aurisecular por la exploración de estos sentidos místicos, integradores y superadores de los habituales sentidos principalmente miméticos vigentes en los otros géneros.

Bibliografía[41]

AM, Calderón de la Barca, P., *El año santo en Madrid*, ed. I. Arellano y C. Mata, Pamplona-Kassel, Universidad de Navarra-Edition Reichenberger, 2005.

AR, Calderón de la Barca, P., *El Año Santo de Roma,* ed. I. Arellano y Á. Cilveti, Pamplona-Kassel, Universidad de Navarra-Reichenberger, 1995.

Arellano, I., «El espacio historial y místico en los autos de Calderón. La topografía transfigurada», en *La dramaturgia de Calderón. Técnicas y estructuras*, ed. I. Arellano y E. Cancelliere, Madrid, Iberoamericana, 2006, pp. 41-64.

— *Diccionario de los autos sacramentales de Calderón*, Kassel, Reichenberger, 2000.

---

[41] Repito, para mayor facilidad de consulta, algunas fichas de los autos, dentro de las obras de Calderón y ordenadas también por sus abreviaturas. Por la misma razón añado una lista de las abreviaturas de los autos que usa la serie de autos completos de Calderón de la Universidad de Navarra-Reichenberger.

Arellano, I., *Estructuras dramáticas y alegóricas en los autos de Calderón*, Kassel, Reichenberger, 2001.
Calderón de la Barca, P., *El maestrazgo del toisón*, en *Obras completas, Autos*, ed. Á. Valbuena Prat, vol. III, Madrid, Aguilar, 1987.
— *Obras completas, Autos*, ed. Á. Valbuena Prat, Madrid, Aguilar, 1987, vol. III.
— *La segunda esposa. Triunfar muriendo*, ed. V. García Ruiz, Pamplona-Kassel, Universidad de Navarra-Edition Reichenberger, 1992.
— *El Año Santo de Roma*, ed. I. Arellano y Á. Cilveti, Pamplona-Kassel, Universidad de Navarra-Reichenberger, 1995.
— *El nuevo hospicio de pobres*, ed. I. Arellano, Pamplona-Kassel, Universidad de Navarra-Edition Reichenberger, 1995.
— *El cordero de Isaías*, ed. M. C. Pinillos, Pamplona-Kassel, Universidad de Navarra-Reichenberger, 1996.
— *La nave del mercader*, ed. I. Arellano, Pamplona-Kassel, Universidad de Navarra-Reichenberger, 1996.
— *La inmunidad del sagrado*, ed. J. M. Ruano, D. Gavela y R. Martín, Pamplona-Kassel, Universidad de Navarra-Reichenberger, 1997.
— *La viña del Señor*, ed. I. Arellano, B. Oteiza, Á. Cilveti, M. C. Pinillos, Pamplona-Kassel, Universidad de Navarra-Edition Reichenberger, 1997.
— *El nuevo palacio del Retiro*, ed. A. G. K. Paterson, Pamplona-Kassel, Universidad de Navarra-Reichenberger, 1998.
— *A María el corazón*, ed. I. Arellano, I. Adeva, F. Crosas y M. Zugasti, Pamplona-Kassel, Universidad de Navarra-Edition Reichenberger, 1999.
— *El diablo mudo,* ed. C. C. García Valdés, Pamplona-Kassel, Universidad de Navarra-Reichenberger, 1999.
— *El año santo en Madrid*, ed. I. Arellano y C. Mata, Pamplona-Kassel, Universidad de Navarra-Edition Reichenberger, 2005.
— *El sacro Pernaso*, ed. A. Rodríguez, Pamplona-Kassel, Universidad de Navarra-Edition Reichenberger, 2006.
— *Los misterios de la misa,* ed. J. E. Duarte, Pamplona-Kassel, Universidad de Navarra-Reichenberger, 2007.
CB, Calderón de la Barca, P., *La cena del rey Baltasar*, en *Obras completas, Autos*, ed. Á. Valbuena Prat, vol. III, Madrid, Aguilar, 1987.
Chaves, M. T., *El espectáculo teatral en la corte de Felipe IV*, Madrid, Ayuntamiento de Madrid, 2004.
CI, Calderón de la Barca, P., *El cordero de Isaías*, ed. M. C. Pinillos, Pamplona-Kassel, Universidad de Navarra-Reichenberger, 1996.
DI, Calderón de la Barca, P., *El diablo mudo*, ed. C. C. García Valdés, Pamplona-Kassel, Universidad de Navarra-Reichenberger, 1999.
Egido, A., «El vestido de salvaje en los autos sacramentales de Calderón», en *Serta Philologica, F. Lázaro Carreter*, Madrid, Cátedra, 1983, vol. II, pp. 171-186.

EGIDO, A., «La puesta en escena de *La fiera, el rayo y la piedra* de Calderón, según la edición de 1664», en *La escenografía del teatro barroco*, ed. A. Egido, Salamanca, Universidad de Salamanca, 1989, pp. 161-184.

ENGELBERT, M., «Etimologías calderonianas», en *Hacia Calderón*, I, ed. H. Flasche, Berlin, W. de Gruyter, 1970, pp. 113-122.

ESCUDERO, L. y ZAFRA, R., *Memorias de apariencias y otros documentos sobre los autos de Calderón de la Barca*, Pamplona-Kassel, Universidad de Navarra-Edition Reichenberger, 2003.

FLASCHE, H. y HOFMANN, G., *Konkordanz zu Calderón. Concordancia aplicada a las obras de Calderón con auxilio de una computadora electrónica*, Hildesheim-New York, Georg Olms, 1980-1983.

FLASCHE, H., «Calderón y la cultura griega», en *Actas del X Congreso de la Asociación Internacional de Hispanistas,* ed. de A. Vilanova, Barcelona, PPU, 1992, vol. II, pp. 939-948.

GT, CALDERÓN DE LA BARCA, P., *El gran teatro del Mundo*, en *Obras completas, Autos*, ed. Á. Valbuena Prat, Madrid, Aguilar, 1987, vol. III.

HP, CALDERÓN DE LA BARCA, P., *El nuevo hospicio de pobres*, ed. I. Arellano, Pamplona-Kassel, Universidad de Navarra-Edition Reichenberger, 1995.

IN, CALDERÓN DE LA BARCA, P., *La inmunidad del sagrado*, ed. J. M. Ruano, D. Gavela y R. Martín, Pamplona-Kassel, Universidad de Navarra-Reichenberger, 1997.

Les estampes des Wierix, I, Bruxelles, Bibliothèque Royale, 1978.

MC, CALDERÓN DE LA BARCA, P., *A María el corazón,* ed. I. Arellano, I. Adeva, F. Crosas y M. Zugasti, Pamplona-Kassel, Universidad de Navarra-Edition Reichenberger, 1999.

MM, CALDERÓN DE LA BARCA, P., *Los misterios de la misa,* ed. J. E. Duarte, Pamplona-Kassel, Universidad de Navarra-Reichenberger, 2007.

MT, CALDERÓN DE LA BARCA, P., *El maestrazgo del toisón*, en *Obras completas, Autos*, ed. Á. Valbuena Prat, vol. III, Madrid, Aguilar, 1987.

NEUMEISTER, S., «Escenografía cortesana y orden estético-político del mundo», en *La escenografía del teatro barroco*, ed. A. Egido, Salamanca, Universidad de Salamanca, 1989, pp. 141-159.

NM, CALDERÓN DE LA BARCA, P., *La nave del mercader*, ed. I. Arellano, Pamplona-Kassel, Universidad de Navarra-Reichenberger, 1996.

NP, CALDERÓN DE LA BARCA, P., *El nuevo palacio del Retiro*, ed. A. G. K. Paterson, Pamplona-Kassel, Universidad de Navarra-Reichenberger, 1998.

PCM, CALDERÓN DE LA BARCA, P., *Psiquis y Cupido* (Madrid), en *Obras completas, Autos*, ed. Á. Valbuena Prat, Madrid, Aguilar, 1987, vol. III.

PCT, CALDERÓN DE LA BARCA, P., *Psiquis y Cupido* (Toledo), en *Obras completas, Autos*, ed. Á. Valbuena Prat, Madrid, Aguilar, vol. III, 1987.

RUANO DE LA HAZA, J., *La puesta en escena en los teatros comerciales del Siglo de Oro*, Madrid, Castalia, 2000.

Schreiner, J., dir., *Métodos de la exégesis bíblica*, Barcelona, Herder, 1974.
SE, Calderón de la Barca, P., *La segunda esposa. Triunfar muriendo*, ed. V. García Ruiz, Pamplona-Kassel, Universidad de Navarra-Edition Reichenberger, 1992.
SP, Calderón de la Barca, P., *El sacro Pernaso*, ed. A. Rodríguez, Pamplona-Kassel, Universidad de Navarra-Edition Reichenberger, 2006.
Tietz, M., ed., *Calderón y su puesta en escena a través de los siglos, Actas del XIII Coloquio anglogermano sobre Calderón*, Stuttgart, Franz Steiner, 2003.
TM, Calderón de la Barca, P., *Triunfar muriendo*, en *La segunda esposa. Triunfar muriendo*, ed. V. García Ruiz, Pamplona-Kassel, Universidad de Navarra-Edition Reichenberger, 1992.
Varey, J. E., «La puesta en escena de los autos sacramentales en Madrid en los siglos xvi y xvii», en *Cosmovisión y escenografía. El teatro español en el Siglo de Oro*, Madrid, Castalia, 1987, pp. 339-350.
VI, Calderón de la Barca, P., *La viña del Señor*, ed. I. Arellano, B. Oteiza, Á. Cilveti, M. C. Pinillos, Pamplona-Kassel, Universidad de Navarra-Edition Reichenberger, 1997.

Abreviaturas de los títulos de autos de Calderón

AD	*El arca de Dios cautiva*
AH	*Los alimentos del hombre*
AM	*El año santo en Madrid*
AP	*Andrómeda y Perseo*
AR	*El año santo de Roma*
CA	*El cubo de la Almudena*
CB	*La cena del rey Baltasar*
CE	*La cura y la enfermedad*
CI	*El cordero de Isaías*
DC	*El divino cazador*
DD	*El día mayor de los días*
DF	*La divina Filotea*
DI	*El diablo mudo (primera versión)*
DIS	*El diablo mudo (segunda versión)*
DJ	*El divino Jasón*
DM	*La devoción de la misa*
DOP	*El divino Orfeo (primera versión)*
DOS	*El divino Orfeo (segunda versión)*
DP	*El verdadero dios Pan*
EC	*Los encantos de la culpa*

ER	*Las espigas de Ruth*
FC	*La primer flor del Carmelo*
FI	*El pastor Fido*
GD	*El gran duque de Gandía*
GM	*El gran mercado del mundo*
GT	*El gran teatro del mundo*
HC	*La humildad coronada*
HP	*El nuevo hospicio de pobres*
HV	*La hidalga del valle*
IG	*El indulto general*
IM	*No hay instante sin milagro*
IN	*La inmunidad del sagrado*
IS	*La Iglesia sitiada*
JF	*El jardín de Falerina*
LA	*El lirio y el azucena*
LC	*La lepra de Constantino*
LE	*Llamados y escogidos*
LM	*El laberinto del mundo*
LQ	*Lo que va del hombre a Dios*
MC	*A María el corazón*
MF	*El árbol del mejor fruto*
MM	*Los misterios de la misa*
MR	*Mística y real Babilonia*
MT	*El maestrazgo del toisón*
NH	*No hay más fortuna que Dios*
NM	*La nave del mercader*
NP	*El nuevo palacio del Retiro*
OM	*Las Órdenes militares*
OR	*El orden de Melchisedech*
PB	*El primer blasón del Austria*
PCM	*Psiquis y Cupido (Madrid)*
PCT	*Psiquis y Cupido (Toledo)*
PD	*El pintor de su deshonra*
PF	*La protestación de la Fe*
PG	*La piel de Gedeón*
PM	*El pleito matrimonial del cuerpo y el alma*
PR	*Primer refugio del hombre y probática piscina*
PS	*Primero y segundo Isaac*
QH	*¿Quién hallará mujer fuerte?*
RC	*La redención de cautivos*
RE	*A Dios por razón de estado*
SB	*El segundo blasón del Austria*

SC	*La semilla y la cizaña*
SE	*La segunda esposa*
SG	*El socorro general*
SH	*Sueños hay que verdad son*
SM	*La serpiente de metal*
SP	*El sacro Pernaso*
SRP	*El santo rey don Fernando (primera parte)*
SRS	*El santo rey don Fernando (segunda parte)*
SS	*La siembra del Señor*
TB	*La torre de Babilonia*
TE	*El tesoro escondido*
TM	*Triunfar muriendo*
TPP	*Tu prójimo como a ti (primera versión)*
TPS	*Tu prójimo como a ti (segunda versión)*
UR	*La universal redención*
VC	*El viático cordero*
VG	*La vacante general*
VI	*La viña del Señor*
VSP	*La vida es sueño (primera versión)*
VSS	*La vida es sueño (segunda versión)*
VT	*El veneno y la triaca*
VZ	*El valle de la Zarzuela*

ASPECTOS JOCOSERIOS DE UN MISMO GÉNERO DRAMÁTICO: MÁSCARAS SERIAS Y MÁSCARAS FACETAS

María Dolores Bravo Arriaga
Universidad Nacional Autónoma de México

La importancia de las ciudades como centro del poder político y simbólico se extiende también, y como consecuencia del dominio nuclear urbano, al ámbito cultural. En la Nueva España, la capital del virreinato irradia su influencia centralista e incluso mítica por el prestigio que México tuvo como capital del imperio mexica. Es inconcebible imaginar que el primero de los Austrias, Carlos V, al otorgar la cédula para la Real Universidad, la concediera a otra urbe que no fuese la capital del extenso dominio español de la América Septentrional. Recordemos, asimismo, que las sedes de las órdenes religiosas evangelizadoras se encontraban en la capital, aun cuando la labor misionera se extendió a los ámbitos rurales. Es por ello que Pedro de Gante desarrolló como punta de lanza su amorosa labor pedagógica experimental al incluir cartillas, cantos y un sin fin de imágenes coloridas, atractivas a la vista, en el colegio de San José de los Naturales de la ciudad de México. Esto sin olvidar la fundación del gran colegio de Santa Cruz de Tlatelolco, auténtica y genial creación de la mejor cepa humanista, del que asienta acertadamente Alfonso Reyes: «donde los discípulos eminentes acabaron por suplir en ocasiones a los frailes —por primera vez la raza conquistada dio allí maestros a los conquistadores»[1]. Lo mismo podríamos decir de los centros de educación de dominicos y de agustinos, por mencionar, por lo pronto, a las tres primeras órdenes que arribaron a la Nueva España

---

[1] Reyes, 1992, p. 27.

con la obsesiva idea de cumplir su destino providencialista en el mundo recién descubierto.

Este rasgo de centralizar las tareas religiosas desde la metrópoli novohispana se verá más acentuado al arribo de los hijos de Loyola en 1572. Fundaron un número importante de colegios en México, entre los que destacaron con eminencia el de San Ildefonso y el Máximo de San Pedro y San Pablo. Reyes hace la siguiente y significativa aseveración: «acusados de preferir lo urbano a lo silvestre, extendieron por el occidente y norte un catequismo famoso en los anales misionarios [...] establecieron estudios prácticos de lenguas indígenas en Tepozotlán, en breve competirán con la Universidad y un día dictarán la educación del país»[2]. Uno de los propósitos fundamentales de los jesuitas, desde los inicios de la orden, fue expandir su radio de dominio a todos los estamentos sociales. Como dice María Águeda Méndez en su tesis doctoral: «Su labor no fue sólo educativa [...] predicaban lo mismo a hombres y a mujeres [...] Su influencia con ellas fue a través de la confesión, la prédica y los ejercicios espirituales»[3]. Considero que esta expansión de su poderío intelectual se magnifica en proporciones desmesuradas y los hace, como bien sabemos, extender sus misiones a todo el orbe. Podemos decir que con ellos se inicia una muy efectiva globalización religiosa. Con los hijos de la Compañía, occidente y oriente cierran un afortunado y muy influyente círculo misional. Volviendo a la acción espiritual ejercida sobre las damas mexicanas, observamos que este influjo en la guía y el dominio de las conciencias femeninas fue muy importante, pues un gran número de sus hijas espirituales eran madres de los discípulos que engrosaban las filas de los numerosos colegios de la ciudad de México. Una de las estrategias jesuitas más eficaces dentro de toda su labor pedagógica fue la incorporación del teatro dentro de los planes de estudio. Como bien señala Pilar Gonzalbo: «También tenían un evidente contenido docente las representaciones teatrales, los emblemas alegóricos, los certámenes poéticos con temas religiosos, las mascaradas de los estudiantes y las procesiones de las reliquias o en la exaltación de los santos»[4]. Pensemos que la misma divisa de Ignacio para lograr una

---

[2] Reyes, 1992, p. 27.
[3] Méndez, 2006, p. 53.
[4] Gonzalbo, 2001, p. 56.

satisfactoria meditación, «la composición de lugar», entraña en sus términos semánticos una teatralidad implícita y explícita. «Composición» sugiere la elaboración de una reflexión conceptual y conmovedora, que según la retórica instruye y deleita a la vez. Y ya no digamos 'lugar' que nos refiere inmediatamente a una de las tres unidades dramáticas marcadas por la preceptiva lopesca. Dentro de estas ricas expresiones teatrales enseñadas en sus colegios, nuestro propósito es centrarnos en estos desfiles espectaculares que se denominaron máscaras y que eran las que más despertaban la diversión, el impacto estético y el mensaje ideológico y doctrinal en el público que entusiasta las admiraba. En un importante trabajo, María Bernal señala:

> No debe extrañarnos la constante presencia de máscaras en las fiestas de la Compañía, ya que de los fastos profanos, la máscara era el que mejor se adaptaba a las necesidades de celebración jesuita: fácilmente despojable de cualquier mácula secular, lo que principalmente se necesitaba para llevarla a cabo era una multitud de figurantes, casi tantos como alumnos rebosaban las escuelas de la Compañía e interesaba que participasen en sus festivos eventos[5].

Como ella misma indica, las definiciones de estos atractivos espectáculos se encuentran en los excitantes pozos de sabiduría y de insinuantes y sugerentes ideas que son los diccionarios. Covarrubias en su *Tesoro* explica: «La invención que se saca en algún regocijo, festín o sarao de cavalleros o personas que se disfrazan con máscaras [Se compone de más y de cara, porque hay debajo más cara de la que parece]». El *Diccionario de Autoridades*, además de seguir la entrada anterior, nos ofrece otra definición muy valiosa que se aplica a la perfección a las celebraciones jesuitas: «Festejo de Nobles a caballo, con invención de vestidos y libreas, que se ejecuta de noche, con hachas, corriendo parejas». El tiempo vespertino o crepuscular en el que se representaba la gran mayoría de estos, llamémosles «juguetes escénicos» intensificaba el efecto espectacular en el público y suscitaba un generalizado y catártico sentimiento de regocijo. Las máscaras cumplían las más variadas intenciones ideológicas y críticas. Como ejemplo, es inobjetable la que los estudiantes de la Compañía celebraron para denostar al célebre obispo poblano, Juan de Palafox y Mendoza, quien como sa-

---

[5] Bernal, 2005-2006, pp. 1-52.

bemos, tuvo una desavenencia tan seria con la poderosa Compañía, que le costó el destierro a Osma.

Máscara de los estudiantes de la Compañía Miércoles 7 de julio de este año [1650], entre las dos y las tres horas de la tarde [...] una máscara de todos los estudiantes de estudios mayores y menores a lo faceto, con ridiculidades de trajes, y atravesaron la ciudad, y se decía que era en hacimiento de gracias de la venida del señor virrey, siendo ellos los que solicitaban [...] al señor arzobispo para que los prebendados presos volviesen a sus prebendas, y fueron los que con sus públicas demostraciones han manifestado haber conseguido una grande hazaña en odio de las acciones del obispo de la Puebla y de su provisor[6].

Es el momento de diferenciar entre los dos tipos de máscaras que se representaban, las «graves» y las «facetas», o ridículas. En ambas era esencial el desfile o procesión de los estudiantes que se organizaba en cuadrillas. Como se sabe, fue en especial en la canonización de santos de la Compañía, cuando los jesuitas conmemoraron con justas poéticas de muy variadas modalidades métricas y formales los atributos esenciales del nuevo grande del Cielo. Bernal señala que este espíritu de contienda y de reto rememoraba los juegos caballerescos medievales desde la publicación del cartel, que era: «portado sobre una lanza por un caballerete armado y seguido de unos cuantos más de la misma guisa»[7]. Esto no es extraño en una orden que surge sacralizando los ritos de la caballería heroica para convertirla en una milicia santificada.

No obstante, la identidad y definición de la máscara residen en su finalidad: la grave o seria es la que revela pasajes biográficos ejemplares del homenajeado y los representa por medio de motes, imágenes y poemas, en clara referencia a la cultura y artes emblemáticos, a la écfrasis del emblema *triplex* mote o sentencia, la representación plástica y la explicación en verso. Sabemos que los jesuitas fueron entusiastas propagadores de la emblemática, arte que encierra el poder sintético de la interpretación y del ingenio conceptuales. A esto se añade el desfile de las cuadrillas estudiantiles a caballo o en carros triunfales que representan los episodios más significativos de la edificante existencia del recién beatificado. También está presente el enla-

---

[6] Guijo, *Diario 1648-1664*, t. I, pp. 109-110.
[7] Bernal, 2005-2006, p. 6.

ce argumental imprescindible que incluye la representación, los textos del certamen poético, los carros alegóricos, con el octavario al final de la celebración: la predicación de los sermones por los más destacados oradores sagrados de las diversas órdenes religiosas. Tanto los elementos escénicos de la máscara grave, como los verbales de los textos predicados, son un espléndido panegírico del héroe hagiográfico.

En cambio, la máscara faceta o ridícula es una breve escenificación relacionada con la liberación de la risa o la burla y está asociada «con el contexto fecundo del carnaval», como indican Evangelina Rodríguez y Antonio Tordera[8]. A esto podemos añadir la gestualidad muchas veces grotesca y excesiva que invierte los términos de la lógica del mundo. Como señalamos en un trabajo anterior: «Si en la Máscara grave se representaban momentos climáticos y ejemplares de la vida del santo, en la faceta son los 'marginados normales', los locos quienes van a relajar la tensión de la solemnidad anterior. En el juego de la parodia y de lo ridículo, se inicia el desfile de la doble inversión: 'colegiales vestidos de mujeres, doblemente locos, ya que son dementes y del sexo femenino'»[9]. Es claro que estas obras ofrecen alteración y confusión opuestas al orden establecido. Si bien las máscaras facetas no mostraron la liberalidad y el exceso casi orgiástico de ciertas festividades medievales que escapaban del control eclesiástico, sí podemos ver en ellas cierto contenido crítico y desacralizador del orden del mundo invertido en su lógica cotidiana y a veces en sus ejes axiológico-políticos de poder. Muestra de ello es la ya citada mascarada, burla de la alta jerarquía del poderoso prelado poblano, y que los colegiales jesuitas se atrevieron a representar. Al respecto dice Harvey Cox en su importante libro:

> Las Fiestas de Locos han demostrado que una cultura puede permitirse el lujo de ridiculizar periódicamente sus más sagradas prácticas religiosas y políticas. Hicieron posible, al menos por un tiempo, la fantasía de un mundo absolutamente distinto, donde el último era el primero, la jerarquía de valores quedaba invertida, los tontos eran reyes y los monaguillos, obispos[10].

---

[8] Rodríguez-Tordera, 1983, p. 58.
[9] Bravo, 1997, p. 191.
[10] Cox, 1983, p. 18.

En esta exposición me voy a restringir a algunas máscaras graves y facetas de festejos jesuitas. Una de ellas es prácticamente desconocida y se escenificó en Manila para celebrar la canonización del tercer general de la Orden, San Francisco de Borja. Se encuentra en el Fondo Reservado de la Biblioteca Nacional de México, y como ocurre con los documentos provenientes de esa remota parte del orbe, está impresa en el típico papel de arroz delgado y de color amarillento. Forma parte de la descripción de festejos que ostenta el siguiente título: *Descripcion festiva, y verdadera relacion de las celebres pompas, Y esmerados aciertos, con que la Sagrada Religion de la Compañía de Iesus aplaudio gozosa en estas Philipinas la Canonizacion de su Gran Padre San Francisco de Borja...*, (1674) y se debe a la pluma de José Sánchez del Castellar. La narración completa se compone de más de cien folios. Como se puede constatar, son tres grandes sucesos hagiográficos los que se conmemoraron: la beatificación y canonización de dos extraordinarios personajes que, por ser españoles, refulgen más, y la dicha de que un obispo polaco haya alcanzado la etapa antecedente a la canonización. El «plato fuerte» de este festejo es, sin duda alguna, la canonización de San Francisco de Borja, quien comparte con Estanislao Koska la alta dignidad eclesiástica, y con Fernando el linaje de la más elevada nobleza hispana, así como la circunstancia vital de haber sido ambos soldados al servicio de la fe; los dos lucharon en épocas convulsas y determinantes para salvaguardar la religión católica. En cuanto al rey Fernando el Santo, es de sobra conocida su empresa heroica como paladín de la reconquista: «Cuando subió al trono de Castilla (1217), ya los españoles habían perdido Castilla, Navarra, León y Aragón; cuando murió, los árabes sólo retenían Granada, cuyo emir se había hecho vasallo suyo»[11].

Por ser un santo y miembro de la Compañía, el jesuita recién canonizado propicia un regocijo doble y también una más que entusiasta celebración. Junto a su elevación a los altares se conmemora el suceso de haber sido él, en 1572, quien envió a Nueva España a los primeros padres de la Compañía, por lo que se aprovechó la ocasión también para festejar el centenario del arribo de los hijos de San Ignacio a esta parcela del orbe. Además, «San Borja», como se le popularizó en las tierras recién descubiertas, fue el tercer general de la

---

[11] Englebert, 1985, p. 198.

Compañía de Jesús, cercano a Ignacio y se reflejó como auténtico «espejo de príncipes» por haber renunciado a las glorias del mundo, como él mismo dijo al contemplar el cadáver corrupto de la bellísima reina Isabel de Portugal, esposa del emperador, para servir a «Señor que no se me muera». En aquél que fuera virrey de Cataluña y duque de Gandía, entre otros títulos, se conjugan el poder temporal y el espiritual, las palmas terrenas y la gloria celestial.

Uno de los aspectos que llama la atención del lector es la correlación entre el púlpito y el escenario, principio didáctico de la Compañía por lo que a *delectare* y *docere* concierne. Evoquemos los versos calderonianos de la loa a *La segunda esposa o triunfar muriendo,* cuando el personaje Pastor da la siguiente definición de auto sacramental: «Sermones/ puestos en verso, en idea/ representable, cuestiones/ de la Sacra Teología/ que no alcanzan mis razones/ a explicar ni comprender,/ y el regocijo dispone/ en aplauso deste día»[12]. No debemos olvidar que el gran dramaturgo barroco estudió con los jesuitas, lo que se refleja en las argumentaciones dialécticas de sus dramas. En esta relación impresa en las Filipinas, al mencionar la octava de la liturgia festiva, el autor expresa estas palabras familiares para la pedagogía ignaciana:

> No les pareció a los padres, que ninguna hora de los días de la octava holgase, sino que trabajasen todas en alabanzas de sus sanctos, y assi dispuso su devocion que en pulpito teatral se continuase para las tardes en el atrio, escrupulizandoles la Iglesia, por solo lo vulgar del nombre comico, quando por lo sentenzioso, dezente, devoto, y exemplar pudieran sus conceptos representarse en el pulpito[13].

De esta manera se homologan dos espacios de similar eficacia conceptual y espectacular: el lugar de la predicación y el atrio como escenario teatral. Los dos poseen una innegable eficacia teatral; en ambos se hace efectivo el impacto dramático de la palabra, la gestualidad y el poder de convicción que se ejerce en la traslación escénica de las estrategias jesuitas para convencer a los fieles en sus diversas formas de captar la atención.

---

[12] Calderón de la Barca *La segunda esposa...*, p. 145.
[13] Sánchez del Castellar, *Descripcion festiva...*, f. 8r.

Los ejemplos podrían multiplicarse pero consideramos que éste es más que elocuente para establecer la correspondencia entre ambos lugares, el interno del templo y el exterior del claustro, la plaza y la calle. Huelga decir que a la representación asistió lo más granado de la sociedad de Manila, en especial se hace mención de las autoridades, «todas las tardes honrró la Real Audiencia y las mas el Señor Arzobispo los sitiales, que para sus funciones estaban prevenidos, como a quien con especialidad se procuraba festejar»[14]. En la designación especial que se da a las máximas autoridades, se pone énfasis a la jerarquización ritual que en la sociedad hispánica se tenía ante el poder. El cronista recalca la designación de espacio escénico cuando el claustro se vuelve «theatro» para representar la vida de Estanislao Koska; expresa un breve juicio de valoración crítica al aseverar «Fue muy agradable a todos, así por lo elegante de su composición, como porque todos, o los más se hallaban sin sabiduría de las grandes virtudes de este santo»[15].

Después de estos prolegómenos de la representación pasemos a lo que Sánchez de Castellar denomina «Trozo de Máscara Crepuscular, entre grave y burlesca»[16]. Es decir, su definición se ubica entre dos tiempos establecidos, el día y la noche, y por ello, metafóricamente, la representación se coloca entre dos tonos dramáticos, el serio y el jocoso. Es en verdad deslumbrante la descripción del escenario, la del tiempo nocturno con la luz artificiosa de las luminarias, así como la participación de las nutridas cuadrillas de algunos personajes identificados y de comparsas que enriquecen la escenificación. La sinestesia para agradar y gratificar a los diversos sentidos entregados al espectáculo se expresa magistralmente en esta descripción que anuncia la presencia de las máscaras:

> Serían las nuebe (dixera de la noche, si esto pudiera entenderse con este dia) quando goloso el deseo del grande concurso con inquietud gustosa se hacia ojos, inquiriendo la causa de un tan repentino, quanto crecido rumor de casacabeles, trompetas y chirimias, que confundidas de tumultuosas y populares vozes, hizo armonia suave al oydo la misma destemplanza de sus ecos. Luego se reconocio eran anuncios de las mascaras [...][17].

---

[14] Sánchez del Castellar, *Descripcion festiva...*, f. 8v.
[15] Sánchez del Castellar, *Descripcion festiva...*, f. 9r.
[16] Sánchez del Castellar, *Descripcion festiva...*, f. 10r.
[17] Sánchez del Castellar, *Descripcion festiva...*, f. 10v.

Se presenta un gigante del cual se menciona que es el Coloso de Rodas. El autor reconoce la destreza de los artesanos, tanto en el aspecto llamémosle técnico, así como en la elaborada sofisticación de la tramoya. La presencia del ser descomunal en su tamaño no sólo evoca a una de las maravillas del mundo antiguo sino que manifiesta la presencia de un ser deforme, un gigantón, tan apreciado en las representaciones cómicas callejeras. La sorpresa que depara el artífice que la construyó deja embobado al público:

> juzgaronle todos por immobil y por eso por infructuosa la gravedad de tamaña fabrica, pues no avia de poder servir en el paseo. Pero tan presto halló, que objecionar la reparada curiosidad [...] presto le boluio su honrra al artifice viendo moverse por sí sola aquella animada montaña, y digo animada, porque dentro de su dilatado pecho respiraba vn resplandeciente horno a merced de multiplicadas antorchas[18].

Es asimismo digna de mencionar la atracción de la luz que como motivo temático incluye lo sensorial con lo impresionante de sus dimensiones, cerca de quince codos. Según Covarrubias,

> Es codo cierto género de medida, y un codo tenia seis palmos, conviene a saber ventiquatro dedos, porque los quatro dedos hazían un palmo diferente del que nosotros tenemos, estendiendo el pulgar al meñique lo que pueden estirarse; y pie y medio hazía un codo. El hombre, en proporción, tiene altura quatro codos. Algunas damas añaden otro de chapín, ya que no le pueden añadir en el cuerpo [...][19].

No pudimos dejar de citar este delicioso comentario del filólogo que alude a la coquetería inherente de las mujeres para llamar la atención de sus admiradores. El descomunal personaje patentiza el gusto por lo grotesco y monstruoso, tan apreciado por la cultura barroca y que aporta un elemento de espectacularidad a la vista de los asistentes. Sus dimensiones eran enormes y tan impresionantes: «que el hueco de cada pierna era el espacioso retrete de un hombre»[20]. Tanto Cobarruvias como *Autoridades* nos dan una definición similar de re-

---

[18] Sánchez del Castellar, *Descripcion festiva...*, ff. 10-v11r.
[19] Covarrubias, *Tesoro...*, s. v.
[20] Sánchez del Castellar, *Descripcion festiva...*, f. 11r.

trete: «El aposento mas pequeño y recogido en la parte mas secreta de la casa y más apartada, y assi se dixo de *retro*»[21]. No era, pues, nada despreciable la dimensión de esta figura.

Otro motivo de distracción y sorpresa, efecto primordial para tener siempre despierto el interés de los espectadores, es la también monstruosa aparición de: «ocho satiros de papel, que de cuerpo arriba iban vestidos de teatinos, y de la cintura debajo, de caballos [...] echando a todas partes cantidad de cedulillas que pasaron [...]con privilegios de mogiganga»[22]. Llama la atención la hibridez de las figuras desmesuradas, mezcla de frailes teatinos, orden regular con sede en la ciudad italiana de Teates, fundada en 1524, y de la que, evidentemente, los miembros de la Compañía hacen una graciosa burla. La mención de los sátiros sugiere dos significados: primero la referencia de esa criatura que brotó de la fecunda imaginación de los clásicos grecolatinos y que era mitad hombre y mitad bestia, y por otra parte evoca a la sátira como el género de obras mordaces y agudas, tan abundantes en todas las épocas y tan cultivadas por la literatura del seiscientos. Del cuerpo de estos personajes se menciona al caballo, animal que sugiere: «la tiranía incontrolable de los instintos [...] fuerza, virilidad, sexualidad [...] es símbolo de la fuerza bruta domeñada por la razón»[23]. Es claro que en la referencia privan el disparate y el exceso, permitidos en estas figuras burlescas y extravagantes. Además, la mención de la mojiganga se ajusta a la definición de Cotarelo: «breve juguete escénico, grotesco por su asunto, sus tipos y sus disfraces (frecuentemente de animales)»[24]. Al respecto señala María Bernal: «Durante el siglo XVII quedaron fijadas las dos acepciones más usuales de la palabra: como festejo carnavalesco, es decir, el desfile de disfraces ridículos y vistosos, durante el tiempo de Carnaval; o como pieza teatral breve, que vino a ser un desarrollo dramático de la mojiganga callejera»[25].

Otro tópico frecuentado en este tipo de representaciones era la referencia a varias naciones y a los cuatro continentes, lo cual nos habla de la exitosa expansión misionera que los jesuitas habían alcanzado

---

[21] Covarrubias, *Tesoro...*, *s.v.*
[22] Sánchez del Castellar, *Descripcion festiva...*, f. 11v.
[23] Becker, 1998, p. 58.
[24] Díez Borque, 1978, p. 281.
[25] Huerta Calvo, 2001, pp. 73-76, citado por Bernal, 2005-2006, p. 7.

en los confines del mundo conocido. El llamado «Apóstol de las Indias», San Francisco Javier (1506-1552), había cumplido su gran misión apostólica en los más lejanos puntos geográficos del oriente. Es, sin duda alguna, uno de los grandes santos de la Compañía; por su predicación del evangelio fue canonizado en 1622, el mismo año en que lo fueron el patriarca de su Orden, Ignacio de Loyola y Santa Teresa de Jesús. La Iglesia reconoció y honró a los tres por la gran y exitosa expansión de la fe y la ortodoxia católicas.

Para demostrar la influencia de Borja en los distintos países europeos, que se menciona en una gran variedad de naciones y vestimentas, tomamos como ejemplo a Francia:

> iban con doze cavalleros [...] vestidos con diversidad de trajes, porque nunca a esta nación se le ha averiguado su traje derecho [...] no iban con demasiado juicio [...] iban cantando en tono de amolar tijeras y cuchillos: 'Monsiur de la lombayne/ taranan, taratú,/ Que no ay tan gran Sant/ En la Iglesia como bú'[26].

En la ocurrente indicación acerca de la vestimenta se alude a una variedad discordante de trajes que se identifica e intensifica con el ruido chirriante de una piedra de afilar. La cuarteta es sumamente graciosa por las grafías onomatopéyicas del habla francesa, fácilmente divertida y en tono de cómica e hiperbólica alabanza a Borja, al que se ubica como santo impar de la Iglesia, que es la única que posee la facultad para licitar la llegada de alguien a los altares. La mención a diez naciones tiene la intención devocional e ideológica de proyectar a San Francisco en un culto universal, ya que la canonización es un «Acto solemne por medio de la cual decreta el Papa que una persona difunta ha sido admitida en la lista de los santos y puede ser venerada públicamente por la Iglesia universal»[27].

Otra referencia jocosa y de clara intención literaria es, como veremos a continuación, la mención de Góngora. Apenas si es necesario recordar el influjo que el poeta cordobés ejerció en la gran cantidad de imitadores en ambos lados del Atlántico, y en el caso de las lejanas islas Filipinas, también al otro lado del Pacífico. La máscara tributa un gracioso homenaje al escritor, mencionando y parafraseando

---

[26] Sánchez del Castellar, *Descripcion festiva...*, f. 11v.
[27] Pike, 2001, p. 89.

cómicamente sus obras: «Siguiéronle con Gongorina soledad las estremidades de dos mentidos robadores de Europa [...]»[28]. No sólo se apunta a la magna silva gongorina, *Las Soledades,* sino que también se menciona su lírica popular en arte menor:

> Aparecen dos himbiernos a caballo [...] salieron a la máscara de buena gana, por lograr un día de noche corta [...] Pasaron asustando talones y martirizando, sin hablar palabra, temiendo se les elasen al salir de la voca: pero cada uno en su tarja daba cuenta de si con estas tiritadas letrillas: 'El 1. Vaya yo caliente/ Y ríase la gente'. El 2. 'Esta sí que es friolera'[29].

El juego verbal está lleno de gracejo, de doble sentido y sin duda alguna es un intencionado guiño para caer en la tentación poética de la que nadie se escapaba: la imitación y el seguimiento del genial andaluz. Ser su epígono fue una moda que prendió como epidemia de la que era casi imposible librarse.

Continúa la representación con un «Trozo de Máscara grave» que da un giro al tono de la representación, otorgándole la dictada amenidad que recomienda la retórica, al seguir el dictado de la variedad de registros a una escenificación de carácter masivo y «universal», es decir, dirigida a una audiencia compuesta por todos los estamentos sociales. Si ya se mostró en las Máscaras facetas el protagonismo del santo jesuita en Europa y en el tiempo cronológico y terreno en la sinécdoque del invierno, en la Grave se buscan dos propósitos: desarrollar no sólo el tema de la universal validez hagiográfica de San Francisco de Borja en este mundo, sino también de su proyección cósmica y sobrenatural: «Dispúsose este estrellado trozo figurando a los doze signos y los siete Planetas, en diez y nueve parejas de a dos: luziendo cada una sin par, y estremandose en lo rico, curioso y ostentativo, que el ingenio mas fiel no se atreuio a inclinar la balanza del aprecio mas a vn lado que a otro»[30]. De entre las representaciones de los signos zodiacales y de los astros, el Sol naturalmente brilla en el firmamento como el oro, único metal incorruptible; del mismo modo Borja refulge en la constelación de los santos católicos. El entonces considerado planeta posee un simbolismo múltiple; entre otras acep-

---

[28] Sánchez del Castellar, *Descripcion festiva...*, f. 17r.
[29] Sánchez del Castellar, *Descripcion festiva...*, f. 17r.
[30] Sánchez del Castellar, *Descripcion festiva...*, f. 17r.

ciones se le vincula con Cristo mismo, como Sol de justicia; huelga decir que es el generoso dador de vida. En el caso de los grandes nobles, como lo fue el duque de Gandía, la metáfora del culto que se le debe al poderoso «ciega» simbólicamente al súbdito. De ahí que éste incline la cabeza, por un lado como signo de reverente respeto, así como para librarse de la falta de visión que implica el potente resplandor que emana del monarca de los astros, al que sólo se puede ver de reojo e inclinando la cabeza. Por ello, dos actores que representaban a dos miembros destacados de la milicia «parecieron dos vezes hijos del Sol, una por lo que este hermosíssimo planeta influie en la humana generación, y otra porque el adorno de sus personas le engrandeció el puro metal, criado a expensas de la influencia de sus rayos»[31]. En la tarja que lleva uno de ellos se lee esta deliciosa cuarteta: «Sin el Sol no ay alegria/ Y assi a la fiesta he venido/ Con que anda todo luzido/ En aquesta Compañía»[32]. El juego de palabras se expresa en la doble significación de Borja como Sol que resplandece con su presencia y con la luz que emana para hacer brillar a su instituto religioso o sea a la Compañía. Dentro del tópico del recorrido astronómico de los planetas, aparece Júpiter, como «mentido robador de Europa», según consta en esos ya célebres y hermosíssimos versos con los que inicia la Soledad Primera. En la relación festiva se plasma la necesidad de relacionar a Europa con el hasta entonces inédito archipiélago, descubierto por Miguel de Legazpi en 1569, y bautizado como Filipinas en honor del entonces gran soberano del imperio español, el segundo de los Felipes. Dos farsantes, como se les denominaba también entonces a los actores, portaban: «en sus tarxetas estas letras: De donde tan bella tropa/ Vino al suelo Filipino./ Es que el Júpiter divino/ Acá nos trajo su Europa»[33]. De nuevo, como ocurre con estos breves divertimentos escénicos, la combinación de palabras logra el doble e ingenioso significado que mueve a risa. La referencia apunta tanto a la ninfa que raptó Júpiter, como a la presencia del continente europeo en Asia. Son juegos de ingenio que no entrañan una gran dificultad conceptual y que hacen reír al espectador medianamente culto, quien se siente gratificado de penetrar el significado de las car-

---

[31] Sánchez del Castellar, *Descripcion festiva...*, f. 18r.
[32] Sánchez del Castellar, *Descripcion festiva...*, f. 18r.
[33] Sánchez del Castellar, *Descripcion festiva...*, f. 20v.

telas. Al final del desfile astronómico: «Zerró Escorpión esta máscara, pero no para morder con ella, aunque iba a la cola»[34]. El autor, Sánchez de Castellar, sale aparejado con otro distinguido comparsa que ostenta el burlesco y divertido nombre de «Capitán Don Miguel de Pan y Agua»[35]. El lujo y la gala de sus libreas y lacayos hubiera dejado atónitos a todos los numerosos espectadores: «a no estar tan hecha la vista del concurso a tan costosos primores, como habían antezedido»[36]. Añade en su tarja esta quintilla, último y lucido ejemplo en verso del fin de fiesta de las Máscaras: «El gusto del estar viendo/ La máscara, que aquí va/ La enigma declarara/ Pues al irse despidiendo/ Qualquiera lo sentirá»[37]. La celebración llega a su fin en el tiempo real mas no en la memoria de aquellos que tuvieron el privilegio de presenciarla y de ser testigos de tan grandioso suceso como fue la canonización de Francisco de Borja.

Por último, el escritor reitera el esplendor sensorial y la riqueza exuberante de los diversos elementos que enriquecen el espectáculo inserto en el gusto barroco, en el que se logra la consigna ignaciana de alcanzar lo interior y lo trascendente por medio de los sentidos. Sánchez del Castellar, como ya dijimos que ocurre con los autores de estas relaciones festivas, incide en el valor emblemático y político que como centro de poder tiene la capital del archipiélago, en la que el entusiasmo se desbordó de tal manera que: «Paseó la máscara por todas las calles de Manila hasta las tres de la mañana». La concentración de los habitantes de las islas se conjuga en esta interesante enumeración: «Vestían todos trajes graciosos de diversas Naciones: Sangleyes, Japones, Armenios, Siames, Cafres, Malabares, Cambojas, Conchinchinas, Olandeses, Franceses, Españoles y aun Portugueses»[38].

Gran interés debe haber suscitado entre los europeos la mención de estos nombres que incitaban el exotismo hacia lo desconocido. En la jerarquía geográfica es lógico que sean nombrados hasta el último, pues desde la perspectiva asiática son la antípoda de occidente y en ellos descansa la condición de alteridad. Esta máscara resalta lo que señalamos al inicio de nuestra ponencia: la enorme y exitosa expansión

---

[34] Sánchez del Castellar, *Descripcion festiva...*, f. 22r.
[35] Sánchez del Castellar, *Descripcion festiva...*, f. 22r.
[36] Sánchez del Castellar, *Descripcion festiva...*, f. 22r.
[37] Sánchez del Castellar, *Descripcion festiva...*, f. 22r.
[38] Sánchez del Castellar, *Descripcion festiva...*, f. 23r.

misional que lograron los jesuitas para tender puentes culturales entre los más remotos confines de la tierra. Con sus logros de conquista misional, los límites del mundo derriban las barreras de la lejanía por medio de la plasmación de los sucesos festivos vertidos en el culto y en la lengua de una religión de valor hegemónico universal.

Muy lejos de Manila, en la gran urbe capital del virreinato novohispano del que Filipinas formaba parte, en la imperial ciudad de México, se festejó en 1672 la noticia dichosa de la canonización de San Francisco de Borja, ocurrida el:

> Domingo 12 de Abril de este año de 1671. N. M. S. P. Clemente X, con el Real y magnifico aparato, que en tales ocasiones se acostumbra, celebró en el Palacio Vaticano de S. Pedro la Canoniçacion de San Francisco de Borja, Duque IV de Gandía, y despues Religioso y Tercer General de la Compañia de Iesus. Publicose el decreto, y llegó á esta Corte de Granada tan feliz y desseada nueva[39].

Como ocurrió repetidamente, en los lejanos confines ultramarinos del vasto imperio español, las noticias llegaban con un retraso considerable de tiempo. La proclamación de Borja como nuevo santo se expide en abril de 1671. El anuncio de este feliz suceso llega a México meses después. La proclamación pública de las fiestas organizadas por la Compañía se pregona en enero del año siguiente, y las licencias para publicación se otorgan en mayo y junio de 1672, fecha en que sale a la luz. El texto consta de dos partes perfectamente diferenciadas: la relación del festejo y el certamen poético en el que participaron los más diestros y cultos ingenios mexicanos. La segunda parte incluye los ocho sermones predicados durante el octavario de la canonización del tercer general de la Orden. El último cierra con broche de oro el festejo todo, pues lo predicó el célebre y en su época muy reconocido y respetado, padre Antonio Núñez de Miranda, quien ha pasado a la posteridad sobre todo por haber sido el confesor de la célebre sor Juana Inés de Cruz.

Esta extraordinaria y anónima relación de fiesta es desde luego más conocida que la de Manila. No obstante, se ha trabajado parcialmente. Podemos decir que contiene los elementos esenciales de este gé-

---

[39] Anónimo, *Festivo aparato,...*, f. 2r.

nero que como bien asentó Dalmacio Rodríguez participa de lo histórico y de lo literario:

> los escritores de relaciones, conscientes de la importancia y delicadeza de sus obras —honrar a un rey no sería poca cosa—, las adscribieron a una formación textual autorizada: la historiografía. Este hecho podría parecer evidente y obvio; sin embargo, indica la intención de elevar las fiestas promovidas por las instancias del poder a la categoría de historia, y de considerar la actividad de narrarlas como una tarea historiográfica [...]. En efecto, existen claros indicios sobre la intención de los autores respecto de elevar los textos al rango de literatura, de sustentar artísticamente el relato. Recursos como la narración versificada o el lenguaje estilizado nos dan cuenta de ello[40].

Como ocurre con toda gran celebración pública montada por el poder para compartir e imponer a la colectividad los valores simbólicos e ideológicos que le dan legitimidad, el gran espacio de representación es la ciudad misma, 'teatro' en el que confluyen espacio y tiempo para servir de escenario a la gran representación:

> Lo primero que resalta es la congregación de los tres órdenes jerárquicos, civil, religioso y social que componen el tejido de la colectividad novohispana y que se delinean de acuerdo con el orden absolutista del estado de los Austrias. Los virreyes aparecen en primer término como representantes del monarca y, por lo tanto, como vicepatronos de la Iglesia virreinal. El prelado, que en este caso es fray Payo Enríquez de Ribera, solemniza en representación pontificia la ceremonia litúrgica del acto. Ambos, el gobernante civil y el religioso aparecen con sus respectivos cabildos. La «escogida nobleza» se compone de los acaudalados y fieles súbditos que forman parte de la estructura de dominio que ejercen Estado e Iglesia. Por último, surge como espectáculo y espectador el «piadoso pueblo» que se adhiere a los símbolos colectivos representados por el poder[41].

La canonización de los santos era siempre un acontecimiento que la Iglesia festejaba como un gran triunfo de la ortodoxia católica sobre la herejía, la gentilidad o la idolatría de aquellos que estaban fuera de su dominio. Al ser el hispánico un estado absolutista, en el que Iglesia y Estado dependían de la monarquía, la fe católica agregó al

---

[40] Rodríguez Hernández, 1998, pp. 136 y 140.
[41] Bravo Arriaga, 2002, p. 522.

valor religioso el político y el ideológico. Es conveniente recordar que en los dominios españoles el catolicismo fue la única religión permitida; lo que no se puede constatar al inicio de la obra es la incorporación de los estudiantes de la Compañía al festejo. El que publica el certamen poético es hijo de un oidor influyente miembro de la comunidad urbana. Como sabemos, la Real Audiencia fue el máximo órgano judicial, de tal importancia política y jurídica que sobre ella recaía el cargo de virrey si aún no llegaba de la Península el nombramiento oficial decretado por el soberano. Como ocurre en la gran mayoría de estas narraciones festivas, la concentración de gente fue enorme, nunca antes vista y, según los cronistas, será difícil que vuelva a ser igualada: «Quexosas pudieran quedar las anchurosas calles de México por la nota de estrechas que les imponía el atropado gentío que citado con los ecos de las prevenciones avía concurrido de muchas leguas, y engolosinado de ver un conjunto tan nunca visto, corría confusamente todos los tres días [...]»[42]. En estas pocas palabras encontramos varios sentidos textuales dignos de ser tomados en cuenta. Considero que es predominante la concepción espacio-temporal que imprime excepcionalidad a la fama y a la memoria. Ni antes y probablemente tampoco después se concentre tal número de espectadores: esta hipérbole es recurrente en todas las relaciones festivas y lo que indica es el deseo de hacer perdurable el tiempo por medio del recuerdo y de la palabra escrita. La ciudad de México, como ocurría desde la época prehispánica y como pasa todavía en la nuestra, siempre ha sido gran protagonista literaria de un sinfín de géneros. Aunque no lo citemos por ahora, podemos afirmar que el autor establece un puntual recorrido que las cuadrillas de las máscaras hacen por el corazón de la urbe. La concepción criolla de rescatar y sublimar el pasado indígena se observa en varios pasajes de la primera cuadrilla que representaba precisamente a los mexicanos. En esta ficción poética es Moctezuma, el último emperador azteca, pueblo adorador del Sol, quien reconoce en Borja al nuevo astro que hace un nuevo Oriente. El último tlatoani de México dirige estos versos al planeta luminoso: «El no conoce las sombras/ tu alternas las de dos orbes;/ él no sabe qué es ponerse/ tú cada día te pones»[43]. Cargada de sentido al reme-

---

[42] Anónimo, *Festivo aparato...*, f. 14r.
[43] Anónimo, *Festivo aparato...*, f. 14v.

morar la Conquista es la siguiente estrofa: «Mi Nación por Hijos tubo/ De el Sol a los Españoles;/ Y oy con mi Nación venero/ Ciertas sus aprehensiones»[44]. Es claro que debemos tomar con tiento el gentilicio, aunque creemos que en este contexto se refiere al origen de la Nueva España. La estrofa final sintetiza un panegírico triunfal al nuevo señor del Cielo: «Ea illustres Mexicanos/ Vuestra lengua se remonte/ clamando con toda el alma,/ Viva Nuestro Santo Héroe»[45]. La alabanza no deja de tener un cierto tinte épico, que identifica al fundador de la Compañía en la Nueva España como nuevo apóstol evangelizador de las Indias.

Recordemos que los colegios de la Compañía fueron los primeros que impartieron educación gratuita en Nueva España. El requisito principal era que provinieran de familias católicas de probada virtud; los seguidores de San Ignacio se encargaban de resaltar el talento y la agudeza intelectual que demostraban los alumnos. Sin embargo, recordemos que también los hijos de las más ilustres familias se educaron en los planteles jesuitas. Dijimos que un público cautivo para los predicadores y confesores de la Orden eran las madres de los estudiantes. Simpáticas en verdad son las palabras con las que el anónimo escritor refiere el cuidado de las damas para ataviar a sus hijos. Se esmeraron para que lucieran en la Cuadrilla de la Máscara grave los trajes de mexicanos: «siete bellos Adonis disfrazados con el siempre garboso trage Mexicano [...] Solo quien sabe las joyas que sobran en este emporio de la América y nota lo que se sabe disponer y aun desperdiciar el amor de las Madres en el lucimiento de sus hijos [...] podrá hacer algún concepto de los brocados, telas que en esta fiesta se rozaron»[46]. De lo anterior podemos deducir no sólo la preocupación de las progenitoras, sino el énfasis que se hace sobre los complejos atavíos de los antiguos mexicanos, idealizados por la mentalidad criolla como parte también de un pasado histórico esplendoroso. A esto debemos agregar un rasgo muy característico de la escritura barroca: el gusto por la incorporación de objetos suntuarios como lujo ornamental y como suntuosidad discursiva. En la cuarta cuadrilla se aludió como identidad biográfica decisiva a la preparación intelectual del

---

[44] Anónimo, *Festivo aparato...*, f. 14v.
[45] Anónimo, *Festivo aparato...*, f. 15r.
[46] Anónimo, *Festivo aparato...*, f. 10r.

Santo, requisito indispensable y casi segunda naturaleza en los hijos de Loyola: «hizo ostentación de los grados de Maestro en Artes, y Doctor en Teología que obtuvo San Francisco de Borja en la Universidad insigne de Gandía, q. avía fundado y que contaba con quarenta Maestros y Dotores de todas Facultades, cerrando el todo del claustro un Cavallerito muy agraciado que hizo officio de Rector»[47]. La teatralidad se logró de forma acabada en la alusión que se hace a este mundo en el que se incluyen, con las acotaciones pertinentes, los roles que cada quien desempeña en este espectáculo que bien podemos denominar masivo, con lo cual se designa también la participación de una colectividad que comparte y cree en los ideales del imaginario colectivo. El actor que representa al Santo está ataviado con los objetos que designan su labor intelectual: «bonetes, gorras y mucetas» y borla doctoral[48]. De cara al numeroso público recita esta décima:

> Duque y súbdito en Gandía,
> aquel solo en el Palacio,
> y este en IESUS tan de Ignacio,
> que todo me poseía;
> de Doctor en Theología
> el grado por su mandado
> recebí y aunque forçado,
> por lo que trae de esplendor,
> mas por fuerza Superior
> lo accepté bien de mi grado[49].

Es de gran significación la aceptación que se hace del voto de obediencia, el más importante para los miembros de la Compañía. Es bien sabido que Ignacio había pedido, más aún, ordenado a los soldados de su milicia que, al igual que él había hecho, enajenaran su voluntad para lograr la grandeza de su Instituto

> Como ocurría en la procesión de Corpus Christi, en la que al final de la representación del auto sacramental aparecía una hostia o un cáliz de enormes dimensiones, así, al final de la Máscara grave surge un deslumbrante ca-

---

[47] Anónimo, *Festivo aparato...*, f. 13r.
[48] Anónimo, *Festivo aparato...*, f. 13r.
[49] Anónimo, *Festivo aparato...*, f. 13v.

rro con un San Francisco de Borja de tamaño natural, ataviado con la palma y la corona de santidad y celebrado por el redoble de un clarín[50].

Un actor recita unos versos de buena factura y concluye con la siguiente cuarteta: «Creyendo que es vuestra gloria/ la que fue vuestro blasón,/ ¡o qué gloria si este fue/ la mayor gloria de Dios!»[51].

Para concluir con esta exposición de las Máscaras que se representaron en esas jornadas inolvidables para todos los habitantes de México, y más aún para los integrantes de la Compañía, recapitulemos las facetas o burlescas. Son la otra cara de la medalla de las graves, en ellas se ridiculiza a personajes populares y muestran la inversión de la lógica de la realidad; la tan querida idea barroca del mundo al revés.

La simplicidad de los locos la comparten los niños en su ingenuidad. En una de las Máscaras facetas, aparecen «cinquenta rapacitos del tiempo antiguo que venían agavillados, contaban no menos que por centenares los Diziembres de su tierna puerilida [...] que era mucha la nieve de sus canas [...] venían sentados en dos hileras de la portátil escuela [...] se divisaba que tenían mucho de viejos verdes»[52]. La Compañía hace mofa de su propia misión de enseñanza, pues deletreaban con esfuerzo: «Leen Señores que quitan calçones y dan canelones. Otro gritaba P A N, pan»[53]. La burla funciona en el sentido contrario de la realidad que impartía una educación de excelencia, mientras que los estudiantes representados son menos que débiles mentales. La ignorancia campea en esta ilusoria escena de una realidad deforme. Por último, y siguiendo una metafórica y simbólica inversión de la realidad:

> bien alusivo á las Armas de la Excellentíssima Casa de los Señores Borjas y al elevado triumpho de su Glorioso descendiente, salió un *quidam* vestido todo de varias vistosas plumas, y cavallero en un hermoso verdadero buey con amagos de que volaba con unas alas bien correspondientes á la proporción de su grandeza, como lo explicaba esta Redondilla: Por impossible Español/ ha mil años que corría:/ mas un Duque de Gandía/ me hizo volar hasta el Sol[54].

[50] Bravo Arriaga, 1997, p. 190.
[51] Bravo Arriaga, 1997, p. 190.
[52] Anónimo, *Festivo aparato...*, f. 19v.
[53] Anónimo, *Festivo aparato...*, f. 19v.
[54] Anónimo, *Festivo aparato...*, f. 20v.

La escena es de gran atractivo desde el punto de vista conceptual y también desde el dramático; en una bien lograda sinécdoque, se representan los blasones del Santo por medio del Buey, insignia tradicional de su estirpe. El efecto fantasioso del 'vuelo' de este animal anclado a la tierra sintetiza los dos planos de la realidad, el bajo y el alto, para fusionarse en varias y posibles significaciones: la del buey como animal bíblico que vuela con alas; aquí estarían representados dos animales evangélicos, el toro y el águila; su mansedumbre para acatar órdenes y llevar una carga pesada. La imagen se puede leer como un emblema o bien como una escena dramática que transporta a Borja hasta el mismo Sol de Justicia Cristo. Es su entrada triunfal al nuevo padrón de santidad que la Compañía aumentó con su gloriosa canonización. ¿Se puede acaso pedir y rendir mayor gloria a Dios?

Bibliografía

Anónimo, *Festivo aparato, con qve la provincia mexicana de la Compañía de Jesvs celebró en esta Imperial Corte de la America Septentrional, los immarcescibles lauros, y glorias immortales de Francisco de Borja, grande en la pompa de el mvndo, Mayor en la humildad de Religioso, y Maximo en la gloria de Canonizado: IV entre los Duques de Gandia, III, entre los Generales de su Religion: Primero en las virtudes, y sin segundo en todo. Dedicado, al Exmo. Señor D. Antonio Sebastian de Toledo Molina y Salazar, Marques de Manzera, Señor de las cinco Villas, y de la del Marmol: Teniente General de el Orden de Alcantara: Comendador de Puerto-Llano en el de Calatraba: tres vezes Capitan General de Mar, y Tierra, en el Reyno del Peru: y otras tantas Embaxador en Venecia, Francia y Alemana: Governador del Ducado de Milán, y de los exercitos Catholicos en toda la Lombardia y Piamonte: Expugador del Olandés en defensa del Reyno de Chile: Virrey, Governador, y Capitan General desta Nueva-España, y Presidente de la Real Chancilleria*. Con licencia. Impresso en Mexico, en la Imprenta de Ivan Rvyz. 1672.

Anónimo, *Descripción breve del solemne, y festivo culto que dedicó El Colegio de La Compañía de Iesvs de Granada, a sv gran padre San Francisco de Borja, Grande de España, Primer Marques de Lombay, Segundo nieto del señor Rey D. Fernando el Católico, Tercero General de la Compañía de Iesus, Quarto Duque de Gandia, y Treze de la Orden de Señor Santiago. Desde el dia 27 de setiembre, hasta lunes 5 de otvbre deste año de 1671, en qve le canonizo N. M. S. P. Clemente X. A instancia de el Catolico Monarca D. Carlos II. N. S. Escrita por vn devoto del santo y aficionado a la sagrada religión de la Compañia de Iesvs*.

Impresso en Granada en la Imprenta Real de Francisco de Ochoa, en la calle de Abenamar. Año de 1671.

BECKER, U., *Enciclopedia de los símbolos*, México, Océano, 1998.

BERNAL MARTÍN, M., «Algunas máscaras jesuitas del Siglo de Oro», *Teatresco: Revista del antiguo teatro escolar hispánico*, 1 (2005-2006), pp. 1-52, disponible en http://www.parnaseo.uv.es./Ars/teatresco/Revista/Revista1/Máscaras/Bernal/htm [última consulta 23/09/2007].

BRAVO ARRIAGA, Mª D., «Una representación criolla: la *Máscara grave* y la *Máscara faceta* de 1672. (Imágenes y lenguajes de un espectáculo jesuita)», en Mª D. Bravo Arriaga, *La excepción y la regla. Estudios sobre espiritualidad y cultura en la Nueva España*, México, Universidad Nacional Autónoma de México, 1997, pp. 183-193.

— «Festejos de canonización y sermón hagiográfico en honor de un "grande" del cielo, por el padre Antonio Núñez de Miranda (1672)», en *De palabras, imágenes y símbolos. Homenaje a José Pascual Buxó*, ed. E. Ballón Aguirre y O. Rivera Rodas, México, Universidad Nacional Autónoma de México, 2002, pp. 515-531.

CALDERÓN DE LA BARCA, P., «Loa para el auto sacramental intitulado *La segunda esposa y triunfar muriendo*», en P. Calderón de la Barca, *Una fiesta sacramental barroca*, ed. J. Mª Díez Borque, Madrid, Taurus, 1983, pp. 141-147.

COVARRUBIAS, S. de, *Tesoro de la Lengua Castellana o Española, Primer diccionario de la Lengua compuesto por el Licenciado Don Sebastián de Cobarruvias Orozco, Capellán de su Magestad, Maestrescuela y Canónigo de la Santa Yglesia de Cuenca, y consultor del Santo Oficio de la Inquisición* [1611], Madrid, Turner, 1979.

COX, H. L., *Las fiestas de locos*, Madrid, Taurus, 1983.

Diccionario de Autoridades, edición facsímil, Gredos, Madrid, 1979.

DÍEZ BORQUE, J. Mª, *Sociedad y teatro en la España de Lope de Vega*, Barcelona, Antoni Bosch, 1978.

ENGLEBERT, O., *La flor de los santos*, México, Imprenta Ideal, 1985.

GONZALBO, P., «La educación jesuita en la Nueva España», *Artes de México*, 58, 2001, pp. 50-57.

GUIJO, G. M. de, *Diario 1648-1664*, ed. M. Romero de Terreros, Porrúa, México, 1986.

HUERTA CALVO, J., *El teatro breve en la Edad de Oro*, Madrid, El Laberinto, 2001, pp. 169-186, en M. Bernal Martín, «Algunas máscaras jesuitas del Siglo de Oro», *Teatresco: Revista del antiguo teatro escolar hispánico*, 1, 2005-2006, pp. 1-52, disponible en http://www.parnaseo.uv.es./Ars/teatresco/Revista/Revista1/Máscaras/Bernal/htm [última consulta 23/09/2007].

MÉNDEZ, Mª A., *Literatura religiosa, poder y mentalidad novohispana en algunas obras de Antonio Núñez de Miranda*, Tesis de Doctorado en Literatura Hispánica, México, El Colegio de México, 2006.

Pike, E. R., *Diccionario de las religiones*, adaptación de E. C. Frost, México, Fondo de Cultura Económica, 2001.

Reyes, A., *Letras de la Nueva España*, México, Fondo de Cultura Económica, 1992.

Rodríguez Cuadros, E. y A. Tordera, *Calderón y la obra dramática corta*, Londres, Támesis, 1983.

Rodríguez Hernández, D., *Texto y fiesta en la literatura novohispana*, México, Universidad Nacional Autónoma de México, 1998.

Sánchez del Castellar, J., *Descripcion/ festiva, y verdadera relacion de las celebres pompas, y esmerados aciertos, con que la Sagrada Religion de la Compañía de Iesus aplaudio gozosa en estas Philipinas la Canonizacion de su Gran Padre San Francisco de Borja, y Beatificacion del Beato Señor Rey Don Fernando, y del Beato Estanislao Koska de la Compañía. Dedicala al mvy illvstre señor maestro de Campo Don Manuel de Leon y Sarabia Gouernador, y Capitan General de estas Islas, y Presidente de la Real Chancilleria, que en ellas reside el Sargento Mayor don Ioseph Sanchez del Castellar su Secretario, y Chanciller de dicha Real/ Chancilleria. [...]cencia del Gouierno, y del Ordinario.* En Manila en la Imprenta de/ [C]ompania de Iesus por Sanctiago Dimatangso. Año de 1674.

LA TÉCNICA DRAMÁTICA DE BANCES CANDAMO

Aurelio González
El Colegio de México

Hablar de la técnica dramática de Bances Candamo, o de la de cualquier otro dramaturgo del Siglo de Oro, implica lógicamente, además de analizar su forma personal de composición y estilo creativos, tomar en cuenta el condicionamiento de lo que es el Barroco como mentalidad y estructura social y el propio hecho teatral en cuanto artificio cultural. Por otra parte, la revisión de la actividad de un autor también está condicionada por la perspectiva de la historiografía literaria y en este sentido hay que recordar la posición que la crítica le ha dado a nuestro autor, frecuentemente englobado bajo el rubro de 'escuela calderoniana' o perteneciente al 'Barroco tardío', sin más precisión o análisis. Por ejemplo, sin ir más lejos, Ann Mackenzie considera que los dos discípulos (en lo personal dudo que sean sus discípulos) más dotados de Calderón son Moreto y Rojas Zorrilla, y considera a Cubillo, Antonio Coello, Monroy y Silva, Diamante y Bances Candamo «dramaturgos de segundo rango»[1]. Por el contrario, para Arellano, Bances es «probablemente el último dramaturgo de importancia del Siglo de Oro»[2]. Como ya dije en otra ocasión: «A fin de cuentas aquellos dramaturgos y espectadores no sabían que estaban en la decadencia del Siglo de Oro y enfrentaban la dramaturgia con toda la seriedad que implica el gran espectáculo dramático. No podemos pensar en una corte exclusivamente frívola, pues en ese caso

---

[1] Mackenzie, 1993, p. x.
[2] Arellano, 1988a, p. 169.

este tipo de espectáculos hubiera sido un completo fracaso y Bances salió de la corte no por malo sino por el compromiso político»[3].

A la muerte de Calderón de la Barca en 1681, le sucede en los distintos ámbitos teatrales una serie de dramaturgos, que en realidad son poco conocidos hoy en día. Estos serán los años de escritores como Juan Vélez de Guevara, Juan Bautista Diamante, Agustín de Salazar y Torres, Melchor Fernández de León, Pablo Polope, el conde de Clavijo Marcos de Lanuza, Francisco Bances Candamo, Pedro Scotti de Agoiz, Antonio de Zamora, Lorenzo de las Llamosas y José de Cañizares. Entre todos ellos, Francisco Antonio Bances Candamo (1662-1704), por su posición en la corte y por su calidad literaria, viene a ser uno de los autores más prestigiados de ese momento[4]. No hay que olvidar que Bances fue dramaturgo oficial de la corte de Carlos II (1665-1700), el último de los Austria, y eso explica en buena medida la poética de sus obras dramáticas «un teatro que contaba con un público, el cortesano, limitado y muy definido en sus coordenadas ideológicas y estéticas»[5].

La mayor parte de los autores antes mencionados escribirá para la corte del *Hechizado* obras de teatro cortesano que básicamente se desarrollaron en «tres direcciones temáticas: la mitológica, la novelesco-fantástica y la histórica»[6]. Por otra parte, es claro que el teatro cortesano es parte integrante de numerosas fiestas reales, pues en múltiples ocasiones la literatura y la celebración iban de la mano. Como ha dicho María Luisa Lobato, «[...] las fiestas en palacio fueron uno de los determinantes principales de la creación de textos literarios concretos que en otro caso nunca hubieran tenido quizá la posibilidad de existir: ni por su tema, en conexión con la realidad política y cortesana solapada en ocasiones bajo el disfraz del mito»[7].

---

[3] González, 2007, p. 145.

[4] Parece que Francisco Antonio Bances Candamo tuvo antepasados ilustres de origen noble asentados en Asturias, pero su familia tenía una difícil situación económica (su padre era sastre en Sabugo, barrio pescador de Avilés); de niño estuvo al cuidado de Antonio López-Candamo, tío materno, canónigo en Sevilla. El joven Bances recibió órdenes menores de la carrera eclesiástica en diciembre de 1672, pero a la muerte de su tío se trasladó a Madrid, donde se ganó fama de erudito. Después tuvo una fulgurante carrera teatral que empezó en 1685 con el estreno de *Por su rey y por su dama* y continuó en el palacio real como dramaturgo de cámara regia de Carlos II.

[5] Arellano, 1991, p. 10.

[6] Sabik, 1998, p. 105.

[7] Lobato, 2003, p. 257.

En realidad, no se trata de determinar el rango de un autor, ni su dependencia de las grandes figuras de la dramaturgia, sino de entender su significación en su momento (el cual ya lo valoró) y su posible significado en la historia literaria.

A autores de este periodo como Bances, como también a Calderón, Lope o Cervantes, solamente se les puede entender con plenitud en el marco de la cultura del Barroco, pues su obra está configurada por principios estéticos y artísticos que emanan de un movimiento cultural que desarrolla y lleva a sus últimas posibilidades, al extremo absoluto, los elementos del canon clásico heredado del Renacimiento y con ellos un tipo de humanismo y toda una cultura que llamamos clásica. La personalidad de la obra dramática de estos autores se puede ver desde la perspectiva de los principios del Barroco, como clave que explica la obra, a través de los distintos planos en que se desarrolla la obra teatral.

En la vida de Bances Candamo tenemos lo que, fuera del ámbito renacentista y barroco, sería casi una paradoja inconcebible: el contraste entre las expresiones de la vida religiosa y la vida política y cortesana. Desde la perspectiva literaria, por un lado Bances escribió autos sacramentales, género cumbre de la alegoría eucarística y expresión acabada de la religiosidad barroca, pero también escribió para las espléndidas y espectaculares celebraciones cortesanas y reflexionó sobre el teatro en su inacabado *Teatro de los teatros*; se trata de un brillante autor de lo que se ha llamado con justeza «la fiesta barroca», aquella en la que, como señala Maravall, «se emplean medios abundantes y costosos, se realiza un amplio esfuerzo, se hacen largos preparativos, se monta un complicado aparato, para buscar unos efectos, un placer o una sorpresa de breves instantes»[8]. Bances Candamo tuvo participación en la vida pública, enfrentándose a todos los entresijos del poder que se desarrollaron en una sociedad en la cual los límites entre la religión, el poder y el lustre social eran más bien difusos.

Bances poseía, afinada y floreciente, la tradición clásica grecolatina, misma que expresa en multitud de referencias a la mitología clásica y en el manejo conceptuoso de los tópicos culturales de la Antigüedad. Por otra parte, también es producto del cristianismo postridentino, de la educación religiosa y de los rigores de la jerarquía eclesiástica y sus agravios

---

[8] Maravall, 1975, p. 483.

represivos. De creer al propio Bances Candamo, habría llegado a finalizar sus estudios como doctor en Sagrados Cánones, lo que muchos ponen en duda, pero aun así una buena formación hubo de tenerla a juzgar por el conocimiento y tenacidad con que llevó a cabo sus cargos administrativos.

Para entender la obra dramática áurea desde la perspectiva barroca hay que recordar que, dentro de lo que en líneas generales podemos entender que es el Barroco, en esta forma cultural se destaca en primer lugar la capacidad que tiene para desarrollar sus presupuestos estéticos e ideológicos en distintos niveles de la obra artística. Esto es, la expresión barroca se desarrolla tanto en la superficie de la obra artística como en su estructura más o menos profunda. Así, existen obras barrocas que desarrollan la musicalidad epidérmica como el juego brillante y melodioso de un Vivaldi, pero hay otras que juegan en su interior con los elementos compositivos estructurales, como en las obras contrapuntísticas de Bach. Hay un Barroco estructural como el que se desarrolla en la arquitectura italiana del *seicento* del que es exponente magistral la iglesia romana de San Carlino *alle quatro fontane* de Borromini, donde el principio estético está en mostrar las infinitas posibilidades que da la estructura del edificio en una iglesia de dimensiones mínimas que cabría en un pilar de la basílica de San Pedro. Y hay un Barroco de superficie como el que desarrollan los espléndidos juegos de luz y oro de los retablos tallados con *horror al vacío* del templo jesuita de Tepozotlán, de Santa Prisca en Taxco, de la iglesia llena de explosiones de colorido indígena de Tonanzintla en Puebla o de la fachada del Sagrario Metropolitano de la Ciudad de México. Hay un Barroco pictórico de complejos juegos de puntos de vista como en *Las Meninas* de Velázquez y hay un Barroco de arreboles y volutas, nubes y paños volantes como en las Inmaculadas de Murillo. Aplicar estos conceptos a la literatura en lugar de los esquemáticos y maniqueos 'conceptismo' y 'culteranismo' nos permite entender que entre una y otra forma existen relaciones e incluso simultaneidad cuando no se privilegia una sobre otra. En la literatura de esta época no hay culteranismo vacío de conceptos, ni conceptos que no se expresen en una forma novedosa y compleja. Bances, como antes Lope, Ruiz de Alarcón o Calderón, crea artísticamente por medio del espacio dramático, la trama y el verso de sus obras en los dos niveles tanto el estructural, como en el de superficie.

En Bances podemos tener un Barroco literario de calidad que rescata la superficie del texto con el sonido de la palabra, la fuerza de la imagen y el brillo del artificio, aunque no llegue a los vuelos poéticos de Lope o al juego conceptual calderoniano. Nuestro autor fue sin duda «un buen poeta. No puede decirse que fuera excepcional, pero supo asimilar el 'nuevo' —no tan nuevo para entonces: 1685, más o menos— estilo gongorino. Ya filtrado a través de Calderón, ya directamente recibido de Góngora»[9].

Pero, por otra parte, en la obra de este autor se pone de manifiesto que le importa «[...] la dignidad inalienable del hombre, la concepción del honor como patrimonio aun de los humildes, a despecho del prejuicio casticista de la limpieza de sangre y de la infatuación de los dueños de ejecutorias; la libertad, el albedrío que resiste la fuerza del planeta más adverso»[10]. Todos ellos son elementos componentes de la mentalidad barroca de la que es buen ejemplo no sólo Calderón sino también los escritores que ocuparon su lugar en el gusto del público de la época en las representaciones palaciegas o de los autos sacramentales.

Como escritor, Bances Candamo posee capacidad para la retórica, la alegoría, el símbolo complejo, la metáfora atrevida, la referencia cultural múltiple; en el mundo barroco esta capacidad se va a volcar en el espacio escénico en un mundo teatral perfectamente articulado, poliédrico y en continuo contraste en el que conviven la alegoría eucarística, el drama filosófico, la tragedia de la ambición, el honor y la dignidad, se recuerda con vitalidad a los dioses de la gentilidad y sus fascinantes fábulas de amores y prodigios; la comedia de capa y espada, de enredos y amores, los entremeses.

La ruptura de fronteras entre géneros, formas y expresiones es natural desde la perspectiva de la poética barroca. Por ejemplo, al tratar de definir a Cervantes dentro del Barroco, Hatzfeld lo relaciona con Velázquez y apunta una serie de elementos que no pueden dejar de considerarse como extraordinariamente sugerentes. «Bances Candamo está colocado en la vía barroca que avanza hacia la fusión de las artes, y que en la armónica mixtura de danza, música, tramoyas y escenografía conforma un tipo de teatro muy adecuado a la corte»[11]. Hatzfeld

---

[9] García Castañón, 1991, p. 67.
[10] Juaristi, 2000, s/foliar.
[11] Arellano, 1988b, p. 55.

también sitúa a Cervantes como expresión del Barroco en primer lugar, por «el sentimiento grandioso por el espacio y el tiempo, el cual nos ofrece dimensiones psicológicas, más bien que matemáticas» y «la experiencia humana como fuente del arte»[12]. Sentimientos, dimensiones psicológicas y experiencias humanas que también son elementos que igualmente se pueden encontrar en la obra de Bances y que su poética dramática valora y reconoce.

En la producción dramática de Bances se presentan todos los géneros vigentes en el teatro del siglo XVII: entremeses y bailes (*La visiones, El astrólogo tunante, El flechero rapaz*); autos sacramentales (*El gran químico del mundo, El primer duelo del mundo, La mística monarquía*); comedias de historia española (*Más vale hombre que el nombre, El sastre del Campillo* —sobre la oposición de León y Castilla— o *Duelos de amor y de celos, La inclinación española y musulmana nobleza, El español más amante y desgraciado Macías,* ya llevado a la escena por Lope de Vega en *Porfiar hasta morir*); de historia clásica (*El esclavo en grillos de oro, Cambises triunfante en Menfis*); de historia extranjera (*Quién es quien premia al amor, La jarretiera de Inglaterra, Sangre valor y fortuna, El Austria en Jerusalén*); costumbristas (*El duelo contra su dama, Por su rey y por su dama*); políticas (*La piedra filosofal*); religiosas (*El vengador de los cielos y rapto de Elías, San Bernardo Abad* —en colaboración con de la Hoz y Mota—; *La Virgen de Guadalupe*); mitológicas (*Duelos de ingenio y fortuna*); y algunas zarzuelas (*Cómo se curan los celos y Orlando furioso, El imposible mayor en amor lo vence amor*). En coherencia con lo que plantea en su poética dramática no es de extrañar la ausencia de comedias de capa y espada, ya que a este género le otorga escaso reconocimiento.

Bances Candamo es autor también de un poema épico incompleto, en octavas reales, *El César africano*, sobre la conquista de Túnez por Carlos V; y de una colección poética (*Obras lyricas*, editada póstumamente por su amigo Julián del Río en 1720).

Las comedias más conocidas del dramaturgo asturiano son tres, representadas entre 1692 y 1693: *La piedra filosofal*, sobre el tema de la educación de príncipes y con una subterránea lectura sobre la muy compleja y polémica sucesión de la Corona española ante la falta de descendencia del *Hechizado*; *Cómo se curan los celos y Orlando Furioso*, que refunde una obra escrita por el propio autor para zarzuela con

---

[12] Hatzfeld, 1973, pp. 406-409.

personajes alegóricos y trata los mismos temas de la anterior, y *El esclavo en grillos de oro*, contra el mal gobierno de Oropesa, ministro de Carlos II, en la cual el rey aparece bajo la máscara del emperador Trajano. Las dos comedias relacionadas con la Corte le granjearon grandes problemas por su contenido político, y forzaron su traslado a Cabra, primero, como administrador de rentas reales, y más tarde a Córdoba, Málaga y Jerez como visitador general de impuestos.

Para hablar de la técnica dramática hay que tomar en cuenta que en el hecho teatral existe una doble textualidad generada por la existencia de un «texto dramático» y de un «texto espectacular». El primero de estos textos es aquel que es «concebido y escrito para ser representado» y el segundo es «el realizado durante la representación»[13]. Estos dos textos no deben concebirse como entidades separadas, ni tampoco puede privilegiarse uno por encima del otro. El 'teatro' surge de la relación dialéctica y semiótica (en cuanto existe una relación de tipo sígnico) que se establece entre estos dos discursos en el momento de la actualización, concreta pero efímera, del segundo de ellos en la representación.

Por lo tanto, en el texto auténticamente dramático se está tomando siempre en cuenta el factor de la representación, de lo cual está muy consciente Bances, como también lo está de que posee dominio del oficio de escritor dramático, esto es, que posee una serie de técnicas que le permiten construir un texto representable con valor teatral. Entre estos recursos técnicos hay que señalar la manera en que se caracteriza un personaje, la manera en que se construye el espacio dramático, esto es, el espacio de la ficción, la forma en que se controla la puesta en escena, el tipo de personajes que se emplean, y la creación de los nudos o tramas dramáticos.

La creación y caracterización de los personajes[14] que integran una obra de teatro implican una doble dificultad constructiva para el dramaturgo. Estas dificultades tienen su correspondencia en la mencionada doble textualidad, pues para que la obra funcione es en estos dos 'textos' que el autor debe desarrollar sus personajes, pues de no hacerlo así la obra pierde la tensión dramática que es su razón de ser. También es cierto que, en lo que se refiere al texto espectacular, la

---

[13] Ruiz Ramón, 1992, pp. 1-7.
[14] Sobre esta técnica puede verse mi artículo (González, 1997, pp. 11-21).

responsabilidad creativa puede recaer en mucha mayor medida en el director o 'autor' —según la terminología del teatro de los siglos áureos—, pero éste sólo la podrá construir en la medida en que el texto esté concebido desde un principio para ser desarrollado en un escenario.

La primera dificultad a la que se enfrenta el escritor dramático en el momento de crear sus personajes es que, a diferencia de otras formas literarias narrativas, difícilmente puede integrarse dentro de la obra de teatro un observador exterior —el narrador— como una de las voces del texto, sin perder la calidad y la tensión dramática, por lo tanto, la caracterización dramática de los personajes no puede provenir de él sino que tiene que presentarse de otra forma: a través de los propios personajes[15]. Así, en lo que se refiere a la creación de caracterizaciones en el texto literario, el dramaturgo tiene tres vías para definir a sus personajes, las cuales pueden ser coincidentes o no. En el caso de ser coincidentes, las distintas voces dan lugar frecuentemente a personajes unitarios sin mayor tensión dramática. En el caso contrario, el contraste de visiones puede generar personajes mucho más complejos, con mayor profundidad psicológica y desde luego cargados de mayor tensión dramática.

Estas vías de caracterización son la propia visión o definición que da el personaje de sí mismo en sus parlamentos, la visión que expresan los otros personajes de aquél y, finalmente, sus acciones, que pueden ser acordes o estar en contradicción con una o ambas de esas otras visiones.

Por otra parte, el personaje, para ser efectivamente dramático, no puede limitar su vitalidad al texto literario, sino que tiene que poder desarrollarse en el texto espectacular que implica el montaje de la obra y, por lo tanto, debe poder ser representado en el escenario, habitualmente por un actor, el cual portará elementos de vestuario o de utilería que subrayan o hacen explícita la caracterización planteada en el texto literario.

Estos elementos, directamente relacionados con el actor o su apariencia, desde luego que no son los únicos recursos caracterizadores

---

[15] Cuando se quiere emplear este recurso en el teatro, lo más frecuente es utilizar a un personaje para que llene las funciones del narrador, en muchos casos privándolo incluso de cualquier participación dramática que rebase la del simple observador. En estos casos, por lo general, el personaje no será un narrador de tipo omnisciente.

que posee la puesta en escena (texto espectacular), ya que también en ésta se apelará a los efectos sonoros o de tramoya para crear una situación determinada, que también puede ser caracterizadora del personaje. El maquillaje, el vestuario, los accesorios escénicos, etc., son signos que en el escenario adquieren una «significación de segundo grado»[16] al superar aquella significación que tienen en la vida cotidiana, y como signos pueden no sólo indicar sexo, condición o estado social, sino incluso una época histórica o un lugar o un espacio geográfico determinado y así caracterizar con mayor claridad o intensidad, en el momento de la representación, a un personaje.

Cuando estos elementos adquieren este nivel de significación, de acuerdo con planteamientos como los que ha hecho Teresa Kirschner[17] en sus trabajos sobre el teatro de Lope de Vega, las señales visuales o audiovisuales adquieren un valor equiparable al de las señales verbales.

El tipo de texto espectacular, esto es, el montaje escénico, que a fin de cuentas se puede resumir como la relación entre lo que se ve, lo que se oye y lo que se dice en escena, se puede clasificar, siguiendo a Kirschner, en cuatro categorías o tipos que son válidos para el tipo de teatro que se hacía en los siglos XVI y XVII:

> a) El montaje simbólico el cual refleja o desdobla, en un proceso de abstracción o en su reverso en un proceso de exteriorización y materialización, un atributo de un personaje o un motivo temático-ideológico. b) El montaje articulador que va ligado a la mecánica de exposición y desarrollo del argumento [...]. c) El montaje espectacular comprende todo montaje decorativo. Tiene como función principal explicar, describir o evocar, sin implicar el desarrollo del argumento o la forma de ser del personaje. d) Finalmente, el montaje totalizador que implica el metamontaje que absorbe en sí varias de las otras categorías previamente definidas[18].

Obviamente los elementos o técnicas de representación se complican cuando se trata de un personaje colectivo, una multitud o una masa indeterminada, en cuyo caso el dramaturgo apelará a técnicas teatrales más complejas de manipulación del espacio audiovisual o del mismo personaje, por ejemplo, al empleo de 'apariencias', voces fuera

---

[16] Kowsan, 1992, p. 180.
[17] Kirschner, 1994, p. 155.
[18] Kirschner, 1991, pp. 453-464.

de escena, figuras, sonidos, alegorías, etcétera, todos ellos recursos para sugerir al espectador lo que a veces tendría dificultades casi insalvables si se planteara un representación realista.

En *Sangre, valor y fortuna* tenemos un buen ejemplo del dominio de Bances Candamo de la técnica de caracterización de personajes en el texto espectacular por medio de una voz fuera de escena y un aparte:

(*Dentro*)	¡Busquemos a la infanta, cazadores!
INFANTA	A mis monteros esta voz incita
(*Dentro*)	¡Busquemos a la infanta Margarita![19]
....	
BELISARDO	[...]
	Pero la infanta veo, que, aunque humana,
	es del campo hermosísima Diana.
	Un gozo el alma siente
	después que pisa el prado floreciente,
	que a no tener villano nacimiento
	me atreviera a decir mi pensamiento[20]

El teatro del Barroco es espacio. Las acciones y el espacio teatral, entonces, tendrán que guardar una relación determinada en buena medida por la concepción de la estructura dramática, pero, en última instancia, el espacio teatral del texto dramático tendrá una realización concreta que será determinada por la convención escénica propia de la época. Sin embargo, no podemos olvidar que el dramaturgo en el momento de ordenar o concebir las acciones de una obra sigue esquemas que, de una u otra manera, tienen que ver con la determinación y manejo del espacio teatral.

El teatro español del Siglo de Oro tiende, especialmente en el caso de las obras escritas para ser representadas en los corrales, pero también en los autos sacramentales, a la construcción de un espacio dramático que se apoya básicamente en el poder creativo y evocador de la palabra por la ausencia voluntaria como referencias de muchos elementos escenográficos. Sin embargo, esto no limita la variación espacial de las obras, entendiendo por ésta la creación de diversos espacios dentro de la trama dramática en el espacio neutro (espacio escénico) del tablado del corral de comedias.

---

[19] Bances Candamo, *Sangre, valor y fortuna* (I, 14-16).
[20] Bances Candamo, *Sangre, valor y fortuna* (I, 27-32).

El espacio dramático es ese espacio de la ficción que se manifiesta en un espacio concreto, específico acorde con normas, convenciones y recursos técnicos propios de cada época. Así, para el teatro del Siglo de Oro el espacio escénico más importante, para el que están pensadas buena parte de las obras dramáticas, es el del corral, y en ese espacio escénico con un fondo de tres puertas y tres niveles se actualiza el espacio dramático de la ficción.

En este sentido, el teatro áureo español tiene una gran libertad creativa, pues la espacialidad escénica es muy permisiva debido a toda una serie de códigos y convenciones, aceptados por el público, que permiten una gran variación en el espacio dramático. Desde luego esto tiene también como resultado que el teatro de esa época no sea un teatro 'realista', especialmente en lo que se refiere a la reproducción de espacios. En este sentido, el tablado del corral es un magnífico espacio barroco donde se desarrolla la creatividad del poeta dramático.

No hay que olvidar que la presentación de la obra dramática también es una 'fiesta' pues el espectáculo teatral barroco es una entidad múltiple y compleja que se articula con distintos elementos que, por su propia naturaleza o especificidad genérica, tienen funciones particulares en la economía dramática de la representación. Esta unidad, vista en su conjunto, nos presenta una diferencia con respecto a lo que sería su núcleo esencial que es la obra o comedia propiamente dicha. Esta diferencia tiene que ver con el dramaturgo (autor) y el director (también 'autor').

El espectáculo teatral, independientemente de que esté pensado para un corral o para un teatro cortesano, se va a conformar habitualmente a partir de un núcleo que es la comedia, texto largo, y un conjunto de elementos ancilares, textos más breves. Por lo general, estos elementos ancilares han sido compuestos por un autor diferente del que ha escrito la comedia y que puede ser un especialista en ese tipo de textos. Podríamos decir que el director es, en realidad, el verdadero autor del conjunto espectacular en cuanto representación, ya que él selecciona y estructura sus componentes. Por otra parte, la composición del espectáculo es tan efímera como la misma 'función', de ahí que conservemos muy pocos ejemplos de la composición de los espectáculos teatrales.

Los ejemplos de fiestas teatrales completas y debidas a un solo autor son aún menos frecuentes. Entre los poquísimos ejemplos que tenemos de fiestas teatrales completas de un solo autor se pueden mencionar *Fieras afemina amor* (1670) de Calderón, y *Por su rey y por su dama* (1685) de Bances Candamo. También *Los empeños de una casa* de Sor Juana nos ofrece esta posibilidad, independientemente de su representación en fechas y lugares concretos, ya que fue publicada como una unidad (Sevilla, 1692; Barcelona, 1693).

Bances conoció perfectamente el espacio dramático cortesano, ya que después de Calderón, que estuvo al frente del teatro palaciego desde 1635 cuando, a la muerte de Lope, lo nombró responsable el rey Felipe IV, él a su vez, a la muerte de Antonio de Solís, en 1685 fue nombrado con el apoyo de la reina madre Doña Mariana de Austria, dramaturgo de cámara regia por Carlos II.

Espacialmente, el teatro cortesano es muy distinto que el de corral, ya que cuenta con una escena con proscenio y telón de boca, muy distinta de la que ofrece el viejo escenario abierto de los corrales sin bastidores ni cortinas. El nuevo espacio permitirá usar telones pintados, perspectivas de bosque, templo, marina, amén de fuentes, peñascos, montes y grutas, y, sobre todo, cambios escenográficos de espacio dramático que se realizan sin ser notados y rápidamente, todo lo cual evidentemente condicionará la propia composición del texto dramático destinado a ser representado en un espacio escénico como el que acabamos de mencionar.

Pero al referirnos a este tipo de espacio teatral, en primer lugar hay que recordar que no todo el teatro cortesano es espectáculo de maquinaria. Como bien sintetiza Felipe Pedraza, recordando las noticias del arquitecto florentino Baccio del Bianco quien decía que en la corte madrileña se veían «comedie semplice, adornate e di tramoie». En las 'comedias simples' el decorado se reduce a un parapeto del que salen los representantes que recitan los versos; en las 'adornadas' el tablado se atavía de tapices, plantas y flores, pero la acción dramática sigue exigiendo imaginación al espectador ya que tienen la misma ágil movilidad que las simples; las representaciones con 'tramoyas' cuentan con escena pintada, mutaciones y luces y constituyen las grandes producciones, pero no las únicas ni las más abundantes, del teatro de corte.[21]

Esto nos indica que buena parte de las comedias representadas en palacio eran las mismas que habían sido escritas para los corrales y que

---

[21] Pedraza, 1998, p. 75.

no cambiaban estructuralmente al ser representadas en alguno de los espacios teatrales de la sede cortesana.

Ahora bien ¿cómo construye Bances sus comedias? Por ejemplo, en *La piedra filosofal*, en primer lugar tenemos que es necesaria la creación de un espacio dramático que no comprometa el auténtico espacio de referencia, ya que la obra se representa en la corte y toca un problema vigente y discutido en el entorno del rey, por lo tanto, la acción no sucede en la España coetánea de los espectadores de la corte, es un lugar indeterminado, un espacio clásico (como en *El esclavo en grillos de oro*) o la misma España en un tiempo ahistórico, así la acción sucede en una mítica Cádiz gobernada por un rey Hispán y es la voz del personaje la que sitúa sin mayor problema la acción:

> que el Rey a sacrificar
> vino de Hércules al templo
> que entre bosque y playa yace,
> y que esta caza ha dispuesto[22]

También es lógico que el entorno de la fiesta se marcara en la obra y que el destinatario, finalmente el rey, fuera festejado, aunque su nombre no se mencionara. En la representación de *La piedra filosofal* lo primero que se escucha, después de la construcción de un espacio dramático, es: «Al bosque, a la playa, al llano» —que por el tipo de dramaturgia puede corresponder a una ambientación escenográfica—: «¡Viva el gran Hispán, Rey nuestro!» (I, 3-4), precedido del sonido de los clarines, y más adelante Hispalo lo reitera y se hace evidente la referencialidad de los nombres de los protagonistas, ya que los tres tienen el sentido de España:

HISPALO   Glorioso Hispán, Rey de España,
             Iberia, estraño portento,
             donde hay tanto de divino
             que apenas luce lo bello[23]

---

[22] Conozco tres ediciones de *La piedra filosofal*: Carmen Díaz Castañón (junto con *El esclavo en grillos de oro*, 1983); Alfonso D'Agostino (1988) y Pedro Rojas García (*Azogue* [Revista electrónica dedicada al estudio histórico-crítico de la Alquimia]. Las citas están tomadas de esta última, en adelante indico entre paréntesis con números romanos la jornada y los versos en arábigos (I, 295-298).

[23] Bances Candamo, *La piedra filosofal* (I, 151-154).

En otros casos es muy importante la construcción de un espacio escénico significativo. Es el caso de los autos sacramentales, donde Bances es muy preciso en las didascalias explícitas, como se puede ver en las siguientes indicaciones:

> Lista de el Acto Sacramental intitulado El primer duelo del Mundo, que se ha de representar este año de 87.
> Tercero carro Ha de ser su pintura por afuera
> aves, flores y celajes hermosos
> y por adentro de lo mismo y
> en su fachada un Iris, aquí ha
> de estar un león como muerto,
> con escalera para bajar Samsón,
> y el león delante del con un panal
> en la boca[24]

Con respecto al uso que hace Bances de las acotaciones de este tipo, indudablemente parte importante del texto espectacular, no hay que considerarlas simplistamente como referencias necesarias, sino que en ellas hay una idea clara por parte del dramaturgo de construcción de un texto espectacular. Algunas tienen el valor de convencer al actor o al 'autor' del efecto de verosimilitud que puede surgir de una escena, caracterización o parlamento, o de la importancia que tiene para el dramaturgo que se represente su texto dramático (texto literario) en una determinada forma. Tampoco hay que olvidar que la acotación a veces sirve para explicar el sentido que una acción debe sugerir en el espectador.

> *Vase y por una puerta que ha de haber en medio del teatro sale Macías vestido de mujer como recelándose*[25]

Bances es muy claro en lo que se refiere al aparato escénico, especialmente en sus autos sacramentales; de ahí que sus acotaciones fueran muy precisas, y por lo tanto en muchas ocasiones más enriquecedoras e ilustrativas sobre lo que pudiera haber sido el fenómeno teatral de aquella época que los textos de Lope de Vega o los de Tirso.

---

[24] Manuscrito autógrafo del Archivo Municipal de Madrid, legajo 2-199-3. Pérez Feliu, 1975, p. 23.

[25] Bances Candamo, *El español más amante y desgraciado Macías* (II, 1556).

Otra técnica dramática barroca empleada por Bances es la de la doble o múltiple trama. Esta estrategia, usada frecuentemente por Lope y derivada de la *Poética* de Aristóteles, en opinión de Ellen Claydon[26] produce varios efectos dramáticos: permite el adorno y un movimiento dramático denso, y también permite encubrir o disimular la acción verdadera o la idea importante de la obra; representa la incapacidad del hombre para percibir claramente la realidad, y corresponde a la multiplicidad de acciones que se suceden en la vida real del ser humano.

Lógicamente el empleo de una trama única o doble incide en el planteamiento escénico, pues si bien en algunos casos puede considerarse el espacio como el ámbito unificador de la doble trama, también el espacio puede duplicarse en concordancia con esa doble trama, en cuyo caso el espacio igualmente tendrá un valor estructurante del texto. Ya hace varios años, Wardropper señalaba el interés y la necesidad de estudiar «la compleja estética de las duplicaciones interiores, tanto en la novela como en el teatro»[27].

El español más amante y desgraciado Macías trata el mismo tema que Lope en *Porfiar hasta morir*, sólo que en Lope hay una sola trama en el triángulo amoroso de Clara, Tello y Macías, y Bances multiplica las tramas ya que además de la acción principal, centrada en Macías y sus móviles, hay una secundaria —doble— formada por dos relaciones amorosas: la de Garci con Margarita y la de Ruy con Leonor[28].

Otro recurso dramático muy frecuente en el teatro barroco es el del disfraz, que emplea Bances en el hombre vestido de mujer (en *El español más amante*), aunque como es sabido es el de la mujer vestida de hombre (recurso dramático ya recomendado por Lope en su *Arte nuevo de hacer comedias*) el más frecuente. Como ha señalado Carmen Bravo-Villasante[29], este recurso probablemente sea en su origen italiano (Ariosto, Tasso, Boyardo, Bandello) y pertenezca a los largos poemas épicos renacentistas y narraciones cortas de tema amoroso. En Lope tiene a su innovador genial, introductor en la comedia y creador de tópicos; su escuela lo usa abundantemente, y posteriormente Tirso le da toda una serie de peculiaridades; Calderón lo complica, y

---

[26] Claydon, 1970, pp. 167-168.
[27] Wardropper, 1973, p. 162.
[28] Ver Oteiza, 2000, p. 48.
[29] Ver Bravo-Villasante, 1988.

son los continuadores calderonianos como Bances quienes marcan su decadencia.

Por otra parte, es interesante analizar el manejo que hace Bances Candamo del ritmo dramático. Emplea un ritmo dramático resonante para subrayar la importancia de diversas acciones. Esta presencia intensa del elemento narrativo no está utilizada en forma novelesca, sino en forma plenamente dramática; de ahí las interrupciones, que sirven para intensificar la tensión dramática y crear el suspenso necesario.

En otras ocasiones el ritmo dramático se acelera vertiginosamente al presentar una serie de acciones breves que forman parte de un todo, en rápida sucesión; y se evita así el recurso de la narración después de sucedido el hecho (forma cómoda de solucionar muchos problemas escénicos, pero desde luego mucho menos dramática). En otras ocasiones el ritmo tiene un valor poético que sirve para crear atmósferas:

MÚSICA	La Diana de estos bosques
	el venablo airado vibra,
	de quien quedarán las flores
	infaustamente teñidas,
	que hoy comunica sus iras
	al bosque...
(*Voces de cazadores*)	
VOCES	...al bosque...
MÚSICA	...y a la selva umbría.
VOCES	Al valle...
MÚSICA	...al valle...
VOCES	...y a la selva umbría.
LOPE	¿Qué es esto?
FERNÁN	Oye en tanto que
	juntos los ecos repitan...
MÚSICA	...Al bosque, al valle y a la selva umbría.
TODOS	(*Dentro*) Al bosque, al valle y a la selva umbría[30].

En este sentido también hay que tomar en cuenta el vuelo lírico que Bances intenta dar a sus composiciones, usando muchas veces el recurso de las canciones en escena y formas poéticas consagradas. Como señala Oteiza: «La influencia literaria de Bances pasa por el pe-

---

[30] Bances, *El español más amante y desgraciado Macías* (I, 180-189).

trarquismo, gongorismo y calderonismo, hasta el punto de reproducir versos casi literalmente de los grandes poetas aludidos»[31].

Para Casalduero el ritmo barroco es «ese movimiento banal, un suceder puramente externo, un largo y tumultuoso acontecer que nos lleva de repente al triunfo de lo trascendente»[32]. No creo que se trate tanto de la trascendencia de un asunto sino más bien de hacer vivir en el espectador vivencias de otros, de una manera lo más verosímil posible o de crear un ambiente distinto. Ése es un concepto teatral.

Este ritmo dramático está muy relacionado con el espacio, que, aunque concebido de acuerdo con las posibilidades de un corral de la época o un escenario palaciego, era capaz de dar cabida a una muralla o a un bosque. Hay que recordar que, según Canavaggio (lo dice a propósito del teatro cervantino), «l'espace théatral cervantin n'est pas un espace réel que l'on puisse jalonner à la façon d'un enclos. C'est un espace métaphorique né d'actions fictives, puisqu'engendrées elles mêmes par un dialogue»[33]. No se trata de un espacio real, sino de un espacio teatral y, en cuanto tal, lleno de convenciones aceptadas por todos, y sujeto a transformaciones reales o imaginadas generadas por el diálogo de los personajes:

> *A un lado suena como a lo lejos la música, a otro las voces, cajas y trompetas y se descubre medio en una gruta. Rocas, filósofo anciano, en traje montaraz, entre libros, esferas, cuadrantes y otros instrumentos matemáticos*[34].

El amor es el motor de todas las acciones que contradicen los códigos de valores comúnmente aceptados por la sociedad: respeto a la voluntad paterna, defensa de la honra, recato femenino, etc., y la confusión u ocultamiento de identidades por medio del disfraz. El conflicto entre el honor y la honra lo encontraremos como uno de los motores de muchas comedias barrocas. Bances lo emplea en *Duelos de amor y de celos*, *El español más amante y desgraciado Macías*, *El esclavo en grillos de oro*, *Quién es quien premia al amor*, *La jarretiera de Inglaterra*, *Sangre valor y fortuna*, *El duelo contra su dama*, *Por su rey y por su dama*, *La piedra filosofal*, *Duelos de ingenio y fortuna*, *Cómo se curan los celos* y *Orlando*

---

[31] Oteiza, 2000, p. 60.
[32] Casalduero, 1966, p. 43.
[33] Canavaggio, 1977, p. 206.
[34] Bances Candamo, *La piedra filosofal* (I-1).

furioso, El imposible mayor en amor lo vence amor, Más vale el hombre que el nombre, aunque sin dejar de aludir entrelíneas a la situación política de España y a los problemas de la corte en buena parte de ellas.

También podemos reconocer una clara concepción teatral del texto dramático dentro de un ritmo, un espacio y un tiempo barrocos que no tienen que ver ni con el tiempo histórico, ni con el espacio real. También hay que aceptar el manejo de algunas técnicas de la «comedia nueva», como la doble trama, el disfraz femenino, la dramatización de la realidad inmediata, etc. No necesariamente hay que ver en esto una influencia de Lope o sus seguidores, sino que es posible que tales características se deban al desarrollo natural de principios teatrales generales o propios manejados por el autor.

El cambio en la propuesta de las comedias de Bances es que ya no piensa en un espectáculo sin más sino en un proceso ejemplar para el Príncipe, así «Son las Comedias de los Reyes unas historias vivas que, sin hablar con ellos, les han de instruir con tal respecto que sea su misma razón quien de lo que ve tome las advertencias, y no el Ingenio quien se las diga»[35], pero esto se tiene que lograr sin que el mensaje sea directo, porque demostraría falta de ingenio, aunque también podía ser más riesgoso.

Al hablar de la técnica dramática de Bances, no se puede dejar de lado la importancia que este autor da a los temas históricos ya que para él el hecho teatral tiene un gran valor propagandístico, incluso didáctico, si bien es claro que distingue claramente la Historia del uso de ésta en, por ejemplo, la comedia de tema histórico al decir que «La Poesía llega después de la Historia, imitándola, la enmienda, porque aquélla pone los sucessos como son, y ésta los exorna como deuían ser, añadiéndoles perfección, para aprender de ellos»[36]. Sin embargo, también hay que señalar la capacidad que tiene Bances para construir sus comedias, buscando que sean históricas y por tanto ejemplares, aunque no tenga a su alcance mayores fuentes, así sucede en *El Austria en Jerusalén,* una «comedia historial»[37]. Caridad Villar ha examinado el modo en el que Bances

---

[35] Bances Candamo, *Theatro de los theatros de los passados y presentes siglos,* p. 56.

[36] Bances Candamo, *Theatro de los theatros de los passados y presentes siglos,* p. 50.

[37] Bances Candamo clasifica las comedias en «amatorias e historiales» y considera que «las comedias de historia, por la mayor parte, suelen ser ejemplares que enseñen con el suceso, eficacísimo, en los números para el alivio». *Theatro de los theatros de los passados y presentes siglos,* p. 33,

usa material histórico en esta obra; es claro que el planteamiento didáctico y el contenido moral de la obra están dirigidos en forma específica al monarca, pero hay un uso bastante inadecuado de los hechos históricos, lo que evidencia la carencia de fuentes históricas fidedignas en la época de Bances[38]. Como ha señalado Alfredo Hermenegildo el teatro es «un gestor de la interpretación de los hechos del pasado» que «intenta poner los hechos 'identificados' al servicio de unos intereses actuales, del momento histórico en que la obra dramática se escribe y en que la pieza teatral se representa».[39] Por el contrario, en otros casos utiliza las fuentes históricas con bastante aproximación. Así sucede en *La restauración de Buda*, comedia histórica muy cercana a los hechos. Aunque se trata de «mostrar el acontecimiento histórico a través del prisma de la poesía con los medios que el arte nos da [en esta comedia] el trabajo de documentación que realiza Bances es laborioso y concienzudo y se puede afirmar que sigue muy puntualmente las fuentes que tiene a su disposición»[40].

Finalmente habría que recordar, siguiendo los conceptos de Luciano Anceschi, que el teatro barroco, remitiéndose a la teoría para la que el arte es imitación, consideró esta imitación, en el teatro, «como imitación de acciones humanas de la vida real, de las costumbres nacionales en la experiencia de poesía popular, en la liberación de las tres unidades, y propuso la poética de un naturalismo nuevo, extraordinariamente abierto y capaz de comprender toda sutil especulación y fantástica invención»[41].

Para la recuperación plena de los autores posteriores a Calderón hay que desembarazarse de prejuicios simplistas y por ello cómodos para algunos estudiosos que han hecho de Bances, pero también de Diamante, Matos Fragoso o de la Hoz y Mota, e incluso de Moreto o Zorrilla, personajes secundarios, mecánicos, repetidores huecos, escritores de obras de circunstancia y asimilados rígidamente a ser defensores de la ley y el orden y de los asfixiantes imperativos del honor, símbolo aborrecido de un régimen autoritario[42]. Frecuentemente se habla de estos autores con una insistencia sumamente arbitraria en las

---

[38] Villar Castejón, 1979, pp. 545-565.
[39] Hermenegildo, 1998, p. 247.
[40] Duarte, 2007, p. 263.
[41] Anceschi, 1991, p. 194.
[42] Ver Reichenberger, 1997, pp. 30-31.

supuestas dimensiones mecánicas y decadentes de todo el teatro postcalderoniano, con las incoherencias que esto acarrea en los análisis que se intentan de comedias, autos sacramentales y evidentemente de entremeses. No se trata de decir que son superiores a Lope, Ruiz de Alarcón, Tirso o Calderón, simplemente de revisarlos con dramaturgos de su época con valores e intenciones propias.

En esta revisión hemos tratado de señalar algunos de los elementos propios de la técnica dramática que confluyen en la composición y posterior representación de las comedias de Bances Candamo, un autor que se desarrolló en el ámbito de la comedia palaciega y que conocía tanto la poética como las realizaciones dramáticas y escénicas de la Comedia Nueva y con ellas de Lope y Calderón, con el que se cierra una etapa dramática que hay que ver en su propia perspectiva, pero reconociendo el manejo que hacía este autor y otros de sus contemporáneos de su tradición teatral, de las convenciones escénicas y de las expectativas de su público.

Bibliografía

Anceschi, L., *La idea del Barroco*, Madrid, Tecnos, 1991.
Arellano, I., «Teoría dramática y práctica teatral. Sobre el teatro áulico y político de Bances Candamo», *Criticón*, 42, 1988a, pp. 169-193.
— «Bances Candamo, poeta áulico. Teoría y práctica en el teatro cortesano del postrer Siglo de Oro», *IberoRomania*, 27-28, 1988b, pp. 42-60.
— «Introducción» en F. Bances Candamo, *Cómo se curan los celos y Orlando furioso*, ed. I. Arellano, Ottawa-Pamplona, Dovehouse-Eunsa, 1991.
Bances Candamo, Francisco, *Theatro de los theatros de los passados y presentes siglos*, ed. D. Moir, Londres, Tamesis, 1970.
— *La piedra filosofal, El esclavo en grillos de oro*, ed. C. Díaz Castañón, Oviedo, Caja de Ahorros de Asturias, 1983.
— *La piedra filosofal*, ed. A. D'Agostino, Roma, Bulzoni, 1988.
— *Sangre, valor y fortuna*, ed. S. García Castañón, Oviedo, IDEA, 1991a.
— *Cómo se curan los celos y Orlando furioso*, ed. I. Arellano, Ottawa-Pamplona, Dovehouse-Eunsa, 1991b.
— *El español más amante y desgraciado Macías*, ed. B. Oteiza, Pamplona, Eunsa, 2000a.
— *La piedra filosofal*, ed. P. Rojas García, *Azogue* [Revista electrónica dedicada al estudio histórico-crítico de la Alquimia], 3, enero-junio 2000b, http://www.revistaazogue.com.

Bravo-Villasante, C., *La mujer vestida de hombre en el teatro español*, Madrid, Mayo de Oro, 1988 [1ª. ed. 1955].

Canavaggio, J., *Cervantès dramaturge. Un théâtre à naître*, Paris, PUF, 1977.

Casalduero, J., *Sentido y forma del teatro de Cervantes*, Madrid, Gredos, 1966.

Claydon, E., *Juan Ruiz de Alarcón: Baroque dramatist*, Madrid, Castalia, 1970.

Duarte, J. E., «Fuentes y representación de *La restauración de Buda*, comedia bélica de Bances Candamo», en *Guerra y paz en la comedia española*, ed. F. B. Pedraza Jiménez, R. González Cañal y E. E. Marcello, Almagro, Universidad de Castilla-La Mancha, 2007, pp. 259-274.

García Castañón, S., «Introducción», en F. Bances Candamo, *Sangre, valor y fortuna*, ed. S. García Castañón, Oviedo, IDEA, 1991, pp. 8-77.

González, A., «Caracterización de personajes en el teatro cervantino», en *Texto y representación en el teatro del Siglo de Oro*, ed. A. González, México, El Colegio de México, 1997, pp. 11-21.

— «Bances Candamo y la fiesta teatral: *La piedra filosofal*», en *Teatro y poder en tiempos de Carlos II. Fiestas en torno a reyes y virreyes*, ed. J. Farré, Frankfurt-Madrid, Vervuert-Iberoamericana, 2007, pp. 133-146.

Hatzfeld, H., *Estudios sobre el Barroco*, Madrid, Gredos, 1973.

Hermenegildo, A., «Uso y manipulación de la historia: experiencia barroca y teatro cortesano», en *Teatro cortesano en la España de los Austrias*, coord. J. Ma. Díez Borque, *Cuadernos de Teatro Clásico*, 10, 1998, pp. 245-267.

Juaristi, J., «Presentación», en *Calderón de la Barca y la España del Barroco*, Madrid, España Nuevo Milenio, 2000, s/foliar.

Kirschner, T., «Desarrollo de la puesta en escena en el teatro histórico de Lope de Vega», en *Estudios hispánicos en el Canadá, Revista Canadiense de Estudios Hispánicos*, 15-3, 1991, pp. 453-464.

— «Técnicas de representación de la multitud en el teatro de Lope de Vega», en *Encuentros y desencuentros de culturas: desde la Edad Media al siglo xviii. AIH Actas Irvine-92*, Irvine, Universidad de California, 1994, pp. 155-161.

Kowsan, T., *Literatura y espectáculo*, Madrid, Taurus, 1992.

Lobato, Ma. L., «Literatura dramática y fiestas reales en la España de los últimos Austrias», en *La fiesta cortesana en la época de los Austrias*, ed. Ma. L. Lobato y B. J. García García, Valladolid, Junta de Castilla y León, 2003, pp. 251-271.

Mackenzie, A. L., *La escuela de Calderón. Estudio e investigación*, Liverpool, Liverpool University Press, 1993.

Maravall, J. A., *La cultura del Barroco*, Barcelona, Ariel, 1975.

Oteiza, B., «Estudio introductorio», en F. A. Bances Candamo, *El español más amante y desgraciado Macías*, ed. B. Oteiza, Pamplona, Eunsa, 2000, pp. 9-90.

Pedraza Jiménez, F. B., «El teatro cortesano en el reinado de Felipe IV», en *Teatro cortesano en la España de los Austrias*, coord. J. Ma. Díez Borque, *Cuadernos de Teatro Clásico*, 10, 1998, pp. 75-104.

Pérez Feliu, J. J., *Autos sacramentales de F.co Bances Candamo*, Oviedo, Instituto de Estudios Asturianos, 1975.

Reichenberger, K., «Calderón ¿persona *non grata*?», en *Pedro Calderón de la Barca. El teatro como representación y fusión de las artes*, Anthropos, extra I, 1997, pp. 30-31.

Ruiz Ramón, F., «La voz de los vencidos en el teatro de los vencedores», en *Relaciones literarias entre España y América en los siglos XVI y XVII*, coord. Y. Campbell, Ciudad Juárez, Chihuahua, Universidad Autónoma de Ciudad Juárez, 1992, pp. 1-7.

Sabik, K., «El teatro cortesano en el reinado de Carlos II», en *Teatro cortesano en la España de los Austrias,* coord. J. Ma. Diez Borque, *Cuadernos de Teatro Clásico*, 10, 1998, pp. 105-117.

Villar Castejón, C. «Valoración histórica de F. A. Bances Candamo. *El Austria en Jerusalén*», *Boletín del Instituto de Estudios Asturianos*, 33, 1979, pp. 545-565.

Wardropper, B., «Las comedias», en *Suma cervantina*, eds. J. B. Avalle Arce y E. Riley, Londres, Tamesis, 1973, pp. 147-169.

EL TEATRO EN ESPAÑA Y PORTUGAL

LEALTADES DIVIDIDAS: LAS ALIANZAS LITERARIAS Y POLÍTICAS DEL DRAMATURGO PORTUGUÉS JACINTO CORDEIRO

Jaime Cruz-Ortiz
University of Oklahoma

La índole de crítica literaria moderna que se inclina hacia la antropología cultural ha propuesto varios términos para describir lo disímil y transitorio. Por lo general, estos vocablos evocan una metáfora espacial: se habla de sujetos forjados en los márgenes, de la vida en las periferias, del intercambio cultural en las zonas de contacto y de lo descentrado[1]. Sin embargo, los escritores de Portugal bajo el dominio español durante la Monarquía Dual (1580-1640) retan un intento de clasificación según estos términos. Por un lado, Lisboa fue la sede de su propio dominio, imponiendo control hegemónico sobre sus vastos y difusos territorios súbditos. Por otro, los dramaturgos lusitanos se encontraron desplazados por el teatro más desarrollado de su vecino ibérico. El castellano incluso amenazó con reemplazar la lengua nativa como registro literario en Portugal. Aunque el público lisbonés demandó representaciones frecuentes de comedias, relativamente pocos portugueses vieron sus obras en los tablados locales. Inspirados, u obligados, por la popularidad del teatro lopesco, los dramaturgos lusitanos compitieron en un idioma ajeno con los grandes vates del teatro áureo y afirmaron su identidad nacional a pesar de la fuerza majestuosa de las letras y cultura castellanas. En otras palabras, estos poetas en el

---

[1] Términos popularizados por la crítica poscolonial, feminista y étnica. Por ejemplo, ver las siguientes dos obras esenciales de estos campos: Anderson, 1983, y Hooks,1984.

centro del reino portugués fueron marginalizados por la importación del teatro español.

Entonces, ¿cómo describir el teatro lusitano castellanizado de los siglos XVI, XVII y XVIII[2]? Es tentador referirse a la absorción de la comedia en Portugal como un tipo de 'transculturación,' concepto elaborado por Fernando Ortiz[3] para describir el intercambio cultural en el contexto de la desigualdad colonial. Sin embargo, Portugal y España comparten una larga historia de hermandad literaria no forzada que se remonta a la Iberia medieval. Aunque el vocablo parece aplicable al teatro en cuestión, no me atrevería a igualar la Monarquía Dual con la explotación colonial. Es decir, los términos de la crítica poscolonial fueron elaborados para describir una realidad histórica muy distinta de la de Portugal. No obstante, hay algunas semejanzas palpables entre estos dramaturgos portugueses y los escritores de grupos colonializados. Comparten, por ejemplo, una relación compleja con la lengua de producción artística. Ambos tienen acceso limitado a la difusión de su obra desde las periferias hacia los centros de poder. Los dos hibridizan las formas artísticas adaptadas y, en ocasiones, subvierten las tradiciones importadas.

En este ensayo, no tengo la intención de resolver los dilemas críticos y denominativos que he subrayado, sino plantearlos como trasfondo de un estudio de las lealtades divididas y, a veces, contradictorias, de Jacinto Cordeiro (1606-1646), poeta y dramaturgo lisbonés, cultivador del modelo de la comedia lopesca y uno de los representantes más exitosos y prolíficos del ámbito teatral lusitano de la primera mitad del siglo XVII. Como letrado castellanizado, Cordeiro absorbió la lengua de la corte real habsburga, los modos poéticos españoles y la dramaturgia según los preceptos del *Arte nuevo de hacer comedias en este tiempo* (1609), de Lope de Vega. Por lo tanto, en su obra abundan ce-

---

[2] Aunque la Monarquía Dual terminó en 1640, los dramaturgos portugueses continuaron escribiendo comedias en castellano hasta mediados del siglo XVIII.

[3] «Entendemos que el vocablo *transculturación* expresa mejor las diferentes fases del proceso transitivo de una cultura a otra, porque éste no consiste solamente en adquirir una distinta cultura, que es lo que en rigor indica la voz anglo-americana *aculturación*, sino que el proceso implica también necesariamente la pérdida o desarraigo de una cultura precedente, lo que pudiera decirse una parcial *desculturación*, y además, significa la consiguiente creación de nuevos fenómenos culturales que pudieran denominarse de *neoculturación*» (Ortiz, 1940, p. 134).

lebraciones del parentesco ibérico y de la identidad pan-hispánica. Argumentaré, sin embargo, que su nacionalismo abriga un anticastellanismo algo disimulado durante la Monarquía Dual y abiertamente hostil después de la ruptura de los lazos políticos entre España y Portugal. Espero mostrar que Cordeiro no dejó que su fidelidad literaria afectara su alianza política a favor de la soberanía lusitana y, finalmente, que Cordeiro padeció de una ansiedad de influencia cultural en que su ímpetu artístico de imitar lo castellano choca contra su anhelo por la independencia política de Castilla.

Primeramente, es preciso proveer una descripción de la vida de Cordeiro, ya que este bardo permanece generalmente desconocido para la crítica moderna. Según los biógrafos, Cordeiro nació en Lisboa en 1606[4]. Como un poeta joven, vio representada y publicada su primera comedia, *La entrada del Rey en Portugal*, a los quince años de edad en 1621[5]. Ese mismo año se estrenaron dos más de sus obras: la primera y segunda parte de *Próspera y adversa fortuna de Duarte Pacheco*. Posteriormente, Cordeiro sirvió como alférez de una compañía lisbonesa de ordenanza, aunque no parece que hubiera participado personalmente en ninguna batalla[6]. Barbosa Machado nos informa que algunas de sus XVI comedias fueron «representadas em Castella com grande aplauzo dos expectadores»[7] tanto como en su ciudad natal. Probablemente se refiere a *El juramento ante Dios*, *El hijo de las batallas* y *Non plus ultra*, sus comedias de mayor difusión. Sus obras fueron representaciones esenciales del corral lisbonés, el Patio de las Arcas (Pátio das Arcas)[8], especialmente durante las décadas de 1620 y 1630. Existen testimonios que indican cómo *El juramento ante Dios*, su obra de ma-

---

[4] Barbosa Machado nos provee con toda la información concreta sobre Cordeiro (Barbosa Machado, *Bibliotheca lusitana histórica, crítica y cronológica*, p. 462); las subsiguientes bio-bibliografías simplemente lo citan o lo parafrasean. Barbosa Machado nombra dos fuentes anteriores: el *Teatro lusitano literario* de Juan Suárez de Brito y el *Entusiasmo poético* del Padre Antonio de los Reyes.

[5] Martins duda que la fecha de nacimiento de Cordeiro fuera 1606 y que un poeta tan joven hubiera escrito estas comedias (Martins, 1966, p. 114).

[6] Baso esta observación en la dedicatoria de su *Silva a el Rey Nosso Senhor Dom Ioam Quarto* (1641), en que Cordeiro menciona el servicio militar de sus hijos, y hasta ofrece juntarse con ellos en la frontera, pero no indica que él haya participado en la guerra en el pasado.

[7] Barbosa Machado, *Bibliotheca lusitana...*, p. 462.

[8] Matos Sequeira, 1933, p. 113.

yor resonancia, todavía era vigente y popular en Lisboa casi cien años después de su estreno[9]. Ya en su edad adulta, Cordeiro se jactó de que sus dos hijos hubieran luchado en las fronteras contra los españoles[10]. Desafortunadamente, falleció el 28 de febrero de 1646 a los cuarenta años de edad; fue sepultado en la Parroquia de Santa Maria Magdalena.

Nos conviene entender la política complicada de Cordeiro en comparación con la de sus contemporáneos lusitanos. Según mi cuenta, unos 68 escritores portugueses de comedias quedan registrados en el *Catálogo razonado*[11], la lista más extensa de autores portugueses que escribieron en castellano que se conserva en la actualidad. Este grupo fue un conjunto poco productivo en lo teatral y muy oportunista en lo político. En su mayoría, escribieron una o dos comedias por autor. De hecho, sólo tengo noticias de cinco que produjeron más de nueve comedias: Rodrigo Pacheco, Antonio Enríquez Gómez, José da Mota y Silva, Juan Matos Fragoso y, por supuesto, Jacinto Cordeiro.

En cuanto al oportunismo de estos escritores, probablemente sea el producto del trastorno político y de las alianzas inestables de la era en que vivieron. Algunos fueron partidarios incondicionales de la casa de Bragança y de la independencia lusitana. Manuel Araujo y Castro, Miguel de Barrios, Miguel Botelho de Carvalho, Manuel Gallegos y Pedro Salgado, probablemente pertenecen a esta agrupación. Otros, como Manuel Freire de Andrade, apoyaron la causa castellana. No obstante, la mayor parte de los literatos lusitanos, Cordeiro inclusive, halagaron a quienquiera que estuviera en el poder en el momento indicado. Con esto no se quiere indicar que Cordeiro y sus contemporáneos fueran insinceros en su apoyo de la Restauración, sino que la evidencia textual comprueba que estos dramaturgos aplaudieron a los Austrias durante la Monarquía Dual y luego celebraron con vehemencia la independencia portuguesa. Todavía no está claro si la lealtad de éstos siempre fue sospechosa o si sinceramente se desilusionaron con el dominio castellano, pero no cabe duda de que la aversión po-

---

[9] La *Comedia de comedias* de Tomás Pinto Brandão (1664-1743) presenta un catálogo de las obras teatrales más populares en Lisboa en la segunda década del siglo XVIII. A pesar de haberse estrenado un siglo antes, el *Juramento* aparece en el verso 429, por lo que se supone que éste todavía estaba presente en la conciencia del público portugués.

[10] Ver lo apuntado en la nota 6.

[11] García Peres, *Catálogo razonado biográfico...*

lítica contra España no amenguó la popularidad de la comedia, la cual continuó siendo uno de los espectáculos principales de la escena lisbonense hasta mediados del siglo XVIII, unos ochenta años después de que terminaron las hostilidades entre los dos reinos ibéricos en 1668.

En particular, Cordeiro vacila entre celebraciones de los lazos paniibéricos y un anticastellanismo mordaz. Su primera comedia, *La entrada del Rey en Portugal*, alaba la llegada de Felipe III a Lisboa en 1619. Como nota José Ares Montes, Cordeiro refleja el entusiasmo de las elites portuguesas generado por la visita del rey Habsburgo:

> Felipe III aparecía a los ojos de aquellos súbditos como una especie de taumaturgo capaz de resolver todos los problemas y colmar todas sus esperanzas, incluida la aspiración de hacer Lisboa la capital de la monarquía dual[12].

Embriagados por esta noción, los lisboneses organizaron la recepción más ostentosa que su riqueza y considerable deuda pudo proporcionar. Por consiguiente, abundan conmemoraciones poéticas a la pompa que rodeó este evento. Esta comedia se inscribe en dicha corriente.

El verdadero protagonista de *La entrada del Rey* es la entrada y no el Rey. A pesar del título, Felipe III sólo aparece brevemente en la comedia, contemplando a Lisboa desde su balcón mientras sus vasallos se ocupan de los preparativos para la procesión. Como sería de esperar, la obra está llena de referencias halagadoras al Rey: «Oh, dichoso y siempre Augusto/ tercer Felipe de España,/ que tras ser Señor del mundo/ eres Señor de las almas»[13]. Sin embargo, la venida del monarca funciona como pretexto para alabar a Lisboa. Según Cordeiro, su ciudad natal demuestra su superioridad a través de la grandiosa e incomparable celebración que arma: «Árdese el mundo por dicha./ Ah, Lisboa, insigne patria,/ ¿quién como tú hacer pudiera/ tanta fiesta a dicha tanta?»[14].

Como Ares Montes destaca, Cordeiro apenas oculta su anticastellanismo en esta comedia ocasional. Durante el relato del 'arbol de los Reyes de Portugal', el autor incluye, atrevidamente, un detalle excluido por sus contemporáneos más prudentes. En su retrato de João I de

---

[12] Ares Montes, 1990, p. 12.
[13] Cordeiro, *La entrada del Rey*, fol. 3.
[14] Cordeiro, *La entrada del Rey*, fol. 3.

Portugal, hace una referencia bastante indiscreta al triunfo portugués sobre el invasor castellano en 1385:

> éste el Maestre de Avis es,
> que con Nuño Álvares hizo
> hazañas de más valor
> que el rey jamás nunca hizo;
> éste es aquel que con pocos
> portugueses escogidos,
> vio de Aljubarrota el campo
> atropellando castillos[15]

Por lo tanto, Lisboa supera a Castilla en lo festivo así como ocurrió en el pasado con lo bélico. Probablemente, tal referencia hubiera indignado a un público castellano y deleitado a las masas portuguesas. El único testimonio sobreviviente de esta obra fue impreso en Lisboa por Jorge Rodrigues. Entonces, sospecho que nunca fue estrenado fuera de las fronteras de Portugal. Además de esta deshonrosa referencia, Cordeiro también describe lo castellano de una manera despreciativa en comparación con lo portugués. Por ejemplo, según Cordeiro, ninguna ciudad de España llega a las alturas de Lisboa: «¿En Castilla qué hay ver/ o en qué ciudad de España/ se hiciera aquesta grandeza/ que contemplo aquí en mi patria?»[16]. En otra ocasión, un lusitano ofendido reprende a un castellano por haber tratado de abrazar a su hermana y le dirige la siguiente locución: «[en Portugal] no tratan esa bajeza/ que allá llaneza llamáis»[17]. Como hemos visto a través de los ejemplos subrayados por Andrés Montes, el joven e impetuoso Cordeiro matiza una conmemoración de Felipe III con pullas contra los castellanos.

Trece años más tarde Cordeiro regresa al triunfo medieval de sus compatriotas contra los castellanos en la comedia *Los doce de Inglaterra*. La obra está protagonizada por Álvaro González, personaje histórico basado en Álvaro Gonçalvez Coutinho, llamado 'O Magriço', es decir 'caballero valiente'. El Magriço ganó renombre en las batallas contra los españoles en 1385. También participó en la conquista de Ceuta

---

[15] Cordeiro, *La entrada del Rey*, fol. 17.
[16] Cordeiro, *La entrada del Rey*, fol. 4.
[17] Cordeiro, *La entrada del Rey*, fol. 37.

y encabezó un grupo de caballeros portugueses que, según la historia hecha leyenda, acudieron a Inglaterra para defender la honra de algunas damas inglesas. *Los doce de Inglaterra* toma como trama principal la última de estas hazañas. Por supuesto, evocar esta historia popular y a este héroe en particular tiene una función retórica, específicamente la de valorar lo autóctono y mostrar su superioridad en comparación con lo ajeno. Como bien se sabe, este tipo de trama política y nacionalista fue favorecida por dramaturgos de la escuela lopesca. No obstante, en manos de Cordeiro, la convención toma una forma curiosa: lo autóctono es lo portugués y lo extranjero resulta ser lo francés, inglés y, como ya hemos visto, lo castellano.

Cordeiro construye esta obra sobre una serie de comparaciones en que se contrastan caballeros lusitanos con la nobleza de otras cortes reales europeas. El Magriço, en su primer discurso extendido, se identifica orgullosamente como vasallo portugués: «A quien la fama atrevida/ llama Don Juan el Primero,/ Rey Décimo en Portugal,/ soy vasallo y os prometo/ que es digno su heroica espada/ de sujetar muchos reinos»[18]. El gracioso Costa, cuyo nombre probablemente se refiere al 'costado' de una formación militar, lo acompaña. Durante su viaje por Francia hacia Inglaterra, estos dos personajes salvan a un Almirante francés de una pandilla de ladrones. Después, en la segunda jornada, el Magriço y su compatriota don Álvaro Vaz cortejan y conquistan a las dos hermanas bellas del Almirante francés. La nobleza inglesa queda representada por los caballeros Álbano y Casiodoro, los cuales quedan humillados por la facción portuguesa en el campo de batalla. Los nobles lusitanos también enamoran a las damas de la corte inglesa durante su breve estancia. En otras palabras, los portugueses triunfan sobre sus homólogos ingleses y franceses tanto en la guerra como en el amor.

El fervor nacionalista de Cordeiro también sale a la superficie en su obra más famosa, *El elogio de poetas lusitanos* (1631). Con este poema, responde al *Laurel de Apolo* (1630) de Lope de Vega y hace hincapié en los portugueses que escribieron en castellano. El *Laurel* fue un tributo en verso a unos 340 poetas ibéricos, franceses, italianos y clásicos. Hace homenaje a 18 portugueses, aproximadamente 6% de los 280 poetas ibéricos presentados. Considerando el alcance del en-

---

[18] Cordeiro, *Los doce de Inglaterra*, fol. 60-61.

foque de Lope, este número no nos indica que el Fénix quisiera despreciar las contribuciones literarias de Portugal. A pesar de las intenciones de Lope, la réplica de Cordeiro muestra que éste o percibió una afrenta a sus compatriotas o simplemente se aprovechó del momento para dar testimonio de los bardos producidos en su tierra. Lope, en su *Laurel*, dedica pocas páginas a autores lusitanos. Cordeiro, por su parte, enumera a poetas portugueses a través de unas veinte páginas y celebra a más de 70 autores, cuatro veces más el número mencionado en el *Laurel*.

La postura retórica que Cordeiro utiliza en esta obra es de deferencia frente a una leyenda. Se refiere a Lope exclusivamente por el epíteto de «Fénix», subrayando su estatus mítico. Por otro lado, se aprovecha del lenguaje de la humildad, sirviéndose de las connotaciones pasivas de su apellido. Incluso argumenta que no pertenece al grupo de poetas que describe:

> Aquí nombrarme, Fénix, considero
> que fueran de mi ingenio presunciones,
> vos pudierais poneros el primero
> por quitar del laurel oposiciones:
> entre tantos leones, soy cordero,
> y no tengo lugar entre leones,
> ni nombre quiero, ni lugar admito,
> ellos escriben bien, yo mal he escrito[19].

Sin embargo, el *Elogio* no es sólo un homenaje a su modelo literario sino una añadidura al *Laurel*. La respuesta de Cordeiro fragmenta la visión castellano-céntrica del mundo de las letras presentado por Lope. Mientras que la narrativa del *Laurel* se traslada desde las periferias del dominio español hacia su centro en Madrid, el *Elogio* comienza y termina en Portugal. Mientras que Lope convierte al monarca en el centro espacial de su poema, Cordeiro sólo se refiere al Rey una vez y únicamente en la última estrofa del poema. Mientras que Lope corona al monarca con el mítico *Laurel de Apolo*, Cordeiro argumenta que cada poeta debe ser adornado con su propio laurel, deshaciéndose del orden monárquico castellano.

---

[19] Cordeiro, *Catálogo razonado biográfico...*, p. 136.

Ya que es escasa la información que perdura sobre la vida de Cordeiro, solamente podemos presumir que la rebelión y subsiguiente proclamación del Duque de Bragança (1603-1656) como el nuevo rey de Portugal en 1640 fueron acontecimientos trascendentales en su vida. Los textos que se conservan de esta época escritos por Cordeiro demuestran que fue una época de producción poética intensificada. En 1641 publicó: una serie de décimas[20], el tributo al nuevo rey de Portugal mencionado antes y el *Triumpho francés*, un poema que rinde homenaje a la llegada de embajadores franceses a Lisboa. Después de la Restauración, Cordeiro pasó de ser poeta periférico a ser uno de los bardos más privilegiados de Portugal. De hecho, la portada del *Triumpho francés* indica que el poema fue escrito por petición del mismo João IV. Además, la ciudad de Coimbra contrató una tropa de comediantes para representar una de sus comedias durante sus celebraciones de la Restauración.

A modo de conclusión, terminaré este ensayo con el comienzo del reino del nuevo monarca portugués, que desafortunadamente coincide con los últimos años de la vida de Cordeiro. La *Silva a el Rey Nosso Senhor*, como indica el título, es una serie de versos dedicados al nuevo monarca. Fue publicado en Lisboa por la Oficina de Lourenço de Amberes en 1641. En ella, da rienda suelta a su patriotismo y expresa más directamente las que con toda probabilidad siempre fueron sus creencias políticas. Se refiere a Portugal bajo el dominio español como una «patria cautiva y usurpada»[21]. Lamenta la venta de su país a «Rey estraño»[22]. Luego hace una breve historia de la monarquía portuguesa, en la cual otra vez destaca el triunfo medieval de João I de Portugal contra los castellanos: «Tomando las armas y la lucida cuota/ la batalla venció de Aljubarrota»[23]. Según Cordeiro, el triunfo de João I renace en João IV: «ya teme el Castellano en la palestra,/ vuestra fatal espada, en vos tan diestra»[24].

Además, en la dedicatoria de la silva, nos da pistas de una vida ofuscada por el olvido. Menciona que sus dos hijos están peleando en las

---

[20] Éstas aparecen como los poemas preliminares de *Varios effetos de amor* (Lisboa, 1641) de Alonso de Alcalá y Herrera.
[21] Cordeiro, *Silva a el Rey Nosso Senhor*, fol. 4.
[22] Cordeiro, *Silva a el Rey Nosso Senhor*, sin paginación.
[23] Cordeiro, *Silva a el Rey Nosso Senhor*, fol. 6.
[24] Cordeiro, *Silva a el Rey Nosso Senhor*, fol. 4.

continuas batallas contra los españoles y hasta ofrece juntarse con ellos en la guerra:

> lhe ofereço esta Silva, que nem por fazer versos me isento do maior risco como não isentey eu dos filhos de seu Real serviço, hum que está servindo em Ceilão, e outro nas fronteiras, e eu o farei com excessivo gosto quando V. Magestade seja servido despacharme[25].

Esta cita subraya una aparente contradicción ideológica en la vida del autor. Cordeiro, el dedicado admirador e imitador de Lope de Vega y el dramaturgo castellanizado, celebra con regocijo la guerra contra Castilla. Evidentemente, los portugueses supieron diferenciar sus lealtades literarias de las políticas.

En conclusión, a pesar de los escollos de la terminología analítica elaborada para describir contextos coloniales y poscoloniales en su aplicación a la Monarquía Dual, vale notar que los escritores portugueses, así como los sujetos de muchos estudios de estos campos, tuvieron una relación compleja y a veces conflictiva con el registro de la producción literaria y la meta aparente de la mayor parte de las letras hispanas, es decir, la perpetuación y justificación ideológica de la hegemonía castellana. Como hemos visto en el caso de Cordeiro, estos escritores fueron forzados por su entorno político y cultural a emplear la usurpación, hibridización y subversión típicas de autores que luchan por la auto-expresión desde un espacio marginalizado.

BIBLIOGRAFÍA

ANDERSON, B., *Imagined Communities: Reflections on the Origin and Spread of Nationalism*, Londres, Verso, 1983.

ARES MONTES, J., «Los poetas portugueses, cronistas de la Jornada de Felipe III a Portugal», *Filología Románica*, 7, 1990, pp. 11-36.

BARBOSA MACHADO, D., *Bibliotheca lusitana histórica, crítica y cronológica*, 3 vols., Lisboa, Oficina de Antonio Isidoro da Fonseca, 1741-1759, p. 462.

CORDEIRO, J., *Comedia de la entrada del Rey em Portugal*, Lisboa, Jorge Rodrigues, 1621.

---

[25] Cordeiro, *Silva a el Rey Nosso Senhor*, sin paginación.

— *Silva a el Rey Nosso Senhor Dom Ioam Quarto*, Lisboa, Lourenço de Amberes, 1641.

— «Elogio de poetas lusitanos», en *Catálogo razonado biográfico y bibliográfico de los autores portugueses que escribieron en castellano*, Madrid, Colegio Nacional de Sordo-mudos y de Ciegos, 1890, pp. 124-137.

DEPRETIS, G., «Un testo inedito di Jacinto Cordeiro: *El entremés famoso de los sordos*», en *Symbolae pisanae: studi in onore di Guido Mancini*, Pisa, Giardini, 1989, pp. 155-162.

GARCÍA PERES, D., *Catálogo razonado biográfico y bibliográfico de los autores portugueses que escribieron en castellano*, Madrid, Colegio Nacional de Sordo-mudos y de Ciegos, 1890.

HOOKS, B., *Feminist Theory: From Margin to Center*, Cambridge, South End Books, 1984.

MARTINS, H., «Jacinto Cordeiro e *La Estrella de Sevilla* (Notas sobre a ideologia portuguesa durante a Monarquia Dual)», *Colóquio internacional de estudos luso-brasileiros*, vol. 4, Coimbra, 1966, p. 109-139.

MATOS SEQUEIRA, G., *Teatro de outros tempos*, Lisboa, 1933.

ORTIZ, F., *Contrapunteo cubano del tabaco y el azúcar*, Habana, Montero, 1940.

PINTO BRANDÃO, Tomás, *La comedia de comedias*, edición, introducción y notas de P. Bolaños Donoso y M. Reyes, *Criticón*, 40, 1987, pp. 81-159.

LA FIGURA TRÁGICA DEL PODER EN *AMOR DESTRONA MONARCAS, Y REY MUERTO POR AMOR*

A. Robert Lauer
The University of Oklahoma

Dedicado a María Pilar Sarrió Rubio

La figura del poder, del rey defectuoso en este caso, cambia a lo largo del extenso período clásico hispánico. En el ciclo pre-lopista del Renacimiento, o sea, en la generación neo-senequista de 1579 a 1609, el monarca defectuoso, ya sea *absque titulo* o *in regimine*, se ve como figura luciferina que requiere ser resistido o destituido para salvar el reino de su furor o ira. En el ciclo lopesco (*ca.* 1602-1634) al principio del Barroco, el rey defectuoso pierde su carácter satánico para convertirse en un ser humano cuyos vicios principales son *luxuria* o *cupiditas*. En el ciclo calderoniano (*ca.* 1625-1698) del Barroco en su madurez, el rey tirano pierde parte de su humanidad (sus defectos carnales, por ejemplo) para convertirse en un ser intelectivo y maquiavélico por excelencia. En estos dramas, su única pasión es la ambición política (*superbia*)[1].

Ahora bien, aunque en términos literarios el Barroco español suele tener su *terminus ad quem* con la muerte de Pedro Calderón de la Barca (1681) o Sor Juana Inés de la Cruz (1695), en sus manifestaciones arquitectónicas continúa exteriorizándose a lo largo del siglo XVIII en obras como el Palacio Real de Madrid (1738-1755), el Transparente de la Catedral de Toledo (1721-1732), la fachada de la Iglesia de San Sebastián y Santa Prisca (1751-1758) en Taxco o el

---

[1] Ver Lauer, 1987, pp. 171-72.

Sagrario Metropolitano (1749-1769) en México. En música, asimismo, las fechas claves del Barroco se dan entre 1600 y 1760, o sea, desde Claudio Monteverdi (1567-1643) hasta Georg Friedrich Händel (1685-1759). A la vez, si se valorara el Barroco como sistema y no sólo como un movimiento cronológico específico, este referente se convertiría en isotopía de, por ejemplo, desorden, fusión y heterogeneidad, amén de otras concepciones.

Para nuestros propósitos, la comedia barroca hispana desde Lope de Vega y sus precursores (autores como Juan de la Cueva, Cristóbal de Virués y Lupercio Leonardo de Argensola) hasta Calderón, Sor Juana y sus imitadores permanece vigente como estructura temática a lo largo del siglo XVIII. Como indica Henryk Ziomek, «After 1700, [...] the *comedia* did not entirely disappear from the Spanish stage»[2]. De las dos vertientes del teatro dieciochesco, la nacionalista y la neoclásica, la primera, llamada «tardobarroca» por Emilio Palacios Fernández[3], continúa con autores como Antonio de Zamora (1664-1728), José de Cañizares (1676-1750), Dionisio Solís (1774-1834), Luciano Francisco Comella (1751-1812), Cándido M. Trigueros (1736-1801), Luis Moncín (1750-1814), Antonio Valladares de Sotomayor (1738-1820), Gaspar Zavala y Zamora (1762-1824) y otros. Hay que recordar que la comedia didáctica y afrancesada del siglo XVIII no se da hasta la última década de ese siglo y la primera del siguiente[4].

Por lo tanto, *Amor destrona monarcas, y rey muerto por amor*, la obra que nos ocupa en este momento, aunque sea una obra barroca tardía o «tardobarroca», encaja perfectamente bien dentro de la estructura y temática de la nueva comedia del XVII, si bien en el XVIII se clasificaría como comedia antigua o heroica (o «tardobarroca»).

Esta obra es prácticamente desconocida hoy día. La edición más antigua, según Antonio Palau y Dulcet[5], es la del impresor Francisco Genéras (Barcelona, 1778). Existe un ejemplar de esta edición en la Biblioteca Nacional de Madrid (signatura T/15023/20), con el título *Amor destrona monarcas, y Rey muerto por amor* (Con [sic] nueva). / De un Ingenio valenciano (Barcelona: Por Francisco Genéras, 1778): 38

---

[2] Ziomek, 1984, p. 187.

[3] Palacios Fernández, 2003, vol. 2, p. 1553.

[4] *La comedia nueva* de L. Fernández de Moratín tiene su estreno en 1792; *El sí de las niñas* en 1806.

[5] Palau y Dulcet, 1948-1977 [1949], vol. 2, p. 39.

pp. h. A-L; 4°. Asimismo, en la Biblioteca Valenciana (Sant Miguel dels Reis) hay un ejemplar de la misma obra bajo la rúbrica T-68/39. Otro ejemplar existe en la Bibliothèque Nationale de France, la cual se atribuye a Luis Ballester, siguiéndose a Francisco Aguilar Piñal, quien indica en su *Bibliografía* que Fray Luis Ballester fue un dominico nacido en Valencia y muerto en 1817, quien usó además el seudónimo de Lorenzo Villel y Suay[6]. Por su parte, Jerónimo Herrera Navarro indica que Luis Ballester y Pallardo nació en Valencia el 29 de octubre de 1733 y murió el 14 de diciembre de 1817[7]. Justo Pastor Fuster añade que murió a los 83 años de edad, habiendo sido dos veces Prior en el Convento de San Onofre, una en el Convento de Valencia y finalmente Provincial de la Corona de Aragón; fue también condecorado Académico de honor de la Academia de Bellas Artes de San Carlos de Valencia en 1786[8].

En la Biblioteca del Museo Británico hay otro ejemplar de esta misma fecha y sin atribución alguna, aunque imperfecto (le faltan las páginas 3 a 6). En los EEUU, existe sólo un ejemplar, que no puede circular, en la Universidad de Pensilvania (Filadelfia), bajo la signatura PQ 6500 V3 1822. En el catálogo de esa biblioteca se atribuye esta obra a Fray Luis Ballester[9]. También se incluye el hecho de que es una suelta numerada bajo la signatura número 72. Este detalle es importante porque la colección de 15 sueltas de la compilación *Comedias famosas* (publicada en España entre 1765-1827) hace mención en su catálogo de esta obra, indicando la fecha 1778 bajo el número 38[10]. Por lo tanto, la auténtica segunda edición, la cual hemos consultado, es la que aparece bajo «Libros modernos después de 1831» en la Biblioteca Nacional de Madrid, la cual hace algunos cambios mínimos pero significativos. Aquí la obra es *Amor destrona monarcas (Comedia*

---

[6] Aguilar Piñal, 1981, vol. 1, pp. 500-501 y vol. 8, p. 480.
[7] Herrera Navarro, 1993, p. 38.
[8] Pastor Fuster, *Biblioteca valenciana...*, vol. 2, pp. 403-404.
[9] El catálogo atribuye esta referencia a Palau y Dulcet, 1948-1977 [1949], vol. 2, p. 39.
[10] Consta decir, sin embargo, que la edición consultada de esta obra en la Universidad de Wisconsin-Madison (copia en microfilm [5823, 74, 2670] de la colección *Spanish Drama of the Golden Age* de la Universidad de Pensilvania) tiene tachado el número original de tres cifras (¿119?) y sobrepuesto otro que parece ser un número 38 o 39.

heroyca), y rey muerto por amor. / De un ingenio valenciano (Barcelona: Por Juan Francisco Piferrer, s. a.): 4°, bajo la signatura T/1406. Ejemplares adicionales existen en la Biblioteca de Andalucía (Granada) bajo la signatura ANT-XVIII-436(5); la Universidad de Oviedo, cuyo catálogo atribuye la obra a Lorenzo Villel y Suay y da la fecha de 1793; la Biblioteca del Museo Británico, sin atribución, y que pone entre corchetes e interrogativos la fecha de 1780; la Biblioteca de la Universidad de Yale (signatura He35 6 17), sin atribución, y con el número 89 de la lista de sueltas de la casa Piferrer; y, finalmente, la de la Universidad de Michigan (signatura PQ 6500 .A1 A52 178-), sin atribución, pero tratando de adivinar la fecha de impresión (¿1780-1789?)[11]. Ésta es la obra utilizada para el presente estudio. He de advertir que el Institut del Teatre (Barcelona) menciona 5 ejemplares adicionales (sin fecha o datos de impresión) en su catálogo electrónico, todos atribuidos a José Vallés, nacido en Barcelona y muerto en 1779, compositor de comedias de guapos y bandoleros[12].

Si la atribución de *Amor destrona monarcas, y rey muerto por amor* a «un ingenio valenciano», Lorenzo Villel y Suay, Fray Luis Ballester y José Vallés presenta ambigüedades, el título de la obra también, a nivel catalográfico. A veces se le clasifica como *Amor destrona monarcas*. En una ocasión se cataloga como *Rey muerto por amor.* También se cataloga como «comedia nueva» o «comedia heroyca». Si eso no fuera suficiente, cuando aparece el título en los diarios o en las carteleras teatrales de Madrid en el siglo XVIII, la obra se intitula *Amor destrona monarcas, Amor destrona monarcas y rey muerto por amor, Amor destrona monarcas y rey muerto por amante, El falso czar de Moscovia, El héroe verdadero* y, para evitar la prohibición del Juzgado de Protección del 17 de marzo de 1788[13], *Perderlo todo en un día (por un ciego y loco amor) y falso czar de Moscovia,* aunque la obra ocurra en Sicilia y no tenga nada que ver con el mundo moscovita. Según Francisco Aguilar Piñal, la

---

[11] La Universidad de Michigan también tiene un microfilm de la obra y la versión suelta que aparece en la compilación *Comedias famosas*.

[12] Aguilar Piñal, 1981, vol. 8, pp. 297-299.

[13] La obra fue prohibida con *El príncipe más prodigioso y defensor de la fe, Lo que va de cetro a cetro* y *La lavandera de Nápoles*, esta última comedia de regicidio. El autor de enmiendas fue el corrector Ignacio López de Ayala. Andioc y Coulon, 1996, vol. 2, p. 917, núm. 503, consideran que, más que corrección, *Perderlo todo en un día* es una refundición de la obra original prohibida.

obra había sido puesta en el Teatro de Sevilla los días 20, 21 y 28 de abril, el 22 de agosto y el 25 de diciembre de 1771; el 24 de mayo de 1774; y el 1º de diciembre de 1775[14]. Bajo variaciones de este último título, y con la atribución de la obra a Lorenzo Villel y Suay, esta obra aparece en dos de los teatros públicos madrileños entre 1786 y 1805[15]. En el Teatro del Príncipe se estrena los días 20-23 de enero de 1786 con el título *Perderlo todo en un día* y con buenas recaudaciones (4.564, 2.561, *3.078* y 4.277 reales)[16]. Reaparece en el mismo lugar y con el mismo título el 31 de marzo y los días 11-13 de agosto de 1788 con las siguientes recaudaciones: 3.004 para la primera fecha (un lunes) y 3.291, 1.978 y 1.117 para la segunda[17]; los días 7-10 de enero de 1790, bajo el título *Perderlo todo en un día por un ciego y loco amor*, con las recaudaciones siguientes: 3.474, 1.858, 1.284 y *2.203*[18]; el 19-23 de octubre de 1795, bajo el título *El falso czar de Moscovia* (con recaudaciones de 2.733, 3.124, 3.014, 2.975 y 1.241)[19]; y el 30 de abril de 1798, también con el título de *El falso czar de Moscovia* (con una recaudación de 3.660 reales)[20]. En el Teatro de la Cruz se pone el 15-17 de mayo de 1802, con el título de *El falso czar de Moscovia*[21] y el 14-18 de noviembre de 1805, bajo el título *Perderlo todo en un día por un loco y ciego amor, y falso czar de Moscovia*, con las siguientes, y exitosas, recaudaciones: 7.699, 9.014[22],

---

[14] Aguilar Piñal, 1974, p. 271.

[15] Andioc y Coulon, 1996, vol. 2, p. 810.

[16] Para las recaudaciones, ver Andioc y Coulon, 1996, vol. 1, p. 391. La recaudación en bastardilla es la del domingo.

[17] Andioc y Coulon, 1996, vol. 1, pp. 408-09. Ha de notarse que el *Diario de Madrid* menciona que el nombre de la obra respecto de la segunda fecha es *El héroe verdadero*, según la lista de entradas correspondiente a los asientos, ver Andioc y Coulon, 1996, vol. 1, p. 582, núm. 7 (1788-1789).

[18] Andioc y Coulon, 1996, vol. 1, p. 416 (compañía de Eusebio Ribera).

[19] Andioc y Coulon, 1996, vol. 1, p. 449 (compañía de Luis Navarro).

[20] Andioc y Coulon, 1996, vol. 1, p. 464 (compañía de Luis Navarro).

[21] Andioc y Coulon, 1996, vol. 1, p. 495. Curiosamente, *El parecido de Rusia*, obra de tiranicidio y refundición de *Hados y lados hacen dichosos y desdichados*, comedia de otro ingenio valenciano, en este caso el autor de comedias Lorenzo García, de finales del siglo XVII, se había puesto los días 11-14 de mayo en el mismo teatro. Sobre los temas eslavos y de tiranicidio en las tablas españolas, consúltese la edición de Lauer, 1997, pp. 8-19.

[22] Andioc, 1976, p. 29, indica que los teatros de la Cruz y del Príncipe podían alcanzar, estando llenos, unos 9.300 reales.

5.842, *7.601*, 5.204²³. Si pensamos que una triunfante comedia de magia como *El mágico de Astracán* de Valladares y Sotomayor obtuvo en 24 días en 1781-1782 (de diciembre a enero, la mejor fecha de teatro) una media de 5.818 reales²⁴, el hecho de que nuestra obra hubiera logrado en el mismo teatro en fechas comparables una media de 7.492 reales en cuatro días, cuando en el Teatro de la Cruz el máximo posible era de 7.630 reales en esos años, representaría un rotundo éxito de taquilla.

Amor destrona monarcas, y rey muerto por amor es una comedia de teatro, o sea, una obra espectacular o de «espectáculo completo»²⁵, con múltiples cambios de decorado, bailes, trajes magníficos y maquinaria, que podía incluir carros, naves, palacios y montes en las comedias militares; así como, en las de magia, obras de vuelo, balancín, rastrillo y escotillón²⁶. En este tipo de obra se presencian espectáculos fúnebres, sobre todo de reales personas²⁷, escenas de prisión, de juicios, de ejecuciones, de muertes aparatosas, de batallas, de fiestas, de iluminación (para sucesos que involucren a reales personas), de arcos, estatuas, pinturas, acontecimientos aparatosos, animales reales y fantásticos, fuegos de artificio e incluso de acción de artillería y de marina (para reales espectáculos)²⁸. Hay también numerosas acotaciones en las publicaciones sueltas de estas obras, como sería de esperar²⁹. En nuestra obra, hay al menos cuatro aparatosos cuadros, según las acotaciones externas: uno de Palacio, que se muestra cuatro veces; uno de Caza, con utilería de venablos y personajes «bizarramente vestidos de caza»³⁰; uno de «un vistoso Jardín, y en él una fuente de Diana, [y] Venus»³¹; otro de una Fortaleza, que aparece dos ve-

---

²³ Andioc y Coulon, 1996, vol. 1, p. 529. La Compañía de la Cruz estuvo a cargo de esta función.
²⁴ Andioc, 1976, p. 38.
²⁵ Andioc, 1976, p. 69.
²⁶ Andioc, 1976, pp. 12 y 48.
²⁷ Pensemos en la espectacular escena del panteón real en *El parecido de Rusia* (p. 1762), refundición de *Hados y lados hacen dichosos y desdichados* (MS fechado el 17 de febrero de 1678, como indica Lauer, 1997, p. 4). La larga acotación respecto a esta escena aparece entre los vv. 1686-87 de la segunda jornada (Lauer, 1997, pp. 100-101); ver asimismo las notas textuales para estos versos en Lauer, 1997, pp. 172-73.
²⁸ Andioc, 1976, pp. 77-86.
²⁹ Andioc, 1976, p. 104.
³⁰ *Amor destrona monarcas, y rey muerto por amor*, p. 7; A 4 r.
³¹ *Amor destrona monarcas, y rey muerto por amor*, p. 13; B 3 r.

ces y es el espacio donde ocurren batallas. Hay también un espectacular Solio Real, que parece formar parte del cuadro de Palacio, con diferente utilería, ya que hay referencia a una cortina: «Al son de clarín, y caja tiran la cortina, y aparece un Solio Real, en el que se asienta la Reina, y sacan los Soldados con tres fuentes, una Corona de laurel, Cetro, y Manto Real, y por sur [sic] orden Federico, el Condestable, y Rosendo irán adornando a la Reina con las leales insignias»[32]. Finalmente, hay una escena de prisión, que también parece ocurrir en el cuadro de Palacio, por la acotación externa que indica «Córrese la cortina, aparece [sic] la Cárcel Federico, y Escaparate, con prisiones»[33].

Amor destrona monarcas es también una comedia nueva o heroica. La comedia heroica o heroico-militar era así llamada por contener despliegues de tropas en el escenario, lances bélicos, revisiones de armas, escenas de batalla y otras actividades militares. Esta clase de obra era un espécimen de historiografía aristocrática, cuyos valores serían apropiados por la mentalidad popular de la época. René Andioc observa que aún los nobles admiraban y añoraban la autonomía aristocrática de los personajes de estas obras, habiendo sido ésta suplantada por el real absolutismo borbónico del XVIII[34]. Éstas son obras de emociones fuertes y hasta de cierto anticipado sadismo de parte del público (hay escenas de mutilación en la *Numantina destruida* de López de Ayala, como indica Andioc[35]). Hay cierta fascinación de parte del público por los cambios de fortuna, sobre todo de baja a alta esfera[36], como en *El parecido de Rusia* (1762). Estas obras contienen duelos, lances y aventuras[37]. Hay gran intensidad del sentimiento caballeresco, y actitudes y situaciones inauditas, extrañas, excesivas y aparatosas[38]. Hay también cierta debilitación de la carga ejemplar del héroe[39], quien a veces sufre de pasiones violentas, extremadas, excesivas y delictuosas. A veces se nota en estas obras cierto desprecio por las leyes y la moral oficial, sentimiento tan ajeno al de la conformidad dieciochesca,

---

[32] *Amor destrona monarcas, y rey muerto por amor*, p. 31; E 1 v.
[33] *Amor destrona monarcas, y rey muerto por amor*, p. 23; C 4 r.
[34] Andioc, 1976, pp. 158-159.
[35] Andioc, 1976, p. 83.
[36] Andioc, 1976, p. 107.
[37] Andioc, 1976, p. 127.
[38] Andioc, 1976, p. 129.
[39] Andioc, 1976, p. 130.

donde el término «quijotismo» equivalía a vanidad infame y a no estar contento con su destino[40]. En nuestra obra en particular, se empieza con una larga narración de una victoria militar de los sicilianos contra los turcos, se continúa con una violenta escena de prisión donde ilustres militares matan a centinelas y alcaides, y se termina con una sangrienta batalla donde aristócratas leales matan a nobles rebeldes en escena, como se nota en las acotaciones: «[...] sale Rosendo peleando con Alejandro, y Jorge, sin cesar el ruido [de batalla]», «Cae muerto», «riñen», «Acósale, y le da muerte [...]», «Métenlos [sic] á cuchilladas»[41].

Amor es, finalmente, una obra musical, ya que contiene música de un cuatro que se usa como acompañamiento musical durante ciertas mutaciones, como en la del Jardín de la primera jornada: «Entrase por la puerta, [sic] que se entraron Federico, la Reina, y el Condestable, y al son de la Música, que canta el cuatro siguiente, se descubre un vistoso Jardín, y en él una fuente con Diana, Venus, y junto á ella el Rey e Isabela sentados»[42]. Hay también referencias a música militar de cajas y clarines[43] y a un incesante «[...] ruido de batalla [...]»[44]. Finalmente, hay cinco cambios métricos (con primacía del romance), con sus adjuntos cambios de tono[45]. La comedia heroica perdurará hasta 1800, cuando sufrirá un eclipse frente al género sentimental.

Amor destrona monarca, y rey muerto por amor, además de ser una comedia de teatro y heroica, es también, como otras de su tipo, una obra basada parcialmente en hechos históricos. La acción ocurre durante el breve reinado de Pedro II de Trinacria, de la Casa de Aragón en Sicilia (1282-1516). Pedro (Pietro) II fue hijo de Federico II (1272-1337), tercer hijo de Pedro III de Aragón y Constanza de

---

[40] Andioc, 1976, pp. 164-165.
[41] *Amor destrona monarcas, y rey muerto por amor*, p. 34; E 2 v.
[42] *Amor destrona monarcas, y rey muerto por amor*, p. 13; B 3 r.
[43] *Amor destrona monarcas, y rey muerto por amor*, p. 32; E 1 v.
[44] *Amor destrona monarcas, y rey muerto por amor*, p. 34; E 2 v.
[45] Palacios Fernández, 2003, p. 1555, indica que «La polimetría sigue, pues, vigente en el siglo XVIII», con una tendencia al uso mayoritario del romance. En *Amor*, se notan los siguientes cambios métricos: romance (ocho ocurrencias), redondillas (tres casos), silvas pareadas (dos instancias), décimas (una ocasión) y prosa (dos pasajes). No obstante, el romance, aunque ocurre 8 veces (2 en la primera jornada, 3 en la segunda y 3 en la tercera), sufre 10 cambios vocálicos con varias ocurrencias repetidas: e-a (4 veces), a-a (3), e-o (3), a-e (2), i-a (2), o-a (2), o-o (1), a-o (1), i-e (1), y e-e (1).

Hohenstaufen (hija de Manfredo, rey de Sicilia: 1258-1266). Al morir Pedro III en 1285, Federico es hecho Regente de Sicilia mientras que Jaime II heredaba el reino de Aragón. Sicilia era disputada entre la Casa de Anjou y la Casa de Aragón. Para poseer las islas de Córcega y Cerdeña, Jaime II tuvo que ceder Sicilia a la Iglesia, la cual a su vez la devolvería a la casa de Anjou en 1295. No obstante, los sicilianos habían desterrado a los franceses en 1282 y no estaban dispuestos a recibirlos de nuevo. Por lo tanto, el Parlamento siciliano proclamó rey a su regente, Federico II, quien fue coronado por los nobles en Palermo en 1296. Esto ocasionó conflictos con Francia. No obstante, en agosto de 1302, se firmó el Tratado de Caltabellotta, por el que Federico fue reconocido como rey de Trinacria de forma vitalicia. A cambio, tenía que casarse con Leonor de Anjou, hija de Carlos II de Anjou (rey de Nápoles) y María Arpad de Hungría (hija de Béla IV de Hungría y María Laskarina), retornar Sicilia a los Anjou a su muerte y recompensar de alguna manera a sus hijos. No obstante, Federico reivindicó el trono para su hijo Pedro, coronándolo en 1321 y ocasionando nuevos conflictos, ahora con Roberto I de Anjou (hijo de Carlos II de Nápoles) y el papa Juan XXII, quien emitió una interdicción (entre 1321 y 1335) contra Federico. Por lo tanto, Pedro II, al convertirse en soberano de Sicilia en 1337, fecha de la muerte de su padre, heredaba problemas relacionados con su sucesión; conflictos con el reino vecino, el cual disputaba la legalidad de su título y discrepancias con poderosas familias como los Ventimiglia, los Palisi, los Chiaramonte y los Antioquía. Estos problemas no impidieron que Pedro II se casara con Isabel de Corintia y tuviera tres hijos. Sin embargo, al morir el rey en forma inesperada en julio de 1342, su hijo Luis (Luigi) heredó el trono en 1342, a la inmatura edad de cinco años.

En nuestra comedia, el rey don Pedro de Sicilia está casado con doña Catarina, cuyo primo es rey de Hungría (p. 14)[46]. Enamorado de la Condesa Isabela[47], el Rey decide injustamente poner en prisión

---

[46] Habría sido en la vida real Carlos Roberto (Károly Róbert I) de Anjou (1308-42). La hija de este rey se llamaba Catarina.
[47] En la vida real, Isabel de Corintia sería el nombre de la Reina Consorte de Pedro II. No obstante, el referente de Hungría trae recuerdos de Leonor de Anjou, la esposa de Federico II de Sicilia y madre de Pedro II, la cual era hija de Carlos II de Nápoles y María Arpad de Hungría. Recordemos también que

a Federico[48], general victorioso contra los turcos[49], por mostrar éste interés en la Condesa, interés que es mutuo. El Rey enamora a la Condesa quien, después de algún tiempo, decide aceptarlo, con tal de que abandone a la Reina y la haga suya. El Rey trata de envenenar a la Reina Consorte, pero ella tiene el apoyo de varios nobles de Sicilia, entre ellos el general Federico, hecho Montero mayor del Rey después de su victoria contra el turco; el capitán Rosendo, hecho Capitán de la guardia del Rey; y el Condestable Alberto, hombre mayor o barba. El Rey, por su parte, tiene el apoyo de Alejandro, General ahora de Sicilia; el Duque Jorge, General de Cerdeña (bajo control de la Casa de Aragón entre 1296 y 1434); y del Rey de Cerdeña, quien manda 20.000 soldados para asistir a don Pedro. Cabe decir que las fuerzas rebeldes triunfan y que el Rey y los suyos son vencidos. Tras asegurar la continuidad monárquica en nombre del Príncipe Heredero, quien es un niño, como lo fue don Luis de Sicilia en la vida real, el Rey don Pedro se retira y muere inesperadamente, como sucedió en la historia real. Desengañados, Federico decide no buscar esposa tras perder el amor por la Condesa Isabela, quien es desterrada del reino; la Reina Consorte, ahora Propietaria, decide observar castidad perpetua después de la muerte de su esposo; y aun el soldado gracioso Escaparate, quien trata de casarse con Alacena, es rechazado por ésta, pues ella no se casa con cobardes. Termina la obra, entonces, con un final atípico del esperado en una comedia aureosecular.

Lo fascinante de esta obra es su originalidad. Por un lado, tiene los ingredientes necesarios para ser una anticipada obra de regicidio: el Rey es desagradecido con los leales soldados que le otorgan victorias contra sus enemigos, no puede controlar sus pasiones humanas, trata de deshacerse de su Consorte, causa la división del reino y está dispuesto a destruir el país. La violencia inaplazable del Rey provoca una reacción de autodefensa en nobles dispuestos a defender a la Reina y el heredero. Al ser cercado el Rey por nobles leales y traidores a la

---

aunque Corintia es ahora parte de Austria, entre 1686-1918 (o sea, durante todo el siglo XVIII, fecha de *Amor*), habría sido parte de Austro-Hungría.

[48] El nombre Federico nos trae el recuerdo del padre de don Pedro II de Sicilia.

[49] Los turcos, infieles en fin, sustituyen a los verdaderos enemigos del histórico rey don Pedro: los franceses, los neopolitanos, los genoveses, la Iglesia y las familias poderosas en su propio recinto.

vez, se esperaría el fin que recibe el rey de *El mal inclinado,* de Jacinto Cordeiro o Juan Jacobo en *Hados y lados hacen dichosos y desdichados* y *El parecido de Rusia,* de Lorenzo García. No obstante, en el último momento, los ofensores/defensores que antes habían llamado tirano (3 veces), traidor (3), fiero (1) y monstruo (1) al Rey y que momentos antes habían pedido su muerte, de repente se congelan al enfrentarse al monarca. Subsiguientemente, don Pedro se retira por su cuenta, a pesar de que está a punto de ser encarcelado, y muere de repente ahorrándole de esta forma al Reino adicionales pesares y desagrados.

¿Qué ha ocurrido? La respuesta se puede indagar desde el principio. Aunque el rey don Pedro II tenga su lado débil (no poder superar su pasión por la condesa Isabela), su potestad nunca está en duda. Desde el principio, el capitán Rosendo, al ver al Rey por primera vez, exclama: «¡Qué Majestad! ¡Qué grandeza!/ ¡Qué respeto infunde sólo/ el mirarle! ¡Qué temor!/ En fin ahora conozco / que es el Rey Deidad humana»[50]. Al hablar con la condesa Isabela durante una caza de jabalí, el Rey, al contrario de otra figura de poder como el Comendador mayor de Calatrava en *Fuenteovejuna,* se expresa como auténtico amante, sin usar fuerza, llorando y expresándose en emotivas décimas:

> Yo en suma te tengo amor
> (perdone el decoro real,
> que no he de querer mal,
> por querer bien a tu honor).
> Mortal es ya mi dolor,
> el remedio tu hermosura:
> cura, pues, Isabel, cura,
> con un sí mi amante herida,
> si no quieres de mi vida
> ser tu esquivez sepultura.

A la vez, al contrario de Fernán Gómez en *Fuenteovejuna,* quien no podría haberse casado con Laurencia por ser fraile guerrero, don Pedro II, aunque también casado, está dispuesto a casarse con Isabela y hacerla su reina. Obviamente, esto requeriría una solución drástica para la pobre doña Catarina; no obstante, la pasión del Rey difiere de la del Comendador calatravo: siendo ésta ejemplo de amor ferino; aqué-

---

[50] *Amor destrona monarcas, y rey muerto por amor,* p. 6; A 3 v.

lla no. Se mitiga la ofensa moral del Rey al hacer a la condesa Isabela cómplice final del real plan. Aunque ella esté enamorada de Federico, sabe que el Rey jamás permitirá la boda. A la vez, aunque resiste honorablemente los avances iniciales del Rey, Isabela finalmente se compadece y comporta como personaje moderno, aceptándolo con tal de que no la use como dama. Aunque él piensa acusar a la Reina de traición y así deshacerse de ella, Isabel, por razones prudentes y moralmente ambiguas, es quien sugiere el uso de veneno: así se salvaguarda el honor de la Reina y se elimina el peligro de una invasión de su primo, el Rey de Hungría. Obviamente, también se aminora la responsabilidad del Rey en este acto de inminente uxoricidio.

Es también importante observar que Sicilia, acaso por las razones históricas que informan la obra, es un reino dividido, pues aun antes de enterarnos de la pasión del Rey, sabemos que hay al menos dos bandos enemigos internos: el de Federico, Rosendo y el Condestable Alberto, bando que después apoya a la Reina Consorte y al niño heredero; y el de Alejandro y el duque Jorge, quienes apoyan al Rey Titular don Pedro II, resisten a los primeros y tienen alianzas militares con el reino de Cerdeña, también de la Casa de Aragón. Es importante reconocer que el Rey no crea la enemistad del segundo bando contra el primero, pues existía antes de que tomaran armas. Aun cuando el Rey manda poner en prisión a Federico en lugar de matarlo (otra decisión moralmente lenitiva), reconoce que «el mas traidor es mi pecho»[51]. En la tercera jornada, el Rey e Isabela tienen que escapar de palacio y refugiarse en el Fuerte de los Leones. A la vez, el Condestable Alberto (como el traidor Husai en *Los cabellos de Absalón* de Calderón) engaña y sabotea al Rey, ocasionando así su derrota. Se logra de esta manera cierta compasión por el Rey incauto. Otrosí, la Reina, quien no hace nada más que defenderse, acusa al Rey de herejía y alienta al reino a matarlo, pues «[...] no es Rey quien obra / con violencia tan tirana / [...] / Muera, quien matar nos quiere, / perezca, quien nos acaba; / vive el bien común: y viva / la libertad de la patria»[52]. Prudentemente, la Reina pide que los vasallos juren lealtad al príncipe heredero, quien es aquí, como en la historia, un niño, y que la hagan a ella Reina propietaria. Aun el Condestable opina que

---

[51] *Amor destrona monarcas, y rey muerto por amor*, p. 16; B 4 v.
[52] *Amor destrona monarcas, y rey muerto por amor*, pp. 30-31; D 3 v.-D 4 r.

éste es un gran acierto, pues los soldados no se atreverían a atacar al Rey titular en acción tirana, a menos que tuvieran el mandato de un superior. Después de ser coronada como tal, el príncipe heredero los llama vasallos y manda tocar al arma. Todos responden: «Viva el Príncipe, y la Reina: / muera el Rey: al arma, al arma»[53]. Esto es insólito. Sólo en escasas ocasiones como en *El tirano castigado* (1671), de Juan Bautista Diamante se encuentran actos de regicidio llevados a cabo legalmente, o sea, por petición de una entidad acaso superior a la del rey, la de un parlamento en el caso diamantino. Generalmente, el regicidio o tiranicidio se lleva a cabo en forma espontánea, para salvaguardar la vida propia o ajena, apelándose así, *a posteriori*, a la ley natural o de naciones. Si el acto de resistencia, que aquí incluye la muerte, se lleva a cabo *a priori* y en forma tan prudentemente completa, es inevitable que también inspire compasión, sobre todo cuando el propio Rey ignora los pasos que han sido llevados a cabo para su destitución y muerte. El hecho de que no se mate al Rey se debe a un acto de caridad humana o debilidad política, pues los rebeldes ya han sido autorizados por supuestos superiores para llevar a cabo el regicidio. Por último, el reconocimiento de culpabilidad del Rey en emotivas silvas es capaz de provocar lástima hasta en sus enemigos:

> Yo que aun no ha tres minutos
> monarca me decía,
> y humilde me ofrecía
> Sicilia sus tributos,
> perdí en sólo un instante
> cetro, Corona, hacienda, honor y amante[54].

El último acto de patetismo consiste en la súbita muerte del Rey, acto que no ocasiona alegría sino la observación de honras fúnebres para el monarca, por petición de la Reina, y la subsiguiente decisión moral de los vencedores de no casarse y observar castidad perpetua.

En el siglo XVIII, por lo tanto, lo que antes habría terminado en regicidio y acaso júbilo o cierta tranquilidad ética al eliminar un peligro, termina en forma trágica o patética, no sólo para el agresor de la obra sino para sus acometedores. Lo que ha ocurrido es que ésta es

---

[53] *Amor destrona monarcas, y rey muerto por amor*, p. 32; D 4 v.
[54] *Amor destrona monarcas, y rey muerto por amor*, p. 35; E 2 r.

una comedia heroica tardía que, como un Jano bifronte, mira, por un lado, hacia un pasado nacional heroico (el de la Casa de Aragón en Sicilia) y, por otro, anticipa los gustos que prevalecerán en la segunda mitad del siglo y principios del XIX: el aspecto lacrimoso y sentimental de un mundo en proceso de aburguesamiento, así como el lado educativo y moral en su aspecto civil y social[55]. En efecto, Leandro Fernández de Moratín (1760-1828) condenaba el desprecio por las leyes y la moral oficial fomentado por el teatro antiguo, por poner en peligro el orden público[56]. Juan Meléndez Valdés (1754-1817), en *Discursos forenses* (1821), reprobaba el gusto del pueblo por la violencia y la resistencia a la justicia[57]. Juan Pablo Forner y Segarra (1756-1797), en la «Apología del vulgo» de *La escuela de la amistad, o el filósofo enamorado* (1796), p. xxiv, enjuicia la comedia heroica con severidad por su falta de decoro en la presentación de personajes de las clases superiores y por degradar «la majestad del personaje» en las tablas[58]. En el *Diario de Madrid* del 30 de abril de 1788, Trigueros se escandaliza de que en *La vida es sueño* de Calderón el rey Basilio se humille ante su hijo Segismundo; mientras que el *Memorial literario* de 1784 considera intolerable que un rey apruebe las valentías de *El tejedor de Segovia*[59]. A la vez, Tomás Sebastián y Latre (m. 1792), refundidor de *Progne y Filomena* de Rojas Zorrilla, detesta en esta obra «la muerte violenta de Tereo, ejecutada por *Filomena y Progne* sin tener ésta aquellos debidos sentimientos de ternura y veneración por su *Esposo* y su *Soberano*»[60].

En vista de tal desprecio por la comedia barroca antigua y la heroico-militar moderna, la nueva comedia de *Amor destrona monarcas y Rey muerto por amor* se ajusta hasta cierto punto al «buen gusto» y decoro de su época, así como a la ideología vigente que tanto valoraba el respeto por las leyes (supuestamente despreciadas en el siglo anterior). Por lo tanto, aunque las leyes del Reino y de la Iglesia se muestren en peligro inicialmente (como consecuencia de cierta debilidad

---

[55] Froldi, 1983, p. 136, nos recuerda que Ignacio de Luzán Claramunt, en *La poética* (1737), subrayaba «la alta función moral y educadora de la tragedia».
[56] Citado por Andioc, 1976, p. 164.
[57] Citado por Andioc, 1976, p. 168.
[58] Citado por Andioc, 1976, p. 170.
[59] Citado por Andioc, 1976, p. 171.
[60] Citado por Andioc, 1976, p. 171.

humana), al final se rescatan y valoran en la subsiguiente defensa del reino, la cual se da en forma sorprendentemente cauta, ordenada y legal. En lugar de atacar o matar espontáneamente a un agresor representante del poder (*tyrannus in regimine*), como en *Fuenteovejuna*, los sicilianos optan por nombrar monarca titular a otra persona (o sea, transferir el poder real) antes de agredir a quien después sería un agresor común (*tyrannus absque titulo*). Leandro Fernández de Moratín y Juan Meléndez Valdés acaso habrían quedado satisfechos por este respeto a las leyes. Lo más sorprendente de esta obra es que ahora que el Rey ya no es rey ni *de facto* ni *de jure*, se le trate hasta el final con dignidad, aun en la forma de ser enterrado posteriormente. Juan Pablo Forner y Segarra y el *Diario de Madrid* de 1788 habrían notado este hecho, acaso con alguna simpatía por el debido respeto al decoro de una figura del poder. Otrosí, el hecho de que no se ataque directamente a quien habría sido una real persona anteriormente, y que el antiguo Rey muera por su cuenta y fuera del escenario, hechos tan ajenos al espíritu barroco, habrían sido acaso del agrado de Tomás Sebastián y Latre y de Trigueros, del *Memorial literario* de 1784. Por último, el hecho de que el Rey, como figura del poder y del orden, sea consciente en todo momento de sus debilidades y de que muera sinceramente arrepentido, aunque peque de falta de intensidad dramática, se presta a una lección edificante al reino: la falta de control de las emociones ocasiona la pérdida momentánea de la razón y del dominio real, como el propio don Pedro indica: «Perdí en sólo un instante / cetro, Corona, hacienda, honor y amante»[61].

Consiguientemente, *Amor destrona monarcas, y rey muerto por amor*, comedia nueva, heroica, musical y tardobarroca, aunque dé gusto al vulgo por sus acciones militares y espectaculares efectos, en su representación de la figura trágica del poder se muestra como obra edificante y decorosa. Sirve así a dos públicos: el popular, por un lado, acostumbrado a antiguallas, y el más exquisito y refinado de la Ilustración vigente[62].

---

[61] *Amor destrona monarcas, y rey muerto por amor*, p. 35; E 2 r.
[62] Palacios Fernández, 2003, p. 1573, llamaría «arte escénico ecléctico» a este tipo de comedia.

Bibliografía

Aguilar Piñal, F., *Sevilla y el teatro en el siglo xviii*, Oviedo, Cátedra Feijoo, Facultad de Filosofía y Letras, Universidad de Oviedo, Textos y Estudios del Siglo xviii 4, 1974.

— *Bibliografía de autores españoles del siglo xviii*, Madrid, Consejo Superior de Investigaciones Científicas, 1981, 8 vols.

Amor destrona monarcas, y rey muerto por amor, de un ingenio valenciano, Barcelona, Juan Francisco Piferrer, s. f.

Andioc, R., *Teatro y sociedad en el Madrid del siglo xviii*, Madrid, Fundación Juan March y Editorial Castalia, Pensamiento Literario Español 2, 1976.

Andioc, R. y M. Coulon, *Cartelera teatral madrileña del siglo xviii (1708-1808)*, Toulouse, Presses Universitaires du Mirail, Anejos de *Criticón* 7, 1996.

Froldi, R., «La tradición trágica española según los tratadistas del siglo xviii», *Criticón*, 23, 1983, pp. 133-157.

Herrera Navarro, J., *Catálogo de autores teatrales del siglo xviii*, Madrid, Fundación Universitaria Española, 1993.

Lauer, A. R., *Tyrannicide and Drama*, Stuttgart, Franz Steiner Verlag, Archivum Calderonianum 4, 1987.

— *«Hados y lados hacen dichosos y desdichados»: The Restoration of Monarchy*, Kassel, Edition Reichenberger, Teatro del Siglo de Oro Ediciones Críticas 72, 1997.

Palacios Fernández, E., «El teatro tardobarroco y los nuevos géneros dieciochescos», en *Historia del teatro español*, ed. F. Doménech Rico y E. Peral Vega, dir. J. Huerta Calvo, Madrid, Gredos, 2003, vol. 2, pp. 1553-1576.

Palau y Dulcet, A., *Manual del librero hispanoamericano*, Barcelona, A. Palau, 1948-1977, 28 vols.

Pastor Fuster, J., *Biblioteca valenciana de los escritores que florecieron hasta nuestros días y de los que aún viven, con adiciones y enmiendas a la de D. Vicente Ximeno*, Valencia, Imprenta y Librería de Ildefonso Mompié, 1830, 2 ts.

Ziomek, H., *A History of Spanish Golden Age Drama*, Lexington, The University Press of Kentucky, 1984.

QUERER POR SÓLO QUERER
UN HITO EN LA HISTORIA MATERIALISTA
DEL TEATRO CORTESANO

C. George Peale
California State University, Fullerton

La concepción materialista de la historia originó una metodología que, partiendo de factores prácticos, tecnológicos o materiales, se propone analizar todo lo que coexiste con las bases económicas de la sociedad: las clases sociales, las estructuras políticas, las ideologías, los esquemas jurídicos y culturales, etc[1]. Durante los siglos XIX y XX las directrices esbozadas por Marx y, luego, por Engels[2] se cristalizaron en una plétora de análisis comprometidos. Pese a las connotaciones sugeridas por el título, el presente no se propone emprender altos vuelos teóricos. Al contrario, se tratará de una lectura literal de la «historia materialista» de una sola obra, documentando el cruce de capital y producción en el caso de la notoria fiesta palaciega, *Querer por sólo querer*. Más específicamente, basándose en cuarenta y siete documentos conservados en Florencia, Simancas y Madrid, se establecerá cuándo se representó dicha obra y en cuáles circunstancias —cuestiones que se han resistido a los buenos esfuerzos de la crítica—, cuántos recursos se pusieron a la disposición de la producción, y cuáles materiales se utilizaron.

En más de un sentido puede decirse que *Querer por sólo querer* marca un importante hito histórico. Primero, con más de 6.300 versos, la

---

[1] Ver Marx, «Prólogo», *Contribución a la crítica de la economía* (1859).

[2] Ver Engels, *Dialéctica de la naturaleza* (1875-1876), que plantea los fundamentos del sistema analítico que posteriormente se llamaría «materialismo dialéctico», aunque conviene advertir que esta denominación no fue originada por Engels, sino por V. I. Lenin.

obra de Antonio Hurtado de Mendoza gana el premio de ser la comedia más larga del Siglo de Oro, y probablemente, en la historia del teatro clásico español, el espectáculo más costoso, con gastos que por una sola representación sumaron casi 49.000 reales. Por otra parte, *Querer por sólo querer* marca un hito en la historia del régimen de los Habsburgos españoles, ya que el extraordinario desembolso para aquella ocasión motivó una intervención y reforma general de la administración de adquisiciones en la corte por el Tribunal Mayor de Cuentas[3].

Para obra de tanta envergadura, las noticias hasta la fecha acerca de *Querer por sólo querer* se han limitado a hipótesis. El lugar y la fecha de la representación, por ejemplo, han sido asuntos controvertidos. Los que más se han dedicado al tema —N. D. Shergold, Gareth A. Davies, Esther Borrego Gutiérrez— han propuesto que la obra se estrenó en Aranjuez en 1622, en abril o mayo, o julio o agosto, o en noviembre[4]. Lo que se sabe a ciencia cierta es que 1) la grandiosa pieza fue encargada y protagonizada por María de Guzmán, hija del valido real, para celebrar los años de la reina, 2) que al principio de la fiesta hubo una máscara bailada por la infanta doña María y damas de la corte, y 3) que la pieza cuajó campanudas notas culteranas y figuras de artificio conceptista que serían rememoradas años después por Gracián, en su gran compendio y análisis de la retórica barroca, *Agudeza y arte de ingenio*[5].

Pese al estilo fulgurante, el texto del que disponemos da la impresión de que los valores de producción en *Querer por sólo querer* eran modestos[6]. Efectivamente, basándose en las indicaciones didascálicas,

---

[3] El presente estudio se limita a considerar cuestiones directamente relevantes a la representación de *Querer por sólo querer*. Pienso tratar la historia subsecuente de las finanzas de dicha obra en un libro que tengo en preparación, titulado *Historia materialista del teatro cortesano (1621-1642): documentos y estudio de las cuentas del pagador Juan Gómez Mangas*.

[4] Ver la extensa nota de Borrego Gutiérrez, 2007, pp. 348-49, n. 3. El cumpleaños de la reina Isabel era el 22 de noviembre; la fiesta de Santa Isabel de Portugal se celebraba el 4 de julio y la de Santa Isabel de Hungría el 17 de noviembre.

[5] «La uniformidad limita, la variedad dilata; y tanto es más sublime, cuanto más nobles perfecciones multiplica. No brillan tantos astros en el firmamento, campean flores en el prado, cuantas se alternan sutilezas en una fecunda inteligencia. Desta suerte está lleno de conceptos aquel tan sazonado poema de don Antonio de Mendoza, de *Querer por sólo querer*» (Gracián, *Agudeza y arte de ingenio*, vol. 1, p. 56).

[6] *Qverer por solo querer. Comedia qve representaron las señoras Meninas, á los años de la Reyna nuestra,* Madrid, Juan de la Cuesta, 1623.

Kazimierz Sabik juzga muy pobre la parte escenográfica, musical y coreográfica de la obra[7]. Aquella impresión está afianzada por la libertad con la que Mendoza acotó el vestuario de sus personajes, comentada con tino por Teresa Ferrer Valls, quien nos hace saber que Felisbravo, al comienzo de la comedia, debe salir «vestido de persa, o como quisiere», y más tarde la princesa Celidaura «en el traje que quisiere, trayendo muchas plumas en el tocado [...] y el príncipe Claridoro en el traje que gustare», mientras Felisbravo, el General y Rifaloro intervendrán después «de españoles, o del hábito de su gusto» y, cuando aparezca de nuevo Claridoro, «con lucido acompañamiento y muy bizarro», la acotación apuntará tímidamente: «si quisieren podrán armarse, o dejarlo para el tercer acto». Otras acotaciones se limitan a menciones generales: «de cazadora con arco», «lo mas bizarramente vestidas que pudieren», «de hombre», «de villana», «de villano», «armados», y tan sólo en alguna rara ocasión se alude a algún detalle parcial, como cuando se exige que Celidaura y Roselinda entren en escena «de villanas o pastoras, embozados los rostros con tocas de plata»[8].

Ahora, con un acervo de evidencia documental, se puede constatar que *Querer por sólo querer* se representó por las meninas de la reina para celebrar los años de ésta, pero el acto se realizó en el Salón Grande del Real Alcázar de Madrid, el 1 de enero de 1623[9]. Es más, no se trató de una representación particular de modestos valores, sino de un espectáculo áulico al que se dedicaron copiosos recursos.

En su aviso del 5 de enero de 1623 (núm. 13), el embajador de la Toscana en Madrid, Averardo de Medici, comunicó los hechos anteriormente citados, agregando que los reyes presenciaron la función sentados a veinte brazos de la plataforma[10], y que la reina no intervino en la mascarada de las damas por no perjudicar su segundo embarazo —«rispetto alla speranza che continua tuttavia che sia gravida»—. Según Medici, la

---

[7] Sabik, 1989, p. 603. Ver también Stein, 1993, pp. 95-96, que describe los limitados aspectos musicales.

[8] Ferrer Valls, 2000, pp. 69-70.

[9] No es de extrañar que se hubiera aplazado la celebración, pues como ha observado Whitaker, 1997, p. 84, aquellos actos solían postergarse por varias razones: la indisposición de algún miembro de la familia real, la observancia de luto, las noticias, buenas o malas, de las campañas militares en el extranjero.

[10] Sobre la disposición y etiqueta de las representaciones palaciegas, ver Greer y Varey, 1997, pp. 15-24.

representación era rica y suntuosa, y se hizo con un lujo de tramoyas y efectos especiales, aunque no alcanzaron a la fineza de los que se usaban en la Toscana.

El diseño de la producción estuvo al cargo del Maestro Mayor de las Obras de Su Majestad, Juan Gómez de Mora, y su homólogo napolitano, Giulio Cesare Fontana, quien seis meses antes había colaborado con Villamediana en la notoria representación de *La gloria de Niquea* (núm. 16)[11]. El montaje de *Querer por sólo querer* fue realizado «a toda costa» por los mayores maestros de Palacio: los carpinteros Lorenzo de Salazar y Alberto Ribero (núms. 1, 4, 7, 10, 15), los pintores y doradores Julio César Semín y Urbano de Barahona (núms. 2, 5, 8, 11, 16), y el escultor Antonio de Herrera (núms. 3, 6, 9, 12, 14, 15). Es evidente que los trabajos no fueron fáciles, ya que duraron cuatro semanas, y a juzgar por el número de libranzas y tasaciones y la intervención subsecuente, debieron reflejar un concepto tornadizo que se tradujo rápidamente en un costo exorbitante. El 6 de diciembre se libraron a dichos artífices 6.200 reales (núms. 1, 2, 3); la semana siguiente, 7.200 reales (núms. 4, 5, 6); y ocho días después, otros 7.700 reales (núms. 7, 8, 9). Fueron menos costosos los toques finales que se aplicaron al escenario, 3.600 reales librados el 30 de diciembre y pagados cuatro días después (núms. 10, 11, 12).

Para una fiesta barroca, algunos de los gastos no ofrecen nada sorprendente: se enumeran cinco dragones grandes y dos más pequeños, una tarasca grande, dos leones, dos cabezas y tres mazas. Pero los materiales especificados por Fontana y Gómez de Mora (núm. 16) plasman ambiciosos conceptos teatrales apenas vislumbrados en las acotaciones de Mendoza. Algunos de ellos indican cambios globales del Salón Grande: 76 varas de tafetán carmesí para cortinas y banderas; 150 varas de holandilla azul para el cielo que se puso en el techo, 12 garruchas para tirar el cielo; para una inmensa nube movediza en que bajó Cupido en un carro, 16½ varas de tafetán de nácar de Granada, 28 varas de cinta del mismo color, 138 varas de velillo blanco y azul, 150 varas de ruaneta. Otros materiales evocan efectos de iluminación similares a los que se vieron en *La gloria de Niquea*: 46 espejos guarnecidos en latón dorado; 6 arandelas para hachas, cada una con 6 hojas de lata; 6 pantallas grandes de hojalata, y otras 16 media-

---

[11] Ver Chaves Montoya, 2007, p. 327 y ss.

nas; 102 estrellas grandes de espejuelo; 30 cubillos de humo para los morteretes de cera que se pusieron alrededor del salón; cohetes y fuegos; y 2 matahumos. Tanto fuego y humo, en el Salón Grande del Alcázar, ante los reyes, grandes y distinguidos invitados, con solamente dos puertas comunicadas directamente al exterior[12], con razón el embajador florentino pudo escribir que «[n]ella prospettiva però et disposizione de' lumi non arrivarono a un pezzo alla finezza che s'usa in Toscana».

Para cerrar esta breve intervención sólo diré que *Querer por sólo querer* debe verse, con *El Caballero del Sol,* de Vélez de Guevara, y *La gloria de Niquea,* de Villamediana[13], como el tercer hito definitorio del teatro cortesano español. *El Caballero* y *La gloria* conjugaron las galas de la fiesta barroca con complejas agendas políticas y personales para representarlas ante interesadas élites nacionales más o menos grandes. *Querer por sólo querer,* en cambio, tradujo el espíritu de la fiesta cortesana a un limitado espacio interior, concentrando iguales recursos y similares valores de producción para el agrado de un público ocioso, pero más exclusivo. Para el lector actual son incomprensibles el mero volumen de la pieza, su divagado enredo y el que su poesía, tan densa, fue representada por las meninas de la reina Isabel, que acababa de cumplir diecinueve años. Este pequeño capítulo de historia materialista, a la vez que concreta la fecha y las circunstancias de la comedia de Mendoza, ayuda a apreciar el extremo al que pudieron llegar las consecuencias prácticas del cruce entre capital y producción, y las sumas que el nuevo régimen estaba dispuesto a pagar por sus ratos de ocio.

---

[12] Ver el plano trazado por Gómez Mora de la planta principal del Alcázar, reproducido en Díez del Corral, 1994, p. 154.

[13] Ver, respectivamente, Ferrer Valls, 1993 y Chaves Montoya, 1991.

Documentos

A continuación se recogen cuarenta y siete documentos, ordenados cronológicamente, conservados en Simancas, en el Archivo General, en Madrid, el Archivo General de Palacio y en Florencia, el Archivio di Stato di Firenze. Se trata de extractos de las cuentas del Pagador de las Obras del Alcázar de la Villa de Madrid, Juan Gómez Mangas, de intervenciones que posteriormente se hicieron de ellas, y del testimonio presencial de Everardo Medici, embajador de la Toscana en la Corte de Madrid[14]. Aunque ninguno hace mención del título ni del autor, es evidente, tanto por la cronología como por los pormenores indicados acerca de la producción, que se refieren a *Querer por sólo querer,* de Antonio Hurtado de Mendoza.

Para facilitar la lectura, se han modernizado los textos, traduciendo las cifras castellanas, regularizando el uso de las mayúsculas, de las diacríticas y de las consonantes (*b, u, v; c, ç, z; c, ch, q; h, i, j, x; r, rr; s, ss*), resolviendo las abreviaturas (por ejemplo, dha > dicha, m.^{d} > Madrid, R.^{a} N.^{ra} S.^{a} o S.^{ra} > Reina Nuestra Señora, mrs > maravedís, Rs > reales, vez.^{no}, vz.^{no}, o v.^{no} > vecino) y ajustando las palabras mal conectadas o mal separadas. En la mayoría de los casos se ha extraído el trozo relevante, eliminando los tópicos que caracterizan la contaduría de la época y abultan los textos. Por eso habrá referencias elípticas a «dichos veedor y maestro mayor», quienes son, respectivamente, Sebastián Hurtado y Juan Gómez de Mora. La procedencia de los documentos está indicada con las siglas siguientes:

AGP, Secc. Reinados. Archivo General de Palacio, Sección de Reinados
AGS, CMC, 3-EP. Archivo General de Simancas, Contaduría Mayor de Cuentas, Tercera Época
AGS, CSR. Archivo General de Simancas, Casas y Sitios Reales
AGS, DGT, Inv 24. Archivo General de Simancas, Dirección General del Tesoro, Inventario 24
ASF. Archivio di Stato di Firenze

---

[14] Me es grato reconocer, muy agradecido, mi deuda con la profesora Shirley B. Whitaker, que tan generosamente me facilitó este documento.

1

6/XII/1622 Data de destajos del pagador Juan Gómez Mangas del año 1622 — 3.300 reales - 112.200 maravedís — Carta de pago fechada el 6/XII/1622

AGS, CMC, 3-EP, leg. 784, Destajos, fol. 21
AGS, CMC, 3-EP, leg. 3198, n.º 12, Destajos [1622], fol. 21
AGP, Secc. Reinados, Felipe IV, leg. 1 bis, fol. 185

[…] a Lorenzo de Salazar y Alberto Ribero, carpinteros, vecinos de esta villa, o cualquier de ellos, tres mil y trecientos reales que valen ciento y doce mil y ducientos maravedís, que los hubieron de haber a buena cuenta de lo que montase el hacer a toda costa los tablados de madera, apariencias y tramoyas en la Sala del Sarao del Alcázar de esta Villa para la comedia que hicieron las meninas de la Reina Nuestra Señora, cuya obra había de ser a tasación por los aparejadores de las dichas obras, guardando en todo la traza que para ello se le dieron = Por otra libranza de los dichos veedor y maestro mayor su fecha en seis del mes de diciembre del dicho año […]

2

6/XII/1622 Data de pagos a pintores por el pagador Juan Gómez Mangas del año 1622 — 2.200 reales - 78.800 maravedís — Carta de pago fechada el 7/XII/1622

AGS, CMC, 3-EP, leg. 784, Pintores, fol. 9
AGS, CMC, 3-EP, leg. 3198, Pintores [1622], [fol. 1]
AGP, Secc. Reinados, Felipe IV, leg. 1 bis, fol. 184

A Julio César Semín y Urbán de Barahona, pintores y doradores, vecinos desta dicha Villa, o a cualquier de ellos, dos mil y ducientos reales, que valen setenta y ocho mil y ochocientos maravedís, que los hubieron de haber a buena cuenta de lo que montase el pintar, dorar y platear a toda costa las apariencias, lienzos y otras cosas que iban en el tablado de madera que se hacía en el Salón del dicho Alcázar para la comedia que hicieron las meninas de la Reina Nuestra Señora, cuya obra había de ser a tasación y con la traza que se les diere […]

3

6/XII/1622 Data de pagos a pintores por el pagador Juan Gómez Mangas del año 1622 — 700 reales [23.800 maravedís] — Carta de pago fechada el 9/XII/1622

AGS, CMC, 3-EP, leg. 784, Pintores, fol. 9
AGS, CMC, 3-EP, leg. 3198, Pintores [1622], [fol. 1]
AGP, Secc. Reinados, Felipe IV, leg. 1 bis, fol. 184

A Antonio de Herrera, escultor, vecino desta dicha Villa, setecientos reales, que valen veinte y tres mil y ochocientos maravedís, que los hubo de haber a buena cuenta de lo que montase el hacer a toda costa los cinco animales feroces de diferentes formas para unos gigantes para la dicha comedia que había de hacer las meninas de la Reina Nuestra Señora en el Salón del Alcázar desta dicha Villa, la cual dicha obra se había de hacer de escultura y pintura y a tasación [...]

4

14/XII/1622 Data de destajos del pagador Juan Gómez Mangas del año 1622 — 3.300 reales - 112.200 maravedís — Carta de pago fechada el 14/XII/1622

AGS, CMC, 3-EP, leg. 784, Destajos, fol. 22
AGS, CMC, 3-EP, leg. 3198, n° 12, Destajos [1622], fol. 22
AGP, Secc. Reinados, Felipe IV, leg. 1 bis, fol. 185

[...] a los dichos Lorenzo de Salazar y Alberto Ribero, carpinteros, o cualquier de ellos, tres mil y trecientos reales, que valen ciento y doce mil y ducientos maravedís que los hubieron de haber a buena cuenta de lo que montase el hacer a toda costa los tablados de madera, apariencias y tramoyas que se hizo en el Salón Grande del Alcázar de esta Villa para la comedia que representaron las meninas de la Reina Nuestra Señora, a tasación por los aparejadores de las dichas obras = Por otra libranza de los dichos Veedor y Maestro Mayor su fecha en catorce del dicho mes de diciembre del dicho año [...]

5

14/XII/1622 Data de pagos a pintores por el pagador Juan Gómez Mangas del año 1622 — 3.300 reales - 112.200 maravedís — Carta de pago fechada el 14/XII/1622

AGS, CMC, 3-EP, leg. 784, Pintores, fol. 2
AGS, CMC, 3-EP, leg. 3198, Pintores [1622], fol. 2
AGP, Secc. Reinados, Felipe IV, leg. 1 bis, fol. 184

[…] a Julio César Semín, pintor, y Urbán de Barahona, o a cualquier dellos, tres mil y trescientos reales, que valen ciento y doce mil y ducientos maravedís, que los hubieron de haber a la dicha buena cuenta de lo que montase el pintar dorar y platear a toda costa las apariencias y lienzos y otras cosas que van en el tablado de madera que se hace en el Salón del dicho Alcázar para la comedia que representaron las meninas de la Reina Nuestra Señora, cuya obra se les había de pagar a tasación, guardando la orden que se les diese por otra libranza de los dichos Veedor y Maestro Mayor, fecha en catorce de diciembre del dicho año […]

6

14/XII/1622 Data de pagos a pintores por el pagador Juan Gómez Mangas del año 1622 — 600 reales - 20.400 maravedís — Carta de pago fechada el 15/XII/1622

AGS, CMC, 3-EP, leg. 784, Pintores, fol. 2
AGS, CMC, 3-EP, leg. 3198, Pintores [1622], fol. 2
AGP, Secc. Reinados, Felipe IV, leg. 1 bis, fol. 185

[…] a Antonio de Herrera, escultor, vecino de esta dicha Villa, seiscientos reales, que valen veinte mil y cuatrocientos maravedís, a buena cuenta de lo que montase el hacer a toda costa los cinco animales feroces de diferentes formas para unos gigantes de la comedia que representaron las dichas meninas de la Reina Nuestra Señora, la cual dicha obra se había de hacer de escultura y pintura, y pagarse a tasación por otra libranza de dichos Veedor y Maestro Mayor de la misma fecha, catorce de diciembre del dicho año […]

7

22/XII/1622 Data de destajos del pagador Juan Gómez Mangas del año 1622 — 3.300 reales - 112.200 maravedís — Carta de pago fechada el 23/XII/1622

AGS, CMC, 3-EP, leg. 784, Destajos, fol. 23
AGS, CMC, 3-EP, leg. 3198, n.º 12, Destajos [1622], fol. 23
AGP, Secc. Reinados, Felipe IV, leg. 1 bis, fol. 185

[...] a los dichos Lorenzo de Salazar y Alberto Ribero, carpinteros, tres mil y trecientos reales, que valen ciento y doce mil y ducientos maravedís, que los hubo de haber a buena cuenta de lo que montase el hacer a toda costa el dicho tablado de madera, apariencias y tramoyas que se hicieron en el Alcázar desta villa para en el Salón del para que las meninas de la Reina Nuestra Señora representasen la dicha comedia = Por otra libranza de los dichos Veedor y Maestro Mayor su fecha en veinte y dos del dicho mes de diciembre del dicho año [...]

8

s.f./XII/1622 Data de pagos a pintores por el pagador Juan Gómez Mangas del año 1622 — 3.300 reales - 112.200 maravedís — Carta de pago fechada el 23/XII/1622

AGS, CMC, 3-EP, leg. 784, Pintores, fol. 2
AGS, CMC, 3-EP, leg. 3198, Pintores [1622], fol. 2
AGP, Secc. Reinados, Felipe IV, leg. 1 bis, fol. 185

A Julio César Semín, pintor, y Urbán de Barahona, pintores y doradores, o a cualquier dellos tres mil y trecientos reales que valen ciento y doce mil y ducientos maravedís a la dicha buena cuenta de lo que montase el dorar platear y pintar a toda costa las apariencias, lienzos y otras cosas que iban en el tablado de madera para la dicha comedia de las meninas, cuya obra se les había de pagar a tasación guardando la traza que se les diese para ello [...]

9

22/XII/1622 Data de pagos a pintores por el pagador Juan Gómez Mangas del año 1622 — 1.100 reales - 37.400 maravedís — Carta de pago fechada el 24/XII/1622

AGS, CMC, 3-EP, leg. 784, Pintores, fol. 2
AGS, CMC, 3-EP, leg. 3198, Pintores [1622], fol. 2
AGP, Secc. Reinados, Felipe IV, leg. 1 bis, fol. 186

A Antonio de Herrera, escultor, vecino de esta dicha Villa, mil y cien reales que valen treinta y siete mil y cuatrocientos maravedís, a la dicha buena cuenta de lo que montase el hacer a toda costa los cinco animales feroces de diferentes formas para unos gigantes para la dicha comedia de las meninas, todo lo cual había de ser de escultura y pintura y a tasación por otra libranza de dichos Veedor y Maestro Mayor, su fecha en veinte y dos de diciembre del dicho año [...]

10

30/XII/1622 Data de destajos y jornales del pagador Juan Gómez Mangas del año 1622 — 1.000 reales - 34.000 maravedís — Carta de pago fechada el 3/I/1623

AGS, CMC, 3-EP, leg. 784, Destajos, fol. 24
AGS, CMC, 3-EP, leg. 3198, n.º 12, Destajos [1622], fol. 24
AGP, Secc. Reinados, Felipe IV, leg. 1 bis, fol. 185

[...] a los dichos Lorenzo de Salazar y Alberto Ribero, carpinteros, o a cualquier dellos, mil reales, que valen treynta y cuatro mil maravedís, que los hubieron de haber a buena cuenta de lo que montase el tablado de madera y otras cosas en el Salón Grande del Alcázar desta dicha Villa para la comedia que representaron las meninas de la Reina Nuestra Señora = Por otra libranza de los dichos Veedor y Maestro Mayor, su fecha en treinta del mes de diciembre del dicho año [...]

11

30/XII/1622 Data de pagos a pintores por el pagador Juan Gómez Mangas del año 1622 — 2.000 reales - 68.000 maravedís — Carta de pago fechada el 3/I/1623

AGS, CMC, 3-EP, leg. 784, Pintores, fol. 3
AGS, CMC, 3-EP, leg. 3198, n.º 12, Pintores [1622], fol. 3
AGP, Secc. Reinados, Felipe IV, leg. 1 bis, fol. 186

A Julio César Semín, pintor, y Urbán de Barahona, pintores y doradores, vecinos desta dicha Villa, o a cualquier dellos, dos mil reales, que valen sesenta y ocho mil maravedís, a la dicha buena cuenta de lo que montase el pintar, dorar y platear a toda costa las apariencias, lienzos y otras cosas del dicho tablado de la comedia de las meninas de la Reina Nuestra Señora, cuya obra se les había de pagar a tasación guardando la traza que para ello se les diese [...]

12

31/XII/1622 Data de pagos a pintores por el pagador Juan Gómez Mangas del año 1622 — 600 reales - 20.400 maravedís — Carta de pago fechada el 2/I/1623

AGS, CMC, 3-EP, leg. 784, Pintores, fol. 3
AGS, CMC, 3-EP, leg. 3198, n.º 12, Pintores [1622], fol. 3
AGP, Secc. Reinados, Felipe IV, leg. 1 bis, fol. 186

A Antonio de Herrera, escultor, vecino desta dicha Villa, seiscientos reales, que valen veinte mil y cuatrocientos marauedis, a la dicha buena cuenta de lo que montase el hacer a toda costa los cinco animales feroces de diferentes formas para los gigantes que habían de servir en la comedia de las dichas meninas y se habían de hacer de escultura y pintura y pagarse a tasación [...]

13

5/I/1623 Carta de Averardo de Medici, embajador de la Toscana en Madrid.

ASF, Mediceo, filza 4952

Il primo giorno dell'anno si fece in Palazzo una commedia recitata dalle Menine della Regina, una delle quale è la figliuola del Conte d'Olivares. Il Re et la Regina furono presenti sedendo in sedie lontano dal Palco venti braccia, nel quale spazio, prima della festa comparve l'Infanta Dona Maria con altre Dame vestite superbamente et mascherate, facendo un balletto, nel quale dicono non intervenisse la Regina, rispetto alla speranza che continua tuttavia che sia gravida. La rappresentazione poi che fu fatta su la scena riuscì cosa ricca et sontuosa. Le macchine degli intermedij fecero l'effetto che dovevano con buona puntualità. Nella prospettiva però et disposizione de' lumi non arrivarono a un pezzo alla finezza che s'usa in Toscana.

14

6/XII/1622, 18/XII/1622, 22/XII/1622, 31/XII/1622 Data de pagos a pintores por el pagador Juan Gómez Mangas del año 1622 — 1.200 reales - 43.588 maravedís — Carta de pago fechada en VIII/1625

AGS, CMC, 3-EP, leg. 784, Pintores, fols. 6—7
AGS, CMC, 3-EP, leg. 3198, n.º 12, Pintores [1625], fol. 6
AGP, Secc. Reinados, Felipe IV, leg. 1 bis, fol. 184

A Antonio de Herrera, escultor, vecino desta dicha Villa, mil ducientos reales, que valen cuarenta y tres mil quinientos y ochenta y ocho maravedís, con los cuales, y con tres mil reales que tiene reciuidos por cuatro libranzas, la primera de setecientos reales su fecha en seis de diciembre del año pasado de seiscientos y veinte y dos, que está en la data deste enero y año dicho a pliegos 1º, y otra de seiscientos reales su fecha en xviii del dicho mes y año a pliegos 2, y la otra de seiscientos reales su fecha en treinta y uno del dicho mes y año a pliegos 3, se le cumplieron y acabaron de pagar los cuatro mil ducientos y ochenta y dos reales dellos por dorar y pintar a toda costa cinco dragones grandes, y dos más pequeños, y una tarasca grande, dos leones, dos cabezas, y tres mazas que hizo para la comedia que representaron en Palacio las meninas de la Reina Nuestra Señora como constó por la tasación que dello hicieron Pedro de Caravajal [sic], pintor por parte de Su Majestad, y Jerónimo Zancajo por la del dicho Antonio de Herrera, y los tres mil y ducientos y seis reales restantes por hacer a toda costa de escultura los dichos animales, como ansimismo constó de la tasación que dellos hizo Alonso López Maldonado, escultor por parte de Su Majestad, y del dicho Antonio de Herrera = y aunque por libranza de los dichos Sebastián Hurtado y Juan Gómez de Mora, Veedor y Maestro Mayor de las dichas obras se había dado libranza en el dicho Pagador su fecha en diez y seis de septiembre de seis cientos y veinte y cuatro para que se pagasen al dicho Antonio de Herrera Los dichos mil y ducientos y ochenta y dos reales a cumplimiento de todo lo susodicho, no se le había pagado por no haber tenido dinero para ello, como constó de la dicha libranza y de una certificación del dicho Veedor Sebastián Hurtado, en cuyo conformidad se le volvieron a librar en el Tesorero de la Casa de la Moneda de la Ciudad de Cuenca, o su teniente, por cédula de Su Majestad, firmada de su real mano y refrendada de Pedro de Lezama, su secretario, fechada en Madrid a diez y siete de julio del dicho año de seiscientos y veinticinco, tomada la razón por los Contadores de la Razón, que la tienen de su Real Hacienda, y por el contador Juan López de Oculta [sic, Ozaeta] que fue, la tiene ansimismo de lo tocante a las dichas obras y bosques y por el dicho Veedor y Maestro Mayor, que habían de prevenir lo que fuese necesario para que en ningún tiempo se pudiesen volver a cobrar otra vez de la Real Hacienda los dichos maravedís, los cuales certificaron en ella haberlo hecho ansí y rasgado la dicha libranza original como se les mandaba. Como todo lo susodicho consta y parece por un traslado de la dicha cédula signado y firmado de Francisco Escribano = y los dichos mil ducientos y ochenta y dos reales contenidos en ella a cumplimiento de los demás los recibió el mismo Antonio de Herrera y dello otorgó carta de pago en esta dicha Villa a dos de agosto deste dicho año de seiscientos y veinte y cinco, tomada la razón por el dicho Veedor, y aquí se le Recibe en cuenta al dicho pagador Juan Gómez por tener hecho cargo dellos en esta cuenta.

15

17/VII/1625 Cargo de maravedís que recibió [el Pagador Juan Gómez Mangas] del Tesorero de la Casa de la Moneda de la ciudad de Cuenca en Año de 1625 — 1.282 reales - 43.588 maravedís

AGS, DGT, Inv 24, leg. 581, J(uan Gómez Mangas), fol. 9
AGS, CMC, 3-EP, leg. 784, Cargos, s. f
AGS, CMC, 3-EP, leg. 3234, n.º 13, Cargos [1625], fol. 1
AGS, CMC, 3-EP, leg. 3234, n.º 13, Receta [1625], s.f.
AGS, CMC, 3-EP, leg. 3234, n.º 13, Comprobación [1625], fol. 2
AGP, Secc. Reinados, Felipe IV, leg. 1 bis, fol. 29

★ Su Majestad por su cédula fechada a 17 de julio de 1625 mandó al dicho Tesorero de la Casa de la Moneda de Cuenca o su teniente que de la moneda de vellon que por cuenta de la Real Hacienda se ha labrado y labrare en la dicha casa dé y entregue al dicho Juan Gómez Mangas mil y ducientos y ochenta y dos reales, que valen 43.588 que se los mando Su Majestad entregar para que los dé y pague a Antonio de Herrera, escultor, a quien se deben a cumplimiento de 4.282 reales que hubo de haber los 1.366 por dorar y pintar a toda costa 5 dragones grandes, y dos más pequeños, y una tarasca grande, dos leones, dos cabezas y tres mazas que hizo para la comedia que representaron en Palacio las meninas de la Serenísima Reina como ha constado por la tasación que dello hicieron Pedro de Caravajal [sic], pintor por parte de Su Majestad, y Jerónimo Zancajo, pintor por parte del dicho Antonio de Herrera, y los tres mil y diez y seis reales restantes por hacer a toda costa de escultura, los dichos animales como pareció por la tasación que dello hizo Alonso López Maldonado, escultor por parte del dicho Antonio de Herrera, y los 3.000 reales restantes los recibió por cuatro libranzas, la primera de 80 reales fechada en 6 de diciembre de 1622, y la última de 600 reales fechada en treinta y uno de diciembre dél, y aunque por libranza de Sebastián Hurtado, Veedor y Contador de Su Majestad de las Obras Reales, y de Juan Gómez de Mora, Maestro Mayor dellas, fechada en 16 de septiembre de 1624, se libraron al dicho Antonio de Herrera los dichos el 3.588 en el dicho Juan Gómez Mangas, no se los pagó por no haber tenido dinero para ello, como ha constado de la dicha libranza y de una certificación del dicho Sebastián Hurtado, fechada en 23 de septiembre del dicho año de 1624, y de los dichos el 43.588 maravedís se ha de hacer cargo al dicho Juan Gómez Mangas para que dé cuenta dellos y de la dicha cédula se mandó tomase en razón el contador Juan López Ozaeta, que por mandado de Su Majestad tiene la cuenta y razón general de lo tocante a las obras y bosques de Su Majestad, y los dichos Sebastián Hurtado y Juan Gómez de Mora que han de prevenir lo que fuere necesario para que los dichos 43.588 no se paguen más de una vez de la dicha Real Hacienda, y della se tomó en estos libros en primero de agosto de 1625 años.

★★ Otra cédula de Su Majestad de 17 de julio del dicho año de 1625. Se le libraron en el Tesoro de la Casa de la Moneda de la dicha ciudad de Cuenca para que los diese y pagase a Antonio de Herrera, escultor, a quien se le debían a cumplimiento de más suma que montó el hacer de escultura y pintar a toda costa cinco dragones grandes, y dos más pequeños, y una tarasca grande, dos leones, dos cabezas y tres mazas para la comedia que representaron en Palacio las meninas de la Reina Nuestra Señora [...]

16

12/VI/1623 Memorial de las cosas que se compraron para la comedia que representaron las meninas en Palacio, pagadas por Julio César Semín y Urbán de Barahona de que se les ha de hacer libranza — Monta 5.978 ½ reales

AGS, CSR, leg. 330 (1623), fol. 15

Memoria de lo que yo Julio César Simín [sic] y Urbano Barahona, pintores y doradores, vecinos de Madrid hemos pagado y comprado de nuestro dinero, con orden de los señores Caballero Fontana y Juan Gómez de Mora, Maestro Mayor de las Obras de Su Majestad para lo tocante a los gastos del tablado y castillo que se hizo en Palacio para que las meninas representasen una comedia a Sus Majestades

Primeramente diez piezas de holandilla azul para el cielo que se puso en el techo, en que pintaron estrellas que tuvo cada una a quince varas a tres reales y medio cada una montan 525

Más doce madejas de cordeles de cáñamo para el dicho cielo a real y medio cada una montan 18

Más seis onzas de hilo azul para coser el dicho cielo que costó 5 ½
Más cincuenta y tres varas de velillo azul para hacer ciento y cincuenta rosas a seis reales la vara Monta 318

Más ciento y setenta y seis reales por hacer de manos las dichas ciento y cincuenta rosas 176

Más setenta y tres varas de tafetán carmesí para las cortinas y banderas a ocho reales la vara 584

Más una onza de seda carmesí y ocho varas de cintas de hiladillo para las dichas cortinas y banderas que costó todo 8

Más sesenta y ocho reales por catorce rosas y tres ramos de flores cada rosa a tres = 68

Ducientos y cincuenta reales por hacer el cielo tres cortinas y dos banderas = 250

Más setenta reales por la ocupación que tuvieron dos oficiales sastres en hacer lo que los dichos Caballero Fontana y Juan Gómez de Mora le ordenaron = 70

Más diez y siete varas y media de tafetán de nácar de granada para la nube del carro en que bajó Cupido a nueve reales y medio la vara montan 153

Más ciento y treinta y ocho varas de velillo blanco y azul para la dicha nube y carro a cinco reales y medio la vara montan 690

Más una pieza de cintas que han gastado de nácar que tuvo veinte y ocho varas a doce maravedís cada una montan 20

Más dos onzas de seda y dos papeles de alfileres que constaron once reales 11

Ocho reales que se pagaron a un oficial vidriero que compuso los espejos = 8

Más tres madejas de cordeles y tres onzas de hilo blanco para la dicha nube y carro = 8

Ciento y diez y ocho reales que pagamos a tres oficiales sastres que trabajaron en hacer las hojas de la nube dos días y una noche a doce reales a cada uno por el día y otro tanto por la noche = 118

Ciento y cincuenta reales que se pagaron a dos maesos sastres por dar la orden y cortarlo que fue necesario para lo susodicho = 150

Más cien varas de ruaneta para las hojas de la nube a tres reales y medio la vara montan = 350

Más diez y seis roscas de aros de cedazos para la dicha la dicha [sic] vela de la nube a cuatro reales y medio cada una = 72

Más otras cincuenta varas demás de lo de arriba del dicho ruanete para las mangas de la nube a tres reales y medio la vara = 175

Más dos maromas de cáñamo para la dicha nube del grueso de media muñeca que costaron 54

Más seis reales de cordeles y bramante de cáñamo = 6

De clavos tabaques cinco reales y medio = 5 ½

De agujas de coser grandes y pequeños tres reales = 3

Diez y nueve reales y medio de clavos grandes y pequeños = 19 ½

De diez y ocho bisagras de hierro a sesenta maravedís cada una montan 31 ½

Cincuenta reales por veinte varas de brinde de melenje [sic] para la manga y torno de la dicha nube a dos reales y medio cada una = 50

Diez reales y medio de sebo y jabón = 10 ½

Veinte y ocho reales y medio por nueve mil y quinientas tachuelas de número doce = 28 ½

Real y medio que se pagó a un esportillero que trujo los aros de cedazo y lienzo = 1 ½

Ocho reales por una libra de hilo blanco para coser la dicha nube = 8

Treinta y seis reales que se pagaron a dos oficiales de carpintería que les ayudaron a hacer la dicha nube. El uno dellos se ocupó tres días y medio, y el otro un día. A ocho reales a cada uno = 36

Más sesenta reales que se pagaron a otros dos oficiales sastres que hicieron la manga de la dicha nube y pusieron el velillo = 60

Trecientos reales que se pagaron a Álvaro García, maestro de hacer nubes, por la ocupación que tuvo en hacerla de mano = 300

Más seis pantallas grandes de hoja de lata grande a cuatro reales y medio cada una = 27

Más otros diez y seis pantallas medianas de hoja de lata a tres reales y medio cada uno = Monta 56

Más otros ocho pantallas esquinadas para las esquinas donde estarán las armas a tres reales cada una = Monta 24

Más otras seis pantallas de hoja de lata que se pusieron en el trono de los espejos a tres reales y medio = 21

Cuatro reales por dos matahúmos = 4

Ciento y doce reales por seis arantellas [*sic*, arandelas] para las hachas que se pusieron en el Salón, que entró en cada arandela seis hojas de lata que hacen treinta y seis hojas a tres reales y medio cada una = 112

Más cuarenta y siete espejos que se guarnecieron en latón dorado a dos reales cada uno = Monta 94

Veinte reales por dos días que se ocupó un oficial vidriero en poner pestañas en los demás espejos y en limpiarlos a diez reales cada día = 20

Cuarenta y ocho reales para seis oficiales, que trabajaron dos una noche, y cuatro por el día en relavar los espejos y el oropel a ocho reales a cada uno = 48

Más siete libras de oropel a siete reales la libra = Monta 49

Cinco reales por mil tachuelas de ágreda para clavar los dichos espejos = 5

Más ducientos y veinte reales que se pagaron a Tomás de Barahona, polvorista, para los quetes [*sic*, cohetes] y fuegos que se gastaron = 220

Más quinientos reales que se pagaron a Bartolomé de Soto, buhonero, por hacer ciento y dos estrellas grandes de espejuelo aderezadas en toda perfición en que entran el aderezo de setenta y cuatro dellas = 500

Más doce garruchas de hierro para tirar el cielo a cuatro reales cada una = 48

Más doce escarpias como sonajas para el dicho cielo a real y medio cada una = 18

Más treinta cubillos de humo para poner los morteretes de cera a la redonda = Montan 137

Más dos hierros como escuadras y unas sonajas gordas para que pasen unas marometas para una invinción que vale cada uno cuarenta reales = 80

Más dos hierros con unos abujeros [sic, agujeros] para clavar en una tabla para las dichas marometas a cuatro reales cada uno = Montan 8

Más cuatro ejes para unas poleas a real y medio cada uno = 6

Más un tejuelo para una tramoya y una palomilla de hierro que valen 6

Más dos varillas [sic, virillas] de hierro limadas y estañadas para el carro a cuatro reales Cada una = 8

Más otras dos varillas [sic, virillas] de hierro redondas de un dedo de grueso de diez y ocho pies de largo para una invencion de rastrillo a diez y ocho reales cada una montan = 36

Más cuatro hierros redondos para otra invención con unas bueltas para clavar una tabla de a tres reales cada uno = Montan 12

Más un hierro que se hizo de invención para el respaldo del carro que vale 50

Más otra varilla [sic, virilla] de hierro para una cortina de una vara de largo con sus embrillas para que esté fija que vale 8

5.978 ½

Por manera que suma y monta esta cuenta cinco mil novecientos y setenta y ocho reales y medio, y juramos a Dios y a esta cruz ser cierta y verdadera, y lo firmé yo, Julio César Semín en Madrid a 11 de enero 1623

[Firma] Julio Cesar Semín

[Apostilla de J.C.S.] Mande vueseñor Sebastián Hurtado que se haga libranza a Julio César Simín de los cinco mil y novecientos y setenta y ocho y medio que parece haber gastado

por el orden y del Caballero Fontana en diferentes cosas fuera de la justicia y derecho que está a su cargo y para el aparato y apariencias de la comedia que por mandado de Su Majestad ha hecho en la Sala, día de Año Nuevo deste presente año que representaron las meninas fechada en Madrid a 12 de junio de 1623

Juan Gómez de Mora [Rúbrica]

Bibliografía

Borrego Gutiérrez, E., «Libros de caballerías y fiestas cortesanas para el recién coronado Felipe IV», en *Dramaturgia festiva y cultura nobiliaria en el Siglo de Oro*, ed. B. García García y M.ª L. Lobato, Madrid, Iberoamericana-Vervuert, 2007, pp. 347-383.

Chaves Montoya, M. T., «La escenografía del teatro cortesano a principios del Seiscientos: Nápoles, Lerma y Aranjuez», en *Dramaturgia festiva y cultura nobiliaria en el Siglo de Oro*, ed. B. García García y M.ª L. Lobato, Madrid, Iberoamericana-Vervuert, 2007, pp. 325-345.

Chaves Montoya, M. T., *La gloria de Niquea: una invención en la corte de Felipe IV*, Aranjuez, Doce Calles, 1991.

Davies, G. A., «A Chronology of Antonio de Mendoza's Plays», *Bulletin of Hispanic Studies*, 48, 1971, pp. 97-110.

Davies, G. A., *A Poet at Court: Antonio Hurtado de Mendoza*, Oxford, Dolphin Book Co., 1971.

Díez del Corral, R., «El Alcázar de Juan Gómez de Mora», en *El Real Alcázar de Madrid: dos siglos de arquitectura y coleccionismo en la corte de los Reyes de España*, dir. F. Checa, Madrid, Comunidad de Madrid-Nerea, 1994, pp. 152-158.

Engels, F., *Dialéctica de la naturaleza*, Mexico, Grijalbo, 1961.

Ferrer Valls, T., *Nobleza y espectáculo teatral, 1535-1622*, Madrid-Sevilla-Valencia, UNED-Universidad de Sevilla-Universidad de Valencia, 1993.

Ferrer Valls, T., «Vestuario teatral y espectáculo cortesano en el Siglo de Oro», en *El vestuario en el teatro español del Siglo de Oro*, ed. M. de los Reyes Peña, *Cuadernos de Teatro Clásico*, 13-14, 2000, pp. 63-84.

García García, B. J. y M.ª L. Lobato, coords., *Dramaturgia festiva y cultura nobiliaria en el Siglo de Oro*, Madrid, Iberoamericana-Vervuert, 2007.

Gracián, B., *Agudeza y arte del ingenio*, ed. E. Correa Calderón, Madrid, Castalia, 1969.

Greer, M. R. y J. E. Varey, *El teatro palaciego en Madrid, 1586-1707: estudio y documentos*, Madrid, Tamesis, 1997.

Hurtado de Mendoza, D., *Qverer por solo querer. Comedia qve representaron las señoras Meninas, á los años de la Reyna nuestra*, Madrid, Juan de la Cuesta, 1623.

Lobato, M.ª L. «Nobles como actores. El papel activo de las gentes de palacio en las representaciones cortesanas en la época de los Austrias», en *Dramaturgia festiva y cultura nobiliaria en el Siglo de Oro*, ed. B. García García y M.ª L. Lobato, Madrid, Iberoamericana-Vervuert, 2007, pp. 89-114.

Marx, K., *Contribución a la crítica de la economía política*, México, Siglo XXI, 2005.

SABIK, K., «El teatro de corte en España en la Iª mitad del siglo XVII (1614-1636)», en *Actas del IX Congreso de la Asociación Internacional de Hispanistas: 18-23 agosto 1986,* ed. S. Neumeister, Frankfurt, Vervuert, 1989, vol. 1, pp. 601-610.

SHERGOLD, N. D., *A History of the Spanish Stage from Medieval Times until the End of the Seventeenth Century,* Oxford, Clarendon Press, 1967.

STEIN, Louise K., *Songs of Mortals, Dialogues of the Gods: Music and Theatre in Seventeenth-Century Spain,* Oxford, Clarendon Press, 1993.

WHITAKER, S. B., «Calderon's *El mayor encanto, amor* in Performance: Eyewitness Accounts by Two Florentine Diplomats», en *The Calderonian Stage: Body and Soul,* ed. M. Delgado, Lewisburg, PA, Bucknell University Press, 1997, pp. 81-106.

NOTICIA QUE NO ES BIEN QUE SE TOQUE: EL TEATRO DEL SIGLO DE ORO FRENTE A LA CENSURA[1]

Héctor Urzáiz Tortajada
Universidad de Valladolid

La influencia de la Inquisición y de determinados órganos políticos sobre la literatura española ha sido decisiva a lo largo de toda su historia, tanto bajo gobiernos católicos y absolutistas, como liberales e ilustrados, aunque no ha afectado del mismo modo a todos los géneros ni ha sido siempre igual de asfixiante. La valoración que se haga de la intervención de la censura —cuestión que sigue siendo polémica— suele depender de un marcado apriorismo ideológico, que lleva, en ocasiones, incluso a negar la propia acción represora de la Inquisición, considerada una invención destinada a alimentar la leyenda negra española. En este caso las culpas suelen recaer en obras como la *Histoire critique de l'Inquisition d'Espagne* (1817-1818), del clérigo Juan Antonio Llorente, que fue secretario del Santo Oficio y censor literario del Consejo de Castilla, a pesar de lo cual se le ha considerado «el gran difamador y creador ante Europa del fanatismo español» y consecuentemente se le ha condenado a figurar entre los más repugnantes «antiespañolistas delirantes y sectarios» a causa de sus querencias afrancesadas y sus denuncias de las actividades de nuestra Inquisición, que conocía de primera mano[2].

---

[1] Este trabajo se inscribe en el marco del programa Ramón y Cajal (Ministerio de Educación y Ciencia-Fondo Social Europeo) y del proyecto C*LEMIT*-*XVII* («Censuras y licencias en manuscritos e impresos teatrales del siglo XVII»), del Plan Nacional de I+D (HUM2006-06590/FILO).

[2] Pinta Llorente, 1970, p. 103.

Sin llegar a tanto, todavía hoy se sostiene que el Santo Tribunal es casi un mito inventado por los enemigos de España para desacreditarla ante la Historia,[3] y se propaga una autodenominada *nueva historiografía de la Inquisición*, denodado intento de una serie de prestigiosos investigadores por «superar la tenaza ideológica de la que se partía [y] enterrar los fantasmas del imaginario», esto es, justificar su existencia y actividades, so pretexto de buscar «una explicación racional del Santo Oficio que no supusiera justificación del mismo, pero tampoco asumirlo como una arbitrariedad del poder estructuralmente despótico ni como una extraña anormalidad o excepcionalidad española en el paisaje europeo»[4]. Ni era, pues, tan arbitraria la Inquisición, vienen a decir, ni es un patrimonio español; además, es posible encontrarle una explicación *racional* si su memoria se resucita de una forma objetiva. Son éstos los argumentos principales de un análisis histórico de sesgo revisionista, que polemiza sobre los datos contrastados para sacar del centro de la discusión las consecuencias y la propia esencia del hecho analizado, que queda al final desdibujado en una nebulosa de palabras condescendientes y ambiguas.

En sentido contrario, hay quien afirma que el establecimiento de la Inquisición en España se caracterizó por una mezcla de motivaciones racistas (exterminio de una supuesta multitud de conversos judaizantes), intereses económicos (enriquecimiento a través de las confiscaciones, eliminación de la competencia comercial de ciertas castas gremiales) y políticos (refuerzo del absolutismo regio frente a la pujanza de la nobleza y de cierto clero), o quien asegura —también con insoslayables dosis de exageración y prejuicios— que dicho establecimiento hizo que en España casi se dejara de escribir, en la me-

---

[3] Así Doris Moreno, quien habla de *invención de la Inquisición* (utilizando el término en el sentido que lo hiciera Edward Peters) y cuya tesis principal viene a resumirse en que se trata de la fabricación, morbosa y efectista, de un mero arquetipo conceptual, a cargo de víctimas resentidas, viajeros y curiosos extranjeros, literatos y artistas liberales, intelectuales e historiadores alineados en determinadas ideologías, incluso de algunos inquisidores que legitimaron las más reprobables acciones por puro y beligerante narcisismo: «La invención referida a la Inquisición tendría un doble perfil: el de la invención de la Inquisición por unas víctimas interesadamente hiperdramatizadoras de su propia experiencia y el de la invención por los inquisidores de unas causas que sólo existieron en el imaginario —también interesado— de los perseguidores» (Moreno, 2004, p. 22).

[4] García Cárcel, 2008, p. 23.

dida en que sus *índices de libros prohibidos* y otros varios edictos prohibitorios alteraron los mecanismos de la producción intelectual, la difusión del pensamiento y la evolución cultural, contribuyendo así la censura, especialmente la inquisitorial, «al anquilosamiento del pensamiento hispano durante el siglo XVII y al distanciamiento que se produjo, también durante este siglo, con respecto al pensamiento europeo»[5].

No es que sea de todo punto necesario aplicar la *asepsia ideológica* que tanto se reivindica en recientes estudios sobre el Santo Oficio (pretendida equidistancia amparada en el deseo de «romper la vieja polarización ideológica con la que tradicionalmente se había planteado la Inquisición» y «contribuir a la reconciliación ideológica de las dos Españas»[6]), pero ciertamente se aprecia en gran parte de los acercamientos a este asunto una clara falta de objetividad. Que estos nuevos libros no se escriban «contra nada ni nadie» (según destaca, como novedoso mérito, García Cárcel) no implica obviar que el objeto de su estudio fue una institución poderosa, pertinaz y longeva, que sí fue contra algo y contra alguien. No reconocer eso, o tratar de disimularlo, poco contribuye a esclarecer su influencia concreta en cada parcela de actuación. Exagerarla —por hebraísmo, maurofilia, anticlericalismo o cualquier otro motivo—, tampoco. «Debe existir una vía intermedia más armónica, desapasionada y verdadera que permita entender con espíritu de concordia este complejísimo y doloroso capítulo de la historia de España», decía José Antonio Escudero[7].

Es innegable que la Inquisición ha incidido negativamente sobre la cultura, la ciencia y el pensamiento españoles, y, en el caso concreto que nos ocupa, que la literatura hispana ha sido sometida a una estricta vigilancia censora desde que aparecieran a mediados del siglo XVI las listas negras de libros prohibidos. No digamos ya su teatro, modificado por la censura casi desde sus orígenes y situado, ya en su época de mayor esplendor, bajo las mayores presiones políticas y morales que haya conocido.

Sin embargo, es también indiscutible que lo más brillante que nuestra literatura ha dado se escribió en la época de mayor influencia in-

---

[5] Pinto Crespo, 1989, pp. 181-182.
[6] García Cárcel, 2008, p. 23.
[7] Escudero, 1998, p. 46.

quisitorial y que la presencia de la censura civil y religiosa puede haber servido como estímulo y acicate para los escritores, en este y otros momentos de la historia. Si el hambre agudiza el ingenio, el miedo —sostienen algunos— aviva el seso y despierta el alma dormida y la imaginación[8]. «Sin la existencia de la censura, no se hubieran escrito obras cimeras como el *Quijote* y el *Guzmán de Alfarache*», afirma Anthony Close, convencido de que «contrariamente a lo que pudiera esperarse y se ha creído, la censura sirvió de estímulo creativo a la vez que fuerza represiva»[9].

¿Justifica eso la existencia de la censura o la vuelve en alguna medida *envidiable*, como dijo Menéndez Pelayo? Sostenía el ínclito polígrafo —a propósito de la inclusión de la *Propaladia* de Torres Naharro en el *Índice*— que el daño que la censura inquisitorial pudiera haber ocasionado es muy preferible a otros controles censores no religiosos propios de su tiempo (el de don Marcelino, aclaremos), de ahí que echara su cuarto a espadas en defensa de tan denostado tribunal: «Digan lo que quieran los fautores de ridículas leyendas, aquella censura era casi envidiable comparada con la censura laica e incompetente que hoy suelen ejercer improvisados moralistas en las columnas de los llamados periódicos católicos»[10].

No sabemos qué le habría parecido la comparación entre la censura que denunciaba vivir en su época y la que habría de llegar después a España con la dictadura de Franco, pero entonces sí se restableció de forma oficial. No resultaba tan extraño entonces encontrar justificaciones de una práctica inveterada en España para legitimar su restauración: «Sólo algún pobre escritor [...] de un liberalismo trasnochado podrá ya en lo sucesivo combatir, con apariencias de convencimiento, el ejercicio legal de la censura científica y literaria [...]

---

[8] A propósito de la traducción al español del libro de J. M. Coetzee *Contra la censura*, comentaba Germán Gullón la idónea aplicación al caso de la España del siglo XX de las tesis del escritor surafricano, en el sentido de que «las letras jamás florecen bajo la censura propia de una dictadura. Numerosos análisis de la literatura española de posguerra defienden esa idea equivocada, que el burlar al censor agudiza el ingenio [...] los autores resultan azuzados o coartados por la censura, [que] acaba siempre influenciando al autor y al lector su sentido moral» (Gullón, 2007, p. 21).

[9] Close, 2003, p. 301.

[10] Menéndez Pelayo, 1900, p. lxxvi.

la previa censura legal, serena, imparcial, ajustada a las normas dictadas por los Pontífices [...] no corta las alas a la inteligencia ni entorpece su vuelo, sino que al mirar por la existencia y seguridad del Estado mira también, indirectamente, por el bien de los escritores»[11].

Parecería gratuito traer a colación juicios críticos de hace más de un siglo o de la época más dura —en lo tocante a la censura— del franquismo, si no fuera porque hoy en día cabe leer y escuchar pronunciamientos no muy distintos. Y es que se empieza añorando y *envidiando* aquella censura y se acaba casi negando la existencia de la Inquisición. O ensalzándola hasta límites chocantes, caso de uno de sus mejores y más constantes estudiosos, el citado Miguel de la Pinta, empeñado en reivindicar la figura de fray Tomás de Torquemada («un clérigo observante, amante de la justicia y extremadamente ponderado y misericordioso») y del Tribunal del Santo Oficio («un juego de niños comparado con la barbarie y la intolerancia europeas») frente a las *calumnias* trenzadas por «el equipo de saltatumbas literarios que España ha padecido [...]. ¡Pobre Inquisición española!»[12]. La defensa a capa y espada de la censura se mantendría hasta los años ochenta del siglo XX, desaparecida ya la amenaza totalitaria del franquismo y vigente la Constitución; sin embargo, se observó en la «década prodigiosa» de los estudios sobre el Santo Oficio (1976-1986) una cierta «oxigenación de la historiografía de la Inquisición»[13]. Por desgracia, esas nuevas aportaciones historiográficas (cuantificación de procesados, censo de inquisidores y funcionarios, determinación de responsabilidades concretas, comparación con Europa, etc.) han dado paso también, o han servido como excusa para instalar, en medio de una maraña de afirmaciones revisionistas y negacionistas, unas tesis que se mueven en el límite de la justificación de aquellos viejos mecanismos políticos y religiosos del control censorio.

Lejos, en este caso, de cualquier sectarismo ni tergiversación histórica, se sitúa también «la opinión defendida por autoridades eminentes, según la cual la literatura fue afectada menos profunda y gravemente por la censura de lo que se ha creído tradicionalmente», señala Close en referencia a estudiosos como Joseph Gillet, Alberto

---

[11] Sierra Corella, 1947, pp. 2 y 25.
[12] Pinta Llorente, 1970, pp. 7 y 15.
[13] García Cárcel, 2004, p. 9.

Blecua o Edward Wilson (a propósito de la *Propaladia*, el *Lazarillo* y la poesía de Góngora, respectivamente): «Todos tienden a decir lo mismo: que las supresiones o enmiendas hechas por la censura sólo tocan la corteza y dejan intacto lo esencial»[14]. Pero la interiorización por parte de los escritores de determinados mecanismos represivos es una consecuencia indudable de la censura, conseguida a base de reiteradas prohibiciones, amenazas y castigos (listas negras, inspección de librerías, denuncias interesadas), sostenidos en el tiempo durante décadas: «Para [los españoles de aquel entonces], la amenaza de la censura era como una espada de Damocles que les colgaba sobre la cabeza. Observaban lo que la espada había cortado en los casos mencionados y escarmentaban en cabeza ajena»[15]. Son muestras, sin duda, de lo que Márquez llama *censura inmanente*, es decir, autocensura (término al que han apelado, por ejemplo, Pedro Cátedra y Anastasio Rojo para los casos de varios místicos del siglo XVI[16], Enrique Gacto para los de Cervantes y Quevedo[17], o Ted Bergman para el de Calderon[18]). También Close la añade a la lista de formas censorias del Siglo de Oro. Junto a las censuras institucionales, la del Consejo de Castilla y la del Santo Oficio, habría que sumar, dice, «otra, de naturaleza indirecta, difusa, y sin categoría oficial. Me refiero al clima de opinión y de valores creado por voces influyentes, que o se anticipa a determinadas prohibiciones oficiales, o está en consonancia con ellas [...] ya que el tipo más profundo y eficaz de censura en nuestra época es la autocensura, en sus diversas manifestaciones, este tipo de presión psicológica tiene un peso incalculable»[19]. Ruano, por su parte, relativiza el alcance de esas imposiciones: «La obra de Calderón tanto como la de los otros dramaturgos áureos fue afectada por factores como la autocensura [...] y otros por el estilo. Sería posible argüir,

---

[14] Close, 2004, p. 31.
[15] Close, 2004, p. 33.
[16] «Este ambiente debió de contribuir bastante a la demonización del libro [...] y, por tanto, a la desconfianza, a la inseguridad y, en fin, a la auto-censura» (Cátedra-Rojo, 2004, p. 138).
[17] Gacto, 1991, p. 14.
[18] «Censor de sí mismo» lo considera, aunque algunos de los casos de reescritura que analiza pudieron ser debidos a circunstancias que poco tienen que ver con la autocensura, Bergman, 2002.
[19] Close, 2003, pp. 281-282.

sin embargo, que estas presiones externas fueron libremente aceptadas por los dramaturgos»[20].

Si algo ha estado de forma insistente en el punto de mira de la censura ha sido el libro, sometido a duras pruebas por ser «a los ojos de los censores y también de sus lectores, un objeto que coadyuvaba desde su "autoridad intemporal" a reproducir comportamientos, puesto que se podría calificar de referente modélico»[21]. El libro literario, sobre todo, ha recibido algunos de los ataques más directos[22]; en España, por ejemplo, una temprana piedra angular de nuestra literatura, el *Lazarillo de Tormes*, está misteriosamente ligada a la censura. Parece que en el temor a la Inquisición se encuentran las razones que explican su anonimia: según Rosa Navarro, el autor del *Lazarillo* es Alfonso de Valdés, quien no la habría firmado porque sus orígenes conversos y el fuero de su conciencia erasmista lo iban a poner enfrente del temido tribunal[23]. El escritor Juan Goytisolo coincide en que «una elemental prudencia le aconsejaba no darla a conocer con su nombre [...] para ponerse a salvo de un nada imaginario peligro: el encarcelamiento y proceso por el Santo Oficio»[24].

De hecho, el *Lazarillo* fue incluido en los índices de libros prohibidos, «en expiación de sus inequívocas sátiras antieclesiásticas», y años después se hizo un *Lazarillo de la Inquisición*, única versión autorizada, preparada en 1573 por el cronista Juan López de Velasco, a quien el Santo Tribunal encargó que suprimiera los excesos doctrinales cometidos en este y otros libros, pero esforzándose —dice Gonzalo Santonja— «por infringir [sic] el menor "castigo" posible a los textos en cuestión». El perfil de este censor, asegura, se aleja de «la imagen tópica del funcionario unívocamente aferrado a la intransigente defensa de la ortodoxia, dando por el contrario la talla de un auténtico humanista» que admiraba «sinceramente las calidades literarias de los textos que, asumiendo una condición rayana en lo esquizofrénico, la

---

[20] Ruano, 2005, p. 48.
[21] Cátedra-Rojo, 2004, p. 164.
[22] Aunque «la mayoría de los autores registrados en [los *índices*] escribieron sobre cuestiones de doctrina o de moral; la literatura recreativa apenas tiene cabida allí, dando una falsa impresión de que este género escapaba, en buena medida, al control inquisitorial» (Gacto, 1991, pp. 13-14).
[23] Navarro, 2003.
[24] Goytisolo, 2003, p. 6.

fortuna le deparaba la desdicha de *castigar*»[25]. Es más o menos la opinión de Martínez de Bujanda, quien señalaba que «on peut affirmer que le correcteur Juan López de Velasco a été assez modéré et a fait preuve de bon sens. La majorité des passages, même s'ils sont assez osés, restent intacts»[26]. Es exagerado, sin embargo —decía Bujanda alineándose con la postura de Gillet respecto a la prohibición de la *Propaladia*—, sostener que la expurgación de esta obra honra a López de Velasco, según hiciera Menéndez Pelayo. Y es que ya en su día había hablado don Marcelino de este López de Velasco como «hombre muy culto, de espíritu tolerante, y que hizo todo lo posible para salvar la integridad de los textos»[27].

Hay incluso quien ve al censor como un sagaz crítico que podía otorgar carta de naturaleza literaria a una obra al meterla en la lista negra (como ocurre hoy con ciertos libros que reciben un gran espaldarazo al ser condenados desde determinados ámbitos): «Los mismos Índices servían de propaganda y garantía, y nadie dudaba de la validez del contenido, si estaba prohibido en uno de los catálogos. En cierta forma, por seguir con las paradojas, al pensar así se hacía homenaje a los hombres que seleccionaban las obras, y decidían cuáles eran importantes y cuáles no, es decir, a los inquisidores, lo que viene en apoyo del nivel literario de los censores. En este tema de la fama de las obras precisamente por aparecer en el Índice, tenemos un ejemplo muy claro: la Celestina»[28].

Ironías y paradojas al margen, la realidad era bastante menos amable, ya que abundaban otros personajes no tan bienintencionados, gentes que veían sombras de herejía o la alargada mano del Maligno por todas partes, que amputaban o tiraban a la hoguera textos muy valiosos. Religiosos a quienes un escritor debía temer —decía don José Simón Díaz— como «la peor de las desgracias» si se los topaba en su camino literario. Frailes y sacerdotes que, llevados por su cerrazón de mente, su fanatismo o, incluso, su animadversión personal hacia el autor, proponían arbitrariamente la denegación de la licencia de tal o cual libro.

---

[25] Santonja, 2000, p. xv.
[26] Martínez de Bujanda, 1984, p. 206.
[27] Menéndez y Pelayo, 1900, pp. lxxvii-lxxviii.
[28] Vílchez, 1986, p. 12.

Cuestión muy controvertida es el carácter de los contenidos perseguidos por la censura, pues está muy extendida la idea de que era un asunto que afectaba primordialmente a la Iglesia, que habría focalizado su actuación en temas como la fe, la moralidad, el sexo, las críticas a las jerarquías eclesiásticas, etc. Es, desde luego, lógico que así ocurriera, en la medida en que bien pronto había establecido la Iglesia su derecho a fiscalizar la publicación de libros: ya en 1501 el papa Alejandro VI decretó las censuras y prohibiciones sobre obras impresas con las que se inició el camino que habría de llevar a la creación de los índices de libros prohibidos. Según algunos expertos, es irrelevante el porcentaje de prohibiciones debidas a cuestiones políticas: «A lo largo de los siglos XVI y XVII fueron casi exclusivamente consideraciones de tipo religioso las que centraron la censura, incluso la civil cuando actuó independientemente, hasta el punto de que, en proporción, resulta insignificante el porcentaje de prohibiciones motivadas por razón de Estado o cualquier tipo de causa política»[29]. Sin embargo, la preocupación por sacar los temas políticos de los libros de libre circulación fue en aumento con el paso del tiempo, sobre todo ya en el siglo XVII, cuando «cada vez con mayor frecuencia se reproducían sin licencia alguna los memoriales dados al Rey, en que se exponían opiniones acerca de asuntos políticos y regalías»[30].

En el caso del teatro se pueden apreciar circunstancias muy parecidas: es cierto que la vigilancia se ejercía particularmente sobre los contenidos religiosos o sobre aquellos en los que la Iglesia siempre se ha creído legitimada para ejercer el papel de supervisor. Pero también hubo un porcentaje, quizás algo más que «insignificante», de prohibiciones tocantes a la política que recayeron sobre obras teatrales. Valga como ejemplo *El conde de Sex*, de Coello (estrenada en Palacio en 1633), donde se trata la relación de Isabel I de Inglaterra con uno de sus validos. En 1661 se volvió a representar esta obra, que sufrió los efectos de la censura en varios pasajes, suprimidos por orden del examinador de turno, Francisco de Avellaneda. Los motivos eran claramente políticos: por un lado, el gracioso hablaba de los validos en tono de chanza, y el censor supo ver que sus bromas sobre las intrigas palaciegas que protagonizaban a veces estos ministros reales podían no

---

[29] Marsá, 2001, p. 29.
[30] Simón Díaz, 2000, p. 28.

ser bien recibidas; por otro, ciertos pasajes recordaban un episodio muy ingrato: el desastre de la Armada Invencible de Felipe II: «Noticia que no es bien que se toque», recomendó Avellaneda[31].

Más allá de la censura de tal o cual comedia, las razones políticas fueron aducidas con frecuencia por los detractores del teatro para pedir el cierre de los corrales o la prohibición de determinadas comedias, y también los partidarios tomaron a veces posiciones en la controversia a partir de argumentos de conveniencia política. Y un trasfondo político, al fin y al cabo, es el que se encuentra en todos esos dramas históricos ambientados en épocas remotas, que servían para ventilar cuestiones candentes de la actualidad de aquellos días, presentes en los tratados de buen gobierno y que, para los entendidos, eran transparentes alusiones a problemas tocantes a los Austrias o sus ministros. De hecho, es precisamente el teatro el género áureo en el que se han rastreado —también con algunas exageraciones— las no muy abundantes críticas al poder político constatables en el Siglo de Oro. Según algunos estudiosos —discrepantes con la tesis maravalliana del drama barroco como elemento esencial en la consolidación del absolutismo en España—, el subgénero del teatro mitológico palaciego (caracterizado por la ambivalencia de sus mensajes alegóricos) se nutre de obras que son poco menos que una suerte de palimpsestos de crítica política (en expresión de Fernández Mosquera) camuflada tras la apariencia de panegírico con que se las vestía.

Si ya en su día realizó José Alcalá-Zamora algunas matizaciones a aquel enfoque sociológico que hacía del conjunto del teatro áureo una herramienta propagandística («Los dramaturgos del período disfrutaban de un cierto espacio de maniobra para la expresión libre y crítica») y particularizó en el caso emblemático de Calderón (quien se pudo permitir «juicios y discrepancias que descubrimos incluso en sus obras de carácter más distante de la política»[32]), últimamente proliferan los estudios basados en la búsqueda de lecturas políticas de signo crítico en el teatro del Siglo de Oro. Se podrían hacer muchas matizaciones a esa búsqueda, en la que a veces se extrema el celo[33],

---

[31] Urzáiz-Cienfuegos, 2007, pp. 313-316.
[32] Alcalá-Zamora, 1989, pp. 40 y 45.
[33] Ver el reciente trabajo de Fernández Mosquera, donde se ofrece, con algunos inteligentes apuntes, un estado de la cuestión bastante completo (aunque se

pero si se admite en términos generales, cabe preguntarse cómo no iba a estar un género susceptible de tantas interpretaciones políticas expuesto a la vigilancia censoria.

Por todo ello, sin duda, el teatro ha sido cuestionado, y a veces perseguido, desde tiempos inmemoriales. En realidad, la censura ha afectado siempre a la creación literaria, así como a todas las disciplinas científicas y humanísticas, sobre todo desde la invención de la imprenta. Pero en el caso del teatro (tenido por el género «más peligroso y reprobable»[34]), el celo en la vigilancia ha sido extremo, tal vez por una simple cuestión cronológica, de historiografía literaria: «El primer género literario que no goza de las simpatías censorias de los inquisidores es el teatro. Es natural, pues no hay en España novela propiamente dicha hasta las *Ejemplares* y el *Quijote* y el *Guzmán* de Mateo Alemán [...]. El teatro renacentista va a ser, pues, la primera víctima literaria de la criba censoria de la Inquisición, hasta un punto realmente cruel»[35]. O, más bien, porque se consideraba materia especialmente sensible, dada su capacidad de penetración en el público iletrado. Su doble naturaleza de texto literario y espectáculo popular aumentaba las suspicacias del poder, como demuestra la célebre polémica sobre su licitud moral («la controversia más agria y duradera de cuantas se han producido»[36]). El celo de las instancias censoras era tal, que afectaba a todo tipo de obras, incluso aquellas escritas, supuestamente, desde la ortodoxia más absoluta y por los autores menos sospechosos (caso del auto sacramental *Las órdenes militares*, de Calderón).

En realidad, carecemos de una perspectiva general de la actuación de la censura teatral del siglo XVII, sobre todo teniendo en cuenta el volumen y la importancia del *corpus* conservado y comparando con el conocimiento más preciso que sí hay de las prohibiciones inquisitoriales del teatro del siglo XVI. En efecto, el teatro renacentista (que se caracterizaba por ser muy crítico y realista, con presencia de personajes del estamento eclesiástico, escenas eróticas, etc.) fue durísimamente atacado por la Inquisición, en episodios que son más o menos bien

---

olvida de referir el nombre del «historiador español del teatro del Siglo de Oro», que ha asumido esa perspectiva y «la vierte ya en una reciente historia de nuestro teatro», que tampoco precisa, en Fernández Mosquera, 2006, p. 274).

[34] Simón Díaz, 2000, p. 44.
[35] Alcalá, 2001, p. 91.
[36] Roldán Pérez, 1991, p. 63.

conocidos (Juan del Encina, Torres Naharro, Gil Vicente...). La eficaz censura de estos índices hizo que no quedara ningún ejemplar de ciertas obras dramáticas, que desapareciera la primera edición de algunas y que de otras no se hicieran nuevas ediciones hasta dos siglos y medio después. La teoría de la discontinuidad intelectual española formulada por Vicente Lloréns señalaba la importancia de la acción represiva de la Inquisición precisamente por la desaparición de la circulación de ejemplares de aquellos libros sobre los que recayeron las prohibiciones, que cada vez afectaban a un número mayor de obras. En el caso del teatro áureo, la mutación experimentada por efecto de la censura es evidente.

Hay quien no cree, sin embargo, que el teatro del XVI sufriera tan seriamente los efectos de la censura. Marc Vitse, por ejemplo, al analizar el teatro religioso de esa época (una parcela quizá demasiado específica, aunque muy significativa), concluye que el combate entre el drama sacro renacentista y la censura fue «por desproporcionado, muy desigual y nos obliga a concluir a la limitadísima eficiencia de la censura teatral y del discurso que la justifica. Por lo menos, desde el punto de vista *cuantitativo*». La clave está, en nuestra opinión, en lo *cualitativo*, donde —reconoce— «sigue entero el problema de su eficacia efectiva»[37], pero también en lo *cuantitativo* queda mucho por analizar antes de llegar a una conclusión válida para el conjunto teatral del Siglo de Oro.

En lo que se refiere al siglo XVII, conocemos episodios aislados de dramaturgos que tuvieron obras censuradas o prohibidas en algún momento, pero en general es un asunto muy poco estudiado. Es ésa la tarea principal del proyecto de investigación CLEMIT-*XVII*, que coordinamos desde la Universidad de Valladolid, y que pretende ahondar en las circunstancias concretas de la práctica censora sobre el teatro del Siglo de Oro. Se trata de dar respuesta a la demanda planteada por diferentes estudiosos que han echado en falta, como Fothergill-Payne, «un estudio comparativo de las licencias concedidas, y más interesante aún, de las negadas», o, como Ruano, «una historia completa de la censura de obras teatrales del Siglo de Oro»[38]. En una reciente conferencia,

---

[37] Vitse, 2005, p. 105.

[38] «Necesitamos un registro sistemático y comentado de censores, junto con un repertorio de sus censuras teatrales más características y una muestra de los pasajes condenados por ellos» (Ruano, 1989, pp. 201-202).

todavía inédita, se pronunciaba en términos similares Francisco Florit, quien propone también —aunque desde otro punto de vista— un nuevo y más exhaustivo acercamiento a la censura teatral áurea.

Y es que en el siglo XVII no desaparecieron, en absoluto, las fuertes presiones políticas y morales ejercidas sobre el teatro, ni la censura bajó la guardia: muy al contrario, los mecanismos de control se multiplicaron y, sobre todo, se sofisticaron. Si las obras consiguieron ir saliendo de los índices inquisitoriales, fue gracias a que la mayor fiscalización hizo que los usos dramáticos se adecuaran a las pretensiones del poder: «¿Cuántos de esos finales ortodoxos, convencionales, restablecedores de la armonía social perturbada durante la representación, y que parecen ir a contrapelo del desarrollo lógico del argumento, fueron imposiciones externas del censor?»[39].

Casi todos los grandes dramaturgos del Siglo de Oro (Lope, Montalbán, Mira) tuvieron algún problema con la censura. Además, muchos religiosos escribieron comedias, lo cual a veces les provocó graves dificultades (recordemos el caso de Tirso de Molina). Varios de ellos eran también calificadores, asumiendo un doble papel de censores y censurados que daba pie a un corporativismo en virtud del cual muchas cosas pasaban finalmente el filtro, gracias al intercambio de favores entre los dramaturgos. Los censores teatrales abordaban la propia lectura de las comedias a su manera, y unos las revisaban a conciencia, mientras que otros lo hacían superficialmente, ya que «con el transcurso de los años la actividad teatral iría cada vez a más en todo el reino, y no es un despropósito suponer que los inquisidores se sintieran desbordados o incluso procedieran con mano blanda»[40]. La multiplicación de libros que se fue produciendo a medida que avanzaba el siglo ayudó también a convertir esta función en algo mecánico y rutinario, despachado las más de las veces el encargo con la afirmación de que la obra no contenía nada contra la fe ni las buenas costumbres.

En algunas ocasiones las obras pasaban la instancia de la aprobación para su publicación, algo más laxa, pero no la de la representación, ya que la censura solía ser mucho más estricta con la palabra hablada que con la escrita. Al menos así suele afirmarse, si bien hay

---

[39] Ruano, 1989, p. 229.
[40] Granja, 2006, p. 435.

otras opiniones contrarias que, sustentadas en interesantes documentos, sostienen que la proliferación de las copias manuscritas (no controladas, y utilizadas a menudo para la representación) permitía escapar de la censura con mayor facilidad de lo que podía hacerse con las impresas. Por ejemplo, en el informe de la comisión creada para revisar el *índice* del inquisidor Zapata, de 1632, se dedicaba especial atención a ciertas colecciones de poesías de autores extranjeros y, sobre todo, de los impresos teatrales: «Los [libros] de comedias [...] es increíble el daño que hacen [...] aun a la más retirada clausura de religiosos y religiosas y de otras *personas, que por sus impedimentos no pueden frecuentar las comedias*, penetran y todo lo contaminan, dando a beber su veneno a todas partes y a todos tiempos. Y aun *hace más daño* un libro de éstos *por la frecuencia* con que se lee, *que la representación misma de las comedias,* que ni a todos tiempos ni a todas personas es cómodo el verlos»[41]. Es este un asunto muy interesante, que habría que analizar con más detenimiento.

Del mismo modo que habrá que someter también a nueva y más rigurosa consideración el papel exacto jugado respectivamente por la Inquisición y otros organismos religiosos y políticos en la censura del teatro áureo. Se trata de una cuestión polémica, en la que algunos estudiosos se han mostrado radicalmente discrepantes. Valga como ejemplo una publicación monográfica de 1991 sobre la Inquisición, en cuyas páginas se exponen puntos de vista muy encontrados: mientras que Enrique Gacto afirma que «la importancia del [control inquisitorial sobre la literatura de creación a lo largo del llamado Siglo de Oro de nuestras letras] se manifiesta perceptiblemente a través de la institucionalización de la censura como una de las atribuciones centrales del Santo Oficio»[42], Antonio Roldán, por su parte, plantea una tajante discrepancia: «El Santo Oficio, como tal institución, no intervino en la polémica ni se pronunció en los medios de difusión de sus censuras —Índices, Expurgatorios o Edictos— sobre ninguno de los puntos controvertidos; por el contrario, guardó una estudiada neutralidad». Para justificar tan llamativa afirmación —y recordando, sin ir más lejos, el papel jugado por el jesuita padre Mariana en la elaboración del importantísimo *índice* de Quiroga (1583-1584)—, aduce la siguiente matización: «Ello no

---

[41] AHN, Inq., Leg. 4435, exp. 7, f. 105; la cursiva es nuestra.
[42] Gacto, 1991, p. 11.

quiere decir que sus funcionarios, a título particular, no expresasen su opinión en asunto tan cuestionado». Tan *obvio* le parece que «el Santo Oficio no estuvo nunca contra la licitud del teatro representado ni contra el género», que decir lo contrario estaría, en su opinión, «en clara contradición [sic] con la pertenencia a la Inquisición de conocidos dramaturgos». Más incógnitas le ofrece a Roldán (también a nosotros) el asunto de la existencia o no de una censura, previa a la representación, por parte de la Suprema: «Confieso que —ante la existencia de datos contradictorios— no logro hacerme cargo de cuál fue la práctica real»[43]. La documentación es, en efecto, compleja, y requiere un estudio más pormenorizado del que podemos hacer ahora. Un interesante y muy ponderado acercamiento a ella ha llevado a cabo recientemente, como hemos dicho, el profesor Florit. Aunque es su intención declarada contribuir a que no se asocie de forma automática la palabra *censura* con la Inquisición al hablar del teatro del Siglo de Oro, y aquí incurrimos, ya desde la primera línea, en desacato a la indiscutida autoridad de nuestro buen amigo, consideramos de gran provecho sus observaciones, que en un próximo trabajo habrán de servirnos, no obstante, para apuntar algunas matizaciones.

En el ocaso del siglo XVII, el dramaturgo Bances Candamo volvería a proponer un teatro reformado en su tono moral, a través de la fórmula de la *expurgación*. Y es que la influencia censoria siguió en aumento y cobró tintes de verdadera piedra de toque en la conformación de una nueva poética, de una preceptiva dramática que Vitse resume así en lo tocante a la propuesta de Bances sobre el control de la censura: «Formar a unos productores (los autores) para la necesaria y eficaz educación de los consumidores (los oyentes) [...]. La censura permitirá una producción teatral "limpia" e "inculpable", gracias a la intervención de censores —de la Inquisición o del Estado— con sueldo adecuado y, más que todo, con pertinente formación teatral. La censura, también, y más allá del control de la actividad teatral inmediata, presidirá la elaboración de los criterios teóricos cuya validez busca Bances en la historia del arte teatral»[44].

Si un dramaturgo de corte como Bances Candamo hacía esta propuesta a finales del XVII, el siglo había comenzado con una conocida

---

[43] Roldán Pérez, 1991, p. 66-69.
[44] Vitse, 2003, p. 736.

petición de Cervantes —por boca de uno de sus personajes— de que se instituyera la censura teatral preventiva. En la Primera Parte del *Quijote*, reclamaba el cura «que hubiese en la Corte una persona inteligente y discreta que examinase todas las comedias antes que se representasen (no sólo aquellas que se hiciesen en la Corte, sino todas las que se quisiesen representar en España), sin la cual aprobación, sello y firma ninguna justicia en su lugar dejase representar comedia alguna; y desta manera [...] aquellos que las componen mirarían con más cuidado y estudio lo que hacían, temerosos de haber de pasar sus obras por el riguroso examen de quien lo entiende; y desta manera se harían buenas comedias y se conseguiría felicísimamente lo que en ellas se pretende: así el entretenimiento del pueblo como la opinión de los ingenios de España, el interés y seguridad de los recitantes y el ahorro del cuidado de castigallos»[45].

Creemos que la ironía cervantina tiende aquí a confundir al lector poco atento, y es improbable que en realidad estuviera pidiendo más vigilancia teatral a través de una censura civil previa a la representación. Más bien da la impresión de que lo que Cervantes está demandando —«avvant la lettre» y con ánimo de reivindicar sus comedias frente al triunfante modelo rival— es un perfil cercano a los programadores de los festivales e instituciones teatrales de hogaño, esa suerte de jueces de comedias de nuestro tiempo. Sin embargo, se suele interpretar que el reglamento teatral de 1608 es poco menos que la plasmación de esa *petición*: el citado Antonio Roldán, por ejemplo, asegura que «este deseo del autor del Quijote se realizaría tres años después, en 1608, con las Ordenanzas Primeras del Teatro»[46]. Este asunto merece también un análisis y comentario más detenidos, que habrán de quedar para una futura ocasión[47].

---

[45] *Quijote*, I, cap. 48.
[46] Roldán Pérez, 1991, p. 69.
[47] La segunda parte de este estado de la cuestión sobre la censura teatral del Siglo de Oro se publicará, bajo el título de «*No hay burlas con el censor*: teatro áureo, poder e Inquisición», en el volumen *Vuelo de la celebración* (*Homenaje a Luciano García Lorenzo*).

Bibliografía

Alcalá, Á., *Literatura y Ciencia ante la Inquisición Española*, Madrid, Laberinto, 2001.

Alcalá-Zamora, J., «La reflexión política en el itinerario del teatro calderiano» [Discurso de ingreso en la RAH, 1989], en *Estudios calderonianos*, Madrid, RAH, 2000, pp. 37-99.

Bergman, T., «Los límites de la comicidad y la autocensura en las comedias de Calderón», en *Calderón 2000. Homenaje a Kurt Reichenberger en su 80 cumpleaños. (Actas del Congreso IV Centenario de Calderón)*, ed. I. Arellano, Kassel, Reichenberger, 2002, vol. I, pp. 961-970.

Cátedra, P., y A. Rojo, *Bibliotecas y lecturas de mujeres. Siglo xvi*, Salamanca, Instituto de Historia del Libro y de la Lectura, 2004.

Close, A., «Lo cómico y la censura en el Siglo de Oro (II)», *Bulletin Hispanique*, 2, 2003, pp. 271-301.

— «Lo cómico y la censura en el Siglo de Oro», *Memoria de la palabra. Actas del VI Congreso de la AISO,* ed. M. L. Lobato y F. Domínguez Matito, Madrid, Iberoamericana-Vervuert, 2004, pp. 27-38.

Escudero, J. A., «Netanyahu y los orígenes de la Inquisición española», *Revista de la Inquisición*, 7, 1998, pp. 9-46.

Fernández Mosquera, S., «Libertad hermenéutica y modernidad: las primeras fiestas cortesanas de Calderón», en *El Siglo de Oro en escena. Homenaje a Marc Vitse*, ed. O. Gorsse y F. Serralta, Tolouse, PUM-Consejería de Educación de la Embajada de España en Francia, 2006, pp. 263-282.

Florit Durán, F., «Las censuras previas de representación en el teatro áureo», en *Actas del XIII Congreso de la AITENSO (Ciudad de México, octubre de 2007)*, en prensa.

Fothergill-Payne, L., «José de Valdivielso, censor y precursor de Calderón», en *Calderón y el teatro español del Siglo de Oro*, coord. L. García Lorenzo, Madrid, CSIC, 1983, vol. III, pp. 1299-1308.

Gacto Fernández, E., «Sobre la censura literaria en el siglo xvii: Cervantes, Quevedo y la Inquisición», *Revista de la Inquisición*, 1, 1991, pp. 11-61.

García Cárcel, R., prólogo a D. Moreno, *La invención de la Inquisición*, Madrid, Marcial Pons, 2004, pp. 9-19.

— «El Santo Oficio» (reseña de J. Martínez Millán, *La Inquisición española*), *ABCD. Las Artes y las Letras*, 831, 5-11 de enero de 2008, p. 23.

Goytisolo, J., «Alfonso de Valdés, *libre y claro*», *Babelia (El País)*, 26 de julio de 2003, p. 6.

Granja, A., «Comedias del Siglo de Oro censuradas por la Inquisición (Con noticia de un texto mal atribuido a Rojas Zorrilla)», en *El Siglo de Oro en escena. Homenaje a Marc Vitse*, ed. O. Gorsse y F. Serralta, Tolouse, PUM-Consejería de Educación de la Embajada de España, 2006, pp. 435-448.

GULLÓN, G., reseña de J.M. Coetzee, *Contra la censura*, El Cultural, 3 de mayo de 2007, p. 21.

MARSÁ, M., *La imprenta en los Siglos de Oro*, Madrid, Laberinto, 2001.

MARTÍNEZ DE BUJANDA, J., *Index des Livres Interdits. V: Index de l'Inquisition Espagnole. 1551, 1554, 1559*, Sherbrooke, Centre d'Études de la Renaissance, 1984.

MENÉNDEZ PELAYO, M., *Bartolomé de Torres Naharro y su Propaladia*, Madrid, Librería de los Bibliófilos, 1900.

MORENO, D., *La invención de la Inquisición*, Madrid, Marcial Pons, 2004.

NAVARRO DURÁN, R., *Alfonso de Valdés, autor del «Lazarillo de Tormes»*, Madrid, Gredos, 2003.

PINTA LLORENTE, M., *Cinco temas inquisitoriales*, Madrid, Estudio Agustiniano, 1970.

PINTO CRESPO, V., «Pensamiento, vida intelectual y censura en la España de los siglos XVI y XVII», *Edad de Oro*, 8, 1989, pp. 181-192.

REYES GÓMEZ, F., *El libro en España y América. Legislación y censura (siglos XV-XVIII)*, Madrid, Arco, 2000.

ROLDÁN PÉREZ, A., «Polémica sobre la licitud del teatro: actitud del Santo Oficio y su manipulación», *Revista de la Inquisición*, 1, 1991, pp. 63-103.

RUANO DE LA HAZA, J.M., «Dos censores de comedias de mediados del siglo XVII», en *Estudios sobre Calderón y el teatro de la Edad de Oro. Homenaje a Kurt y Roswitha Reichenberger*, ed. F. Mundi Pedret *et alii*, Barcelona, PPU, 1989, pp. 201-229.

— prólogo y edición de Calderón de la Barca, *Las órdenes militares*, Kassel, Reichenberger, 2005.

SANTONJA, G., ed. *Vida del Lazarillo de Tormes castigado o Lazarillo de la Inquisición*, Madrid, Sociedad Estatal España Nuevo Milenio, 2000.

SIERRA CORELLA, A., *La censura de libros y papeles en España y los índices y catálogos españoles de los prohibidos y expurgados*, Madrid, Cuerpo Facultativo de Archiveros, Bibliotecarios y Arqueólogos, 1947.

SIMÓN DÍAZ, J., *El libro español antiguo*, Madrid, Ollero&Ramos, 2000.

URZÁIZ, H., y G. Cienfuegos, «Francisco de Avellaneda: entremesista y censor de comedias "por Su Majestad", Carlos II», en *Teatro y poder en la época de Carlos II. Fiestas en torno a reyes y virreyes*, ed. J. Farré Vidal, Madrid, Iberoamericana-Vervuert, 2007, pp. 307-324.

VÍLCHEZ DÍAZ, A., *Autores y anónimos españoles en los índices inquisitoriales*, Madrid, Universidad Complutense, 1986.

VITSE, M., «Teoría y géneros dramáticos en el siglo XVII», en *Historia del teatro español. I: De la Edad Media a los Siglos de Oro*, dir. Javier Huerta Calvo, Madrid, Gredos, 2003, pp. 717-755

— «El teatro religioso del Quinientos: su (i)licitud y sus censuras», *Criticón*, 94-95, 2005, pp. 69-105.

LITERATURA VIRREINAL

CARTOGRAFÍA SIMBÓLICA DE LA CIUDAD DE MÉXICO Y PEDAGOGÍA DE VIRREYES (1665-1700)

Judith Farré Vidal
CSIC, Madrid

La fiesta, como manifestación colectiva, introduce una cesura en la vida cotidiana. Dentro de este corte lúdico que se impone en la celebración de una circunstancia asociada al poder civil o religioso, pueden distinguirse dos motivos básicos en su agenda festiva: las conmemoraciones religiosas del calendario litúrgico —Semana Santa, Corpus Christi, Santos titulares, etc.— o las fiestas públicas o extraordinarias, las «grandes alegrías» o «días grandes»[2] que, además de las circunstancias relativas a la monarquía, contemplan entradas de prelados en sus diócesis, beatificaciones y canonizaciones, victorias militares y grandes conmemoraciones, entre otros asuntos. Por lo que respecta a los «días grandes» en Nueva España[3], deben contemplarse, además, otras fiestas de corte propiamente novohispano, como san Hipólito y el paseo del pendón, la

---

[1] Este trabajo forma parte de una investigación más amplia que se enmarca en el proyecto «La imagen del poder en la corte virreinal (1665-1700)», subvencionado con una beca de investigación otorgada por CONACYT en la Convocatoria de Investigación Básica 2004 (Número de referencia: 47731). En este artículo nos centraremos en las entradas de dos virreyes: la del marqués de La Laguna (1680), por ser una ocasión única en la que los encargos de los programas iconográficos de la Iglesia Metropolitana de la Ciudad de México y el Cabildo recayeron, respectivamente, en Sor Juana Inés de la Cruz y Sigüenza y Góngora, dos de las figuras más representativas de la cultura virreinal, y la del conde de Moctezuma (1697), por ser el último virrey que llegó a Nueva España durante el reinado de Carlos II.

[2] Bonet Correa, 1986, p. 43.

[3] Ver Gonzalbo Aizpuru, 1993, pp. 27 y ss.

celebración de la Virgen de los Remedios, bodas y bautizos de la familia virreinal y, sobre todo, la entrada en el cargo de un nuevo virrey. En todos los casos son fiestas emanadas del poder, civil o religioso, dirigidas hacia la consolidación del orden social, en las que coinciden en el espacio urbano, de manera extraordinaria y según una estricta ritualidad, todas las jerarquías que lo conforman. La fiesta es expresión de las necesidades lúdicas del ser humano pero, en el marco de una sociedad políticamente organizada, se relaciona estrechamente con una visión que, como ya pusiera de relieve Maravall[4], cifra en parte su conservación en la imagen que es capaz de generar de sí mismo. De ahí que podamos hablar de una ritualidad compartida en la que entran en juego tanto los mecanismos de ostentación de un ideal de gobierno por parte de quienes lo representan, como la adhesión afectiva y efectiva por parte de quienes conforman las distintas jerarquías de dicho orden político. En palabras de Teresa Ferrer:

> El gusto por lo asombroso, por lo maravilloso, por el artificio, encuentra en la fiesta un lugar privilegiado de expresión, que se manifiesta en espectáculos que buscan 'suspender' al público, utilizando un término de la época, dejarlo absorto con lo nunca visto [...]. Los decorados urbanos de la fiesta, por su carácter efímero, invitan a desatar la imaginación, y contribuyen a crear la ilusión de una realidad mejorada, de una ciudad transformada ante los ojos de los ciudadanos, de un espacio que, durante unos días, pretende dejar de ser lugar de fatigas cotidianas para convertirse en el espacio de la diversión y del espectáculo[5].

La ciudad se transforma así, ocasionalmente, en una «realidad mejorada» que adquiere sentido a partir de este «tiempo de excepción con valor ritual y colectivo en el que durante el tiempo de la celebración se suspende el ritmo de la vida cotidiana»[6]. El primer elemento que contribuye a esta transformación urbana como *realidad mejorada* es su embellecimiento gracias a la limpieza[7] de calles y el

---

[4] Maravall, 1986, pp. 71-95.
[5] Ferrer, 2003, p. 27.
[6] Bravo, 2005, p. 435. Cruz de Amenábar se refiere a este ámbito espacio-temporal como una «metamorfosis estética y simbólica del mundo» (Cruz de Amenábar, 1995, p. 13).
[7] De acuerdo con los estudios de Dávalos sobre la limpieza y la salubridad de la ciudad de México en el siglo XVIII, un bando publicado por el virrey el 31 de

adorno de fachadas. En este sentido son habituales los pasajes de las relaciones de fiesta en los que se describen los adornos con telas finas, como, por ejemplo, en la entrada del marqués de La Laguna en la ciudad de México (1680):

> Las ventanas adornadas
> a las dos mil maravillas
> se vieron y de admiradas
> se pusieron amarillas
> unas y otras coloradas.
> [...]
> mas las azules lucían
> lindas entre éstas y esotras[8].

En la misma Relación, tras una detallada descripción de la arquitectura del Palacio virreinal[9], Ramírez Santibáñez señala las decoraciones extraordinarias dispuestas para la entrada del nuevo virrey en dicho palacio:

> Toda la casa adornada
> tuvo con riqueza intensa
> de telas bien matizada,
> tanto que al verla colgada
> la Fama estuvo suspensa.
> De brocado de riquezas
> todas las salas se hallaron
> llenas con iguales proezas,

---

agosto de 1790, fijaba los horarios y sitios para la recogida de basuras e inmundicias y se seguía prohibiendo «arrojar la menor cosa a las calles y el sacudir desde los balcones ropas, petates y otros efectos», y se instaba a los vecinos a barrer «diariamente el frente de sus casas a las siete de la mañana» (Dávalos, s.f., p. 55). Sus investigaciones demuestran cómo, todavía a finales del XVIII, seguía resultando difícil la aceptación de este tipo de disposiciones oficiales, puesto que, además, se trataba de una ciudad en la que era habitual que «los muchachos de la pulquería en petates sacaban los escombros y enmundicias de los corrales, los hechaban en la targea y con los pies los apretaban» (Dávalos, s. f., p. 68).

[8] El fragmento procede de la relación de Ramírez Santibáñez de la entrada en la ciudad de México al conde de Paredes en 1680 (Ramírez Santibáñez, *Pierica narración*..., A4r).

[9] Para más detalles, ver Farré, 2006.

> que a las pobres las colgaron
> porque eran muy lindas piezas.
> En fin, las salas lucían
> vistosamente colgadas,
> en las cuales cómo veían
> las telas amilanadas,
> los colores se encendían[10].

Otro de los elementos que contribuye a la transformación de la fisonomía urbana es la iluminación artificial, que, de acuerdo con el lucimiento que marcaba el protocolo festivo, permitía que se abandonase la iluminación precaria y defectuosa de los días comunes[11]. El mismo relator de 1680, Ramírez Santibáñez, describe cómo tanto las calles

> Por las calles barallaban
> las luminarias lucidas
> y cuando más se quemaban,
> parecían más queridas
> porque entonces se abrasaban.
> Con emulación lucían
> llegándose a competir
> y así fogosas reñían
> porque todas por lucir
> unas con otras se ardían[12].

como el mismo Palacio virreinal, se iluminaron especialmente para la ocasión:

> Los balcones adornados
> de cera a la noche ardieron
> en Palacio y estremados
> todos lucidos se vieron
> con aseos de encerados[13].

---

[10] Ramírez Santibáñez, *Pierica narración...*, A2v.

[11] El *Diario de sucesos notables (1665-1700)* de Robles recopila un gran número de alusiones a iluminaciones artificiales de la ciudad durante estos años, así como de fuegos artificiales, que reproducimos en el apéndice final. Sobre la pirotecnia en Nueva España, ver Gonzalbo Aizpuru, 1993, p. 39 y Martínez Marín, 1983.

[12] Ramírez Santibáñez, *Pierica narración...*, A1v.

[13] Ramírez Santibáñez, *Pierica narración...*, A1v.

Estas nuevas formas de alumbramiento propias de los días festivos, junto con el resto de decoraciones, permitían una integración física de todo el espacio urbano, ya que estos signos de ornamentación unificaban y delimitaban el espacio festivo, sin distinciones entre las casas particulares y los espacios de gobierno. Otro de los recursos característicos para recrear la *realidad mejorada* que propone la fiesta tiene que ver con la música:

> Los clarineros sin pena
> ocupaban los confines,
> y el amor los enajena
> pues los sonoros clarines
> tocaban a boca llena.
> [...]
> Los atabales iguales
> iban y con modo diestro
> todos sus dueños, los cuales
> iban a los atabales
> dando a diestro y siniestro[14].

Tras el embellecimiento ocasional del espacio urbano, el proceso de transformación festiva de la ciudad se completa por medio de la construcción de arquitecturas efímeras[15]. Para las entradas de virreyes,

---

[14] Ramírez Santibáñez, *Pierica narración...*, A4v. Como señala Gonzalbo Aizpuru, «la música de trompetas y chirimías era acompañamiento obligado de procesiones y desfiles, mientras que las campanas cumplían la doble función de convocar a la población y de excitar los ánimos para lograr una participación más entusiasta», para lo cual reproduce las palabras del jesuita Martínez de la Parra en su *Luz de verdades*: «Las músicas hacen rebosar de gozo nuestros corazones, las campanas, los clarines y chirimías contribuyen al regocijado alborozo, a la alegre pompa, al festivo aplauso» (Gonzalbo Aizpuru, 1993, p. 39).

[15] Las primeras noticias sobre decorados efímeros y escenarios teatrales tienen en Nueva España un sustrato prehispánico y son frecuentes las alusiones en las crónicas que tratan sobre el México prehispánico a la «afición del indígena por elementos tomados de la naturaleza para sus ritos y espectáculos: ramas, árboles, hojas, semillas, frutos, pastos, plumas, flores, animales muertos y vivos [...]. Todo este lujo de vegetación en curiosas combinaciones con plumería y orfebrería lo parece haber heredado el teatro cristiano en náhuatl, por lo menos en su primera época» (Horcasitas, 1974, p. 105). Para una descripción detallada de este tipo de escenarios de bosque, véase la reproducción del fragmento de Motolinía para

las más notorias son, necesariamente, los arcos triunfales que se erigen para plasmar la idea o la fábrica del asunto con que se encomia la llegada del nuevo gobernante. La descripción de este tipo de arquitecturas sigue una retórica bien establecida en la que, antes de la explicación detallada de todos los cuerpos, tableros, intercolumnios y basas, se establecen las medidas generales y un elogio panorámico del conjunto. Como muestra de este tipo de descripciones en las que se pretende trascender la magnificencia efímera propia del festejo, el siguiente fragmento de Ramírez de Vargas para la entrada en la ciudad de México del conde de Moctezuma en 1696:

> En la puerta del Templo que mira al Ocaso se levantó en treinta varas a la eminencia y dieciséis a la anchura, rematando en punta diagonal la magnífica y lucida fábrica con que esta Metropolitana Iglesia daba festivas muestras de sus bien logrados deseos en el triunfal aparato del Arco, admiración primorosa de la arquitectura, que dividido en tres cuerpos era embarazo hermoso del aire y padrón gallardo a tan plausible asunto, campo suficiente a tres calles que en ellos se formaron[16].

El juego de ostentaciones que conllevaba esta ruptura del ritmo ordinario no implicaba un relajamiento en la disciplina del orden social, ya que «lo festivo, lo solemne y lo espectacular pertenecían a un orden paralelo que servía de contrapunto y complemento»[17]. La doble faz de la fiesta, liberadora pero al mismo tiempo represiva, la convierte en un importante factor para contribuir al equilibrio social[18].

---

el auto de *La caída de nuestros primeros padres* en Horcasitas, 1974, pp. 177-178. También Rangel, 1924, pp. 5-102, ofrece distintas noticias sobre este tipo de decoraciones festivas para los siglos XVI y XVII.

[16] Ramírez de Vargas, *Zodíaco ilustre...*, 12r.

[17] Gonzalbo Aizpuru, 1993, p. 24. En este sentido, debe tenerse en cuenta que en las sociedades tradicionales la cotidianidad no se vivía solamente con fiestas sino entre fiestas, es decir, todo estaba perfectamente fijado desde sus preparativos hasta su puesta en escena: «Una celebración de ritos especiales marcaba el tránsito de una etapa a otra e instauraba las fiestas, fijadas en días determinados, que se repetían a lo largo de los meses y de los años. Era una manera de crear el tiempo, afincándose en él. Al repetirse, las fiestas hacían retornar cíclicamente el pasado, y retrotraían a un tiempo imaginario, del cual se hallaba recuerdo en el mito» (Cruz de Amenábar, 1995, p. 27).

[18] «La fiesta es la creación de un ámbito espacio-temporal extraordinario que trasciende lo cotidiano y permite así la regeneración de la habitualidad del tra-

La eficacia, en este sentido, se logra por medio no sólo de una rígida reglamentación, sino también de los mecanismos de ostentación que la rodean y que buscan «suspender» al público.

Además, debe considerarse que, precisamente, la eficacia del aparato festivo reside en que el gasto no es sólo improductivo, entendido en términos de producción y pragmática económica, ni es tampoco puro despilfarro, en el sentido de que conlleve la liberación de todos los excedentes acumulados sin ningún reintegro. Al contrario, el gasto festivo es un acto de consumo puro o consumación que implica «llevar a cabo el gasto en todas sus consecuencias y en toda su plenitud, el cual a la vez conduce a la gratuidad y a la generosidad; a la entrega, y al don»[19]. Se trata de un consumo ostentoso, término que bajo el concepto de «conspicuous consumption» acuñara el sociólogo Thorstein Veblen, y que, para la Fiesta Barroca hispana, presupone como ideal la identidad sustancial entre ostentación y realidad, tal y como Gracián constata en su *Oráculo Manual*:

> [...] llena mucho el ostentar, suple mucho y da un segundo ser a todo, y más cuando la realidad se afianza; el cielo, que da la perfección, previene la ostentación: que cualquiera a solas fuera violenta[20].

Resulta evidente que el esplendor de la fiesta depende en gran parte de los presupuestos invertidos y, en este sentido, resulta interesante destacar cómo las Actas del Cabildo de la ciudad de México, del mismo modo que asumía la mayoría de los gastos, también imponía multas a quienes se negaban su participar en ellas. Esta forma de coacción es una muestra más de la trascendencia pública de la fiesta. Por ejemplo, ya en 1545, el Cabildo se comprometía a la limpieza de las calzadas, pero también exigía a los particulares el adorno de las fachadas: «que tengan entapizadas las dichas sus pertenencias, cada uno con lo que pudiere... so pena de 5 pesos»[21]. Del mismo modo,

---

bajo y la renovación de los deberes y obligaciones de todos los días» (Cruz de Amenábar, 1995, p. 13).
[19] Cruz de Amenábar, 1995, p. 33.
[20] Ver Neumeister, 1991, pp. 171-172.
[21] Gonzalbo Aizpuru, 1993, p. 20.

Las cofradías que no participaban en los desfiles y procesiones que exigían su presencia, debían de pagar treinta pesos de oro de minas; y la recaudación podía ser más sustanciosa cuando la cofradía se presentaba pero faltaban algunos de sus miembros; en tales casos, cada artesano faltante pagaba diez pesos individualmente[22].

En esta metamorfosis del espacio cotidiano que permite la fiesta, la toma de posesión en el cargo de un nuevo virrey era uno de los acontecimientos extraordinarios más importantes en el calendario festivo de Nueva España, no sólo por todo el ceremonial simbólico y de ostentación que implicaban tanto el recibimiento del representante directo de la Corona en América, a partir del elogio de todos sus méritos nobiliarios y bajo la preceptiva que dictaba el modelo ideal de gobernante[23], sino también porque se trataba de una ocasión única en la que, de acuerdo con la excelencia del personaje homenajeado, se trazaban igualmente los méritos del espacio de acogida, es decir, de la ciudad de México como metrópoli de esa Nueva España. La exhibición y la ostentación se producen, por tanto, en una doble dirección, puesto que al mismo tiempo que se encomian los méritos del nuevo virrey, se configuran los ejes simbólicos que dignifican el nuevo espacio de gobierno. Es, en definitiva, un momento doblemente sugerente, en el que coinciden tanto la legitimación del futuro gobernante frente las elites de la capital novohispana, como la propia autentificación de esos mismos grupos de poder, no sólo frente al recién llegado que va a constituirse como nuevo virrey, sino también frente al resto de los habitantes de la ya por entonces populosa y heterogénea ciudad. Bajo la óptica que dictan tanto el panegírico al nuevo virrey, como representante de un modelo de gobierno, así como la de promoción de esa misma comunidad que da la bienvenida, entra en juego otra justificación sobre la que puede asentarse el ceremonial de bienvenida en el cargo a un nuevo virrey: la pedagógica. Tal y como ya pusiera de manifiesto Sanz Ayán a propósito del teatro palaciego de la época de Carlos II, podría decirse que

---

[22] Gonzalbo Aizpuru, 1993, p. 30.
[23] Ver, entre otros, Mínguez, 1995.

En semejante ambiente era comprensible que, desde fuera, se llegara a la conclusión de que en aquel «laberinto cortesano» se hablaba en lenguaje de comedias. Que éstas pudieran convertirse en privilegiada lengua franca de incertidumbres, anhelos e intenciones sustentadas en los pilares de tres justificaciones: una explícita, la pedagógica, y dos sobreentendidas, las de representación y promoción[24].

De ahí que, siguiendo de nuevo las pautas ofrecidas por Sanz Ayán, pueda decirse que las elites de poder novohispanas «probaron a servirse del escenario en el que desfilaban los personajes de ese paraíso irreal de tramoya plagado de héroes y dioses de la mitología, para adaptarlo hasta poner en escena a través de alegorías fácilmente identificables, los problemas del mundo real»[25]. El ejemplo paradigmático es Sor Juana Inés de la Cruz y la erudición que despliega en su *Neptuno alegórico*, el arco ideado para la entrada del marqués de La Laguna en la ciudad de México (1680). La fábula de Neptuno, un dios de los principales de la mitología clásica, resulta el perfecto simulacro, no sólo para elogiar al nuevo gobernante, sino para recordarle las virtudes que desde Nueva España se esperan de su gobierno: ser piadoso, sabio, prudente, liberal, cortés, gentil y, en definitiva, un buen gobernante, pues una buena administración del poder implica un mayor bienestar para Nueva España. Como concluye Pascual Buxó:

> el *Neptuno alegórico* no se limitó a ser una «triunfal máquina» política, por más que mediante ella se repitiesen los ritos cortesanos y tautológicos de vasallaje al nuevo representante de la monarquía española; sin abandonar la ortodoxia ceremonial, es también —y quizá primordialmente— la manifestación de una esperanza de mejor gobierno para los mexicanos. No en balde la propia Sor Juana calificó su arco emblemático como un «Dédalo de dibujos» y un «Cicerón sin lengua» no sólo atento a publicar «con voces de colores» los «triunfos» del príncipe, sino a insinuar con sutileza cortesana las verdaderas expectativas políticas de sus nuevos vasallos, que esperaban —al fin— poder «gozar estables felicidades sin que turben su sosiego inquietas ondas de alteraciones ni borrascosos vientos de calamidades»[26].

---

[24] Sanz Ayán, 2006, p. 59.
[25] Sanz Ayán, 2006, p. 59.
[26] Buxó, 1998, pp. 254-255.

Bajo esta óptica pedagógica, en la que los mitos no son meros reflejos o simulacros para el panegírico de los nuevos gobernantes, sino que se conciben, dentro de esos «ritos cortesanos y tautológicos de vasallaje al nuevo representante de la monarquía española»[27], en una especie de *lengua franca*, siguiendo de nuevo a Sanz Ayán, con la que mostrar las verdaderas expectativas políticas con las que se recibe al nuevo Virrey, puede interpretarse el *Zodiaco Ilustre* de Ramírez de Vargas para la entrada del conde de Moctezuma en 1696. A lo largo de toda la Relación sobre el festivo aparato del arco triunfal encargado por la iglesia metropolitana de México queda clara la relación de vasallaje respecto de la llegada del conde de Moctezuma como directo representante del poder de Carlos II. Por ejemplo,

> Combinado galardón a los grandes merecimientos que en su Exa. atendió su Majestad (que Dios guarde) bien satisfecho de que asegura el descanso en su mayor cuidado fiando a tamaños hombros la máquina del gobierno. Elección dignísima y reiterada felicidad la que este nuevo mundo reconoce en los prudentes y celosos Príncipes que le han gobernado.
> [...]
>   A los pasos del Sol le viene el día
>   en los vuestros (Señor) al nuevo Mundo
>   cuando a tanto valor grato le fía
>   el Atlante español CARLOS Segundo.
>   Méritos propios con igual porfía
>   carga, y honor os dan, pero el profundo
>   celo de iluminar este Hemispherio
>   hacer sabrá de la fatiga Imperio[28].

Resulta evidente que la «máquina del gobierno» de la Nueva España es una designación directa por parte del monarca, ya que el virrey será su directo representante en el virreinato del «nuevo Mundo». Dicha «dignísima» elección se funda por los «grandes merecimientos» del elegido y la retórica del encomio dicta que el nuevo virrey sea reconocido por sus logros anteriores. Uno de los méritos que se le reconocen a José Sarmiento de Valladares, conde de Moctezuma, es su anterior gestión en Granada:

---

[27] Buxó, 1998, p. 255.
[28] Ramírez de Vargas, *Zodíaco ilustre...*, 28v (sigo la numeración impresa de la Relación, en lugar de la numeración posterior a mano).

Nuestro Exmo. Héroe ha atendido la Monarquía en la guarda y ejecución de sus leyes y soberanos Rescriptos, regios oráculos por donde los llamó Justiniano *Divinos assatus*: la de sus reales tesoros en la general privativa administración cometida a su Ex. en Granada, digna compensación a su grande desvelo la augusta benevolencia para los honores, y la real confianza para mayores encargos[29].

Asentada la retórica panegírica del ceremonial de bienvenida, Ramírez de Vargas pasa a tratar en el segundo intercolumnio «los males que acarrean los vicios a las Repúblicas»[30]. La descripción inicia con la pintura de un príncipe magnánimo y prudente según el modelo presente en Pexenfelder (*Ethica symbolica e fabularum umbris in veritatis lucem varaia eruditione, noviter evoluta*), quien asienta que dicho Príncipe «o con la fuerza de las armas, que es el hierro, o con el consejo y sabiduría, que es el fuego, debe la doma de los rebeldes que se quieren sacudir del yugo de sus órdenes»[31]. Este modelo es el que le permite a Ramírez de Vargas dar el primer consejo de gobierno, que debe ser el de velar por las obras de canalización de la ciudad:

> Necesaria acción y gloria de un Príncipe [es] desarraigar los comunes males de que se vicia un Reino para ser bien visto y amado (como lo denota la influencia, llegando Hércules al signo de Capricornio). Ya le goza en el suyo esta Nueva España, que a su prudente consejo y gran política, no sólo se extirparán los vicios de la República, sino que también se verá segura de inundaciones esta Ciudad, amenazada siempre de la Hidra undosa que en la Laguna Mexicana la circumbala, de tantas gargantas cuantas son las vertientes que la hacen caudalosa para el perjuicio, quedando a su execución celosa la tierra libre y del todo seca para su mayor fertilidad[32].

El siguiente consejo práctico tiene que ver con la burocracia y el hecho de no posponer las obras de políticas públicas necesarias para el bienestar de la comunidad:

---

[29] Ramírez de Vargas, *Zodíaco ilustre...*, 29v.
[30] Ramírez de Vargas, *Zodíaco ilustre...*, 30r.
[31] Ramírez de Vargas, *Zodíaco ilustre...*, 30r.
[32] Ramírez de Vargas, *Zodíaco ilustre...*, 30v.

No permita el desvelo ingenioso distancias entre el conocimiento y la execución, poniendo (como en el Diálogo de su república dice Platón) la mira en los buenos efectos que de las Leyes pudieran seguirse.
[...]
> Breve despacho el bien común espera
> cuando ya la experiencia lo publica[33].

Es decir, Ramírez de Vargas insta al nuevo virrey a que desempeñe las funciones propias de su cargo y que se dedique, en definitiva, a «ejecutarlo» en medidas específicas[34]. Finalmente, ese «recíproco amor entre Príncipe y súbditos»[35] se plasma en la segunda basa mediante la pintura de un Sol, tradicional emblema de poder de los Austrias, y el Águila de México: «que haya sido la Águila de México el suave atractivo de su Ex. bien lo manifiesta la feliz venida y la simpatía que esta Real Ave y sus legítimos polluelos tienen con el Sol»[36]. De nuevo se pone de manifiesto la lealtad de Nueva España hacia Carlos II, es decir, del Águila Mexicana y sus polluelos respecto al Sol, aunque al mismo tiempo se reclama la preponderancia simbólica de la Real Ave que es capaz de beber los rayos de luz y mandarlos de nuevo hacia el Sol:

> Darse por vencida esta Imperial Águila de México en la lid generosa del amor, que grata reconoce en Señor tan amable, fuera desacreditarse de fina, sin aspirar tampoco a la victoria osada, pues se le acusara exceso presumir desmayos en tan soberano Antagonista, que está hecho en esta línea a triunfar discreto [...].
> Significose esta batalla pintando el Sol con los rayos en forma de arpones que le tiraba, y el águila de México, fuera ya del tunal, que be-

---

[33] Ramírez de Vargas, *Zodíaco ilustre...*, 31v-32r.

[34] Éste seguirá siendo el asunto de los motivos alegóricos de la tercera basa, en la que se simboliza la «firmeza en el ánimo de un Príncipe, que inmóvil a las preocupaciones de su cargo, las abraza como medios para sostener y conservar la República, donde el peso que le agrava es la firmeza que le asegura» (Ramírez de Vargas, *Zodíaco ilustre...*, 33v).

[35] A propósito de las transformaciones de Periclemene, Ramírez de Vargas glosa que éstas «en la Ética se enderezan a atraer los ánimos a fines útiles y honestos para el buen régimen de una República, que con el recíproco amor del Príncipe y súbditos resulta una correspondiente armonía para su conservación» (Ramírez de Vargas, *Zodíaco ilustre...*, 32r).

[36] Ramírez de Vargas, *Zodíaco ilustre...*, 32v-33r.

biéndoselos se los volvía como visivas especies de uno y otro objeto alternancias, siendo éste su propio fausto[37].

Aunque queda claro que el Águila «no aspira a la victoria osada», la indicación resulta a todas luces redundante, y no menos significativa ya que el águila, con su asociación al tunal, es un símbolo sincrético con el que Ramírez de Vargas o Sor Juana[38], por citar sólo algunos ejemplos anteriores, ya evocaron la «carga mitológica del cristianismo y de la gentilidad grecorromana, más una carga mitológica de las civilizaciones mesoamericanas»[39]. La función pedagógica que se instaura en este tipo de Arcos no es, pues, tan sólo una cuestión de medidas y consejos prácticos para instruir al virrey de cara a ejercer su gobierno. Más allá de la *realidad mejorada* y de los efectos de suspensión que se recrean en este tipo de festejos tan ritualizados, subyace un sustrato de *realidad cotidiana* que irá adentrándose progresivamente en el diseño de los programas iconográficos. Estas fisuras de realidad conducirán hacia un nuevo modelo representacional en el que, fruto de un nuevo imaginario colectivo, surgirá la progresiva necesidad de incorporar nuevos signos de identidad. Las conclusiones de Dolores Bravo en este punto son, siguiendo a O'Gorman, paradigmáticas, ya que

> en los excesos de la expresión barroca, el intelectual y el artista novohispanos encuentran el equilibrio entre su mundo interior y la realidad circundante. Arquitectura, pintura, escultura y literatura se manifiestan por medio de formas excesivas que idealizan lo que se quiere plasmar. Tanto se adapta el estilo al criollo, que el barroco novohispano alcanza grados de originalidad que lo diferencian plenamente de otros barrocos, incluso del peninsular. En formas expresivas, alusivas y elusivas a la vez, el criollo crea ese imaginario colectivo que delinea una conciencia en la creación (e invención) de sus propios rasgos de identidad[40].

Es por ello que, a finales del siglo XVII, la novedad reside en que a medida que avance el nuevo siglo y la realidad vaya adentrándose progresivamente en este modelo representacional, la fractura entre el re-

---

[37] Ramírez de Vargas, *Zodíaco ilustre...*, 32v.
[38] Ver, entre otros, Partida Tayzan, 2006.
[39] Berendová, 2000, pp. 56-57.
[40] Bravo, 1992, p. 24.

ferente real y el simbólico dará paso a una progresiva y emergente conciencia criolla con la que se compaginarán no sólo el sentido de rendida pleitesía hacia el poder emanado de la metrópoli, sino también una sutil y orgullosa reivindicación del espacio americano.

Bibliografía

Berendová, A. T., «La identidad nacional y la conciencia criolla en los autores del Barroco Hispanoamericano», *Signos literarios y lingüísticos*, 2.1, 2000, pp. 47-64.

Bonet Correa, A., «Arquitecturas efímeras, Ornatos y Máscaras. El lugar y la teatralidad de la fiesta barroca», en *Teatro y fiesta en el Barroco*, ed. J. M. Díez Borque, Barcelona, Ediciones del Serbal, 1986, pp. 41-70.

Bravo, Mª D. ed., *Teatro mexicano. Historia y dramaturgia, VII: sor Juana Inés de la Cruz. Antología*, México, Consejo Nacional para la Cultura y las Artes, 1992.

Bravo, Mª D., «La fiesta pública: su tiempo y su espacio», en *Historia de la vida cotidiana en México, Vol. II: La ciudad barroca*, México, FCE-El Colegio de México, 2005, pp. 435-460.

Cruz de Amenábar, I., *La fiesta, metamorfosis de lo cotidiano*, Santiago de Chile, Pontificia Universidad Católica, 1995.

Dávalos, M., *De basuras inmundicias y movimiento o de como se limpiaba la Ciudad de México a finales del siglo XVIII*, México, Cien Fuegos, s. f.

Farré Vidal, J., «Espectáculos parateatrales en las entradas de virreyes en la Nueva España. El caso del Conde de Paredes (1680)», *Bulletin of the Comediantes*, 58.1, 2006, pp. 73-87.

Ferrer, T., «La fiesta en el Siglo de Oro: en los márgenes de la ilusión teatral», en *Teatro y fiesta del Siglo de Oro en tierras europeas de los Austrias*, [catálogo de exposición] Real Alcázar, Sevilla 11 abril-22 de junio, Castillo Real de Varsovia, Polonia 30 julio-6 de octubre. Organiza la Sociedad Estatal para la Acción Cultural Exterior de España, Madrid, Seacex, 2003, pp. 27-37.

Gonzalbo Aizpuru, P., «Las fiestas novohispanas: espectáculo y ejemplo», *Mexican Studies*, 9, 1, 1993, pp. 19-45.

Horcasitas, F., *El teatro náhuatl. Épocas novohispana y moderna*, México, UNAM, 1974.

Maravall, J. A., «Teatro, fiesta e ideología en el Barroco», en *Teatro y fiesta en el Barroco*, ed. J. M. Díez Borque, Barcelona, Ediciones del Serbal, 1986, pp. 71-95.

Martínez Marín, C. «La pirotecnia», en *El arte efímero en el mundo hispánico*, México, UNAM, 1983, pp. 201-226.

Mínguez, V., *Los reyes distantes. Imágenes del poder en el México virreinal*, Castelló de la Plana, Publicacions de la Universitat Jaume I, 1995.

Neumeister, S., «La fiesta de corte como anticomedia», en *Espacios teatrales del Barroco español*, Kassel, Reichenberger, 1991, pp. 167-184.

Partida Tayzan, A., «El Tocotín en la loa para el auto *El Divino Narciso* ¿Criollismo sorjuanino?», Alicante, Biblioteca Virtual Miguel de Cervantes, 2006, disponible en http://www.cervantesvirtual.com/servlet/SirveObras/12604409778153752976846/index.htm.

Pascual Buxó, J., «Función política de los emblemas en el «Neptuno Alegórico» de Sor Juana Inés de la Cruz», en *Sor Juana Inés de la Cruz y sus contemporáneos*, ed. M. Glantz, México, UNAM-Centro de Estudios de Historia de México, Condumex, 1998, pp. 245-255.

Rangel, N., *Historia del toreo en México. Época colonial (1529-1821)*, México, Imprenta Manuel León Sánchez, 1924.

Ramírez de Vargas, A., *Zodiaco ilustre de blasones heroicos, girado del sol político, imagen de príncipes que ocultó en su Hércules Tebano la Sabiduría mitológica descifrado en poeticas ideas y expresado en colores de la pintura, que encargó la Iglesia metropolitana de México para la entrada de José Sarmiento de Valladares, conde de Moctezuma*, México, Juan Joseph Guillena Carrascoso, 1696.

Ramírez Santibáñez, J. A., *Pierica narración de la plausible pompa con que entró en esta Imperial y No-bilísima Ciudad de México el Exmo. Señor Conde de Paredes, Marqués de la Laguna, Virrey Gobernador y Capitán General de esta Nueva España, y Presidente de su real Audiencia y Cancillería, que en ella reside. El día 30 de noviembre de este año de 1680. Que consagra obsequioso al Señor Don Luis Carrillo de Medina y Guzmán, hijo segundo de los Señores Con-des de la Rivera, Capitán de la Armada Real, Gobernador que fue de los bajeles que condujeron el socorro a los estados de Flandes el año de 1666 y Capitán de la Guarda de Su Excelencia, habiéndolo sido de los dos Señores Excelentísimos sus antecesores*, México, Francisco Rodríguez Lupercio, 1680.

Robles, A. de, *Diario de sucesos notables (1665-1703)*, México, Porrúa, 1972.

Sanz Ayán, C., *Pedagogía de reyes: el teatro palaciego en el reinado de Carlos II*, Madrid, Real Academia de la Historia, 2006.

APÉNDICE SOBRE LUMINARIAS Y FUEGOS ARTIFICIALES EN MÉXICO (1665-1701)

17 septiembre 1667	Beatificación san Pedro Arbués	«el Santo Oficio celebró la beatificación de San Pedro Arbués, en el convento de Santo Domingo con muchos fuegos la plazuela, en que había puestos muchos tablados para ver a los toros que se habían de lidiar. El altar estuvo muy rico y con mucha cera» Robles, I, 44
2 agosto 1669	Mascarada	«hubo en todo México fuegos y luminarias, hachas y linternas por las ventanas, y a cinco del dicho salió una máscara de ochenta y cuatro caballeros con ciento ochenta pajes vestidos a todo costo, y en la plaza de los toros se pusieron más de tres mil faroles, luminarias y hachones» Robles, I, 72
12 marzo 1671	Beatificación santa Rosa de Lima	«se celebró en esta ciudad la beatificación de Santa Rosa de Santa María, natural de la ciudad de Lima, metrópoli de los reinos del Perú. El primer día celebró la catedral con toda solemnidad; cantó la misa el señor arzobispo de pontifical; a la tarde salió de dicha santa iglesia en procesión» «asistieron a la procesión la Real Audiencia, ambos cabildos y los tribunales» «los fuegos fueron extremados; hízolos un lego de Santo Domingo que estuvo en Roma: hubo dos comedias» Robles, I, 95
Domingo 14 febrero 1672	Canonización san Francisco de Borja	«se celebró en la catedral la canonización de san Francisco de Borja, habiendo venido la tarde antes en procesión desde la casa Profesa, y habido la noche antes muy buenos y lucidos fuegos» «hubo en las calles cinco altares de grande ostentación; a las cuatro de la tarde salió la procesión de la catedral [...] iban de-

		lante con sus insignias y estandartes todas las cofradías, y luego las religiones llevando a sus fundadores curiosa y ricamente adornados; luego la cruz parroquial y clerecía, con quienes iban interpolados los padres de la Compañía, y a lo último San Francisco de Borja, cuyo adorno se apreció en más de 500,000 pesos, y luego el cabildo eclesiástico con el señor arzobispo: seguíanse la ciudad, tribunales, audiencia y virrey»
		«fue en el altar mayor donde se prosiguió el octavario, celebrándolo las religiones con misa y sermón; los estudiantes sacaron otra máscara a 10, faceta, en que salieron más de cuatrocientos enmascarados y muy lucidos carros» Robles, I, 112
Sábado 12 julio 1673	Beatificación del rey Fernando	«celebró esta ciudad fiesta a la beatificación del santo rey D. Fernando; pusieron las religiones y las congregaciones diez y seis altares lucidos y ricos»
		«asistió a la procesión el virrey, y fue de pontifical el arzobispo» «a la noche hubo diez fuegos muy buenos, y nueve armados desde la puerta del palacio hasta la calle de San Francisco, y en las demás calles y plaza hubo muchas luminarias: hubo octava de misas cantadas y sermones» Robles, I, 130
Domingo 8 agosto 1677	Beatificación de los trece santos mártires de san Francisco	«fue la procesión de la beatificación de los trece santos mártires de San Francisco, desde la Catedral a San Francisco: fueron todos los trece y la madre de Dios y San Francisco, vestidos de joyas ricamente aderezados; llevarían hasta un millón: asistió el señor arzobispo virrey, audiencia, tribunales y ciudad y todas las religiones, que llevaba cada una un santo […] hubo como quince fuegos, acabóse a las seis de la tarde» Robles, I, 218

Sábado 8 octubre 1678	Virgen del Rosario	«se trajo en procesión al hospital con muchos fuegos, loas y estandartes, la santísima imagen del Rosario para su altar, que dio una mujer a dicho hospital de Jesús Nazareno; fue a san José de Gracia» Robles, I, 250
Viernes 5 enero 1680	Dedicación capilla de Nuestra Señora de Loreto	«se dedicó en San Gregorio la nueva capilla de Nuestra Señora de Loreto; hubo procesión por la plazuela, hubo fuegos, altares y danzas» Robles, I, 273
Viernes 5 de abril de 1680	Fuegos artificiales	«hubo cuatro fuegos en frente del balcón de S. E., hachas en todas las ventanas; asistió en el balcón la Real Audiencia y oidores: en todo México hubo luminarias, y dos fuegos en la casa del corregidor; hubo en la torre de la Catedral lanterna» Robles, I, 280
Sábado 6 de abril de 1680	Fiesta del patronato de san José	«en la Catedral, por bula de S. S., de abril de 79, y cédula de S. M. de 3 de julio de 79; asistió S. E., tribunales y religiones; hubo procesión por el Santísimo, con dos fuegos de dos castillos, hubo misa y sermón, y estuvo la compañía de Palacio en el cementerio; después fueron las vísperas con la seña; acabaron a la una: predicó Sariñana» Robles, I, 281
Sábado 26 de julio de 1681	Santa Ana	«se abrió la iglesia dicha de Santa Isabel; salió la procesión a las cuatro de la tarde de la Catedral; llevó al Santísimo Sacramento el canónigo D. García de Legaspi; fue S. E., audiencia y tribunales: hubo muchos fuegos y danzas» Robles, I, 300
Sábado 24 de enero de 1682	Nuestra Señora de la Concepción	«salió la procesión de la Concepción de nuestra Señora, desde San Francisco a la Universidad, con la Santísima imagen, religiones y la Universidad con capelos: hubo esta noche siete fuegos en la Universidad» Robles, II, 11
Miércoles 14 de julio de 1683	Bautismo del hijo del virrey	«día de San Buenaventura, fue el bautismo del hijo del virrey a las once y media: lleváronle en silla de manos la aya; bautizólo el señor arzobispo en la pila de San Felipe de Jesús: pusiéronle José María

Jueves 22 de julio de 1683	Vítor	Francisco *omnium sanctorum*; asistió la Real Audiencia en la Catedral en la nave del altar del Perdón y todas las religiones; marcharon todas las compañías e hicieron salvas generales: túvole de padrino Fr. Juan de la Concepción, donado de san Francisco que S.E trajo de España; acabóse la función a la una. En la marcha anduvo el conde de Santiago de maestre de campo a caballo. Ese día ondearon en la bartolina a D. Antonio de Benavides; dio 1.000 pesos de manípulo; no los quiso recibir el cura y volviólos; estimó el virrey la atención y los volvió, y se hizo con ellos un palio para el Santísimo. Esta noche se quemaron delante de Palacio doce invenciones de fuego grandes; hubo mucho concurso. Cenaron esta noche en Palacio los tribunales de audiencia» Robles, II, 50
Domingo 28 de noviembre de 1683	Sarao	«salió el vítor del Dr. D. Juan de Narváez, serio, con muchas galas; hubo muchos fuegos; fue padrino D. Pedro Escalante» Robles, II, 51
Sábado 22 abril 1684	Presidente de san Agustín	«fueron los fuegos de la cruzada; fueron los virreyes a casa del comisario; hubo sarao» Robles, II, 57 «tocaron a capítulo a las siete y media; entraron después de las ocho, y salió por provincial a las diez de la mañana el maestro fr. Diego de la cadena: hubo muchos fuegos [en san Agustín]» Robles, II, 64
Sábado 9 de septiembre de 1684	Procesión	«fue la procesión del Santísimo a la iglesia de Santa Teresa: por el agua se quitaron los arcos desde la Catedral, y salió desde la iglesia vieja, y llevó su Illma. El Santísimo Sacramento; asistió el virrey y audiencia, los padres carmelitas cargaron a Santa Teresa, a San José los clérigos: hubo muchos fuegos» Robles, II, 74

Jueves 28-29 de junio de 1685	Corpus	«octava de Corpus, salió la procesión como es costumbre, en ella la madre de Dios de los Remedios. Este día hubo vísperas de nuestro padre San Pedro y maitines, con edictos para la asistencia del clero: hubo fuegos en la torre, y estrenó vestiduras pontificiales nuestro gran padre y señor San Pedro» Robles, II, 91-92
Sábado 6 de octubre de 1685	Fuegos artificiales	«Esta noche viendo los fuegos en la azotea de San Jerónimo, Juana, la hija mayor de Borja, le cayó un cohete en el pecho y del susto murió» Robles, II, 103
Jueves 31 de abril de 1687	Vítor	«salió el víctor del Dr. José Díaz, por la cátedra de prima de Medicina que sacó; hubo muchas colaciones y repique y fuegos en las boticas» Robles, II, 138
Sábado 12 de julio de 1687	Procesión	«se colocó el Santísimo en san Felipe Neri, sobre tarde, por el señor arzobispo; asistió todo el cabildo con sobrepellices, y ministros de la iglesia con capilla; hubo salve y hasta noventa congregantes de la unión; fuegos y repique a las doce y a la noche en la catedral y demás iglesias» Robles, II, 144
Miércoles 1 de octubre de 1687	Cátedra	«tomó posesión el maestro Cadena de la cátedra de prima de Teología en la real universidad: fue con su comunidad a pie; hubo muchos fuegos» Robles, II, 150
Martes 7 de diciembre de 1688	Procesión	«día célebre, fue la procesión del Santísimo Sacramento para abrir la iglesia nueva de Jesús Nazareno; después de vísperas de la Catedral fue el señor arzobispo y cabildo a la iglesia vieja de Jesús Nazareno, de dónde salió con las religiones y la capilla de la Catedral la procesión dicha, delante Jesús Nazareno y la madre de Dios: hubo tres fuegos, y fue el oidor juez del Estado y el gobernador de él entre el cabildo; los dos virreyes y virreinas asistieron en casa del conde

Sábado 26 de noviembre de 1689	Fuegos artificiales	de Santiago, y a la noche a los fuegos, que hubo cinco cinco invenciones» Robles, II, 168-169
Sábado 28 de enero de 1690	Procesión	«fueron los fuegos de la cruzada de noche, en Palacio, donde estuvo la real audiencia y señoras» Robles, II, 192
Sábado 24 de junio de 1690	Procesión	«se abrió la capilla del Rosario, y se trajo la Señora del Rosario a las cinco de la mañana a la Catedral, de dónde volvió en procesión a la tarde; y fue el señor arzobispo en ella vestido de pontifical, y asistió el virrey y ciudad: hubo muchos fuegos; fue por las Escalerillas a la calle del Reloj por la Encarnación» Robles, II, 196 «día de San Juan, se dedicó la iglesia de san Bernardo; salió el Santísimo Sacramento de la Catedral, que lo llevó el señor arzobispo; a sus lados el dean D. Diego Malpartida, obispo electo de Guadiana, y asistió el cabildo, virrey, audiencia y religiones, y fue por Palacio; hubo cinco fuegos, y a la noche siete muy buenos» Robles, II, 204-205
Sábado 28, domingo 29 y lunes 30 de marzo de 1691	Boda real	«fue la fiesta y misa cantada en la Catedral en acción de gracias por el casamiento de la reina; cantó la misa el dean Dr. D. Diego Ortiz de Malpartida; asistió el señor arzobispo Seijas y el virrey conde de Galve y tribunales y después hubo procesión, descubierto el Señor; y hubo muchos fuegos y dos galeras en la Acequia a la noche. A la noche fueron los fuegos en la plazuela del Volador, muy buenos. Domingo 29, en la noche, se repitieron en la Catedral las luminarias y fuegos, con repique» [El lunes] «a la noche repitieron los fuegos al casamiento de la reina, en la calle de la Acequia, dos navíos grandes y muchos barriles con estopa y pusieron tablados con lanternas para ver los fuegos» Robles, II, 223-224

Fecha	Evento	Descripción
Miércoles 2 de mayo de 1691	Boda	«entró doña María Teresa Vidaurri Hurtado de Mendoza, que se casó en la Puebla con el conde de Santiago D. Juan de Velasco, a ver a S.E.; hubo muchas carrozas y fuegos al entrar en su casa» Robles, II, 224
Domingo 19 de agosto de 1691	Profesión de una monja	«hubo grandes fuegos en las Capuchinas hasta las nueve de la noche, por la profesión que toma mañana María Francisca, la hija del oidor D. Juan Sáenz» Robles, II, 229
Domingo 7 de diciembre de 1692	Víspera Concepción	«víspera de la Limpia Concepción de nuestra Señora, se pusieron en la calle Tacuba altares, y se colgaron las calles y ventanas, y pusieron muchas invenciones de fuego y se dispararon los pedreros» Robles, II, 277
Sábado 13 de diciembre de 1692	Procesión	«a la tarde, a las cuatro de ella, salió la procesión de la Catedral, y en ella todas las cofradías y estandartes, y todas las religiones con sus cruces, prestes y los patriarcas de ellas aderezados ricamente de joyas (excepto la religión del Carmen que no salió, y por esto le quitaron el día del sermón); llevó el Santísimo Sacramento el señor arzobispo; asistió el virrey, audiencia, ciudad y tribunales; y la virreina vio esta procesión en las casas del marqués del Valle: llegó a San Agustín media hora antes de la oración, y hubo muchos fuegos; y a la noche uno en la esquina de San Agustín, que costó 400 pesos: se acabó a las ocho de la noche; los vio el virrey y audiencia en casa de Francisco Carrasco» Robles, II, 278
Domingo 14 de diciembre de 1692	Dedicación iglesia	«se dedicó la iglesia dicha de San Agustín; cantó la misa el señor arzobispo, predicó el canónigo Bernabé Díaz; acabaron a las doce; asistió el virrey, ciudad, contadores y cabildo. A la tarde asistió la congregación de nuestro padre San Pedro con estolas: le repicaron al entrar y salir; encerró el abad: a la noche hubo tres fuegos» Robles, II, 278-279

CARTOGRAFÍA SIMBÓLICA DE LA CIUDAD DE MÉXICO 189

Martes 7 de diciembre de 1694	Víspera Concepción	«víspera de la Limpia Concepción de nuestra Señora, hubo a la noche veinte fuegos en la calle de Tacuba y quince antes a todas horas, y colgadas todas las calles y linternas en los balcones, y muchas procesiones de rosarios» Robles, II, 313
Lunes 7 de marzo de 1695	Virgen de los Remedios	«a las cuatro de la tarde, llevaron a la Virgen de los Remedios a su ermita, que ha estado en México desde 24 de mayo de 1692 hasta el día de hoy. Desde la Veracruz fue en la carroza de S.E. y la virreina la esperó en su ermita: fue su Illma., audiencia, religiones y mucho concurso: hubo fuegos» Robles, III, 13-14
Domingo 10 de abril de 1695	Profesión de una monja	«tomó el hábito en santa teresa la hija de D. Diego de Bustos; hubo muchos fuegos» Robles, III, 16
Miércoles 10 de agosto de 1695	Profesión de una monja	«día de San Lorenzo, profesó en las Capuchinas doña Juana, la viuda del capitán Francisco Canales; dejó el mundo y 400,000 pesos para obras pías: hubo muchos fuegos a la noche y a la profesión; predicó el padre Joaquín de Robles, de la Compañía, y dio la profesión el racionero Dr. Romero, capellán de dichas Capuchinas: acabaron después de las doce» Robles, III, 23
Sábado 18 y domingo 19 de febrero de 1696	Víspera canonización de san Juan Sahagún	«fueron en San Agustín las vísperas de la fiesta de la canonización de San Juan Sahagum, y se pusieron en los claustros cinco altares y uno alto de lienzo donde estaba pintada la vida del santo; cantó las vísperas el provincial: hubo muchos fuegos. Domingo 19, fue la fiesta: cantó la misa el provincial maestro Fr. Antonio Gutiérrez; predicó el prior Fr. Juan Fermín de Almendaris, ambos del orden de San Agustín; asistió el virrey y ciudad; y hubo ocho días de fiesta de misa y sermón» Robles, III, 38
Miércoles 20 de octubre de 1700	Iluminación nocturna	«salieron los ministros de la ciudad acompañando el pregón del corregidor D. Miguel de la Mora, del orden de Calatrava, para que

		el sábado en la noche se pusiesen luminarias en las calles y luces en las ventanas» Robles, III, 114
Viernes 22 de octubre de 1700	Merced al colegio de Santos	«por la tarde, hubo oración panegírica que hizo D. Juan de Olivar, colegial de Santos en la real Universidad, en celebración de la merced que S.M. ha hecho a dicho colegio de mayor; asistió el virrey en público, los oidores en la tribuna y todas las religiones; y a la noche hubo muchos fuegos en dicho colegio; cuya cédula de colegio mayor trajo y agenció en Madrid el Dr. D. Juan Ignacio de Castorena y Unzúa, prebendado de esta iglesia» Robles, III, 114-115
Sábado 23 de octubre de 1700	Merced al colegio de Santos	«se celebró en el convento de Jesús María fiesta de acción de gracias por la declaración de colegio mayor de Santos; cantó la misa el Dr. D. Nicolás de Cervantes, catedrático de Decreto; no hubo sermón: asistió el señor obispo de Guadiana, el maestrescuela, y otros prebendados y religiones; hubo un castillo y dos ruedas» Robles, III, 115
Domingo 24 de octubre de 1700	Canonización san Juan de Dios	Robles, III, 115-128: relación sumaria
Lunes 4 de abril de 1701	Jura Felipe V	Robles, III, 146-147
Viernes 2 de diciembre de 1701	Entrada de Fr. Juan de Cabrera	«por la tarde, entró el padre Fr. Juan de Cabrera, general de San Hipólito; vino la ciudad con él desde Guadalupe, vía recta, a ver al señor arzobispo virrey, de donde pasó a ver al conde de Moctezuma, y al pasar le repicaron en el hospital de Espíritu Santo, de su religión, y quemaron árboles de fuego; y estaba colgada la calle, y dessués pasó a San Hipólito, donde una cuadra antes se apeó del coche y lo recibieron sus religiosos en procesión, con cruz, capa y luces; y hubo fuegos: fue a las oraciones este recibimiento» Robles, III, 175

SENTIMIENTO ÍNTIMO Y EXEQUIAS PÚBLICAS A UNA ILUSTRE DAMA POBLANA (1681): UN TÚMULO POCO COMÚN

María Águeda Méndez
El Colegio de México

> Para el historiador de las sociedades del Antiguo Régimen, construir la noción de representación social como instrumento esencial del análisis cultural es otorgar una pertinencia operatoria a uno de los conceptos centrales manejados en esas mismas sociedades. La operación de conocimiento está así ligada al utilaje nocional que los contemporáneos utilizaban para volver menos opaca a su entendimiento su propia sociedad[1].

Práctica común en la Nueva España era publicitar los sucesos de consideración y trascendencia, tanto para informar a los pobladores de la región como para armar representaciones y hacer patente en la imaginación de los lugareños acontecimientos que muchas veces habían sucedido en sitios muy distantes. Entre otros, se anunciaban y proclamaban vidas y canonizaciones de santos, dedicaciones de templos, se celebraban entronizaciones de reyes españoles —que, como se sabe, nunca pisaron el territorio americano— o de virreyes, así como se noticiaba y conmemoraba algún deceso. Los arcos triunfales y túmulos representaban de esta manera recibimientos y despedidas: simbolizaban el alfa y omega de tales manifestaciones de poder. Cuando un personaje importante de la sociedad, ya española, ya novohispana, pasaba a mejor vida, era habitual que se preparara un último homenaje

---

[1] Chartier, 1996, p. 57.

para que su deceso no quedara relegado al olvido: mientras más fastuoso y ensalzador de virtudes, mejor. Se sucedían multitud de escritos como sermones, oraciones fúnebres o crónicas fervorosas siempre consonantes a la religiosidad. Se conjuntaban así, en este afán casi ritual de inmortalidad, adulación y exaltación, la fama con la memoria y el poder con la riqueza, en una sociedad ávida de información y presta a la remembranza y a la celebración.

Como dedicación y ofrecimiento postrero en honor de las cualidades de una ilustre dama novohispana, el dominico y lector de teología, fray Gregorio Sedeño, publicó en la Puebla de los Ángeles, la *Descripción de las funerales exequias y sermón que en ellas se predicó en la muerte de la muy noble y piadosa señora doña Jacinta de Vidarte y Pardo...*, en 1681[2]. Pertenecía esta mujer a una de las familias más influyentes del ámbito poblano. Nacida en Guadalajara «para blasón glorioso de este siglo y para honroso padrón de la América»[3]; sus padres «tan nobles y generosos como temerosos de Dios»[4] fueron don Pedro de Vidarte y Pardo y doña Catarina Ponce y Rentería[5]. Añade el predicador que la excelsa señora nació el día de San Matías, un 14 de mayo[6] y, por no tener el nombre correspondencia femenina, se la bautizó Jacinta[7]. Explica el autor que jacinto significa a la vez la flor y la piedra dura que Dios utilizó la segunda vez que se escribieron las tablas de su ley, una vez que Moisés destruyó las primeras. Asimismo, el sólido, fuerte y prácticamente indestructible material pétreo simboliza la prudencia[8].

---

[2] El escrito —precedido por los consabidos pareceres y licencia de publicación— consta de 20 folios y tiene tres partes: un Preludio (f. 1r-1v), la Relación (fols. 1v-8r) y el Sermón fúnebre (fols. 8v-20v). Las doce hojas preliminares, como era costumbre, no presentan foliación ni paginación (en los fragmentos utilizados en este trabajo se cita por las partes de la obra, diferenciando entre la «Relación» y el «Sermón»).

[3] Sedeño, «Sermón», f. 11r.

[4] Sedeño, «Sermón», f. 11r.

[5] Sedeño, «Sermón», f. 11v.

[6] Englebert, 1985, p. 178.

[7] Jacinto: «esta flor de color azul violeta ha sido utilizada alguna vez en la simbología cristiana para representar la prudencia y la nostalgia del Paraíso. A partir del siglo XV abundan las imágenes marianas con el manto de color jacinto (más o menos azul o púrpura)» (Becker, 1998, p. 174).

[8] Sedeño, «Sermón», ff. 13r-14r.

El jacinto, además, «apaga las hinchazones de la soberbia y hace a los hombres humildes»[9].

Casada con el licenciado don Pedro Hurtado de Mendoza, la piadosa mujer formaba con él una de las parejas de influyente alcurnia, ya que don Pedro era caballero de la Orden de Santiago, alcalde mayor de Puebla y después fue canónigo de su catedral. Además, la hija de ambos, María Teresa, se casó con don Juan Altamirano Velasco Legazpi Albornoz y Villegas, cuarto conde de Santiago de Calimaya y adelantado de Filipinas[10], diez años después de la muerte de su madre, en 1691. El nuevo miembro de la familia estaba emparentado con García Felipe de Legazpi y Velasco Altamirano y Albornoz, que años después fue nada menos que el sucesor del obispo de Puebla, don Manuel Fernández de Santa Cruz (1676-1699); ocupó la silla episcopal poblana de 1704 a 1706[11], después de que ésta quedara vacante por varios años.

El deceso de doña Jacinta fue un acontecimiento doblemente triste, pues partió al viaje sin retorno, obedeciendo al llamado de su creador, a los veintidós años y seis meses de edad. Fácil sería conjeturar que su paso por este mundo había terminado abruptamente por un parto difícil, como era común en la época. Sin embargo, el predicador aclara que tuvo muchas enfermedades, crueles y de agudos dolores[12]. Fiel a la tradición de que en su nombre de pila el ser supremo le había prestado las letras A y J —que unidas forman el vocablo «ay», exclamación de dolor—, la buena mujer en su virtuosidad extrema sufrió en silencio[13]. Para dar verosimilitud a su escrito, Sedeño complementa la información con comentarios que le trasmitió el guía espiritual y depositario de los secretos de confesión de la dama que:

> traýa continuamente [...] vn áspero y escabroso silicio sembrado a trechos de agudas puntas de hierro que fieramente la herían. Ayunava lo mas de el año. Desde que vino a este lugar subía a el Calvario todos los viernes de Quaresma y andaba todo el *viacrucis* descalça, meditando en toda

---

[9] Sedeño, «Sermón», f. 17v.
[10] Porras Muñoz, 1967, pp. 62-63.
[11] Comenta Miguel de Torres en su *Dechado de Príncipes Ecclesiásticos...* (1716) que el obispo García Felipe de Legazpi continuó con la Contaduría que había instituido Fernández de Santa Cruz para la buena administración de los negocios de los conventos de religiosas. Ver Torres, *Dechado de principes eclesiásticos,...*, p. 133.

la distancia de sus hermitas la passión, y muerte dolorosa de Christo, nuestra vida, de donde hazía motivos para amar a Dios tiernamente. Era tan imbencible al golpe destos açotes y tan tenaz en las disciplinas, que fue menester que su confessor mandara que no prosiguiera en ellas porque no enfermara[14].

Con lo anterior, creaba Sedeño el efecto catártico en sus oyentes que le ayudaba a mantener su atención, amén de que, quizá no premeditadamente, ejercitaba la seducción del morbo, tan efectiva en situaciones de este tipo. Cabe recordar, sin embargo, que el efecto principal que se buscaba era la edificación del público que sin duda respondía a estas descripciones de ascetismo enaltecido y hallaba en ellas motivo de admiración e imitación.

Varios elementos hacen patente al lector moderno la influencia e importancia del marido de doña Jacinta. Por una parte, las páginas preliminares a la obra indican de manera fehaciente su acreditado y eficaz prestigio. Los pareceres son de la pluma de don Silverio de Pineda, canónigo lectoral de Sagrada Escritura de la catedral de Puebla[15], de fray Joseph Salgado, dos veces definidor en ambas curias, procurador general de la Nueva España, y de fray Antonio de Monroy, en ese tiempo prior del Convento de Santo Domingo y regente primario de estudios[16]. Por otra parte, la licencia de publicación recae en las manos del mismísimo obispo de Puebla, Manuel Fernández de Santa Cruz que dio más prestigio a los funerales obsequiándolos con su presencia[17].

No se quedan atrás las personalidades que asistieron en respuesta a la convocatoria a tal acontecimiento que, como se verá enseguida, fue por demás espectacular. El mismo Sedeño describe que «fue el entierro vno de los actos de mas lucimiento y ostentacion que ha admirado aquesta Ciudad, porque sobre todo el acompañamiento numeroso, era de lo más lucido y illustre»[18]. Para empezar, se llevó la cruz de la catedral poblana

---

[12] Sedeño, «Sermón», f. 14r.
[13] Sedeño, «Sermón», f. 12v.
[14] Sedeño, «Sermón», f. 14r.
[15] Pineda, «Parecer», pp. iv-viii. (En estas y las demás hojas preliminares, la numeración es mía).
[16] Salgado, «Parecer», pp. x-xii.
[17] Santa Cruz, «Licencia», p. ix.
[18] Sedeño, «Relación», f. 3v.

que iniciaba el cortejo formado por los capitulares, vestidos con sobrepellices, que acompañaban al doctor Joseph de Goitia y Anguren, canónigo de la Santa Iglesia, en su recorrido a la casa familiar de donde saldría el importante cortejo. Se añadía, así, un toque de teatralidad a esta especie de engalanada procesión, en la que cada uno, como correspondía, ocupaba el lugar que le daba su pertenencia en la jerarquía, ya eclesiástica, ya civil y portaba la vestimenta digna de la ocasión:

> empeçó a salir el entierro, guiando procession tan lugubre de pobres, inocentes y desvalidos que llebaban en las manos achas de quatro pavilos. Despues todas las Cofradias[19] [...], con sus estandartes y guiones, fuera de los exemplares hermosos de la Tercera Orden que acompañaban tambien a la difuncta hermana, todos con candelas encendidas, avisandonos con la llama, que ardía, el desengaño que nos alumbrava. Luego el Sancto Christo de los Entierros, que acude a todos con las demás Imagines, vanderas, campanillas, y Cruzes, y immediatamente la de la Sancta Iglesia Cathedral con numerosa y lucida Clerecía [...]. Tras del ivan algunos parientes tiernos, enlutados y llorosos y después el noble Cavildo Secular acompañando al afligido Viudo, a quien hazía lado derecho, el que le puede ser de una persona real, el Señor Don Astacio de Coronel y Benavides, cauallero del Orden de Santiago, digníssimo alcalde mayor de aquesta Ciudad; y consequtivamente la crecida y desconsolada familia de la difuncta y su Esposo con capuzes y libreas en quien el traxe, que por de fuera lo enlutava, dava muy bien a entender el dolor que por de dentro le afligía[20].

Los pobres e inocentes, como indica Sedeño unas líneas más adelante, acompañaban la procesión, por parte de la caritativa y amada desaparecida —la hubieren conocido o no—, a su última morada. En este momento resulta imposible no pensar en la teatralidad que conlleva esta composición de lugar en que la acción se percibe y entra por los sentidos; el vestuario y pardos colores descritos hacen que el lector retenga en su imaginación toda una realidad en movimiento que estuvo en su momento a la vista y oídos del espectador. Se retrata una ambientación elegíaca de desolación lúgubre y corrobora un tema que ha introducido con anterioridad: al morir doña Jacinta, que como es-

---

[19] Veintinueve en total.
[20] Sedeño, «Relación», f. 3v.

trella era partícipe del reflejo de la luz del sol divino, se había apagado en la tierra pero seguía brillando en el cielo[21]. Se pone énfasis en el tópico en una décima de las que forman parte del jeroglífico:

> En esta Estrella fatal
> tu fin puedes advertir
> pues que te quiere decir,
> que eres Jacinta mortal.
> Evidente es la señal
> si miras bien sus centellas
> pero no ay que dar querellas
> contra su verdad desnuda;
> porque hablar con lengua muda
> es proprio de las estrellas[22].

Así, el autor hábilmente hace que el escrito funcione al darle coherencia, continuidad y fuerza, y al lograr su cometido de alertar al lector y conmoverlo.

Después de tal descripción, se tendría razón para pensar que el lugar escogido como apropiado para depositar los restos de doña Jacinta sería un estupendo mausoleo construido ex profeso y de gran tamaño para que todo el que entrara en el cementerio lo notara y pensara en la importante señora o la recordara. En lugar de ello, Sedeño nos advierte que la esposa del caballero de la Orden de Santiago prefirió una sencilla y modesta capilla, depositaria de los cofrades Morenos[23] que se le habían adelantado en el último viaje de su vida

---

[21] Sedeño, «Sermón», f. 9r.
[22] Sedeño , «Relación», ff. 6r-6v.
[23] «La fundación del Convento de Ntra. Sra. del Rosario y Sto. Domingo está documentada en 1635. El Convento en sí, era, y es aun, un complejo monumental de primer orden, donde destaca su iglesia barroca, con su impresionante retablo de mármoles de Carrara, obra de los hermanos Andreoli, y de los escultores Esteban Frugoni y Jácomo Antonio Ponzanelli, que lo tallaron entre 1683 y 1691. El claustro es igualmente amplio y hermoso, con sus columnas toscanas y brocales de mármol italiano. El convento gaditano destacó pronto entre las instituciones religiosas de la ciudad por tres motivos: 1° Por ser la sede de la Cofradía de los «Morenos»; 2° Porque su titular era la Virgen del Rosario, y 3° Porque en su iglesia estaba la imagen de la Galeona: el domingo 7 de octubre de 1571 la armada cristiana se batía contra los turcos en Lepanto, atribuyéndose la victoria a la protección de la Virgen del Rosario. De esa forma su devoción se incrementó

terrena. Este agrupamiento fue el origen de la devoción gaditana de la Virgen del Rosario y estaba formado por negros que abundaban en Cádiz en la época y que constituían la sección más humilde de la población. Doña Jacinta había dispuesto y exclamado,

> diga el mundo lo que quisiere, que yo me he de enterrar en la Capilla de la Piedad, entre essos pobres Morenos, porque soy Jacinta, y el Jacinto es symbolo de la charidad, el jacinto, es symbolo del amor de Dios [...] Me he de enterrar en esa Capilla para que vea el mundo que llegó a tan alto grado el amor, que le tuve a mi Dios[24].

Haciendo uso de un tópico común en el Barroco, el predicador echa mano de las moiras (o parcas) Cloto, Láquesis y Átropo, que regulaban la vida desde el nacimiento hasta la muerte. Tal regencia estaba simbolizada en una madeja que una hilaba, la otra enrollaba y la tercera cortaba cuando la existencia llegaba a término[25]. De esta manera se preparaba a los lectores u oyentes para recibir la descripción del fastuoso túmulo que se mandó hacer en honor de doña Jacinta. Si bien, como hemos visto, la virtuosa dama probablemente hubiera preferido una conmemoración que pasara prácticamente inadvertida, la condición social de su marido no podía permitírsela. Por otra parte, don Pedro había terminado su mandato en Puebla y se disponía a trasladarse a otro lugar. Con la insistencia de la mujer en ser enterrada en la Capilla de la Piedad bajo la protección de una imagen de Jesús Nazareno grabada en piedra, que el recinto albergaba, lograría deshacerse de la influencia obstructora de su esposo después de muerta[26] y que sus restos se quedaran en la ciudad en la que había vivido, en paz, y sin llamar la atención: «si me entierro entre essos por Morenos es

---

aun más en toda la Marina española, hasta el punto de que su imagen se embarcaba anualmente en la nao capitana de la flota de galeones que partía hacia tierras americanas, y de ahí el nombre de 'la Galeona'. Dicha imagen se venera aun en la iglesia de Santo Domingo de Cádiz, y a ella acuden todos los años los marinos del Buque Escuela Español Juan Sebastián de Elcano, implorando su protección para el largo viaje de prácticas». (Ver Cofradía de los Morenos, disponible en http://www.dominicos. org/betica/cadiz.htm).

[24] Sedeño, «Sermón», f. 15v.
[25] Ver, Moiras, disponible en http://www.dhistoria.com/carpetas/2005/04/fatum.html.
[26] Sedeño, «Relación», f. 4r.

por quedarme con Dios, en ocasión que mi Esposo trata de despedirse de esta ciudad, acavándola de governar, para partirse al govierno de otra ciudad»[27], nueva muestra de la humildad y prudencia que la habían caracterizado en vida.

Mientras llegaba la hora del entierro, se presentaron las comunidades religiosas en la casa en la que esperaba el cuerpo, en «vn ancho y capaz salón adornado de alto a baxo de riquíssimos brocateles, puesto en vna cama costosa con su colgadura de carmesí»[28] para cantarle los responsos y volverse después a la iglesia de Santo Domingo y recibirlo a su llegada, en «una caxa de madera aforrada de terciopelo carmesí, con clavaçón y franxones de Oro»[29]. Al arribar a la capilla de la catedral, por ser el túmulo altíssimo y de forma piramidal, no hubo forma de montar el ataúd en lo alto para que estuviera más cerca del cielo, como se creía entonces. Ofició la misa fray Juan Alfonso y las voces de unos ministriles acompañaron la ceremonia. Debido a las instrucciones de doña Jacinta, el féretro tuvo que esperar en la capilla adornada y custodiada por dos Morenos[30]. Al término del entierro, el obispo Santa Cruz, que se había mostrado «humano y benigno» se despidió, quedando todos «agradecidos y tiernos»[31]. Muchos de los convidados acompañaron al viudo y lo dejaron en su casa. Doña Jacinta había muerto el 15 de agosto, día de la asunción de la Virgen María, como si la madre de Cristo, que nunca murió, en su «dormición» la acompañara y le brindara su protección. Lo manifiesta así la siguiente décima que adorna el túmulo y que sirve al predicador para rememorar la consecución de la gloria eterna, el fin al que va encaminada la vida terrenal de todo buen cristiano:

> Debe causar alegría
> tu muerte, pues Dios propicio
> te llamo para juicio
> en el Día de MARIA.
> Bien claro se vee este día
> pues vemos en sus centellas

---

[27] Sedeño, «Relación», f. 15v.
[28] Sedeño, «Relación», f. 3r.
[29] Sedeño, «Relación», f. 3v.
[30] Sedeño, «Relación», f. 4r.
[31] Sedeño, «Relación», f. 4v.

todas las señales bellas
quando tuvo fin acaso
en MARIA; el Sol su ocaso,
y en Jacinta, las Estrellas[32].

El lunes siguiente se ofició la misa de Cabildo en la Santa Iglesia Catedral. Las exequias se extendieron hasta el día 25 en que concluyeron las misas de réquiem, cumpliéndose así el novenario que prescribía la religión.

Hasta aquí, si bien no era común hacer exequias tan elaboradas a mujeres «del siglo», la condición especial e influyente de los caballeros con quienes estuvieran emparentadas lo permitía y, de hecho, exigía. Lo que era verdaderamente insólito era que a las fastuosas exequias se añadiera la erección de un túmulo, honor en general reservado para los varones y quizá para las religiosas, si bien los ejemplos son escasos. Se dispuso un aparato alto de siete cuerpos colocados en disminución, de forma piramidal, que tenía 22 varas de largo y casi 20 de ancho, cercado en las esquinas por pirámides de 5 varas, todo lleno de candelas, velas y cirios. De las construcciones más pequeñas pendían varias composiciones poéticas en las que se lloraba la temprana muerte de la dama y «se solemnizaban sus virtudes y exemplos, haziendo remate en el superior cuerpo vn hermoso, y devoto Crucifixo de marfil»[33]; tal ceremonial debe haber sido impresionante.

La pira se organizó a un lado de la capilla mayor por la puerta de acceso a la Capilla del Rosario, en el principal templo de la ciudad. Comenta Sedeño que en la catedral normalmente podían circular siete mil personas «sin aprieto»; en las exequias de doña Jacinta «algunos que se saben hacer lugar en todas ocasiones, no lo pudieron hallar en ésta». Hubo que añadir escaños para acomodar a los alcaldes y regidores[34]. Además, después de ordenar que se adelantase la celebración de la fiesta de San Roque «para poder acudir con puntualidad en Santo Domingo a la tumba»[35], se presentó el obispo Santa Cruz «sin que le convidase el encogimiento y prudencia del afligido viudo», por haber sido padrino de doña Jacinta en Guadalajara y haber dado la bendi-

---

[32] Sedeño, «Relación», f. 6v.
[33] Sedeño, «Relación», f. 4v.
[34] Sedeño, «Relación», f. 5r.
[35] Sedeño, «Relación», f. 3r.

ción nupcial a la pareja[36]. Además, como aclara el predicador, en una nueva muestra de cortesanía, la labor pastoral del señor obispo no se limitaba a preocuparse por los fieles en vida, sino que los acompañaba en el difícil (gozoso para todo buen cristiano) trance en el paso al más allá: «al fin buen pastor, pues no solo cuyda de favorecer las Almas de sus ovejas quando viuas, sino de honrrar tambien con su presencia los cuerpos después de muertos»[37]. Ofició la misa el prior del convento dominico, fray Joseph Salgado, y Sedeño pronunció el sermón. Las composiciones poéticas incluían un epitafio, y los jeroglíficos, cuatro décimas, igual número de redondillas, dos sonetos, un epigrama, un aliud y varias liras. En todas ellas se exaltaban las virtudes de la respetada y querida dama: su vida intachable y honesta, su desapego a las cosas mundanas, la poca importancia que siempre dio a su belleza y se resaltó su inmensa caridad.

Sólo restan unos comentarios finales. La «Relación» y el «Sermón» de Gregorio Sedeño pertenecen a la literatura panegírica de circunstancia, y en ello radica que sean escritos convencionales que siguen un programa previamente establecido, con la intertextualidad bíblica de rigor, que los convierte en un género por demás socorrido en los textos novohispanos de este tipo. Asimismo, se puede considerar el «Sermón» como un ejemplo de prédica edificante, pues hay una reiterada y continua exacerbación de las cualidades de la dama, de la que se resaltan su fortaleza en la rectitud y decoro en los que vivió esta mujer, sin importarle su situación privilegiada[38], lo cual evidentemente tenía que influir en los oyentes y lectores. Dado que la carga religiosa no separaba al individuo de su función moral y social, la personalidad de este tipo de seres estaba integrada tanto por sus virtudes morales hacia los demás como por su profunda religiosidad; en suma, dependían de su fe cris-

---

[36] Sedeño, «Relación», f. 5r.
[37] Sedeño, «Relación», f. 3r.
[38] Por lo demás, éste era un tópico en sermones de exequias a personas influyentes. El mismo Antonio Núñez de Miranda predica uno al caballero de la Orden de Santiago y capitán Juan de Chavarría Valera y en él insiste en lo admirable, poco común y loable que resultaba que un personaje de tal envergadura y poder en el virreinato fuera incapaz de ofender a Dios al hacer mal uso de su fortuna, no ocupara la mayor parte de su tiempo en aumentarla, ni se dejara corromper por ella. Lejos de ello, su interés principal era ayudar a los necesitados. (Ver Méndez, 2001, pp. 197-210).

tiana que les permitía ser fiel reflejo de Dios y brillar con la luz que irradiaba el ser supremo. En este tipo de literatura, por una parte se les rendía el reconocimiento de la colectividad agradecida que reconocía en ellos el vínculo con el lustre, el poder y la influencia social. Por la otra, eran ejemplos de la cortesanía a la que estaban sujetos muchos miembros de las órdenes religiosas, ya que con sus escritos y muchas veces a cambio de un mecenazgo daban lustre a personas importantes, en lo que Julián Gallego bien definió como «el culto teatral y simbólico de los muertos no canonizados»[39].

BIBLIOGRAFÍA

BECKER, U., *Enciclopedia de los símbolos*, México, Océano, 1998.
CHARTIER, R., *El mundo como representación*, Barcelona, Gedisa, 1996.
COFRADÍA DE LOS MORENOS, disponible en http://www.dominicos.org/betica/cadiz.htm [última consulta 18/09/2007].
ENGLEBERT, O., *La flor de los santos*, México, Imprenta Ideal, 1985.
GALLEGO, J., *Visión y símbolos en la pintura española del Siglo de Oro*, Madrid, Cátedra, 1984.
MÉNDEZ, Mª Á., «Antonio Núñez de Miranda, confesor de Sor Juana: un administrador poco común», en Mª Á. Méndez, *Secretos del Oficio: avatares de la Inquisición novohispana*, México, El Colegio de México, Universidad Nacional Autónoma de México y Consejo Nacional de Ciencia y Tecnología, 2001, pp. 197-210.
MOIRAS, las, disponible en http://www.dhistoria.com/carpetas/2005/04/fatum.html [última consulta 18/09/2007].
PORRAS MUÑOZ, G., «Diego de Ibarra y la Nueva España», *Estudios de Historia Novohispana*, II, 1967, pp. 49-78.
SEDEÑO, G., Fray, *Descripción de las funerales exequias y sermón que en ellas se predicó en la muerte de la muy noble y piadosa Señora Doña Jacinta de Vidarte y Pardo, que se hizieron en el Convento de Nuestro Padre Santo Domingo, lunes veinte y cinco de agosto de este año de 1681, a expensas de su nobilíssimo esposo Don Pedro Hurtado de Mendoza, Cauallero de el Orden de Santiago, Alcalde Mayor electo de la Provincia de Tepeaca por su Magestad y que lo acaba de ser en esta ciudad de la Puebla de los Ángeles, y por renuncia que hizo de dicho oficio de Tepeaca, actualmente se halla ordenado del Sacro Orden de Subdiaconato. Conságralo a la imagen hermosíssima de Iesvs Nazareno Dios, que asiste como*

---

[39] Gallego, 1984, p. 7.

en trono de su regalía en la Capilla de la Piedad en el dicho Convento. Predícolo el mvy reuerendo padre presentado fray Gregorio Sedeño, Lector de Sagrada Theología de dicha religión. Con licencia. En la Puebla de los Ángeles, en la Imprenta de la viuda de Iuan de Borja y Gandía. Año de 1681.

TORRES, M. de, *Dechado de principes eclesiásticos, que dibujó con su exemplar, virtuosa y ajustada vida el Illust. Y Exc. Señor Doctor D. Manuel Fernandez de S. Cruz y Sahagun. Collegial que fue en el Mayor de Cuenca, Canonigo Magistral en la Iglesia de Segovia, Obispo electo de la de Chiapa, Consagrado en la de Guadalaxara, para su gobierno, promovido a la Angelica de la Puebla, nombrado Arçobispo de la Metropolitana de Mexico, y Virrey de esta Nueva España, honor que renunció en vida. Escrivela el R. P. P^{do}. Fr. Migvel de Torres del Regio, Militar Orden de N. Señora de la Merced, Redempcion de Cautivos, Regente de Estudios en el Convento de la Puebla y amantísimo de Illust. Y venerado Prelado. Dedicala al Religiosissimo Monasterio de Augustinas Recoletas de Santa Monica, en obsequio gratuito a su Illust. Padre Espiritual, y Exc. Fundador. Al Señor D. Migvel Perez de Sta. Cruz, Marques de Buena vista, Señor de Torrexon de la Ribera, y sobrino de su Excelencia Illust. Quien lo da a la estampa,* 1716.

EL MERCURIO ENCOMIÁSTICO, UNA COMPILACIÓN DE FESTEJOS RELIGIOSOS NOVOHISPANOS EN NÁHUATL Y EN ESPAÑOL

Sara Poot-Herrera
University of California, Santa Barbara

Son dignos de atención los festejos religiosos que tenían lugar alrededor de la capital novohispana, caracterizados por su fuerte ingrediente mestizo en el texto dramático y en su representación, y por su hibridez desarrollada entre la cultura mexica y la española. Me refiero a la segunda mitad del siglo XVII, justamente la época que le tocó vivir a Sor Juana Inés de la Cruz, quien iluminó para siempre la dramaturgia y el espectáculo teatral religioso y profano. Los festejos de varias poblaciones aledañas a la ciudad de México, precisamente de la región de Juana Inés, abarcan varios años y se compilan en un legajo de documentos que su autor —Joseph Pérez de la Fuente— titula *Mercurio Encomiástico*.

Antes de nuestro comentario a su autor y a su *Mercurio* —podría ser éste el primer *Mercurio* americano o ser de los primeros—, vayamos a lo que Alfonso Méndez Plancarte apunta en su «Estudio liminar» del tercer tomo de las *Obras completas de Sor Juana Inés de la Cruz*[1]. Dedica varias páginas a «El teatro eucarístico novohispano»[2] y en «Algo de nuestros autos en el seiscientos»[3] advierte: «Poco datos poseemos

---

[1] De la Cruz, *Obras completas de Sor Juana Inés de la Cruz*, t. 3: *Autos y loas*, pp. vii-xcviii.

[2] De la Cruz, *Obras completas de Sor Juana Inés de la Cruz*, t. 3: *Autos y loas*, pp. lxiv-lxxi.

[3] De la Cruz, *Obras completas de Sor Juana Inés de la Cruz*, t. 3: *Autos y loas*, pp. lxviii-lxxi.

sobre el Teatro Sacramental en la primera mitad de nuestro siglo XVII; mas su singularísimo interés compensa su parquedad, al mostrarnos su hermoso desbordamiento a los idiomas indígenas»[4].

Del catálogo de Beristáin, Méndez Plancarte cita unos *Autos Sacramentales en lengua mixteca* y unos *Dramas Alegóricos en lengua chocha,* «que dejó manuscritos, por entonces, el oajaqueño Fray Martín de Acevedo»[5]. Méndez Plancarte cita también la traducción al náhuatl que de *El Gran Teatro del Mundo* de Calderón hizo el Pbro. Br. Bartolomé de Alva, traductor también de dos comedias de santos de Lope de Vega: *La Madre de la Mejor* y *El Animal Profeta y Dichoso Parricida,* manuscritos de 1641[6]. No podía faltar en las menciones de Méndez Plancarte el *Auto del Triunfo de la Virgen y Gozo Mejicano* que aparece en la novela sacro-pastoril *Los Sirgueros de la Virgen* (1620) de Francisco Bramón[7]. Hasta aquí la referencia de Méndez Plancarte al teatro indígena (o traducido a lenguas indígenas) no sólo sacramental sino al religioso en general de la primera mitad del siglo XVII en México.

Refiriéndose a lo que llamó campo misionológico o teatro misional —no misionero— del siglo XVII, y específicamente a las fiestas de *Corpus Christi,* decía el estudioso jesuita, editor de la monja jerónima: «En cuanto a la solemne costumbre de las fiestas escénicas anuales en honor de la Eucaristía, ciertamente duraba en nuestra Capital por los años mismos de Sor Juana Inés»[8]. De estos años (segunda mitad del siglo XVII) y de las festividades de *Corpus Christi,* Méndez Plancarte

---

[4] De la Cruz, *Obras completas de Sor Juana Inés de la Cruz,* t. 3: *Autos y loas,* p. lxviii.

[5] De la Cruz, *Obras completas de Sor Juana Inés de la Cruz,* t. 3: *Autos y loas,* pp. lxviii-lxix.

[6] *La cronología del teatro náhuatl* de Horcasitas proporciona los siguientes datos (segunda mitad del XVII y primera del XVIII): *El gran teatro del mundo, El animal profeta* y *La madre de la mejor* (Chiapa de Mota, 1641); *La aparición de la Virgen de Guadalupe* (Puebla, Tepecoacuilco, 1680); *El portento mexicano* (1690 [?] ...); *La aparición de Jesucristo a la Virgen y a San Pedro* y *La ascensión del Señor* y *La venida del Espíritu Santo* (México, 1695 [?]); *La invención de la Santa Cruz* (Cozcacuauh-Atlauhtipac,1714); *Apláudase la fineza* (Amecameca,1714); *Coloquios de la aparición* (1718 [?] ...); *La ruina o incendio de Jerusalén* (México, 1722); *La pasión* (Axochiapan, 1732 [?]); *La pasión del Domingo de Ramos* (Tepalcingo, 1740-1750 [?]); *El ciclo de la Pasión...* (Tlamanalco-Amecameca, 1768). Ver Horcasitas, 1974, pp. 80-81.

[7] De la Cruz, *Obras completas de Sor Juana Inés de la Cruz,* t. 3: *Autos y loas,* p. lxix.

[8] De la Cruz, *Obras completas de Sor Juana Inés de la Cruz,* t. 3: *Autos y loas,* p. lxix.

ofrece datos del *Diario* de Gregorio de Guijo (1648-1654; 1655-1664) y del *Diario curioso y exacto* (1676-1685) de Juan Antonio de Rivera, y se refiere también a comedias y comediógrafos religiosos de la ciudad de México; a excepción de la obra de Sor Juana, ya no cita de la segunda mitad del XVII ejemplos teatrales eucarísticos en lenguas indígenas. Pérez de la Fuente sería uno de los autores que mucho tendría que ver con el «hermoso desbordamiento a los idiomas indígenas del teatro sacramental», aludido antes por Méndez Plancarte.

Paralelamente al teatro religioso novohispano citadino —y de modo marginal a la dramaturgia y al espectáculo teatral en América—, en los últimos años del siglo XVII y en los primeros del XVIII, fuera de la ciudad de México y de otras ciudades importantes, la de Puebla sobre todo, se hacían y representaban obras dramáticas religiosas en español y/o en lenguas indígenas; las había de carácter eucarístico, ofrecidas a la «Majestad de Majestades» y también hagiográficas, entre las que sobresalen las dedicadas a la aparición de la Virgen de Guadalupe. Aquí cabe mencionar que fuera (y dentro también) de la capital de la Nueva España existía una extraordinaria devoción por la virgen guadalupana que (desde 1531) hablaba con sus hijos en la lengua de ellos, el náhuatl o lengua mexicana. La devoción cristiana y el orgullo por el idioma de buen sonido —el náhuatl— se manifiestan en textos en lengua mexicana o en textos mixtos —español y náhuatl— pertenecientes a una población rural (originarios, naturales del lugar) que se gestaba bilingüe (aprendía una segunda lengua y no olvidaba la primera) y había hecho suya la doctrina cristiana; celebraba la fiesta de la Eucaristía y representaba la aparición de la Madre de Dios, hecha ya portento mexicano.

Más guadalupano que italiano, entre 1736 y 1744 Lorenzo Boturini reunió en la capital de la Nueva España y en sus alrededores numerosos informes sobre la aparición de la Virgen del Tepeyac; incautados sus documentos y desterrado de México (1744), escribió su famoso *Catálogo del museo histórico indiano* (1746). En «Otros manuscritos de varia Erudición. §. XXIV» de este *Catálogo*[9] aparece el nombre que nos interesa en este trabajo: el de Joseph Antonio Pérez de la Fuente. Relacionados con varios festejos hay varios títulos de Pérez de la

---

[9] Boturini, *Idea o ensayo de una nueva historia general de la América Septentrional...*, pp. 49-50.

Fuente; por ejemplo, la *Relación de la admirable Aparición de Nuestra Señora de Guadalupe en las dos lenguas Castellana, y Mexicana* y *El Portento Mexicano. Comedia en verso Mexicano de la Aparición de Nuestra Señora de Guadalupe*[10].

Entre los títulos catalogados en la *Biblioteca Hispano-Americana Septentrional* de Beristáin está también el *Mercurio Encomiástico: o veinte Loas en verso mexicano a diversos asuntos* de Joseph Pérez de la Fuente[11], quien, según el bibliógrafo, fue «cura, vicario o natural solamente y vecino de Amecameca, en el arzobispado mexicano; peritísimo en lengua mexicana y bien instruido en las bellas artes»[12]. Con otros títulos, el del *Mercurio* aparece citado en el Apéndice III del libro *Francisco del Paso y Troncoso: su misión en Europa (1892-1916)* de Silvio Zavala[13]. Se informa que los documentos están en la Biblioteca Nacional de París (Manuscrito 303 de la *Colección Goupil*) y son parte de las «Fotocopias hechas por orden del Señor Francisco del Paso y Troncoso que se conservan en el Museo Nacional» (de México). En dicho apéndice se ofrecen datos del paquete 20, que contiene los escritos de José Pérez de la Fuente[14].

Las piezas de tal paquete se fotocopiaron de la *Colección Goupil* que, desde 1899, incorporó documentos de la colección de J.-M.-A. Aubin. Al catalogar la *Colección Goupil*, Eugène Boban informó sobre su contenido: «La plupart des manuscrits sus papier indigène, ou sur peau, qui constituaient la collection de M. Aubin, proviennent du musée historique américain du célèbre antiquaire milanais, d'origine française, 'el cavallero Don Lorenzo Boturini Benaduci»[15]. Respecto de los escritos de Joseph Pérez de la Fuente, se anota: «Manuscrits et copies du Pére Pichardo»[16]. Luego los originales no están en París; las copias

---

[10] Olavaria y Ferrari, 1961, cita a Pérez de la Fuente como autor de *El portento mexicano* y de veinte loas. La comedia se recoge en Sten, 2004.

[11] Se cataloga también *El Portento Mexicano: comedia de la Aparición de Nuestra Señora de Guadalupe*. En los *Opúsculos mexicanos* de Francisco Sedano, citado por Beristáin, se menciona —dice— la «Relación Mercurina de la admirable Aparición de la Virgen María de Guadalupe escrita en mexicano y firmada en Amecameca á 6 de mayo de 1712» (Beristáin, *Biblioteca Hispano Americana*, t. 2, p. 309).

[12] Beristáin, *Biblioteca Hispano Americana*, t. 2, p. 309.

[13] Jiménez Moreno, 1980, p. 580.

[14] Jiménez Moreno, 1980, p. 580.

[15] Boban, *Documents pour servir...*, p. 10.

[16] Boban, *Documents pour servir...*, p. 68.

que están en México, al menos las de la Biblioteca del Museo de Antropología e Historia, son copias de la Biblioteca Nacional de París, que a su vez son copias de México (¿de Pichardo?), que a su vez podrían (o no) ser copias de los originales —de Joseph Pérez de la Fuente—, que a su vez fueron adquiridos —¿directamente?— por Boturini. Pero aquí no vamos por este rumbo, que no es éste el motivo de mi trabajo[17].

Puesto que la información en los títulos mismos del manuscrito, al menos de las tres piezas que anteceden al *Mercurio*, es más amplia que la del índice (hablo del legajo 65 de la Col. Paso y Troncoso, del que tengo copia) y que el índice adelanta información de folios posteriores del legajo (me refiero al *Mercurio*), citaré por la copia del manuscrito. De esta manera, de entrada se aclaran datos que permiten ver el legajo en su conjunto y puede verse el *Mercurio* en su contexto inmediato.

En el f. 1 se lee:

1 «RELACIÓN mercurina de la admirable Aparición de Nuestra Señora la Virgen María de Guadalupe, en la Lengua Mexicana genuina, y traducida en castellano».

En el mismo f. (11) después de una línea divisoria aparece:

2 «En el Nombre de la Santísima Trinidad, Padre, Hijo y Espíritu Santo y de la Santísima Virgen María nuestra Señora y del Glorioso Patriarca St Sn Joseph [...] «El PORTENTO MEXICANO. Comedia famosa, y la primera en verso Mexicano. Personas que hablan en ella. El Señor Juan Diego. El Señor Obispo Zumárraga. Totopochtli, criado. (f. 11 v.) María Luzia su Esposa. Juan Bernardino. Un viejo suegro de Juan Diego. Cacahuatzin, criada. Dos criados»[18].

---

[17] Ver Poot-Herrera, 2003, pp. 299-330. A diferencia de lo que se dice sobre dónde se encuentra el original —París—, creo que, en caso de que existiera, tendría que estar en México; si está en otro lugar, no corresponde al material de la Colección Goupil.

[18] *El Portento Mexicano* se menciona en el acervo microfilmado de la Biblioteca Benjamín Franklin [copia fotostática, perteneciente a la colección de J. M. Cornyn, procedente de la Biblioteca Pública de Nueva York] en Méndez Tamargo, 1994, pp. 232-233. Ver la descripción de Garibay, 1945: «Comedia original escrita en verso mexicano sobre la Virgen de Guadalupe. Tiene como personajes a Juan

En el f. [¿?]:

3 «Xácara en el idioma mexicano, que cantó un moderno ante una concurrencia de Indios Principales en 13 de agosto de 1713 años».

En el f. 40 aparece:

4 «Mercurio Encomiástico En la excelentísima Lengua Mexicana o Nahuatl, hechas en diversos tiempos desde el año de 1682, que en Tlayacapa me hizo hacer Dn. Juan Hipolito Cortez Quetzalquauhtli, y Tequantepehua este encomio al SSmo. Sacramento» (fols. 40-51).

Acerquémonos al *Mercurio Encomiástico*. Es un legajo de documentos que contiene veinte piezas poéticas. Entre las primeras dieciocho y las dos últimas hay un escrito que dice:

> Todo lo contenido eneste Mercurio/ Encomiastico, o furor poetico sugeto/ ala correccion de Nuestra Santa Ma/ dre la Yglesia Catolica Romana. Y si/ en esto, ó entodo lo que huviere escrito/ en este Ydioma se hallare algo disonan/ te asus sagrados Dogmas, lo retracto/ corregido tan obediente como ignoran/ te, y por verdad lo firmé en el Pueblo/ de Amecamecan alos 27 dias del mes/ de octubre de 1713 años. Joseph An/ tonio Perez dela Fuente, y Quixada.

Reuniendo las dos fechas —1682 y 1713—, el contenido de las piezas cubre 31 años. Ninguna de las primeras dieciocho piezas trae la fecha 1682; sí la pieza 19 que, además, coincide con el lugar mencionado en la primera nota; esto es, Tlayacapa: «hechas en diversos tiempos desde el año de 1682, que en Tlayacapa me hizo hacer Dn. Juan Hipólito Cortez...». Junto a la pieza 19 está una última que, al parecer, cierra el legajo de documentos; estamos hablando ya de 1718. El número 20 coincide con el número dado por Boturini y por Beristáin quienes, además, hablan de veinte loas.

Diego y a Fray Juan de Zumárraga. Al principio hay una nota que dice: 'Es copia sacada de un manuscrito que se conserva en la Biblioteca de Catedral, y traducida por el que suscribe de orden del Sr. Conservador del Museo Nacional Lic. J. F. Ramírez. México, 12 de noviembre de 1856. Lic. Faustino Chimalpopoca Galicia'». Es interesante el dato de la Biblioteca de la Catedral Metropolitana; allí habría que seguir indagando.

El *Mercurio Encomiástico* es una antología poética de loas, encomios, elogios, canciones, versos y jácaras; un ejemplo de teatro religioso en náhuatl y en español a caballo entre el siglo XVII y XVIII cuyas piezas van trazando un interesante y genuino itinerario (con precisión geográfica e histórica) de esta representación teatral religiosa que vuela de pueblo en pueblo. Se inicia en 1682 en Tlayacapa, donde se hizo y recitó la «Loa satírica en una comedia en la festividad del Corpus...» (Pieza 19; añadida, coincide exactamente con lo que se dice en el encabezado del *Mercurio*: «*hechas en diversos tiempos desde el año de 1682, que en Tlayacapa me hizo hacer Don Juan Hipólito Cortez*»).

A la loa de Tlayacapa se le suman dos loas más en Amecameca: 1686 (loa recitada por un niño a la Santísima Virgen; pieza 2) y 1687 (loa a la Asunción de Nuestra Señora; pieza 3). De Amecameca, siguen dos encomios en Ayapanco: 1691 (encomio festival a la Asunción de Nuestra Señora; pieza 4) y 1692 (en la noche a la fiesta del Señor Santiago [carro]; pieza no numerada). De Ayapanco, se vuelve a Tlayacapa: 1698 (elogio a San Juan Bautista, pieza 5; se dice que «prosíguese el furor poético para honra y gloria de Dios»). En 1701 se habla de una introducción a un elogio a Nuestra Señora de los Remedios (pieza 6; no se dice dónde). Después sigue o seguía Tlalmanalco, 1706 (elogios a la Dedicación del Nuevo Templo de Nuestra Señora de Guadalupe, pero se dice que no se llevó a cabo y se aclara que en 1710 se hizo una loa cuando se colocó una imagen de la Asunción; pieza 8). Hay dos encomios en 1706: para una festividad del Corpus (pieza 9) y a Nuestra Señora del Socorro (carro; pieza 11); en ninguno de los dos casos se dice dónde se llevaron a cabo, aunque por su contexto podría ser en Tlalmanalco. Siguen 1707 en Nativitas de Tlaxcallan (elogio a la Natividad de Nuestra Señora; pieza 10) y en Tlalmanalco en 1709 (elogio festival a San Luis Obispo; pieza 7). De un año después, 1710, también es una loa de Tlalmanalco, en la fiesta que hizo el cura Antonio de la Madrid por la colocación de una imagen de la Asunción (pieza 8; sustituyó a los elogios a la Dedicación del Templo de Nuestra Señora de Guadalupe) y unos versos al Glorioso Patriarcha Señor San Joseph (pieza 16). De ese año de 1710, en Zoyatzingo, es el elogio al Señor y a San Antonino (pieza 14). En 1713 hay un encomio mixto a la festividad del Smo. Rosario (no se dice dónde). Y ese año —13 de agosto de 1713 de Amecameca— es la «Xácara que hice para corregir a un Hijo mío...» (pieza 18 que coincide con la «Xácara en el idioma mexicano, que cantó un moderno ante una concurrencia de Indios Principales en 13 de agosto de 1713 años», tercera pieza del legajo completo).

El 27 de octubre de ese año de 1713, también en Amecameca, el autor de esta ristra de pequeñas piezas religiosas mestizas —Joseph Antonio Pérez de la Fuente y Quixada— pone a consideración de la Iglesia su *Mercurio*, iniciado desde 1682 por encargo de Juan Hipólito Cortés. Por las fechas mencionadas, comenzaría con la «loa satírica» de Tlayacapa de 1682; pieza 19 que aparece —dijimos ya— como añadida (en la descripción mecanografiada del documento). Aparece también, lo vimos antes, una segunda loa 'añadida' con el título «Apláudese la fineza que el Señor hizo en quedar Sacramentado con los hombres» (1718; pieza 20).

Hay una serie de relaciones entre las piezas del *Mercurio*, lo que demuestra que están hechas con la misma mano. Entre las loas del *Mercurio Encomiástico*, es posible reconocer estrofas y versos que de una loa pasan a otras. De este modo, puede verse que el *Mercurio Encomiástico* es un conjunto compacto. Su autor lleva el registro de su hechura, representación y, algunas veces, de las circunstancias en las que se vieron envueltas, correspondientes éstas a los últimos años del siglo XVII y a los primeros del XVIII.

Ese largo proceso de creación puede compararse con otro del mismo autor. Me refiero al *Tezoro dos veces rico aunque sin valor alguno*. Ubiquémoslo. Tanto Boturini como Beristáin catalogaron el título *Maestro genuino del elegantísimo idioma Náhuatl*, también de Joseph Pérez de la Fuente. Es precisamente el *Maestro genuino del elegantísimo idioma Náhuatl*, subtítulo del *Tezoro dos veces rico aunque sin valor alguno*.

Al revisar la colección Francisco del Paso y Troncoso (Biblioteca Nacional de Antropología e Historia), me fijé en el título *Tezoro rico aunque sin valor alguno*, del que se informa en el catálogo de Boban como en el de Zavala, sin que estos catálogos hagan relación alguna con los títulos anteriores correspondientes a Pérez de la Fuente. Dice este *Tezoro*:

> Fábrica continuada desde los 26 de setiembre del año de 1666 hasta 20 de julio de 1704, que para honra de gloria de la Soberana Magestad de Dios, nuestro Señor y de la Sacratísima Emperatriz de los cielos y de la tierra mi Señora se acabó en el pueblo de San Luis de Tlalmanalco[19].

[19] *Gramática náhuatl* (negativo 1-18).

Según el autor, su «fábrica» va del 26 de septiembre de 1666 al 20 de julio de 1704; esto es, casi 38 años de hechura «celestial» dedicada con devoción de su autor a la Virgen. Se lee de inmediato:

> Para que mis hijos y herederos gozen como Mayorazgo dado por la clementísima Magestad divina Dios nuestro sin que salga este borrador, o borradores de mi casa, sino que la parte que de él se necesitare se saque y en consulta se examine porque no es para imprimir sino para ciertos empleos, que sólo son para dar noticias de las Admirables Obras de la Altísima Magestad de Dios y a la Sacratísima Virgen María que la hizo sacar...

Quien escribe dice también que su tarea religiosa —su gran arte religioso, diríamos nosotros— ha de ser herencia, orgullo familiar, bien mayor, linaje, mayorazgo. Habla también de la traducción del Libro 1 del arte de Antonio de Nebrija:

> [Hace traducido], no con la intención de enseñar por él; sino para dar razón de lo que tengo traducido en este idioma de la Doctrina Christiana porque mi intención es aprenderla para este fin y exercitándome yo en enseñar niños Yndios, me pidieron los Padres les enseñase la Doctrina Christiana según como era el romance castellano. Lo cual tube a mucha felicidad... Es el Ydioma de los Naturales de esta Nueva España y Septentrional Colombiana, nombrada por la Imperial Ciudad de México, que fue en la Antigüedad corte de sus monarcas Mexicanos. Los genuinos la llaman Náhuatl, que quiere decir de buen sonido, elegantísima en toda manera, artificiosamente primorosa, y singularmente grave. Y basta para ser grande haverla hablado la serenísima Reyna de los Cielos, según tradición antigua cuando se apareció San Diego.

Una vez desarrollados puntos básicos de la gramática náhuatl, que se acompañan con reflexiones acerca de su hermosura y se acompañan también con el fervor de su autor, que todo lo hace en nombre de Dios y de la Virgen, concluye el *Tezoro*. Es muy cercana su relación con la comedia *El Portento Mexicano*, segunda pieza del legajo. Si Beristáin informó que Pérez de la Fuente tradujo al náhuatl la Gramática de Nebrija; al igual que Boturini, atribuyó esta comedia a Joseph Pérez de la Fuente[20].

---

[20] La comedia se recoge en Sten, 2004. En esta edición *El portento mexicano* aparece sin autoría y se informa que fue recogida en la Biblioteca Nacional de

Respecto al *Tezoro rico aunque sin valor alguno*, llaman la atención unas líneas que aparecen al final del escrito: «Nota. Comencé a sacar el Mercurio en 8 días del mes de Septiembre de este presente año de 1705. Y lo acabé hoy martes 1º. de noviembre de dicho año. Sea para mayor honra y gloria de la Magestad divina de Dios y de mi Ama, y mi señora la Virgen María, que es quien me enseñó y guió porque yo que podía hacer la misma miseria y flaqueza que soy». La referencia al Mercurio y la referencia temporal del 8 de septiembre al 1º de noviembre de 1705 hacen pensar en la relación que de su propia obra indica Pérez de la Fuente quien, además, una y otra vez fecha el proceso y el resultado de su trabajo. No sé exactamente lo que significa la mención «comencé a sacar el Mercurio». Una vez más veo la necesidad de realizar una amplia investigación de la obra de este poeta, traductor, lingüista, el muy religioso nahuatlato Joseph Antonio Pérez de la Fuente y Quixada, nacido por los mismos rumbos de la genial poeta de todos los tiempos.

Olvidado —o lo que es peor, desconocido (su nombre y obra sólo aparece en catálogos: Boturini, Beristáin, Goupil, Zavala)— en la historia, la cultura, la literatura y la lingüística —mexicana (náhuatl) y castellana—, Joseph Antonio Pérez de la Fuente estuvo a punto de perder en este siglo —XXI— dos piezas de su *Mercurio Encomiástico*. En el año 2001 Augusto Vallejo —avalado por Salvador Díaz Cíntora— dio a conocer dos loas del *Mercurio*: la «Loa Satírica en una comedia en la festividad del Corpus hecha, y recitada en Tlayacapan año de 1682» y «Apláudese la fineza que el Señor hizo en quedar Sacramentado con los hombres. Año de 1718», como si fueran una sola y con el encabezado: «Loa al Santísimo Sacramento, representada en el atrio del convento dominico de Nuestra Señora de Asunción de Amecameca, el jueves 31 de mayo de 1657, en la festividad del *Corpus Cristi*»[21]. Por un acto de prestidigitación las dos loas —19 y 20— del

---

París. Éste será otro motivo de estudio. Para mi trabajo de 2003 me asomé al manuscrito de esta comedia que, en aquel momento, aún no había sido publicada.

[21] Ignoro hasta el momento dónde se recogió este dato de representación. Sin embargo, Vallejo (2001) ofrece el título de la primera loa: «Loa Satírica en una comedia en la festividad de Corpus hecha y realizada en Tlayacapa en el año de 1682» (Vallejo, 2001, p. 81). Y en las últimas líneas de su artículo (y en nota a pie de página) informa sobre el segundo título: «Apláudase la fineza que el señor hizo en quedar Sacramentado con los hombres. Año de 1718» (Vallejo, 2001, p. 119).

Mercurio Encomiástico de Pérez de la Fuente se convirtieron en la supuesta loa infantil de Sor Juana. Al menos hasta la fecha, no hay documentación alguna que avale el cambio de título, el de lugar y el de la fecha de representación, los años 1682 y 1718, de las últimas dos loas *Mercurio Encomiástico*, por la del «jueves 31 de mayo de 1657».

Se anunció[22] que la loa —dos en una— se había encontrado en París y que el original estaba en la Biblioteca Nacional de París, cuando una copia del documento se encuentra en México, así como una copia también es lo que se encuentra en París. En estas líneas he comentado que el catálogo de Boban[23] copia datos del catálogo de Boturini (1745) respecto de las obras de Pérez de la Fuente y que Boban mismo anota: «copie du Pere Pichardo»[24].

Informé ya que Pérez de la Fuente fue el autor de la *Relación Mercurina de la admirable Aparición de Nuestra Señora la Virgen María de Guadalupe en la Lengua Mexicana genuina, y traducida en castellano*. Después de la palabra «Fin» de esta relación y de las siglas S.C.S.M.E.C.R se lee en el manuscrito: «que en verdad lo firmé en Amecamecan a 6 días del mes de Mayo de 1712 años Joseph Pérez de la Fuente». De inmediato a la *Relación* aparece el título [en letras mayúsculas] EL PORTENTO MEXICANO. Enseguida está la «Xácara en el idioma mexicano, que cantó un moderno ante una concurrencia de Indios principales en 13 de agosto de 1713». Esta composición es la misma que aparece como pieza 18 del *Mercurio Encomiástico*: «Año de 1713 en Amecamecan. Xácara que hice para corregir a un Hijo mío año de 1713. En Amecamecan a los 13 de Agosto de dicho año». Luego, es el mismo autor.

De dos meses y medio después de esta jácara de Amecameca es el escrito «Todo lo contenido en este Mercurio Encomiástico, o furor

---

Según Vallejo, estos datos son erróneos; es posible que este «error» haya sido «subsanado» por Vallejo y Díaz Cíntora, y se ofrezca la fuente del dato de 1657.

[22] Díaz Cíntora, 2001 y Vallejo, 2001.

[23] Boban, *Documents pour servir...*, manuscrito 303 de la *Colección Goupil*, 1898.

[24] Sobre la colección de Aubin, informa Boban que la mayor parte de los manuscritos provienen del museo histórico indiano de Boturini (Boban, *Documents pour servir...*, p. 10). Ocupan dos volúmenes los *Documents pour servir à l'histoire du Mexique. Catalogue raisonné de la Collection de M.E.-Eugène Goupil (ancienne collection J.-M.-A. Aubin)*. El número 303 de los manuscritos mexicanos se titula «Relation de l'apparition de N. D. de Guadalupe» (Boban, *Documents pour servir...*, pp. 452-453). Después del título se lee (en letras cursivas): «*Relation Mercurina de*

poético sugeto a la corrección de Nuestra Santa Madre la Yglesia Católica Romana. Y si en esto, o en todo lo que hubiere escrito en este Ydioma se hablare algo disonante a sus sagrados Dogmas, lo retracto tan obediente como ignorante, por verdad lo firmé en el Pueblo de Amecamecan a los 27 de octubre de 1713 años. Joseph Antonio Pérez de la Fuente, y Quixada». De inmediato, y sin delimitación alguna, aparece una cuarteta en náhuatl que inicia con «Ynchalchihuitl, iteoxihuitl/...». Y de inmediato a la cuarteta, la loa satírica de 1682 de Tlayacapa (pieza 19), que coincide con lo que ha dicho Pérez de la Fuente acerca del inicio de su *Mercurio*: «hechas en diversos tiempos, que en Tlayacapa me hizo hacer D.ⁿ Juan Hipólito Cortés...». La última loa (pieza 20) es «Apláudese la fineza... Año de 1718»[25]. Cabe la posibilidad, para no aventurar la certeza, de que la penúltima loa (19) sea la pieza inicial y que la última (20) se haya reunido a la primera, puesto que han sido consideradas ambas como de Pérez de la Fuente. Estas dos piezas completarían el manojo de veinte loas que se dice compuso Joseph Pérez de la Fuente; no sólo las compuso sino que fueron representadas y en sus títulos puede leerse el itinerario geográfico y cronológico de su puesta en escena.

Compilando lo anterior, vemos que las piezas están más que relacionadas, por el autor, por su hibridismo español y náhuatl, por su calidad mestiza, por su concatenación representativa, por sus préstamos de líneas y estrofas, por la lengua mexicana que las engarza. «[Y] esto es porque — expresó Pérez de la Fuente — son los nervios radicales de este idioma, y lo más insoluble de todo el mexicanismo».

Así pensaba el autor de la *Relación mercurina*, «peritísimo en lengua mexicana y bien instruido en las bellas letras»[26], ¿traductor al náhuatl de la gramática de Nebrija? ¿Autor de *El Portento Mexicano*? Es lo más seguro, como seguro es que Pérez de la Fuente sea el autor de la *Relación mercurina de la admirable aparición de la Virgen María de Guadalupe en la Lengua Mexicana genuina, y traducida en castellano* y del *Mercurio Encomiástico*. Este título es un puñado de piezas teatrales representadas en pueblos cercanos a la ciudad de México, entre fines del siglo XVII

---

la aparicion de Nuestra Señora la Virgen Maria de Guadalupe en la lengua mexicana genuina y traducida en castellano, por Dⁿ Joseph Perez de la Fuente en Amecameca, a 6 dias del mes de mayo de 1712» (Boban, *Documents pour servir...*, p. 452).

[25] Horcasitas la sitúa en Amecameca (1718).
[26] Beristáin, *Biblioteca Hispano Americana*, t. 2, p. 309.

y principios del XVIII; «la gente de pueblo» se divertía y era devota de rituales canónicos mezclados ya con la idiosincrasia y los valores de la comunidad que indígena devino mestiza. Las piezas del *Mercurio Encomiástico* son testimonio de aquellos festejos; otros Méxicos se gestaban desde entonces.

Este *Mercurio* bien merece pasar a formar parte de las composiciones poéticas de la historia de las piezas menores del teatro novohispano. Y el título y su autor —el *Mercurio Encomiástico*, de Joseph Antonio Pérez de la Fuente—, a la historia de las literaturas novohispanas. Creemos lo que Pérez de la Fuente, poeta mestizo y contemporáneo de Sor Juana, dijo de sí mismo: «el arte apadrina mis palabras». Ese arte se despliega en el idioma náhuatl que, alternando con el idioma español, da lugar a un festejo religioso teatral de piezas dignas de ser rescatadas, estudiadas y representadas. Son dichas piezas las alas con que vuela el *Mercurio Encomiástico*, talante y talento de Joseph Antonio Pérez de la Fuente y Quixada.

BIBLIOGRAFÍA

BERISTÁIN DE SOUZA, J. M., *Biblioteca Hispano Americana Septentrional / o catálogo y noticias/ de los literatos/ que o nacidos o educados, o florecientes en la Amé-/ rica Septentrional Española, han dado a luz a algún/ escrito, o lo han dejado preparado para la prensa./ 1521-1850/ La escribía el Dr. D./ José Mariano Beristain de Souza/ de las Universidades de Valencia y Valladolid, Caba-/ llero de la Orden de Carlos III. Y Comendador de la/ Real Academia de Isabel la Católica, y Deán de/ la Metropolitana de México*, México, Ediciones Fuente Cultural, 1947 [Tercera edición, Primera completa. Tomada de la Segunda. Amecameca, México, 1883. Revisada conforme a la primera. México, D. F. 1816-1821]; *Biblioteca Hispano-Americana Septentrional*. Tomo I, 1819 [ed. facsimilar, México, Universidad Nacional Autónoma de México-Claustro de Sor Juana, 1980].

BOBAN, E., *Documents pour servir a l'histoire du Mexique; catalogue raisonne de la collection de m. E. Goupil (ancienne collection J.-M.-A. Aubin); manuscrits figuratifs, et autres sur papier indigene d'agave mexicana et sur papier européen antérieurs et postérieurs a la conquete du Mexique (XVIe siecle)... avec une introduction de Eugene Goupil et une lettre-preface de Auguste Génin...* 2 ts., Paris, E. Leroux, 1891.

BOTURINI, L., *Idea o ensayo de una nueva historia general de la América Septentrional fundada en copiosos materiales de figuras, símbolos, caracteres, jeroglíficos, cantares y manuscritos de autores indios últimamente descubiertos*, Madrid, Imprenta de Juan de Zúñiga, 1746.

DE LA CRUZ, Sor Juana Inés, *Obras completas de Sor Juana Inés de la Cruz*, ed. A. Méndez Plancarte, México-Buenos Aires, Fondo de Cultura Económica, 1955, t. 3.

DÍAZ CÍNTORA, S., «La loa de Sor Juana», *Letras Libres,* 34, 3, 2001, pp. 67-70.

GARIBAY, A., *Catálogo del Fondo de Manuscritos Mexicanos de la Biblioteca Nacional de México*, México, 1945.

HORCASITAS, F., *El teatro náhuatl. Épocas novohispana y moderna*, pról. de M. León-Portilla, México, Universidad Nacional Autónoma de México,1974.

JIMÉNEZ MORENO, W., «Apéndices», en Zavala, S. (ed.), *Francisco del Paso y Troncoso: su misión en Europa (1892-1916)*, México, Museo Nacional, 1938 (ed. facsimilar: Instituto de Estudios y Documentos Históricos, A.C.-Claustro de Sor Juana, 1980).

LEGAJO 65. *Colección Francisco del Paso y Troncoso*. Archivo Histórico de la Biblioteca Nacional de Antropología e Historia. México.

MÉNDEZ TAMARGO, C. (coord.), *Archivo Histórico en Micropelícula Antonio Pompa y Pompa. Guía General*, México, Biblioteca Nacional de Antropología e Historia, 1994, pp. 232-233.

OLAVARRIA Y FERRARI, E., «Reseña histórica del teatro en México. 1538-1911», ed., S. Novo (ed.), México, Porrúa, 1961, (1a. ed., *El Nacional*, 1885-1890; 2a. ed., 1895).

POOT HERRERA, S., «Hay loas que no hacen ruido. La hipotética loa infantil de Sor Juana», en *Nictimene sacrílega. Estudios coloniales en homenaje a Georgina Sabat-Rivers*, coords. M. Moraña y Y. Martínez-San Miguel, México, Universidad del Claustro de Sor Juana-Instituto Internacional de Literatura Iberoamericana, 2003, pp. 299-330.

STEN, M., VIVEROS, G., *et. al.* (coords.), *Teatro náhuatl II. Selección y estudio crítico de los materiales inéditos de Fernando Horcasitas*, L. Silva Galeana, revisor del náhuatl, México, UNAM-DGAPA, 2004.

VALLEJO VILLA, A., «Acerca de la loa», *Letras Libres,* 34, 3, 2001, pp. 80-81 y 119.

ZAVALA, S. (ed.), *Francisco del Paso y Troncoso: su misión en Europa (1892-1916)*, México, Museo Nacional, 1938 (ed. facsimilar: Instituto de Estudios y Documentos Históricos, A.C.-Claustro de Sor Juana, 1980).

ACERCA DE LOS *GENERA DICENDI* EN LOS ARCOS TRIUNFALES NOVOHISPANOS EN LA ÉPOCA DE LOS AUSTRIA

Dalmacio Rodríguez Hernández
Seminario de Cultura Literaria Novohispana, IIB-UNAM

En la Nueva España, los arcos triunfales que se erigían con motivo de la entrada de virreyes desempeñaban una importante función política. Por un lado, contribuían a afirmar el poder monárquico en el espacio novohispano, exaltando las relaciones de amor, lealtad y justicia entre los vasallos y la Corona[1]; por otro, permitían entablar una comunicación —ciertamente simbólica y apegada a un ceremonial cortesano— entre la autoridad real (representada en el virrey) y los poderes novohispanos. Los arcos triunfales, siguiendo los modelos de los tratados de educación de príncipes, proyectaban determinados conceptos político-morales por medio de un conjunto de virtudes que se adjudicaban al virrey; éstas sin duda servían de elogio y doctrina política, pues configuraban la idea de un príncipe perfecto[2]. Sin embargo, también había un recordatorio implícito acerca de que dichas virtudes no sólo correspondían a un modelo abstracto de príncipe, sino que necesariamente habrían de materializarse en acciones de gobierno que respondieran a peticiones o problemas circunscritos al ámbito novohispano; se esperaba, pues, que los

---

[1] Este aspecto cobra un papel relevante habida cuenta de que ningún monarca visitó los territorios americanos. Entonces, la presencia de la monarquía se configuraba por medios simbólicos, entre ellos los elaborados en los arcos triunfales; ver Mínguez, 1995.

[2] Para una exposición más amplia de la función que desempeñan los arcos triunfales como textos de instrucción política, vinculados a la tradición de los «espejos de príncipes», ver Cañeque, 2007.

atributos del virrey se encauzaran a las necesidades específicas de los propios comitentes del festejo³.

Así, en el arco triunfal que la catedral de México dedicó en 1650 al virrey Luis Enríquez de Guzmán, conde de Alba de Liste, se comparó su historia con las hazañas de Hércules. El anónimo autor del arco⁴ seleccionó una serie de pasajes del mito para establecer su correspondencia con ciertos aspectos biográficos (genealógicos y anecdóticos) del virrey. Los episodios que retomó para realizar el elogio al virrey fueron el origen divino de Hércules, el sostenimiento del mundo en ayuda a Atlante, su participación en la expedición de los argonautas para el rescate del vellocino de oro, la obtención del cinturón de Hipólita (reina de las amazonas) y de las manzanas de oro de las Hespérides, la donación de armas por los dioses, los trabajos del León de Nemea y la Hidra de Lerna, la liberación de Prometeo, la lucha con Aqueloo, entre otros, algunos apenas aludidos.

Estas partes del mito se iban ajustando a rasgos y circunstancias de Luis Enríquez de Guzmán, señaladamente a su ascendencia y condición de nuevo virrey. Por ejemplo, la genealogía de Hércules (hijo de Júpiter y Alcmena y nieto de Alceo), aunado al hecho de que el Sol, Mercurio y la Luna concurrieron el día de su nacimiento, dieron pie para que el autor del programa simbólico exaltara el noble linaje de Enríquez de Guzmán al mencionar su parentesco con tres reyes españoles: Fernando IV («el Apolo de España»), Alonso XI («Mercurio de Europa») y Juana I, de hija de Fernando V («la Luna siempre llena en belleza y virtudes»)⁵. En otro caso, la historia que cuenta la ayuda que prestó Hércules a Atlante en el sostenimiento de la bóveda celeste se relacionó con el hecho de que el rey hubiera designado como virrey a Enríquez de Guzmán. Esta comparación no sólo significaba la confianza del rey en compartir su gobierno, sino que también mostraba dos de las virtudes que debía poseer como virrey: el «celo católico y observancia del príncipe»⁶. De esta forma, sucesivamente se van exponiendo otras virtudes que deben adornar a todo buen gobernante: si Hércules fue «noble, fuerte, constante, sabio, prudente, industrioso, magnánimo, afable y benigno», el virrey encarna «la magnanimidad constante, el valor esforza-

---

³ Hopkins, 2007, p. 260.
⁴ Ver *Portada alegórica*.
⁵ *Portada alegórica*, fol. 1.
⁶ *Portada alegórica*, fol. 3v-4r.

do, la madurez prudente, la inteligencia sabia y la humanidad benigna», de lo cual resulta apropiada la denominación de «Alcides cristiano» y «Hércules español»[7].

Ahora bien, la atribución de tales virtudes tendría el claro propósito de generar expectativas de un porvenir venturoso; prevalece la idea de que el gobernante virtuoso trae consigo beneficios incuestionables para el reino: paz, concordia, prosperidad, justicia, etc. Por ejemplo, la referencia al pasaje en donde algunos dioses entregan diversas armas a Hércules sirve para ilustrar que Enríquez de Guzmán es un hombre justo, y por lo tanto en su administración habrá «justicia, asegurándose que sabrá usar las armas de la ley castigando delitos»[8].

Pero cabe precisar que estas cualidades del príncipe perfecto no sólo se reflejarían en generalidades de un buen gobierno, sino que en algunos casos estarían vinculadas a peticiones muy concretas; había mención a temas particulares que necesitaban la intervención directa del gobernante. En el arco que comentamos, utilizando la alegoría, se conminaba al nuevo virrey a atender el grave problema de las constantes inundaciones de la Ciudad de México. Para ello, el artífice del programa simbólico se refirió a Hércules como el «redentor de las provincias, a quien infestaban las aguas con perpetuas inundaciones»[9], y se valió de tres historias: la primera cuenta cómo después de dar muerte a Hidra, monstruo de siete cabezas que habitaba en la laguna de Lerna, logró el desagüe de dicha laguna; la segunda relata cuando Hércules abre un nuevo cauce en el río Nilo, con lo cual libra de inundaciones a Egipto, y la última narra la forma en que derrotó a Aqueloo, deidad acuática transformada en toro y a quien cortó uno de sus cuernos, hecho que propició que —al ser Aqueloo representación de un río del mismo nombre— una gran porción de tierra quedara despejada de agua. Al trasladar las cualidades de Hércules al virrey, resultaba fácil inferir las acciones que éste emprendería al respecto: alejaría las aguas como había hecho el héroe de la mitología griega en los casos mencionados. Dice el autor de la descripción de este arco que: «pues siendo esta imperial ciudad tan afligida de monstros undosos, que conspiran a inundarla, le viene un nuevo Hércules que —para tantos bue-

---

[7] *Portada alegórica*, fol. 1.
[8] *Portada alegórica*, fol. 8.
[9] *Portada alegórica*, fol. 6r.

yes de agua [en alusión a Aqueloo], como pasan de unas lagunas a otras—tiene la dominación sobre este animal»[10].

De esta manera, con su «inteligencia sabia», existe la promesa de que el nuevo virrey hallará la solución al problema y traerá además la prosperidad a la Ciudad, pues, como se refiere en el texto, los beneficios de que Hércules acabara con las inundaciones se manifestaron en el aumento del tamaño de la tierra fértil, en la que «se pudo cultivar, y produjo muchas flores y fructos»[11]. Además, como también estaba el hecho de que el cuerno de Aqueloo, al pasar a manos de Amaltea, se convirtió en la cornucopia, símbolo de abundancia y riqueza, se podía inferir que igualmente sucedería en la capital del reino. De ahí que el autor del texto declare con sobrado optimismo que «todo parece pronóstico de lo que México espera de su virrey», y que Enríquez de Guzmán:

> Da anuncios de que en México, promoviendo y fomentando su desagüe, será beneficio de su industria [...], y porque a México no le falten privilegios de Amaltea, le viene un conde Villaflor [Enríquez de Guzmán], que se trae consigo el pronóstico de hacer más florida con sus beneficios a esta ciudad que Alcides con sus adornos a la cornucopia[12].

[10] *Portada alegórica*, fol. 6v.
[11] *Portada alegórica*, fol. 6v.
[12] *Portada alegórica*, fols. 6v.-7r. Más tarde, Sor Juana Inés de la Cruz hará la misma petición a Tomás Antonio de la Cerda, marqués de la Laguna, en 1680 con motivo de su entrada como virrey: «nosotros esperamos mejor Neptuno, que contraponiendo la hazaña, forme un río por donde fluya una laguna, en su tan necesario como ingenioso desagüe», De la Cruz, *Neptuno alegórico*, p. 378. Posteriormente, también Alonso Ramírez de Vargas en 1696 reiterará la petición, curiosamente utilizando la comparación de Hércules con el virrey y retomando el episodio de la Hidra de Lerna; dice Ramírez de Vargas que con el «prudente consejo y gran política» del virrey Sarmiento de Valladares «se verá segura de inundaciones esta ciudad, amenazada siempre de la Hidra undosa que en la laguna mexicana la circunvala, de tantas gargantas cuantas son las vertientes que la hacen caudalosa para el perjuicio, quedando a su ejecución celosa la tierra libre, y del todo seca para su mayor fertilidad», Ramírez, *Zodiaco ilustre*, fol. 59. Para ratificar esta idea, también se pueden citar algunos ejemplos de los arcos triunfales que se erigieron en honor al virrey José Sarmiento Valladares en 1696, en los que se enfatiza la situación precaria por la que atravesaba la Nueva España tras una serie de calamidades que ocurrieron desde principios de la década de 1690: sequías, motines, epidemias, desabastecimiento, carestía, elevación de precios. En el arco que le dedicó la catedral poblana, Ignacio de Torres recuerda que en todo

Con este ejemplo, queda claro que la enunciación de ciertas virtudes tiene tanto la función de ilustrar un comportamiento político, sustentado en la literatura de educación de príncipes, como la de encontrar su aplicación en las circunstancias propias de una renovación de gobierno y en un marco festivo en el que era obligado el elogio. Es por eso que la inserción de los arcos triunfales dentro de la ceremonia de recepción les otorga una papel importante «en la conformación y consolidación de las relaciones de poder político, religioso, social e intelectual»[13], pues les tocaba expresar simbólicamente la peculiaridad de la Nueva España respecto de los ideales políticos de la monarquía y la actuación del virrey[14]. Esta función sin duda era una tarea muy delicada, y por tanto requería de una elaborada construcción discursiva, que si bien en parte ya estaba objetivada en el programa icónico-verbal del arco (sobre todo a través del conjunto de emblemas), exigía una explicación adicional. El testimonio escrito que se hace de la construcción y del conjunto de emblemas que lo acompañaba, comúnmente conocido como «descripción» o «explicación» del arco, tendría precisamente este propósito; no se trataría, pues, únicamente de preservar en la memoria tan notable hecho ante la naturaleza efímera de la edificación, sino de añadir un componente explicativo que garantizara la eficacia de las intenciones políticas ya mencionadas. Ésta sería la razón del porqué se escriben descripciones

---

el reino ha habido «epidemias, hambres y mortandades», y precisa que «si las causas han sido algunos monstruos», entonces éstos «experimentarán el castigo por nuestro Apolo [Sarmiento Valladares]», Torres, *Ara de Apolo*, fol. 6v. Juan de Bonilla Godínez, en el arco de la ciudad de Puebla, explica en el emblema que trataba sobre la virtud de la vigilancia, que «nos promete el celo de su excelencia cuidará próvido no falten los mantenimientos que hasta aquí han sido tan escasos [...] y se acreditará de segundo José en la autoridad y en la providencia que contra la esterilidad nos asegura la abundancia», Bonilla, *Arco triunfal*, fol. 11v. Sobre este arco, ver Rodríguez, 2007.

[13] Hopkins, 2007, p. 260

[14] Como sintetiza Pietschmann: «El cabildo como representante del pueblo solía erigir arcos de triunfo en semejantes ocasiones [la entrada solemne de virreyes en la Ciudad de México], los cuales desplegaban un simbología compleja que tendía cada vez más a articular particularidades del reino frente al nuevo gobernante y la autoridad que representaba y que venía generalmente desde la metrópoli, con el fin de expresar su carácter propio y cierto grado de autonomía, expresiones de identidad que desde luego tenían que ser aprobados por las autoridades reales en la ciudad» (1999, p. 492).

de los arcos, y nos permite comprender algunas de sus propiedades discursivas.

En efecto, las descripciones de los arcos son un tipo de discurso que sobrepasa lo que aparentemente indica su nominación más común. Es decir, sus características no se restringen a ser un mero ejercicio descriptivo, con cierto grado de detalle, de un referente icónico (los componentes arquitectónicos y pictóricos del arco), como frecuentemente se les ha catalogado y ha hecho pensar que son simples documentos que contienen información para la historia del arte. Como textos que pretenden recuperar el significado político y simbólico de la entrada del virrey, su composición exige una codificación mucho más compleja, sujeta a las convenciones retóricas y poéticas al uso. Los preceptos de éstas marcarían las pautas de composición no sólo del texto sino también de los programas emblemáticos, ello en virtud de la universalidad de la retórica, disciplina apta para la elaboración de toda clase de discursos, y de la tendencia, que se acentúa en el Barroco, de fusionar las artes (en este caso particular: la poesía y la pintura). Este hecho no es intrascendente, pues además de ratificar la pervivencia de una práctica humanística ligada a la vida pública, nos permite comprender que la composición de los arcos (texto y monumento) estaba regida en gran parte por la retórica y poética vigentes en el Siglo de Oro. ¿Pero cuáles serían estos principios que subyacen en la composición de las descripciones de arcos triunfales?

Si desde el punto de vista del ritual político la recepción de virreyes se propone reiterar conceptos que no se ponen en duda (tales como los beneficios del régimen monárquico católico representados en la figura de un príncipe perfecto), y si dicho suceso es motivo de exaltación, es evidente que partiendo de la división retórica de los tres géneros aristotélicos, el tipo de discurso que más se aproximaría a las descripciones de los arcos sería el epidíctico o demostrativo. En efecto, este género no sólo es el indicado para pronunciarse ante una «reunión solemne en alabanza de una persona (ya pertenezca a la actualidad, a la historia o al mito), de una comunidad (patria, ciudad), de una actividad (profesión, estudio) o de una cosa que se quiere celebrar»[15], sino además es el que parte de la aquiescencia de los receptores, está estrechamente vinculado a nociones éticas y busca el placer

---

[15] Lausberg, 1990, t. 1, p. 109.

estético[16], por no mencionar también que es propio de asuntos políticos y festivos[17].

Sin embargo, vista la materia del discurso desde la perspectiva de la negociación política de intereses particulares de los comitentes novohispanos, las descripciones de arco también pueden adscribirse al género deliberativo. Como ha observado Eduardo Hopkins con claridad, la modalidad deliberativa aparece «encubierta bajo la fórmula del género epidíctico»[18], pues con ello se logra mayor eficacia persuasiva en el gobernante para que se incline por determinadas decisiones. Mediante esta estrategia:

> Se aparenta la plena direccionalidad del arco hacia la imagen heroica del agasajado, exaltando sus virtudes, mientras se propone, como en un segundo plano, la argumentación deliberativa, basada en peticiones que interesan a la estabilidad social, así como a la adecuada distribución de poderes y privilegios entre los miembros de la sociedad[19].

Como bien sabían nuestros autores del Siglo de Oro, la división aristotélica de los géneros se tomaba como punto de partida, mas no como norma inflexible. La separación entre estos géneros era ambigua, por lo cual los preceptos tanto de uno como de otro podrían aplicarse recíprocamente según convinieran a la ocasión y al auditorio al que se dirigía el discurso[20]. Por eso, aunque una primera aproximación desde géneros aristotélicos sea apropiada, resulta insuficiente para comprender con mayor precisión las características discursivas de las descripciones de arcos triunfales; para lograr este propósito es necesario revisar qué modalidades[21] y procedimientos de estos géneros,

---

[16] Ver Alburquerque, 1995, pp. 38-39.

[17] Menandro, por ejemplo, distingue varios tipos de discurso panegírico de acuerdo con la ocasión en la que se circunscriben; la mayor parte son de carácter político y festivo: el discurso imperial, el epibaterio (discurso que se pronuncia al llegar a una ciudad), el prosfonético (o de salutación a una autoridad), el discurso de concesión de la corona, el discurso de embajada, etc. Ver Menandro, *Sobre los géneros epidícticos*.

[18] Hopkins, 2007, p. 261.

[19] Hopkins, 2007, p. 261.

[20] Ver Alburquerque, 1995, pp. 33-44.

[21] Recuérdese que dentro del género demostrativo el elogio podía estar dirigido a personas, dioses, animales, seres inanimados, hechos, ideas o cosas; también

sobre todo del epidíctico, operan en esta clase de textos, tomando en consideración las propias circunstancias del discurso.

Si, como hemos mencionado, en las descripciones de arcos toda la discusión política giraba en torno a una figura y una situación específicas (el virrey y su entrada en el ejercicio de gobierno), y había un especial énfasis en las virtudes políticas del nuevo gobernante, la pauta organizativa —su estructuración básica— de estos textos estaría dada por el elogio de persona. La adscripción a esta modalidad sería la más conveniente e incluso familiar para los autores de los arcos. Por una parte, porque el elogio de persona constituía un apartado imprescindible dentro del género demostrativo[22]; por otra, dado que los *progymnasmata* (o ejercicios de retórica) lo incluían como uno de sus ejercicios básicos[23].

El elogio de persona se construye esencialmente a partir del encarecimiento de los lugares o «circunstancias» inherentes al sujeto al que se alaba, es decir, partiendo del supuesto de que las personas se pueden conocer por aquello que se les ha atribuido[24]. Como decía Cicerón, «las alabanzas y vituperaciones se toman de los lugares que se han atribuido a las personas»[25]. Aunque en las distintas retóricas haya divergencias en cuanto a los lugares que se han de utilizar, hay un cierto consenso en admitir que en las retóricas del siglo XVI, y seguramente en las del XVII, predomina una clasificación que los agrupa en tres tipos: los lugares del alma (o virtudes), del cuerpo (o atribu-

---

se reconocen varias modalidades: vejamen, epitafio, himno, epitalamio (en bodas), oración genetlíaca (en el nacimiento de un infante), epicedio (oración fúnebre), alabanza de ciudades, etc. Ver también nota 17 de este artículo.

[22] En algunos rétores del Siglo de Oro, el género epidíctico se centra en la alabanza o vituperio del hombre, como el caso de Antonio de Nebrija (Alburquerque, 1995, p. 61). Señala Alburquerque (1995, p. 67) que «en este género demostrativo se subraya que el objeto fundamental es el hombre y que los demás objetos posibles de alabanza o vituperación lo serán en la medida en que guarden una cierta semejanza con la alabanza/vituperación de hombre».

[23] Entre los catorce tipos de textos que prescriben los *progymnasmata* de Teón, Hermógnes y Aftonio (los retóricos griegos post aristotélicos que mayor influjo tuvieron en España), así como en los escritos en la península siempre se menciona el «encomio», que por lo general se ocupa del elogio de persona. Ver Teón, Hermógenes y Aftonio, *Ejercicios de retórica*, y Artaza, 1997. Sobre los *progymnasmata*, ver López Grigera, 1994, pp. 55-61, 69-83, y Artaza, 1997.

[24] Cicerón, *De la invención retórica*, p. 27.

[25] Cicerón, *De la invención retórica*, p. 138.

tos físicos) y los de circunstancias externas (diversos aspectos relacionados con el origen e historia de la persona)[26]. Esta división, que tiene su origen en la *Retórica a Herenio*[27] y que está presente en el modelo ciceroniano, a su vez, se subdivide en varias partes: prudencia, inteligencia, piedad, gratitud, salud, fuerza, padres, títulos, fortuna, etc.

En su *Teatro de virtudes políticas*, Carlos de Sigüenza nos ofrece interesantes observaciones que corroboran que las descripciones de arcos (y los arcos mismos) se codificaban a partir de los lugares del elogio de persona. Después de explicar que la razón por la cual compara al marqués de la Laguna con los emperadores aztecas, y no con héroes de la mitología como era costumbre, aclara que:

> No será justo terminar este Preludio sin advertir el que puede ser se haya notado en las pinturas del arco, *como también en esta descripción* que de él hago, el que *faltan algunas circunstancias* que suspenden a los ignorantes como prodigios, y son la acomodación del nombre, títulos, ejercicio y propiedades del príncipe que se elogia en el mismo contexto del asunto o fábula que se elige[28].

Es significativo que Carlos de Sigüenza advierta que faltan ciertos rasgos en su discurso. Si menciona que ha omitido algunas «circunstancias» o lugares, es porque reconoce que ha transgredido la convención genérica respecto de esta clase de textos; y esta convención apunta hacia el elogio de persona. En efecto, por un lado, las «circunstancias» que ha soslayado —nombre, títulos, ejercicio y propiedades— se refieren a las «circunstancias externas»; y por otro, al concentrarse en las virtudes del virrey, resultado de la comparación con los reyes aztecas, ha dado prioridad a los «lugares de alma». Era muy común en los arcos utilizar la genealogía de los virreyes para exaltar, como parte de los lugares de cosas externas, los «títulos y blasones de su excelencia»[29], o referirse a «su muy ilustre bisabuelo»[30], o aludir respecto de su patria «lo florido de sus vergeles» y «lo fructuoso de su terruño»[31], como sucedió en el arco dedicado al virrey

---

[26] Alburquerque, 1995, p. 61.
[27] Alburquerque, 1995, p. 61.
[28] Sigüenza y Góngora, *Teatro de virtudes*, p. 175. Las cursivas son nuestras.
[29] *Palma inmarcesible*, fol. 2.
[30] *Palma inmarcesible*, fol. 13.
[31] *Palma inmarcesible*, fol. 4.

Melchor Fernández Portocarrero, conde la Monclova por su entrada en la Ciudad de México en 1686.

De la copiosa lista de lugares que sugieren las retóricas para desarrollar un elogio de persona, se debían seleccionar los que mejor se acomodaban al elogio del virrey. Por las características en las que se enmarcaba el discurso de los arcos triunfales, los lugares del alma (las virtudes del príncipe católico) y los de cosas externas eran los más idóneos (destacaban por lo general el linaje, la patria, el estudio y la familia), mientras que los de cuerpo prácticamente no tenían cabida. Esto se explica por dos razones. La primera porque el contenido político de los arcos triunfales daba especial énfasis a las virtudes del nuevo gobernante, como hemos visto páginas atrás; y la segunda porque ya para el siglo XVI había una predilección por centrar el encomio en las virtudes[32], condicionando incluso la utilización de las circunstancias externas al refuerzo de aquéllas[33]. Había, pues, una concordancia entre la teoría política y la preceptiva retórica.

Las precisiones que hasta aquí hemos establecido nos permiten ahora abordar con más elementos el tema del estilo de las descripciones de arcos. Ha sido necesario establecer los presupuestos retóricos generales de esta clase de textos, para determinar los rasgos que habrán de incidir en su composición estilística. Los *genera dicendi* o teoría de los estilos constituyen un capítulo imprescindible en las teorías elocutivas, pero su aplicación no puede prescindir de las otras partes de la retórica.

Regidas por el principio de lo *aptum* o decoro, los *genera dicendi* proponen la adecuación de la expresión verbal al asunto del cual trata el discurso y a la situación comunicativa en la cual se emite. Sin entrar por el momento en consideraciones acerca de las diversas corrientes que moldean esta teoría en los Siglos de Oro[34], se puede se-

---

[32] «Entre las excelencias que se atribuyen al hombre, las más importantes son las del alma, y entre éstas, se llevan la palma las que tienen que ver con nuestro buen juicio y pensamiento: la prudencia, la justicia, la fortaleza, la modestia [...]», A. García Matamoros, *De ratione dicendi*, citado por Artaza, 1997, p. 120.

[33] «Atengámonos siempre a este precepto general: que los bienes mismos, tanto los externos, como los naturales o del cuerpo, deben usarse en nuestra alabanza en la medida que vayan vinculados a la virtud del alma», A. García Matamoros, *De ratione dicendi*, citado por Artaza, 1997, p. 121.

[34] Básicamente dividida en dos tendencias: la preceptiva griego-hermogeniana y las teorías latino-ciceronianas. Como señala Artaza, 1997, p. 21, la primera

guir la división clásica de los tres estilos: bajo (o humilde), medio (o atemperado) y alto (o sublime). De acuerdo con esta clasificación, el primero «tiene como temas propios todos los asuntos humildes y vulgares, que se revisten verbalmente de una composición sencilla y un ornato humilde»[35]; el segundo es el que resulta adecuado para «los elogios, los ejercicios de declamación, las historias» y su expresión se caracteriza por ser «agradable y con un ritmo suave»[36], y el tercero se distingue por «la solemnidad del tema tratado»[37] y debe ser «grandilocuente, ampuloso, vehemente, adornado, variado, abundante»[38], etc.

Asumiendo superficialmente esta tipología, puede parecer sencilla la filiación de los arcos triunfales. En una aplicación lógica, el estilo que correspondería a esta clase de textos sería el elevado, pues tratándose de un suceso de gran relevancia política, encarnado en la figura de un gobernante ejemplar, el estilo debería ser análogo; a fin de cuentas la situación y el personaje referidos se inscriben en un estatus elevado. Sin embargo, ¿cómo se explica que el estilo medio sea el apto para el elogio? ¿Las descripciones de arco en realidad pertenecen a este estilo y no al elevado? Se debe tomar en consideración que las formas del estilo no sólo resultan de la identificación del asunto principal o predominante del texto, sino que abarcan otros aspectos: el género, las partes del discurso, el argumento, la representación social de los personajes referidos, las características propias de cada estilo y su interdependencia con los otros, y los efectos que se desea suscitar en el auditorio. En este sentido, la teoría de los estilos ofrece múltiples posibilidades que satisfacen las necesidades reales de producción de textos en su situación comunicativa particular, y por ello mismo es difícil encontrar la aplicación homogénea de un solo estilo en un solo discurso. Como advierte E. Artaza respecto de esta teoría en la retórica española del siglo XVI:

---

se «abrió paso en los manuales de retórica a lo largo del siglo XVI, aunque sin llegar a desplazar totalmente a las teorías latino-ciceronianas». En este estudio, seguimos principalmente a Cicerón, *El perfecto orador*, y a García Matamoros, *De tribus dicendi generibus*, citado por Artaza, 1997, pp. 177-201.

[35] García Matamoros, *De tribus dicendi*, citado por Artaza, 1997, p. 177.
[36] García Matamoros, *De tribus dicendi*, citado por Artaza, 1997, p. 181.
[37] García Matamoros, *De tribus dicendi*, citado por Artaza, 1997, p. 189.
[38] García Matamoros, *De tribus dicendi*, citado por Artaza, 1997, p. 186.

Aunque las pautas teóricas para conseguir un estilo están claras, determinar en los textos literarios el uso concreto de uno de ellos en particular es problemático, sobre todo en pasajes extensos, porque todos los preceptistas propugnan como estilo óptimo el que mezcla adecuadamente los demás[39].

Aun cuando en las descripciones de arcos haya múltiples rasgos comunes, es fácil notar pasajes divergentes en lo que a su estilo se refiere. Por ejemplo, en el arco que la ciudad de Puebla dedicó al marqués de Villena en 1640, se habla por un parte de la «agudeza de sentencias» y de una loa que fue «grave y concisa»[40]. Respecto del arco que la catedral dedicó en la Ciudad de México a este mismo virrey, se menciona que en la descripción se hallará la «más dulce melodía para la lectura»[41].

Así pues, las características de estilo de las descripciones de arcos se deben identificar en distintos niveles del discurso, pero sin descuidar su unidad genérica ni su condición pragmática. Estas características estarían prescritas en su mayor parte por los estilos medio y alto, y en menor medida por el bajo o humilde[42]. Sin embargo, entre el medio y el alto el deslinde no es fácil, habida cuenta de que ambos estilos comparten ciertas propiedades.

En algunos aspectos, la balanza parece inclinarse hacia el estilo alto, por ejemplo en el asunto, como ya hemos mencionado. Lo mismo su-

---

[39] Artaza, 1997, p. 74.

[40] *Viaje por tierra y mar*, fol. 12v. Estas expresiones son en alusión a la descripción de arco escrita por Mateo Galindo y titulada *Fuerte sabia política, que la muy noble y leal ciudad de los Ángeles erigió en arco triunfal al excelentísimo señor don Diego Roque López de Pacheco* […], México, Viuda de Bernardo de Calderón, 1640.

[41] *Viaje por tierra y mar*, fol. 19v. Se refiere a la descripción de autor anónimo que se titula: *Zodíaco regio, templo político, al excelentísimo señor don Diego López Pacheco Cabrera y Bobadilla, marqués de Villena* […], *consagrado por la S. Iglesia metropolitana de México*, s. e., s. a.

[42] Esto sería así porque el asunto de los arcos no es trivial ni se caracteriza por la sencillez expresiva ni presenta rasgos que sugieran cierta espontaneidad. García Matamoros precisa, además, que «en realidad, en el estilo humilde se ha de seguir rigurosamente este método: el orador debe estar atento únicamente a la adecuación y elegancia del lenguaje, y no debe hacer uso de ninguna amplificación, de ninguna digresión, de ningún lugar común, de ninguna palabra ampulosa o altisonante, de ninguna enumeración y, finalmente, de ningún periodo largo o abundante», citado por Artaza, 1997, p. 178.

cede en el nivel léxico, ya que varias de las palabras señaladas como propias de este estilo son familiares a las descripciones, tales como «los nombres de los dioses inmortales, tanto propios como comunes [...], como Juno, Minerva, Diana Apolo, Mercurio, Hércules, Júpiter y muchos de este género»[43]; «los nombres de los varones ilustres, de los linajes»[44]; y «los nombres de virtudes, como la prudencia, la fortaleza»[45]. Todo esto se ajusta con las descripciones de arcos: los términos de comparación generalmente estaban fundados en dioses de la mitología o en héroes históricos; y las menciones de virtudes y prosapia eran obligadas en el elogio de persona.

En cuanto al uso de figuras «que se acomodan mejor al estilo alto»[46], algunas suelen ocupar un lugar destacado en las descripciones de arco —hipérbole, prosopopeya, descripción, gradación, repeticiones, entre otras—; pero alternan con otras que se proponen para el estilo medio, tales como similicadencia, antítesis, paronomasia, metáforas, por citar unas cuantas[47]. En este aspecto, el deslinde es confuso, pues para los dos estilos se recomienda el ornato y la amplificación.

Por lo que corresponde a las partes del discurso, las reglas no son del todo claras ni aplicables a las descripciones de arcos. García Matamoros recomienda, por ejemplo, que se emplee el estilo alto «en la confirmación, en la refutación y en la *peroratio*»[48], pero en tanto que los textos que tratamos se apegan más al género demostrativo, no necesariamente se organizaban siguiendo en forma canónica las partes del discurso.

Las características del estilo elevado tendrían cabida en diversos niveles del texto, sin duda; pero nunca abarcarían la totalidad de la obra. Son varios los aspectos que si bien no son totalmente incompatibles,

---

[43] García Matamoros, *De tribus dicendi*, citado por Artaza, 1997, p. 186-187. García Matamoros afirmaba que «son sublimes y elevados todos los nombres que resplandecen por su propia dignidad y grandeza», Artaza, 1997, p. 186.

[44] García Matamoros, *De tribus dicendi*, citado por Artaza, 1997, p. 187.

[45] García Matamoros, *De tribus dicendi*, citado por Artaza, 1997, p. 187. Todos los nombres relativos a este estilo, según García Matamoros (Artaza, 1997, p. 187), «resultan excelsos en efecto, no sólo por su sublimidad, sino también por ser signos de un cierto esplendor y porque confieren admirablemente un tono grave y sublime al estilo».

[46] García Matamoros, *De tribus dicendi*, citado por Artaza, 1997, p. 190.

[47] Ver García Matamoros, *De tribus dicendi*, citado por Artaza, 1997, pp. 182-183 y 190-193, y Alburquerque, 1995, p. 173.

[48] García Matamoros, *De tribus dicendi*, citado por Artaza, 1997, p. 193.

tampoco determinan el estilo de los textos que estamos revisando. Es el caso, por ejemplo, del efecto que pretenden causar en el auditorio. No eran recursos propios de las descripciones de arcos la grandilocuencia, la vehemencia ni la fogosidad, cualidades por excelencia del estilo elevado que procuraban mover impetuosamente los afectos de sus receptores[49]. Si no era prioridad lograr «la fuerza máxima» —para decirlo con Cicerón—[50], en consecuencia, los recursos que se encaminaban a este fin —tales como exclamación, apóstrofe, suspensión de la frase, interrogación retórica, ironía— no solían ser los más frecuentes. Además, como sugerían todos los rétores, incluyendo a Cicerón, «el *genus grande* no debe utilizarse a lo largo del discurso, sino más bien se ha de reservar para los pensamientos realmente culminantes»[51].

Así, el estilo complementario y quizás predominante sea el medio. Éste ante todo buscaría la suavidad; trataría de crear un discurso agradable, ágil, fluido, pero al mismo tiempo con dignidad y grandeza[52], rasgos que le acomodaban a las descripciones de arcos y concuerdan con el género demostrativo. Y se confirma aún más porque el tipo de figuras que son inherentes a este estilo —acumulación, similicadencias, gradaciones, pariosis, paronomasias, antítesis, metáforas— no sólo «embellecerá el discurso», sino que resultará apto «para la pompa y la ostentación»[53], efectos que eran consubstanciales al acto festivo de la entrada solemne del virrey. Asimismo, en lo que respecta a la partes del discurso, el estilo medio era el más apropiado para las narraciones y descripciones, las cuales ocupan un papel importante en los textos que hemos estado tratando.

La importancia de la teoría de los estilos en la conformación de un tipo de discurso específico, es decir, en las descripciones de arcos, consistiría no tanto en delimitar su naturaleza elocutiva en torno a alguna de las tres posibilidades (bajo, medio o alto), cuanto en ofrecer un conjunto amplio de posibilidades de cuya combinación resultara un estilo variado y adecuado —en el nivel elocutivo— a las intenciones del discurso.

---

[49] Cicerón señalaba que «de esta elocuencia es el arrastrar los ánimos; de ésta, conmoverlos de cualquier modo. Ésta ora los quebranta, ora irrumpe en los sentidos; siembra nuevas opiniones, arranca las sembradas», *El orador perfecto*, p. 29.
[50] Cicerón, *El orador perfecto*, p. 29.
[51] Lausberg, 1990, t. 2, p. 400.
[52] Ver García Matamoros, *De tribus dicendi*, citado por Artaza, 1997, p. 183.
[53] García Matamoros, *De tribus dicendi*, citado por Artaza, 1997, p. 182.

Bibliografía

Alburquerque García, L., *El arte de hablar en público: seis retóricas famosas del siglo XVI (Nebrija, Salinas, G. Matamoros, Segura y Guzmán)*, Madrid, Visor, 1995.
Aristóteles, *Retórica*, Madrid, Alianza, 2001.
Artaza, E., *Antología de textos retóricos españoles del siglo XVI*, Bilbao, Universidad de Deusto, 1997.
Bonilla Godínez, J., *Arco triunfal, diseño político consagrado en poemas y delineado en símbolos a la feliz entrada del Excmo. señor D. José Sarmiento de Valladares [...], virrey gobernador, capitán general y presidente de la Real Audiencia de México [...]*, Puebla, Herederos del Capitán Juan de Villa-Real, 1697.
Cañeque, A., «Espejo de virreyes: el arco triunfal del siglo XVII como manual efímero del buen gobernante», en *Reflexión y espectáculo en la América virreinal*, ed. J. Pascual Buxó, México, Universidad Nacional Autónoma de México, 2007, pp. 199-218.
Cicerón, M. T., *De la invención retórica*, introd., trad. y notas B. Reyes Coria, México, Universidad Nacional Autónoma de México, 1997.
— *El orador perfecto*, introd., trad. y notas B. Reyes Coria, México, Universidad Nacional Autónoma de México, 1999.
De la Cruz, Sor Juana Inés, «Neptuno alegórico», en *Obras completas, t. 4: comedias, sainetes y prosa*, México, Fondo de Cultura Económica, 1994.
Hopkins Rodríguez, E. «Écfrasis de lo invisible en el *Neptuno alegórico* de Sor Juana Inés de la Cruz», en *Reflexión y espectáculo en la América virreinal*, ed. J. Pascual Buxó, México, Universidad Nacional Autónoma de México, 2007, pp. 259-271.
Lausberg, H., *Manual de retórica literaria: fundamentos de una ciencia de la literatura*, Madrid, Gredos, 1990.
López Grigera, L., *La retórica en la España del Siglo de Oro: teoría y práctica*, Salamanca, Universidad de Salamanca, 1994.
Mínguez Cornelles, V., *Los reyes distantes: imágenes del poder en el México virreinal*, Castellón, Universitat Jaume I-Diputación de Castellón, 1995.
Menandro, *Sobre los géneros epidícticos*, ed., introd. y notas F. Romero Cruz, Salamanca, Universidad de Salamanca, 1989.
Palma inmarcesible siempre, y frondosa, símbolo de un católico héroe, hieroglífico expreso del Exmo. Señor D. Melchor Fernández Portocarrero, Laso de la Vega, conde de la Monclova [...] en que la muy leal, y muy noble cesárea ciudad de Puebla [...] expresa las virtudes, [...] en el arco triunfal que le erige [...], México, María Benavides, 1686.
Portada alegórica, espejo político, que la augusta y muy esclarecida Iglesia metropolitana de México dedicó al excelentísimo señor don Luis Henríquez de Guzmán,

conde de Alba de Aliste y Villaflor [...], México, Viuda de Bernardo Calderón, 1650.

PIETSCHMANN, H., «La corte virreinal de México en el siglo XVII en sus dimensiones jurídico-institucionales, sociales y culturales: aproximación al estado de la investigación», en *La creatividad femenina en el mundo barroco hispánico: María de Zayas, Isabel Rebeca Correa, Sor Juana Inés de la Cruz*, ed. M. Bosse et al., Kassel, Reichenberger, 1999, t. 2, pp. 481-497.

RAMÍREZ DE VARGAS, A., *Zodiaco ilustre de blasones heroicos* [...] *que en el festivo aparato de el triunfal Arco en el más fausto día dispuso, y erigió al Exmo. Señor Don José Sarmiento de Valladares* [...], México, Juan José Guillena Carrascoso, 1696.

RODRÍGUEZ HERNÁNDEZ, D., «Mitología y persuasión política: arco triunfal en la entrada del virrey José Sarmiento de Valladares en Puebla (1696)», en *Reflexión y espectáculo en la América virreinal*, ed. J. Pascual Buxó, México, Universidad Nacional Autónoma de México, 2007, pp. 273-290.

SIGÜENZA Y GÓNGORA, C., *Teatro de virtudes políticas*, en C. Sigüenza y Góngora, *Seis obras*, ed. I. A. Leonard, Caracas, Biblioteca Ayacucho, 1984.

TEÓN, Hermógenes y Aftonio, *Ejercicios de retórica*, introd., trad. y notas M. D. Reche Martínez, Madrid, Gredos, 1991.

TORRES, I. *Ara de Apolo, asilo augurado de la Nueva España en el ingreso del Exc. Señor D. Joseph Sarmiento de Valladares [...], virrey, gobernador, capitán general y presidente de la Real Audiencia de México. Idea de la portada que erigió a su recibimiento la santa Iglesia catedral de la Puebla de los Ángeles*, Puebla, Herederos del Capitán Juan de Villa-Real, 1697.

Viaje por tierra y mar del excelentísimo señor don Diego López Pacheco y Bobadilla, marqués de Villena y Moya, duque de Escalona, etc., aplausos y festejos a su venida por virrey desta Nueva España [...], México, Francisco Robledo, 1641.

CUESTIONES DE ESCENOGRAFÍA

ENTRE FABRICANTES DE APARIENCIAS: *EL GRAN TEATRO DEL MUNDO* EN SIETE PROYECTOS DE REMEDIOS VARO

Edith Mendoza Bolio
Tecnológico de Monterrey

A MODO DE INTRODUCCIÓN

En el año de 1958, Álvaro Custodio (Écija, 1912-Madrid, 1992), director y fundador de la compañía «Teatro Español de México», encargó a Remedios Varo (Anglés, 1908-México, 1963) el diseño de las máscaras y sombreros para la puesta en escena de *El gran teatro del mundo*, el auto sacramental de Calderón de la Barca escrito alrededor del año 1635[1]. Todo apunta a que la representación se llevó a cabo ese mismo año de 1958 en el Claustro de Acolman[2], en el Estado de México.

Álvaro Custodio[3], español exiliado en México igual que Varo, ha sido considerado junto con Cipriano Rivas Cheriff (Madrid, 1891-México, 1967), como «una de las personalidades más relevantes [...] en la escena mexicana»[4]. Custodio llegó a México en 1944, después de haber radicado en Cuba, y en 1953 fundó el «Teatro Español de México» —que en 1960 pasó a denominarse «Teatro Clásico de México»[5]—, compañía en la que dirigió numerosas puestas en escena de obras del teatro clá-

---

[1] Valbuena Prat justifica su datación en la nota preliminar de la edición del *Auto* (Valbuena Prat, 1987, pp. 201-202).

[2] El convento de San Agustín Acolman alberga en la actualidad un museo de arte colonial.

[3] Ver los estudios de Aznar Soler, 1999, pp. 55-93 y de Ojeda Escudero, 2003, pp. 121-125.

[4] Aznar, 2002, p. 16.

[5] Aznar, 2002, p. 18.

sico español entre las que destacan, por mencionar sólo algunas, su adaptación de *La Celestina*[6] y de *Las Mocedades del Cid* en 1953 o de *La discreta enamorada*, en 1954. En una entrevista realizada en 1961, Custodio declaró: «tuve la osadía de poner en Acolman dos obras dificilísimas: *El gran teatro del mundo* de Calderón y *Medea* de Séneca»[7]. Años después, en 1965, programó, en este mismo espacio, *La vida es sueño*[8]. Con su trabajo como director escénico en el exilio, continuaba con el ideal de «propagar el teatro clásico español acercándolo al público moderno sin que este teatro clásico perdiera ni su sentido profundo ni la belleza melódica de los versos que le habían dado vida»[9]. En el año de 1973, Custodio regresó a vivir a España.

Remedios Varo, por su parte, además de ser una reconocida pintora, realizó diversos *constructos* creativos[10] en los que integraba como un todo el lenguaje escrito con la pintura o con la escultura. Adicionalmente, entre su obra artística se conserva un buen número de escritos, en cuya edición estamos trabajando[11], entre los que se encuentran: relatos de sueños, cuentos fantásticos y una obra de teatro que escribió en colaboración con la artista inglesa, también asilada en México, Leonora Carrington[12]. Con este ensayo pretendemos dar a conocer esta faceta, poco estudiada, de Remedios Varo como fabricante de apariencias.

[6] Ver Dial, 2004.
[7] Del Río, 1961.
[8] Según consta en el inventario de la exposición «El exilio español en México», realizada en Madrid en 1983-1984.
[9] Gibert-Cardona, 1989, p. 955.
[10] La noción de 'constructo' creativo surge a raíz del la observación de la silenciosa reciprocidad entre los lenguajes pictórico y escrito que la artista presenta en algunas de sus obras como unidad significativa.
[11] El trabajo de edición de los escritos de Remedios Varo forma parte de una investigación más amplia que se inscribe dentro de nuestra tesis doctoral: «A veces escribo como si trazase un boceto. Los escritos de Remedios Varo».
[12] Aznar Soler menciona que Álvaro Custodio llevó a escena, en 1953, el *Don Juan Tenorio*, de Zorrilla en la sala Molière, «con la bellísima y atrevida escenografía de la gran pintora inglesa Leonora Carrington» (Aznar Soler, 1999, p. 65).

Acerca de Remedios Varo

Remedios Varo nació en Anglés, provincia de Girona, en 1908. Posteriormente, se mudó a vivir a Madrid y realizó sus estudios de pintura en la Academia de San Fernando. En la década del treinta radicó en París durante un año, y posteriormente se trasladó a Barcelona, en donde conoció al poeta surrealista francés Benjamín Péret. Varo huyó de la guerra civil española para instalarse nuevamente en París, y ahí es donde se relacionó con el grupo surrealista. Años más tarde, la Segunda Guerra Mundial la obligó a abandonar Francia para escapar, en calidad de exiliada, rumbo a México[13].

Durante sus primeros años en México, Varo estuvo muy alejada de la pintura de caballete. En este tiempo, dada su precaria situación económica, se dedicó a realizar trabajos artesanales de decoración de muebles e instrumentos musicales. Incluso trabajó en la Oficina Británica de Propaganda Antifascista «donde hacía dioramas y pequeños montajes escénicos para ilustrar las victorias aliadas, que se exhibían en escaparates a fin de atraer al público mexicano a la causa aliada de Europa»[14]. Sus ingresos principales los obtenía realizando dibujos publicitarios para la casa Bayer[15].

Su primera labor como diseñadora de trajes, de forma comercial, la realizó en el año 1942, cuando trabajó para Marc Chagall en los diseños de sombreros y otros tocados de cabeza para el ballet de Léonid Massine, *Aleko*, que se estrenó en el Palacio de Bellas Artes[16]. Es sabido que, en la esfera de lo privado, Varo disfrutaba con la elaboración de disfraces y sombreros que ella misma diseñaba para usarlos en las fiestas que organizaban con sus amigos, la mayoría de ellos extranjeros, también exiliados en México[17]. Un ejemplo de esta faceta es la siguiente fotografía[18] (ver Fig. 1), en la que aparece Remedios Varo usando un extraño sombrero, que le cubre desde la cabeza hasta el cuello, y en cuyo centro asoma su rostro enmarcado por una especie

---

[13] Acerca de su relato del exilio, ver Mendoza y Farré, 2006, pp. 209-224.
[14] Kaplan, 1998, p. 97.
[15] Gruen y Ovalle, 1998, p. 46.
[16] Gruen y Ovalle, 1998, p. 45.
[17] Gruen y Ovalle, 1998, p. 49.
[18] Esta imagen forma parte del legado de la fotógrafa Kati Horna, una de las amigas más cercanas de Varo. Aparece reproducida en Gruen y Ovalle, 1998, p. 49.

de corazón; en sus extremos sobresalen dos rostros, elaborados con papel maché y adornados con encajes, que presentan gestos grotescos: uno de ellos muestra una nariz de exageradas dimensiones y en el otro sobresalen los labios que simulan la mueca de un beso.

Fig. 1 Remedios Varo con disfraz.

Adicionalmente, entre los escritos de Remedios Varo, como se apuntaba en las primeras líneas de este ensayo, se conserva una obra de teatro, en cuya edición estamos trabajando, escrita en colaboración con Leonora Carrington, alrededor del año 1947, la cual hemos titulado *El Santo Cuerpo Grasoso*, ya que en el original carece de título. Se trata de una obra de corte fantástico en tres actos, cuyo asunto central gira en torno a la celebración de un concurso para encontrar al ser que posea el alma más bella para contraer matrimonio con la princesa Pelomiel. Su representación se realizaría, quizá, en el ámbito doméstico, pues según consta en la relación de personajes, serían sus amigos más cercanos quienes realizarían la puesta en escena. Aun cuando Varo realizaba estos experimentos a nivel privado, no es hasta 1958, en medio de su creciente reconocimiento como pintora, que llevó a cabo el proyecto del diseño de las máscaras para la puesta en escena de *El gran teatro del mundo*, el cual consta de siete cuadros de los principales personajes de la pieza teatral, en los que utilizó acuarela sobre papel y masonite, para seis de ellos, y uno más en lápiz sobre papel. Todos tienen un formato no mayor de 20 x 20 cm.

Fabricantes de apariencias

El auto sacramental *El gran teatro del mundo* presenta algunos de los rasgos característicos de este género, entre los que destacan, a decir de Arellano «su extensión en un acto, el carácter didáctico y religioso de exaltación de fe, la progresiva vinculación a la fiesta del Corpus y al tema Eucarístico, y la expresión a través de la alegoría, con gran suntuosidad escénica en los momentos de mayor auge»[19]. Como es sabido, *El gran teatro del mundo* está «construido de forma metateatral sirviéndose del tópico de la vida como teatro en el que cada hombre desempeña su papel y responde ante el autor de comedias, que no es otro que Dios»[20]. Josefa Badía, a su vez, distingue en este *auto* dos planos: «el primero, en relación con la construcción de los personajes que interpretan la comedia que se representa en el teatro del mundo; el segundo, en la construcción de los personajes que interpretan el auto»[21]. Esta división bipartita permite identificar, de manera más clara, que los diseños de Remedios Varo corresponden a los comediantes del primer plano, es decir, a los personajes que participan en la obra que se representa dentro del auto sacramental: *Obrar bien que Dios es Dios*.

Hermosura	Pues decidnos, Señor, vos, ¿cómo en lenguas de la fama esta comedia se llama?
Autor	*Obrar bien, que Dios es Dios* (vv. 435-438)[22].

Las didascalias, que en este *auto* son escasas, se refieren principalmente a las entradas y salidas de los personajes o a sus intervenciones cantadas. Incluso aquellas que aluden a la indumentaria mencionan so-

---

[19] Arellano, 2000, p. 639.
[20] Aparicio, 2003, p. 1141
[21] Badía, 2003, p. 8.
[22] Todas las citas de *El gran teatro del mundo* están tomadas de la edición de Arellano, 2000, por lo que en adelante citaremos indicando el número de versos entre paréntesis.

lamente algunos accesorios, tales como la púrpura y corona para el personaje que hará el Rey, un ramillete para la Hermosura, joyas para el Rico; silicio y disciplina para la Discreción, azadón para el Labrador y aquella dirigida a la imagen del Pobre, en la que se lee: *Desnúdale*. Limitarse a la consideración de estas disposiciones difícilmente permitiría a Varo configurar la imagen de los personajes, tanto de aquellos que representan el entramado social a través de las estructuras económicas y de poder, como de los que personifican las virtudes humanas. Por lo tanto, era indispensable realizar una lectura atenta a fin de fungir como mediadora de la expresión simbólica y alegórica del auto sacramental.

El proyecto de Varo incluye los retratos del Mundo, el Rey, la Discreción, la Hermosura, el Rico, el Labrador y el Pobre. Remedios Varo, con este conjunto, continúa su tendencia creativa más característica, pues al tiempo que cumple con su intención primera, realizar los diseños de los sombreros y máscaras, mantiene en sus creaciones pictóricas su estilo caracterizado tanto por la prolijidad de un miniaturista como por la inclusión de detalles plenos de simbolismo. Por otra parte, los sombreros, máscaras y antifaces, como objetos, tenían la peculiaridad de estar armados en una sola pieza que se introducía por la cabeza y cubría hasta la mitad del rostro. Las máscaras y antifaces, a su vez, aparecían extendidas hacia los extremos del rostro rebasando los límites de éste, cualidad que se puede apreciar en todos los diseños, como ya pudo observarse en la Fig. 1.

UNA MIRADA A LOS RETRATOS DE LOS PERSONAJES

En el retrato del Mundo[23], Varo representa los cuatro Elementos que Calderón menciona en los versos 9-20. El personaje porta un sombrero triangular que simula un monte, que se prolonga por la frente y se une con el antifaz, el cual muestra, en uno de sus extremos, la cola de un pez tornasolado, y en el otro, el ala de un ave. El personaje luce una barba de forma irregular, a manera de flamas de fuego o rayos de sol, de intenso rojo, color que se percibe sensiblemente como «base del mundo, fuego siempre vivo»[24], y que contrasta con los tonos terrosos de su

---

[23] Imagen reproducida en Gruen y Ovalle, 1998, p. 162.
[24] Vega, 2005, p. 28

vestimenta, que simula una capa color marrón como si se tratase del globo terráqueo. La totalidad de la máscara —sombrero, antifaz y barbas— simboliza los cuatro elementos: tierra, aire, agua y fuego.

El Mundo, 1958, gouache, papel masonite (19.5 x 19.5 cm)

Para el personaje del Rey[25] el auto precisa que «Al que hubiere de hacer Rey/ púrpura y laurel augusto» (vv. 246-247). De este modo, en la pintura del Rey, Remedios Varo muestra un rostro varonil con cabellos entrecanos, perfectamente peinados; en la cabeza se ciñe una corona apenas visible. La máscara, en su parte superior, semeja otra corona de la que cuelgan, adornando una amplia frente, tres piedrecillas brillantes. El antifaz, de un blanco radiante, está rematado en los extremos con chispas luminosas en las puntas de trazos irregulares. El personaje luce una barba[26] dividida por el centro y con las puntas hacia arriba. Está cubierto por una amplia capa de color púrpura estampada con flores de lis, símbolo de la realeza.

---

[25] Imagen reproducida en Gruen y Ovalle, 1998, p. 163.
[26] Las barbas son un elemento característico en algunos otros personajes pintados por Varo. Ver, por ejemplo, *El trovador* (1959), en Gruen y Ovalle, 1998, p. 171.

El Rey, 1958, gouache, papel masonite (18.5 x 18.5 cm)

El retrato de Varo coincide plenamente con la descripción de Calderón:

REY	Púrpura y laurel te pido.
MUNDO	¿Por qué púrpura y laurel?
REY	Porque hago este papel (vv. 493-495).

Enséñale el papel, y toma la púrpura y corona, y vase.

El dibujo correspondiente a la Hermosura[27] fue realizado a lápiz. El cuadro muestra un gran espejo de mano que parece estar suspendido en el aire. El marco del espejo-transparencia[28] simula un tallo y el cáliz de una flor. La máscara rebasa los límites de la cabeza y, como si se tratase de un cristal, transluce un rostro femenino de expresión

---

[27] Imagen reproducida en Gruen y Ovalle, 1998, p. 163.

[28] El motivo del espejo-transparencia se puede apreciar también en la pintura *Los amantes* (1959), en la cual Varo incluye dos personajes que tienen por rostro un espejo similar al de *La Hermosura*. Ver su reproducción en Gruen y Ovalle, 1998, p. 228.

suave. Ese «estado de transparencia» posee una carga simbólica la cual, a decir de Cirlot, se define como «una de las más efectivas y bellas conjunciones de contrarios: la materia *existe*, pero es como si no existiera, pues se puede ver a su través»[29]. Lo anterior se sugiere también en el retrato realizado por Varo, como si se tratase de una metáfora, en la cual la Hermosura —humana— está reflejada y, al mismo tiempo, no lo está dado el estado de transparencia. Simultáneamente, el rostro de la dama podría hacer las veces de la flor misma, lo cual sería un reflejo del estado efímero de la Hermosura.

La Hermosura, 1958, lápiz, papel (17.5 x 15 cm).
«Sed, cristales, mis espejos» (v.518)

El Rico[30] es el siguiente personaje de los que se ocupa Varo. En la didascalia de *El gran teatro del mundo* se lee: «*Dale joyas*» y son éstas las que se distinguen en el sombrero del Rico, el cual, como echado hacia atrás, descubre, no el pelo como podría esperarse, sino una cavidad oscura que contiene collares de cuentas y piedras preciosas[31]. El

---

[29] Cirlot, 2006, p. 156.
[30] Imagen reproducida en Gruen y Ovalle, 1998, p.162.
[31] En la pintura *Encuentro* (1959), Varo retoma el recurso de «lo inesperado». En este cuadro el personaje central, una mujer, al destapar un cofre, se encuentra la imagen de sí misma. Gruen y Ovalle, 1998, p. 173.

antifaz que cubre el rostro incluye enormes orejas como de cerdo, «símbolo de los deseos impuros, de la transformación de lo superior en inferior y del abismamiento amoral en lo perverso»[32], adornadas con un collar de cuentas oscuras. Su vestimenta consiste de una capa de gruesa tela, en color morado, rematada con orlas de fina piel.

El Rico, 1958, gouache, papel masonite (19 x 15.5 cm)

De este modo, puede verse cómo la pintura de Varo reproduce el efecto que sugiere el personaje calderoniano:

RICO   Soberbio y desvanecido
             con tantas riquezas voy (vv. 529-530).

Para el personaje de la Discreción[33], Varo presenta una figura que por su indumentaria evoca al hábito de una religiosa. El tocado, que cae a manera de velo por la espalda y hombros, incluye una frente amplia rematada por un espacio oscuro en cuyo centro está una perla. En la tra-

---

[32] Cirlot, 2006, p. 132.
[33] Imagen reproducida en Gruen y Ovalle, 1998, p. 162.

dición cristiana, la perla simboliza el reino de los cielos[34], mientras que para Varo, según lo señala en otra de sus obras, «esa esferita luminosa o perla representa la unidad interior»[35].

En los extremos del antifaz, que cubre medio rostro, incluye pequeñas alas formadas de velos y rematadas por plumas blancas. Por lo que respecta al texto de Calderón, puede leerse la siguiente caracterización:

MUNDO	¿Qué papel el tuyo ha sido?
DISCRECIÓN	La Discreción estudiosa.
MUNDO	Discreción tan religiosa
	Tome ayuno y oración.
	Dale cilicio y disciplina
DISCRECIÓN	No fuera yo Discreción
	tomando de ti otra cosa (vv. 533-538).

La Discreción, 1958, gouache, papel masonite (17.5 x 15.5 cm)

[34] «También es semejante el Reino de los Cielos a un mercader que anda buscando perlas finas, y que, al encontrar una perla de gran valor, va, vende todo lo que tiene y la compra» (Mt 13, 44-46).
[35] Gruen y Ovalle, 1998, p. 52.

Así pues, los velos y la imagen de la religiosa, así como el simbolismo de la perla, dotan a la imagen del efecto espiritual requerido para la representación. Por lo que respecta al Labrador, el Autor, en *El gran teatro del mundo*, ordena: «Tú has de hacer al Labrador» (v. 339). La pintura que representa al Labrador[36] muestra una máscara que simula la tierra de labranza. En el centro de ésta hay una cepa en la que se encuentra un bulbo del que crecen las raíces expuestas, las cuales, al introducirse nuevamente en ella, emergen pequeñas plantas con hojas semejantes a las vides. El personaje del Labrador luce una barba marrón y viste una capa color arena. Y éste se define en el auto a partir de su oficio:

> LABRADOR   Y porque, como ya dije
> soy maldito Labrador,
> como lo dicen mis viñas
> cardo a cardo y flor a flor,
> pues tan alta está la hierba
> que duda el que la miró
> un poco apartado dellas
> si mieses o viñas son (vv. 1119-1126).

El Labrador, 1958, gouache, papel masonite (17.5 x 16.5 cm)

---

[36] Imagen reproducida en Gruen y Ovalle, 1998, p. 163.

Nuevamente, la barba en tonos terrosos es un elemento que potencia la caracterización de este personaje pues al disimular el rostro permite destacar el antifaz en el que sobresalen las raíces, las ramas y las hojas de las vides de pálido verdor. El rostro difuminado del personaje parece encajar con el parlamento del Labrador, quien en el texto de Calderón se caracteriza a partir de las referencias a su trabajo.

El personaje del Pobre[37] usa una pálida máscara con la expresión angustiada. A decir de Bobes, «los atributos de tipo anímico intensifican la personalidad propia dentro de la generalización que representan»[38], los cuales se potencian con el antifaz que se extiende traspasando ampliamente los extremos del rostro y simulando un lienzo sembrado de hoyos y deshilachado. Su cabello es negro, lacio y su barba es rala y oscura. Lleva una capa hecha de jirones de telas diversas.

El Pobre, 1958, gouache, papel masonite (19 x 16.5 cm)

La austeridad del personaje se corresponde con los atributos con que el Mundo designaba al mismo personaje en el auto:

<pre>
MUNDO   A ti nada te he de dar,
             que el que haciendo al Pobre vive
             nada del mundo recibe;
             antes te pienso quitar
</pre>

---

[37] Imagen reproducida en Gruen y Ovalle, 1998, p. 163.
[38] Bobes, 2001, s/p.

estas ropas, que has de andar
desnudo. *(Desnúdale.)* (vv. 579-603).

Finalmente, tras la observación de las siete pinturas de los personajes de *El gran teatro del mundo*, es posible afirmar que Remedios Varo sintetizó del texto calderoniano no sólo los signos icónicos del vestido, sino que logró configurar un nuevo constructo creativo, en el que la palabra —la de Calderón— y las imágenes —las de Varo— se potencian recíprocamente y se integran como un todo. Este *constructo creativo en colaboración* bien podría inscribirse en la línea principal de su producción artística, pues reproducen plenamente sus signos característicos.

BIBLIOGRAFÍA

APARICIO MAYDEU, J., «Calderón de la Barca», en *Historia del Teatro Español I. De la Edad Media a los Siglos de Oro,* dir. J. Huerta Calvo, Madrid, Gredos, 2003.

ARELLANO, I., «Autos Sacramentales», en *Pedro Calderón de la Barca. Obras Maestras,* coord. J. Alcalá-Zamora y J. Mª Díez Borque, Madrid, Castalia, 2000.

AZNAR SOLER, M., «La trayectoria de Álvaro Custodio en el exilio», en *Cultura, Historia y Literatura del exilio republicano español de 1939. Actas del Congreso Internacional «Sesenta años después» (Andujar, Jaén, 1999),* ed. E. Pérez Alcalá y C. Medina Casado, Jaén, Universidad de Jaén/UAB, 1999, pp. 55-93.

— «Introducción», en *El exilio teatral republicano de 1939,* Alicante, Biblioteca Virtual Miguel de Cervantes, 2002, pp. 11-53, disponible en http://www.cervantesvirtual.com/FichaObra.html?Ref=7229.

BADÍA HERRERA, J., «Indagación sobre las posibilidades dramáticas de *El Gran Teatro del Mundo*», en *Ars Theatrica,* Valencia, Estudios e Investigación, 2003, disponible en http://parnaseo.uv.es/Ars/Estudios/J_Badia.htm.

BOBES, C., «Abstracción y Símbolo en El gran teatro del mundo: precedentes medievales del auto sacramental», en *Calderón de la Barca y su aportación a los valores de la cultura europea,* 2001, disponible en http://cvc.cervantes.es/obref/calderon_europa/bobes.htm

CALDERÓN DE LA BARCA, P., «El [gran] teatro del mundo» en *Pedro Calderón de la Barca. Obras Maestras,* ed. I. Arellano, coord. J. Alcalá-Zamora y J. Mª Díez Borque, Madrid, Castalia, 2000, pp. 661-677.

CIRLOT, J. E., *Diccionario de símbolos,* Madrid, Siruela, 2006.

DEL RÍO, M., «Álvaro Custodio nos habla del teatro al aire libre», entrevista publicada en el periódico *Excélsior* el 7 de mayo de 1961, en la sección «Diorama de *Excélsior*».

DIAL, E., «Notes on Adapting and Interpreting *La Celestina:* The Art of Alvaro Custodio and Amparo Villegas», Alicante, Biblioteca Virtual Miguel de Cervantes, 2004.

GIBERT-CARDONA, M., «El mágico prodigioso. Adaptación en dos actos de la obra del mismo nombre de D. Pedro Calderón de la Barca», en *Actas del X Congreso de la Asociación Internacional de Hispanistas*, ed. A. Vilanova, Barcelona, PPU, 1989, pp. 955-968.

GRUEN, W. y R. OVALLE, *Remedios Varo. Catálogo razonado,* México, Era, 1998.

INVENTARIO DE LA EXPOSICIÓN REALIZADA EN MADRID 1983-1984 «El exilio español en México», disponible en http://www.cervantesvirtual.com/servlet/SirveObras/03696141000381628539079/p0000021.htm.

KAPLAN, J., *Viajes inesperados. El arte y la vida de Remedios Varo,* Madrid, Era, 1998.

MENDOZA, E. y J. FARRÉ, «Pies en polvorosa. Travesía hacia México de Remedios Varo», en *Viajes y viajeros,* ed. B. López de Mariscal y J. Farré, Monterrey, Instituto Tecnológico y de Estudios Superiores de Monterrey, 2006, pp. 209-221.

OJEDA ESCUDERO, P., «Álvaro Custodio», *ADE teatro: Revista de la Asociación de Directores de Escena de España*, 98, 2003, pp. 121-125.

VALBUENA PRAT, A., «Introducción», en *Obras Completas. Don Pedro Calderón de la Barca. Tomo III. Autos Sacramentales,* Madrid, Aguilar Ediciones, 1987, pp. 199-202.

VEGA, A., *Tratado de los cuatro modos del espíritu*, Barcelona, Alpha Decay, 2005.

INDIANIZACIÓN Y DIGLOSIA DEL TEATRO CRIOLLO: LOS TOCOTINES Y LOS CANTARES MEXICANOS

Claudia Parodi
University of California-Los Angeles/UC-Mexicanistas

Presentación

En este trabajo, tras referirme a la situación lingüística de diglosia producida por el contacto de lenguas europeas y americanas: español, latín y lenguas indígenas —sobre todo náhuatl—, muestro cómo en el teatro novohispano cortesano y humanista, el cual refleja los efectos de dicha diglosia, se incorporan elementos indígenas americanos. Entre estos elementos destacan los *netoliztli*, cantares y bailes mexicanos, que adoptan el nombre de *tocotines*. Los tocotines mantienen en el teatro sus componentes estructurales indígenas, pero se adaptan a la métrica española y tratan temas relativos a los indígenas desde una perspectiva criolla. El tocotín novohispano, continuador del *mitote*, es en efecto una forma híbrida española e indígena usada en la celebración masiva de eventos importantes en la colonia novohispana, la cual se trasplantó al teatro humanista y al cortesano durante el siglo XVII. Un buen número de autores novohispanos, entre los cuales destaca sor Juana Inés de la Cruz, utilizan la estrategia de incorporar el tocotín a sus obras, como resultado de la identificación de los criollos con el mundo americano del cual ellos mismos forman parte. Sin embargo, no lo hacen sólo con el objeto de deleitar enseñando un mundo rico en costumbres, colores, texturas y sonidos exóticos a un público europeo, sino que persiguen otros objetivos. Uno de ellos es mostrar o reforzar su identidad indianizada, producto del mestizaje cultural. Otro de los objetivos que persiguen es integrar a la población indígena novohispana, que era numéricamente dominante, en los festejos y celebraciones sacras y profanas de la minoría dominante, llevando de esta manera los márgenes al centro. En este sentido, cabe distinguir un indigenismo meramente estético, similar a los «mitos» planteados por Roland Barthes o semejante al «orientalismo» formulado por Edward Said[1], de la indianización, la cual deriva de una auténtica identificación con lo americano.

Introducción: diglosia del español y el latín en la Nueva España

Uno de los rasgos más importantes a raíz de la colonización de España en América fue el traslado de la diglosia o división funcional de lenguas que existía en Europa entre el latín y las lenguas vernáculas europeas. En virtud de la diglosia, el latín se usaba como forma de prestigio en contextos científicos y en situaciones sociales sumamente elevadas, mientras que las lenguas vernáculas, como el romance español, se empleaban en contextos coloquiales y en situaciones menos formales. En la Nueva España, desde el momento en que se fundaron instituciones de alta cultura como la Real y Pontificia Universidad de México, el latín ocupó el mismo lugar de privilegio que tenía en el viejo continente, utilizándose en contextos similares. Por ello, en 1553 se inauguró dicha universidad con un discurso en latín, lengua alta 'A'

---

[1] Desde el momento en que llegó a Europa la primera carta de Colón anunciando su llegada a América, el Nuevo Continente y sus habitantes fueron motivo de gran curiosidad y llenaron múltiples páginas del imaginario europeo, sobre todo del español. En el teatro áureo, por ejemplo, los personajes indígenas se incorporaban como elementos particularmente exóticos junto con «moros, tártaros, persas, bárbaros y salvajes» (Hernández Araico, 1994, p. 288). Aunque a veces se confunde el Oriente con el Nuevo Mundo por medio del traje de plumas, como señala Susana Hernández Araico (1996). En otras ocasiones los indios americanos suelen motivar la creación de obras originales que reflejan la perspectiva que se tenía en España de América. Por ejemplo, Calderón de la Barca muestra su concepto de la idolatría al tratar la conversión de los incas en *La aurora en Copacabana*. Asimismo, Cervantes toca el tema del conflicto entre la hidalguía europea y el enriquecimiento de los españoles en América en su novela *El Celoso extremeño*. Sin embargo, será prerrogativa de los autores indianizados como Las Casas o de los escritores propiamente americanos reflejar la situación de las etnias y de las castas en el Nuevo Mundo.

y universal, pronunciado por Francisco Cervantes de Salazar, primer catedrático de retórica de dicha institución. En cambio, en situaciones menos formales, la lengua hablada y escrita era el romance castellano, el cual funcionaba como lengua 'B' en estos casos. En otras ocasiones he esbozado la situación de diglosia del latín y el español en la Nueva España[2]. En este trabajo me centro en la situación del español y las lenguas indígenas, la cual generó otro tipo de diglosia entre el español y las lenguas indígenas, siendo el español en esta situación de contacto la lengua de prestigio o lengua alta 'A' y las lenguas indígenas, las lenguas 'B'. Cabe añadir que, independientemente de la diglosia, hubo contactos continuos entre los españoles de América, los criollos, los mestizos y los indígenas que dieron origen a la re-creación y adaptación de un buen número de formas sincréticas culturales, tanto en el ámbito indígena como en el europeo de América. Una de ellas es el *tocotín*, el cual surgió en el contexto de la literatura de circunstancias masiva y llegó a extenderse a un ámbito más exclusivo, como lo fue el teatro cortesano y el teatro humanista.

El español y las lenguas indígenas: primeros contactos

A raíz de la conquista, las lenguas y los hablantes de idiomas indígenas eran numéricamente mayores. Sin embargo, debido al predominio político, económico y social de los españoles, los primeros estuvieron subordinados a hablantes de castellano. Por ello, el español era lengua de prestigio o lengua alta con respecto a las lenguas indígenas. Las lenguas indígenas, incluido el náhuatl, que había sido lengua de dominación en Mesoamérica antes de la llegada de los españoles, pasaron a ocupar un lugar de menor prestigio o de lengua 'B' con respecto del español. Dada la desproporción numérica de españoles, mestizos e indígenas y la política de preservación de las lenguas indígenas por parte de la corona española, el resultado fue el mantenimiento de un multilingüismo relativamente fragmentado a lo largo del territorio novohispano. Sin embargo, el náhuatl, dentro de las lenguas indígenas, estuvo en una situación privilegio debido a su extensión en Mesoamérica durante la época prehispánica por haber

---

[2] Ver Parodi, 2007a y Parodi, en prensa.

sido la lengua de los aztecas, quienes dominaban políticamente dicha área a la llegada de los españoles. Asimismo, durante la colonia, a pesar de la división de las repúblicas de indios y de españoles, el náhuatl gozó de un lugar especial entre la población mestiza, la criolla y la peninsular novohispana, ya que casi todos lo hablaban —con mayor o menor destreza—, ya fuera porque lo aprendieran para catequizar o porque lo hablaran en sus casas con las personas que les suministraban los servicios. El siguiente cuadro proporciona una idea numérica de los hablantes de lenguas indígenas y de español desde la colonia hasta la revolución (fuente Zimmermann 2006):

Año	Total	Europeos	%	Indígenas	%	Mestizos	%
1518	25,000,000	0	0	25,000,000	100	0	0
1570	3,380,000	6,644	.02	3,366,800	98	0	1
1646	1,712,600	1,378	.04	1,269,600	74	429,200	25
1742	2,477,200	9,814	.08	1,540,200	61	946,200	38
1793	3,799,500	7,904	.02	2,319,700	61	1,487,700	39
1810	6,122,300	15,000	.02	3,476,200	60	2,461,100	40
1910	15,160,300	0	0	1,960,300	13	13,143,300	87

Figura 1: Desarrollo demográfico: 1518-1910

Bilingüismo náhuatl-español

Durante el siglo XVII las trazas establecidas el siglo anterior, las cuales dividían las ciudades en repúblicas de indios y repúblicas de españoles, todavía seguían marcando diferencias entre las ciudades indígenas y las españolas. Sin embargo, tal separación era más legislativa que real, por lo menos en el caso de la ciudad de México. Dicha ciudad española, en efecto, había crecido invadiendo los barrios indígenas. Por otro lado, los propios indígenas se habían mudado a la república española. De esta manera, se estableció una convivencia relativamente estrecha entre los hablantes de náhuatl y los hablantes de español, lo que produjo una situación de diglosia con bilingüismo a causa de dicho contacto. Los indígenas, por un lado, hablaban sus lenguas, sobre todo el náhuatl y algo de español. Por otro lado, los españoles, ya fueran criollos, mestizos o peninsulares, hablaban el español americano y sus variantes[3] y algo de náhuatl. Todos ellos estaban, además, lingüística y culturalmente indianizados. En efecto, los préstamos y los signos lingüísticos biculturales eran frecuentes en el español del Nuevo Mundo[4]. Existieron, por lo tanto, distintos grados de bilingüismo entre la población, pues un buen número de vecinos de las dos repúblicas hablaban la lengua del «Otro». Por ello, citas como la siguiente no son extrañas:

> ...a los que nacemos allá [en la Nueva España], que [los indios] nos tienen por hijos de la tierra y naturales, nos comunican muchas cosas y más como *sauemos la lengua* es gran conformidad para ellos y amistad[5].

Cabe añadir que la política lingüística de la Corona y de las autoridades civiles y religiosas con respecto de las lenguas indígenas oscilaba contradictoriamente entre la castellanización y el mantenimiento de las lenguas indígenas[6]. Los misioneros —sobre todo los franciscanos— prefirieron la enseñanza religiosa a los indígenas en las lenguas vernáculas, sobre todo en náhuatl, condicionando con ello el mantenimiento de una sociedad plurilingüe, donde el náhuatl ocupaba un lugar de privilegio frente a las otras lenguas indígenas, puesto que era lengua general. Esta abigarrada situación lingüística, cultural y religiosa de la Nueva España poco a poco se fue conformando en una organización sociolingüística en la cual unas lenguas de dicha sociedad multilingüe, como el náhuatl, adquirieron preeminencia sobre otras, dependiendo de la época, la situación social y los contextos en los cuales éstas se empleaban. A continuación me centro en analizar la posición que tenían los bailes de origen indoamericano en el contexto de la celebración de las festividades de la Nueva España, tomando en consideración la situación de contacto a la cual acabo de referirme.

---

[3] Ver Parodi, 1995.
[4] Ver Parodi, 2007b.
[5] *Libro de albeitería*, citado por Perissinotto, 1990, p. 25.
[6] Ver Brice Heath, 1972 y Barriga, 1995.

Cantos y bailes indígenas en las festividades durante la colonia

Desde los primeros contactos entre indígenas y españoles, los cantos y los bailes indígenas fueron motivo de sorpresa e interés por parte de los europeos trasladados al continente americano. Se hace referencia a éstos en las descripciones de los viajes de Colón y en gran número de crónicas desde los albores de la colonia, como Bartolomé de las Casas, Bernal Díaz del Castillo, fray Juan de Torquemada o fray Bernardino de Sahagún, por mencionar sólo algunos. Las Casas, en su *Apologética historia sumaria,* se refiere a uno de los primeros ejemplos. Señala este autor que más de mil indígenas mexicanos celebraron en el centro de la ciudad de México la paz entre Carlos V y el rey de Francia, representando en 1539 una imaginaria y simbólica batalla naval de Rodas acompañándose de cantos, bailes e instrumentos musicales prehispánicos y europeos, en un escenario adornado con flores dispuestas al uso de los indígenas nahuas[7]. El andaluz Juan de la Cueva, antes de volver a España, reseñó en 1577 los bailes indígenas que presenció en México de la siguiente manera:

> Con todo esto, sin tener recato
> Voy a ver sus *mitotes* y sus danzas
> Sus juntas de más costa que aparato...
> Dos mil indios (oh extraña maravilla)
> Bailan por un compás a un tamborino
> Sin mudar voz, aunque es cansancio oilla[8].

Igualmente, gracias a las relaciones de fiestas como la *Carta del padre Morales* de 1578 —recientemente publicada por Beatriz Mariscal—, se sabe que en las fiestas organizadas por los jesuitas en virtud del arribo a México de las reliquias de santos donadas por el papa Gregorio XIII, los indígenas celebraron el evento cantando y bailando. Este texto, además, prueba que el intercambio cultural entre españoles e indígenas era estrecho pues, según indica el padre Morales, los versos de las canciones en náhuatl con las cuales los indígenas celebraron este evento cristiano no se entonaban siguiendo las reglas de versificación del náhuatl, sino las del español:

---

[7] Horcasitas, 2004, pp. 610—611.
[8] Méndez Plancarte, 1994, p. 22.

En llegando la procesión a este arco, salió a recebir las Sanctas Reliquias un *bayle* de naturales niños indios muy bien adereçados a su modo y habito, con mucho ornato y plumería, los quales eran músicos y assí, el son de el bayle era en canto de organo conzertado con quatro voces diferentes que hazian *consonancia al modo español*, y justamente con las vozes sonaban flautas y el instrumento propio de ellos con que de hordinario tañen en sus bayles (a que llaman Teponaztli)…La letra que cantavan aunque era en su lengua yva *en medida y consonancia castellana, en alabança de todos los sanctos*, particularmente de su patrón san Hyppólito…[9].

El contacto de indígenas y españoles no sólo influyó a las culturas vernáculas hispanizándolas desde fecha temprana —desde la llegada de fray Pedro de Gante en 1523—, sino también afectó a la cultura española de la Nueva España indianizándola, como ya he apuntado en otras ocasiones[10]. Por ejemplo, hacia 1574 Fernán González de Eslava utilizó el náhuatl en su «Ensalada del tianguez»[11]. Además, este autor presenta la figura de la Nueva España indianizada en uno de sus coloquios e incorpora en el escenario del coloquio XVI, *Del bosque divino donde Dios tiene a sus animales,* gran variedad de flores y animales vivos que revelan la influencia de la cultura náhuatl, pues los aztecas se caracterizaban por incluir animales vivos en los bosques de sus ceremonias religiosas. En lo que atañe a los bailes indígenas, Juan de Torquemada, en su *Monarquía Indiana*[12], apunta que los hermanos criollos Gil y Alonso González de Ávila, junto con Martín Cortés, hijo de Hernán Cortés, organizaron en 1566 un sarao en el cual ellos mismos, imitando a los bailarines de los mitotes nahuas, representaron el encuentro de Hernán Cortés y de Moctezuma. Uno de los hermanos Ávila se disfrazó de Moctezuma, copiando fielmente los atuendos aztecas, y Martín Cortés personificó a su padre. El sarao terminó con la coronación del hijo de Cortés y de su esposa. Una vez que se enteraron las autoridades novohispanas del evento, castigaron terriblemente a los «actores», pues degollaron a los hermanos Ávila y expatriaron para siempre a Martín Cortés

---

[9] Morales, *Carta*, p. 32, el subrayado es mío.
[10] Parodi, 2006 y Parodi, en prensa.
[11] Eslava, *Villancicos*, p. 235. Lo mismo hará sor Juana Inés de la Cruz en sus villancicos cien años después.
[12] Torquemada, *Monarquía Indiana*, vol. 3, p. 629.

de la Nueva España[13]. La tradición de incorporar los bailes indígenas para festejar eventos profanos o religiosos se continuó a lo largo de la colonia entre los indígenas y los españoles[14].

Los tocotines en el teatro novohispano

A partir del siglo XVII en la Nueva España aparece en el teatro cortesano y en el teatro humanista la voz *tocotín* referida a cierta clase de bailes nahuas y cantos atabálicos, medidos por los tambores prehispánicos, el teponaztle y el huehuetl, cuya cadencia determinaba el ritmo de cada canción. Los tocotines se ejecutaban acompañados de canciones compuestas al estilo europeo. En efecto, tales canciones se escribían en versos hexasílabos con rima asonante o romancillos. Éstas solían ser de tema sagrado o profano referidas a las costumbres y situación de los indígenas en la colonia, escritas en español, náhuatl o combinando ambas lenguas. Los bailes se ejecutaban sobre todo al ritmo del teponaztle y del huehuetl, como arriba indiqué, aunque además se añadían diversos instrumentos musicales prehispánicos y españoles. El teponaztle era un tambor largo, horizontal de madera con una hendidura en el centro, el cual se tocaba con dos palillos que llevaban algodón o hule en los extremos. El huehuetl, en cambio, era un tambor alto, vertical, grande, redondo que llevaba en un extremo un parche de venado que se tocaba con las manos. Entre el instrumental europeo a veces añadían guitarras, flautas, ocarinas y chirimías, y entre el instrumental prehispánico, solían utilizar trompetas de concha, silbatos e instrumentos de percusión como sonajas y matracas. Los varios bailarines, que eran seis o más, representaban a caciques o *tlatoanis* que narraban sucesos notables de sus tradiciones adaptados a la situación y temática del festejo. Frecuentemente aparecía Moctezuma o alguna figura alegórica indígena de alto rango, como el Reino Mexicano en el tocotín de Francisco Bramón (*Los sirgueros de la Virgen*). Los bailarines solían llevar ostentosas *tilmas* o capas de

---

[13] El criollo Luis de Sandoval Zapata escribió un bello poema sobre la degollación de los hermanos Ávila cien años después, ver Méndez Plancarte, 1995, pp. 137-142.

[14] Alberro, 1999, pp. 40-50.

plumerías y oro o tilmas de finos encajes de varios colores. En el pecho usaban ricas armaduras y en los brazos colgaban escudos con emblemas y motes. Por ejemplo, el escudo del Reino Mexicano del mencionado tocotín de Francisco Bramón se adornaba con un águila sobre un tunal acompañada del mote «pues tal luz le da María, renovaréla en su día»[15]. A veces cubrían sus caras con máscaras representando a los reyes aztecas. Coronaban su cabeza con un *copilli*, que era una diadema alta acabada en punta en la parte central de la frente. La parte trasera del *copilli* colgaba sobre el cuello y solía llevar un penacho de plumas de colores. La parte delantera y los lados del *copilli* se adornaban con joyas y figuras de águilas de dos cabezas o de flores con hilos de perlas. En una mano los bailarines llevaban un abanico de plumas o flores y en la otra mano, dependiendo del tema del baile, llevaban una macana o un *ayacachtli*, que era una sonaja ovalada. Los pasos de los bailes seguían el modelo prehispánico y estaban compuestos de vueltas, entradas, cruzados y reverencias. Los actores podían ser indígenas, mestizos o criollos. Los autores de los tocotines eran, asimismo, indígenas, mestizos o criollos que conocían a fondo la cultura prehispánica como resultado de su identidad americana. Como bien señala Partida Tayzan, el tocotín es un «híbrido al gusto del oído del peninsular; tanto por su métrica como por su melodía, en el que se conserva tanto la danza como la vestimenta de los viejos 'ballets' prehispánicos, como el mitote del emperador Moctezuma, en ese proceso de conformación de ambas culturas»[16]. Los tocotines solían colocarse al principio, al medio o al fin de las representaciones dramáticas o bien formaban parte de los villancicos y ensaladas, e incluso se bailaban en los carros festivos en celebraciones sacras o profanas. Cabe pensar, junto con Partida Tayzan (2007) y Frost (1992), que los tocotines se incorporaron por primera vez en el teatro humanista jesuita desde donde se expandieron al teatro de palacio. En efecto, los dramaturgos de la colonia, como sor Juana Inés de la Cruz, lo incorporaron posteriormente a sus obras. La función de los tocotines no sólo era proporcionar variación y riqueza rítmica a una composición dramática o a un evento religioso o profano, siguiendo las normas de incorporación de la poesía popular oral a la poesía escrita según la

---

[15] Bramón, *Los sirgueros de la Virgen*, p. 109.
[16] Partida Tayzan, 2007, p. 11.

preceptiva española del barroco, sino que, además, anexaban la cultura indígena a la cultura criolla y viceversa, mostrando muchas veces empatía por la situación social del indígena. Por lo menos ése fue el caso en el tocotín anónimo en honor a san Ignacio de Loyola de 1628 y en el tocotín de sor Juana Inés de la Cruz de 1677. Dado que el tocotín es resultado del mestizaje cultural indígena y español, no sólo revela la hispanización de la cultura indígena sino la indianización de los españoles en el Nuevo Mundo y el criollismo o mestizaje cultural de los hijos de españoles nacidos en América[17].

Origen del tocotín

El tocotín, según he indicado, es una producción artística híbrida, resultado de la conjunción de dos tradiciones poéticas y musicales muy disímiles, la nahua y la española. En lo que atañe al aspecto indígena del tocotín, éste, como señaló Francisco Bramón en 1620, deriva de la danza mexicana *netotiliztli*: «una vistosa danza que llaman los mexicanos *netotiliztle* y en nuestro vulgar *mitote* o *tocotin*»[18]. De igual manera, Bierhorst identifica ambas danzas[19]. Tanto la voz nahua *netotiliztli* como el nahuatlismo del español mexicano *mitote* derivan de la raíz náhuatl *itotia*, que significa *danzar*[20]. Así *m+itotia+ni*, que significa 'danzante', permite la formación *m+ihtotih* 'el que baila'[21], del cual se deriva la voz *mitote* 'baile'. Esta última palabra se tomó prestada en el español mexicano. El vocablo náhuatl *netotilitztli* 'baile', procede de *ni+itoliztli* 'hacer danzar a alguien', cuya raíz es también *itotia* 'danzar'. El *netotiliztli*, según John Bierhorst[22], era una danza mexicana asociada con el festejo de eventos mundanos. Se oponía al *macehualiztli*, que era una danza ritual, usada por los nahuas para celebrar eventos reli-

---

[17] Para más información sobre el tocotín, ver los siguientes cronistas y críticos: Bocanegra, *Comedia de San Francisco Borja*; Bramón, *Los sirgueros de la Virgen*; Leal, 1954; Osorio Romero, 1995; Padilla Zimbrón, 2007; Partida Tayzan, 2007 y Pérez de Ribas, 1944.

[18] Bramón, 1944, p. 109.

[19] Bierhorst, 1985, pp. 88-91.

[20] Ver Molina, 1992 y Siméon, 1992.

[21] Agradezco a Karen Dakin la información sobre esta palabra.

[22] Bierhorst, 1985, p. 92.

giosos. Se recogen ejemplos de los *netotiliztli* en los *Cantares mexicanos* (ms. 1628-bis), los cuales se encuentran guardados en la Biblioteca Nacional de México y en los *Romances de los señores de la Nueva España* de la Colección Latinoamericana de la Universidad de Texas en Austin. Gran parte de la poesía que contienen estas dos colecciones probablemente es anterior a la conquista y trata de temas prehispánicos, pero por ser de transmisión oral, su escritura en caracteres romanos data de la segunda mitad del siglo XVI. Los *netotiliztli* se siguieron componiendo en náhuatl en el ámbito indígena después de la conquista y varios de ellos se dedicaron a figuras y eventos religiosos del cristianismo. Ello parece indicar que la incorporación del cristianismo no se asimiló a la religión prehispánica, sino a la percepción de acontecimientos mundanos por parte de los indígenas, ya que usaron los *netotiliztli* para festejar los eventos cristianos y no los *macehualiztli*. Aquí utilizaré sobre todo el texto de los *Cantares mexicanos* como marco de referencia para aludir al origen del tocotín y ocasionalmente me referiré a los *Romances*. Tanto el texto de los *Cantares mexicanos*, que fue traducido en su totalidad al inglés por John Bierhorst (1985) y parcialmente al español por Ángel María Garibay K. (1992), como la trascripción de los *Romances de los señores de la Nueva España*, se caracterizan por indicar detalladamente los distintos ritmos del teponaztle que debían usarse para tocar y bailar los cantares incluidos en dichas colecciones. Asimismo, en estos textos se señala la rima y el metro de los versos que conformaban cada uno de los *netotiliztli*. El ritmo del teponaztle se marca por medio de las sílabas *to co, qui* y *ti* combinadas o repetidas en distintos órdenes en cada cantar. Por ejemplo, *tico toco toco tiquitiquiti quiti quito* para el cantar XLIV (p. 221) o *toco ticoto cotoco tititico tititico* para el cantar XLV (p. 223). Más adelante me referiré a la interpretación musical y rítmica de las distintas combinaciones de estas sílabas, las cuales se trasladaron al tocotín español, según indican los autores de los textos coloniales en sus didascalias. Por ejemplo, sor Juana Inés de la Cruz en su tocotín de la loa al auto sacramental de *El Divino Narciso* dice: «Bailan indios e indias, con plumas y sonajas en las manos, *como se hace de ordinario esta danza*, y mientras bailan, canta la Música»[23].

---

[23]De la Cruz, *Obras completas*, vol. III, p. 3 (el subrayado es mío).

En lo que atañe a la versificación, cabe señalar que la rima y el metro de los cantares o *netotiliztli* nahuas se conocen poco por ser sumamente complejos, pues además de repetir el significado —que a veces es un lamento— de una frase con otra frase (difrasismo), se caracterizan por llevar el ritmo a base de sílabas vacías y vocablos, a veces agrupados, sin significado como *yya, ohuaya* y *ohuaya yya, yya*, colocados a modo de codas, al final de los versos, los cuales se repiten llevando el ritmo de diferente manera en cada cantar. Sirva de ejemplo el siguiente verso, incluido en Lockhart (1992), donde las letras cursivas marcan las sílabas y los vocablos vacíos:

No hagan nada sino disfrutar, todos ustedes disfruten, amigos míos. ¿Acaso no disfrutarán ustedes?, ¿acaso no estarán ustedes satisfechos, mis amigos? ¿Dónde agarraré flores finas, canciones finas? *y ahua yya o ahua yia yiaa ohuaya, ohuaya*[24]

La voz *tocotín* o *tocontín* no se registra antes del siglo XVII ni en español ni en náhuatl. El primer texto conocido hasta ahora que menciona esta palabra es el de *Los sirgueros de la virgen*, de Francisco Bramón (1620). Anteriormente se nombraba *mitotes* a los bailes indígenas que se acompañaban de canciones en español o en náhuatl. Ni Alonso de Molina en su minucioso diccionario del náhuatl, impreso en 1555, ni los cronistas más conocidos de la conquista y de la colonia mencionan la palabra *tocotin* o *tocontin* en el siglo XVI. Ello parece indicar que este vocablo no existía en náhuatl y que se formó después de dicho siglo, como ha sugerido Luis Leal[25] y con el cual coincido. Cabe aclarar que en el náhuatl no existe ninguna raíz *tocon, toncon* ni *toquicon*. Es decir, que las sílabas del término *tocotín* son agrupaciones que en el náhuatl no formaban unidades léxicas o palabras con significado lingüístico, sino que eran congregaciones de sílabas que imitaban el ritmo del teponaztle y del huehuetl. El tocotín es, pues, una palabra onomatopéyica que imita el sonido del teponaztle, como el vocablo *chachachá* simula las maracas que acompañan al baile.

La versificación de los tocotines, ya sea en español o en náhuatl, es mucho más simple que la de los *netotiliztli* originales del náhuatl,

---

[24] Lockhart, 1992, p. 395. Para más detalles sobre la versificación nahua, ver Karttunen-Lockhart, 1980.

[25] Leal, 1954, p. 52.

pues los tocotines, como ya indiqué, suelen ser romancillos hexasílabos de rima asonante, tanto en español como en náhuatl. La incorporación de la rima asonante al náhuatl implica una innovación importante en la poesía de la lengua indígena, la cual —repetimos— medía el ritmo de otra manera.

Los pasos de los bailes prehispánicos y los ricos atuendos y adornos de los *netotiliztli* mexicanos se mantienen en los tocotines con bastante fidelidad, pero en los tocotines el contenido de los versos se adapta a la cultura española sacra o profana, aunque en algunos casos se refleja el tono de lamentación y nostalgia característico de algunos de los *netolitztli*:

> Gemid, mexicanos, / caciques, gemid,
> debajo las cargas / que mansos sufrís
> que el cielo cesado, / abre sin dormir
> pestañas de estrellas / a veros gemir[26]

En los tocotines casi siempre aparecen caciques o nobles mexicanos —como hijos del sol— y a veces reyes aztecas como Moctezuma, los cuales también son personajes frecuentes en los *netoliztli* junto con Netzahualcóyotl y otros reyes aztecas como Axayacatzin Ytzcoatl[27]. Por ello, casi todos los tocotines se caracterizan por aludir a la nobleza del los mexicanos en los primeros versos, los cuales suelen convertirse en su estribillo. Por ejemplo, el tocotín de la loa a *El auto sacramental de El divino Narciso* de sor Juana Inés de la Cruz se inicia con las siguientes líneas: «*Nobles mejicanos/ cuya estirpe antigua/ de las claras luces/ del sol se origina*»[28]. De igual modo, uno de los tocotines reproducidos por Vicente T. Mendoza empieza: «*Venid, mexicanos,/ caciques venid,/ con varios plumajes/ y manta sutil*»[29] o el tocotín a la comedia de san Ignacio, estudiado por Osorio Romero (1995) y Padilla Zimbrón (2007) comienza: «*Tocotín caciques,/ hijos, tocotín,/ que el sol, vuestro padre,/ os espera aquí*»[30], donde el sol simboliza tanto el sol pre-

---

[26] Osorio, 1995, p. 30.
[27] Ver Bierhorst, 1985.
[28] De la Cruz, *Obras completas*, vol. III, p. 3. Debe tenerse en cuenta que los antiguos mexicanos creían que los hombres procedían del sol (ver Mendieta, 2002, p. 186).
[29] Mendoza, 1984, p. 161.
[30] Osorio, 1995, p. 31.

hispánico como el arzobispo padre Francisco Manso y Zúñiga. De igual modo, tanto en este último tocotín como en el tocotín mestizo en náhuatl y español de sor Juana Inés de la Cruz[31], y en los *netoliztli*, hay quejas y lamentos sobre el mal trato a los indígenas. Asimismo, varios cantares mexicanos escritos después de la conquista se adaptaron a la religión católica y tienen como personaje central a Cristo, el Espíritu Santo o la Virgen María, como sucede en el cantar LV dedicado a Cristo, cuyas líneas 6 a 8 y 21 a 25 traduzco al español de la versión de Bierhorst:

> Aquí empieza la joya en verso para el nacimiento de Nuestro Señor Jesucristo. Don Francisco Plácido la compuso en 1553...
> *Titoco toto titocototo titiquititi titiquititi*
> ¡Ya es hora! ¡Ya es hora! ¡Príncipes! ¡Sobrinos! *Yyahue* Vamos gentilmente a Dios Jesucristo. Lo veremos en aquella choza dorada, le daremos un rosario de rosas de jade. Él brilla encarnado como un cisne rosado, eso parece, eso parece acullá *yio aye hoaya yeha*[32]

RECONSTRUCCIÓN MUSICAL DE LOS TOCOTINES

Los primeros intentos de reconstruir la música náhuatl a partir de las indicaciones de las sílabas repetidas se deben a Garibay K. (1962), Mendoza (1984), Stevenson (1968) y Tulga (2007), quienes se centran en el análisis de las sílabas *to, co, qui* y *ti* combinadas o repetidas en distintos órdenes, según se indica en los *netoliztli* incluídos en el texto de los *Cantares mexicanos*. Tales combinaciones marcan el ritmo que debe seguirse para tocar el teponaztle y el huehuetl que acompañan los cantos y los bailes que contiene dicha colección. Una nota del músico indígena noble don Francisco Plácido en los folios 37-41, que

---

[31] De la Cruz, *Obras completas*, vol. II, pp. 41-42. En el *Sarao de cuatro naciones* estiliza el tocotín y hace que los indígenas bailen con los italianos, españoles y negros, vol. IV, pp.180-181.

[32] Bierhorst, 1985, pp. 254-256. El texto náhuatl es el siguiente: «Nican ompehua Cozcacuicatl ytechpa yn itlacatilitzin totoo Jesu Xo oquitecpan don Franco. Placido ypan xihuitl 1553 años. *Titoco toto titocototo titiquititi titiquititi*. Cuelcan cuelcan Pipilte tomachhuane Yyahue tla toyayathuia yn ixpahán Tiox Jesu xpo. Teocuoitlaca'calli manca tictottilzque ticchalchiuhcuentaxcozcamacazque o anqui yechauhquecholtlaztalehualtotonatoc anqui ye oncan *yio aye hoaya yeha*».

data de mediados del siglo XVI sobre los bailes de Huejotzingo, es la clave para la interpretación musical de dichas sílabas[33]. El músico indígena apunta, además, que algunas canciones iban acompañadas hasta de diez huehuetles, como en la canción XLV. Asimismo, Mendoza anota que la intromisión de las letras *n* y *h* a los pies rítmicos es un elemento alógeno procedente de la música occidental a raíz del contacto de los indígenas con los españoles[34]. Tal intromisión complicó la música prehispánica occidentalizándola, según Mendoza. Este musicólogo mexicano hace equivaler las sílabas de los *netoliztli* con las notas de la escala musical de la siguiente manera: *ti =do, qui =la, to=sol y co=mi*. A estos cuatro sonidos, según Mendoza, le faltaría la nota *re* para tener una escala pentatónica[35]. Propone que esta ausencia se subsane con los sonidos de los teponaztles, los cuales podrían afinarse en intervalos de cuarta justa o de tercera menor. Finalmente, los musicólogos Phil y Sarah Tulga, tomando en cuenta las investigaciones de Stevenson y Bierhorst, han propuesto una reconstrucción musical de las silabas *to, co, qui* y *ti* que aparecen en los *Cantares mexicanos*. Para finalizar, transcribo a continuación la interpretación musical de tres cantares por parte de Tulga[36]:

1. Cantar 48: *Canción de Tlaltecatzin de Cuauhchinanco.*

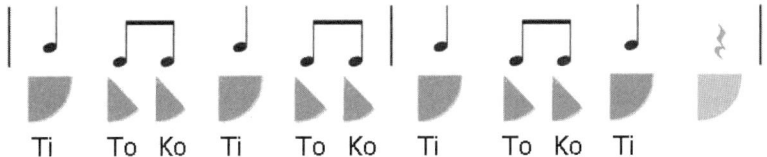

---

[33] Stevenson, 1968, p. 47.
[34] Mendoza, 1984, p. 26.
[35] Mendoza, 1984, p. 27.
[36] La reconstrucción puede escucharse consultando su sitio en la red http://www.philtulga.com.

2. Cantar 44 : *Canción del tambor de madera (teponaztle)*

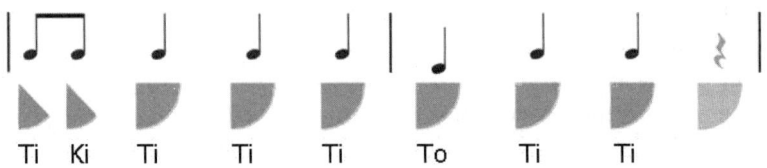

3. Cantar 57c: *Ahuitzotl.*

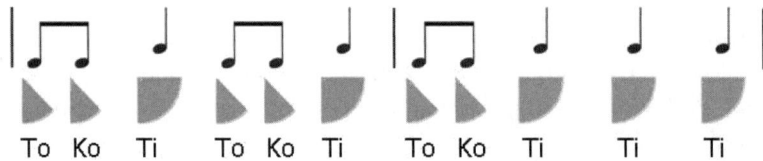

BIBLIOGRAFÍA

ALBERRO, S., *El águila y la cruz*, México, Fondo de Cultura Económica, 1999.
BARRIGA VILLANUEVA, R., «México, país plurilingüe», *INTI. Revista de Literatura Hispánica,* 42, 1995, pp. 115-131.
BIERHORST, J., *Cantares mexicanos. Songs of the Aztecs*, Stanford, Stanford University Press, 1985.
BOCANEGRA, M. de, *Comedia de San Francisco Borja a la feliz venida del excelentísimo señor marqués de Villena, virrey de esta Nueva España. Teatro profesional jesuita del siglo XVII*, ed. C. Frost, México, Coanculta, 1992.
BRAMÓN, F., *Los sirgueros de la Virgen,* ed. A. Yánez, México, Imprenta Universitaria, 1944.
CALDERÓN DE LA BARCA, P., *La aurora en Copacabana,* ed. E.S. Engling, Londres, Tamesis, 1994.
CASAS, B. de las, *Apologética historia sumaria,* ed. E. O'Gorman, México, Universidad Autónoma de México, 1967.
CERVANTES SAAVEDRA, M. de «El Celoso extremeño», en *Novelas ejemplares,* ed. F. Gutierrez, Nueva York, Las Américas, 1962, vol. 2.
BRICE HEATH, S., *Telling tongues. Language policy in Mexico*, New York, Teachers College Press, 1972.

De la Cruz, Sor Juna Inés, *Obras completas*, ed. A. Méndez Plancarte, México, Fondo de Cultura Económica, 1952, vol. II.
— *Obras completas*, ed. A. Méndez Plancarte, México, Fondo de Cultura Económica, 1955, vol. III.
— *Obras completas*, ed. A. G. Salceda, México, Fondo de Cultura Económica, 1957, vol. IV.
Díaz del Castillo, B., *Historia verdadera de la conquista de la Nueva España*, ed. C. Sáenz de Santa María, México, Alianza Editorial, 1991.
Frost, E. C. (ed.), «Introducción», M. de Bocanegra, *Comedia de San Francisco Borja a la feliz venida del excelentísimo señor marqués de Villena, virrey de esta Nueva España. Teatro profesional jesuita del siglo xvii*, México, Conaculta, 1992.
Gage, T., *Nueva relación que contiene los viajes de Tomás Gage*, ed. S. Aguilar, Guatemala, 1946.
González de Eslava, F., *Villancicos, romances, ensaladas y otras canciones devotas*, ed. M. Frenk, México, El Colegio de México, 1989.
Garibay K., A. M., *Historia de la literatura náhuatl*, México, Porrúa, 1992.
Hernández Araico, S., «El código festivo renacentista barroco y las loas sacramentales de sor Juana: Des/re/construcción del mundo europeo», *El escritor y la escena,* 2, Ciudad Juárez, Universidad Autónoma de Ciudad Juárez, 1994, pp. 75-87.
— «La alegorización de América en Calderón y sor Juana: Plus Ultra», *Rilce,* 12, 2, 1996, pp. 281-300.
Horcasitas, F., *Teatro náhuatl*, México, Universidad Nacional Autónoma de México, 2004.
Karttunen, F. y J. Lockhart, «La estructura de la poesía náhuatl», *Estudios de Cultura Náhuatl*, 14, 1980, pp. 15-64.
Leal, L., «El tocotín mestizo de sor Juana», *Ábside,* 18, 1954, pp. 51-64.
Lockhart, J., *The Nahuas After the Conquest*, Stanford, Stanford University Press, 1992.
Méndez Plancarte, A., *Poetas novohispanos, Primer siglo*, México, Universidad Nacional Autónoma de México, 1994.
— *Poetas novohispanos, Segundo siglo*, México, Universidad Nacional Autónoma de México, 1995.
Mendieta, J. de, *Historia eclesiástica indiana,* México, Consejo Nacional para la Cultura y las Artes, 2002, vol. I.
Mendoza, V. T., *Panorama de la música tradicional de México*, México, Universidad Nacional Autónoma de México, 1984.
Molina, A., *Vocabulario en lengua castellana y mexicana y mexicana y castellana*, México, Porrúa, 1992.
Morales, P., *Carta del padre Morales*, ed. B. Mariscal, México, El Colegio de México, 2000.

Osorio Romero, I., «Un tocotín del siglo XVII», *Boletín de Filosofía y Letras*, México, Universidad Nacional Autónoma de México, 1995, pp.26-36.

Padilla Zimbrón, E., «El tocontín: expresión de la conciencia criolla novohispana», en *Injerto peregrino de bienes y grandezas admirables. Estudios de literatura y cultura española e hispanoamericana (siglos XVI al XVIII)*, ed. L. von der Walde et al., México, Universidad Autónoma Metropolitana, 2007, pp. 201-218.

Parodi, C., *Orígenes del español americano*, México, Universidad Nacional Autónoma de México, 1995.

— «The Indianization of Spaniards in New Spain», *Mexican Indigenous Languages at the Dawn of the Twenty-First Century*, ed. M. Hidalgo, Berlin-Nueva York, Mouton de Gruyter, 2006, pp. 29-52.

— «El lenguaje de las fiestas: Arcos triunfales y villancicos», en *Teatro y poder en la época de Carlos II*, ed J. Farré Vidal, Madrid, Iberoamericana-Veuvert, 2007a, pp. 221-236.

— «La semántica cultural y la indianización en América: un análisis de contacto lingüístico», en *Actas del XV Congreso de la Asociación Internacional de Hispanistas*, ed. B. Mariscal y A. González, México-Monterrey, Fondo de Cultura Económica, 2007b, pp. 211-223.

— «Tensión lingüística en la colonia: Diglosia y Bilingüismo», en *La sociolingüística en México*, ed. R. Barriga y P. Martín Butragueño, México, El Colegio de México, en prensa.

Partida Tayzan, A., «El tocotín en la loa para el auto El Divino Narciso ¿Criollismo sorjuanino?», *Biblioteca Virtual Miguel de Cervantes*, 2007. Disponible en http://www.cervantesvirtual.com/servlet/SirveObras/jines/12604409778153752976846/p0000001.htm#I_0_[última consulta 16/01/2009].

Pérez de Ribas, A., *Historia de los triunfos de nuestra santa fe entre las gentes más bárbaras y fieras del nuevo orbe*, México, Editorial Layac, 1944.

Perissinotto, G. (ed.), «Estudio preliminar», en J. Suárez de Peralta, *Tratado del descubrimiento de las Indias y su conquista*, Madrid, Alianza Editorial, 1990, pp.7-35.

Sandoval Zapata, Luis de, «De la 'Relación fúnebre' de la degollación de los Ávilas en 1566», en A. Méndez Plancarte, *Poetas Novohispanos. Segundo siglo*, México, Universidad Nacional Autónoma de México, 1995, pp.137-142.

Sigüenza y Góngora, C. de, *Las glorias de Querétaro*, Querétaro, Gobierno del Estado de Querétaro, 1985.

Siméon, R., *Diccionario de la lengua náhuatl*, México, Siglo XXI, 1992.

Sahagún, B. de, *Historia general de las cosas de la Nueva España*, ed. A. López Austin y J. García Quintana, México, Conaculta, 2000.

Stevenson, R., *Music in Aztec and Inca territory*, California, UC Press, 1968.

Torquemada, J. de, *Monarquía Indiana*, ed. M. León Portilla, México, Porrúa, 1969.

Tulga, P. y S. Tulga, «Cantares mexicanos rhythms», disponible en http://www.philtulga.com/
Zimmermann, K., «La relación diglósica entre las lenguas indígenas y el español en el México colonial», en *Discurso, interacción e identidad. Homenaje a Lars Fant*, Stockholm, Stockholm Universitet, 2006, pp. 211-228.

Apéndice

Dado que resulta difícil localizar tocotines, incluyo en orden cronológico los títulos de los tocotines que he localizado. Las referencias completas pueden verse en la bibliografía.

Francisco Bramón, 1620, tocotín, *Los sirgueros de la Virgen*.
Tomas Gage, 1625, tocotín, *Nueva relación que contiene los viajes de Tomás Gage*.
Anónimo, 1628, tocotín en la *Comedia de san Ignacio de Loyola*.
Matías de Bocanegra, 1641, tocotín al virrey Marqués de Villena en *Comedia de san Francisco Borja*.
Andrés Pérez de Ribas, 1645, descripción de un tocotín, en *Historia de los triunfos de nuestra santa fe entre gentes las más bárbaras*, citado en Bierhorst (1985).
Juan Díaz de Arce, 1651, *Vida del venerable Bernardino Álvarez*, tres tocotines recogidos en Vicente T. Mendoza, 1984.
Sor Juana Inés de la Cruz, 1676, tocotín en náhuatl en el *Villancico a la Asunción*.
Sor Juana Inés de la Cruz, 1677, tocotín en náhuatl y español a *San Pedro Nolasco*.
Carlos de Sigüenza y Góngora, 1680, reseña de un tocotín en *Las glorias de Querétaro*.
Sor Juana Inés de la Cruz, 1688, tocotín en español en la loa al *Auto sacramental de El Divino Narciso*.
Sor Juana Inés de la Cruz, 1688, tocotín estilizado en «Sarao de cuatro naciones», en *Los empeños de una casa*.
José Francisco de Isla, 1701, tocotín en *Vuelos de la imperial águila tezcucucana*. Citado por Osorio, 1995.
«Christalino argentado mar de gracia», en *Segundo quinze de enero*, 1730, descripción de un tocotín, citado por Osorio, 1995.
Francisco Javier Clavijero, 1770, descripción de tocotines en *Historia antigua de México*, p. 281[37].

---

[37] Hay, además, residuos posibles del tocotín en canciones populares nahuas del siglo XX en los pueblos de México. Ver Bierhorst, 1985, p. 91.

«REPRESENTANTES», GENTE DE TEATRO Y DEL ESPECTÁCULO EN NUEVA ESPAÑA EN EL SIGLO XVI

Octavio Rivera
Universidad Veracruzana

Para que tenga lugar el acontecimiento teatral, en esencia, sólo se necesitan dos elementos: el actor y el espectador. En el estudio del teatro novohispano del siglo XVI, los temas que atañen a «actores», aficionados o profesionales, a los que en la época, como sabemos, se les llama «representantes», «representadores» y, en ocasiones, «recitantes» es incipiente[1]. Me permito ahora algunas breves observaciones al respecto.

---

[1] Para Covarrubias, «Representantes» son «los comediantes» (860). Covarrubias no incluye en su *Tesoro*... «representador», ni «recitante». «Actor» para Covarrubias es «el que acusa opuesto al reo» (9). Actor aparece en el *Diccionario de autoridades* desde 1729, en general como: «El que representa, ó hace papel en los teatros. En los nuestros se llama comunmente Comediante». «Actriz» se registra a partir de 1780; «Representante» se incluye en el tomo quinto de 1737, y dice: «Usase comunmente como sustantivo, y se toma por lo mismo que Comediante ó Farsante». En 1780 aparece «representador», palabra de la que se explica que es «lo mismo que comediante, ó farsante», y que «Hoy se dice representante». En 1803, en «representante» se dice que lo común es llamarlo «cómico»; en 1822 se refiere a él como «comediante»; en 1832 y 1837 se acepta «representador» junto con «comediante»; en 1970, en la definición se emplea «actor»; en 1985 «representante» y «representador» se consideran términos en desuso para denominar al «actor», y del «representante» se dice que: «es entonces, en el caso del negocio del espectáculo quien trata los negocios de actores, toreros, etc.». En 1992, no se señala que «representante» esté en desuso y se vuelve a emplear como sinónimo de «actor» (*Diccionario de autoridades*). En relación con el estudio de actores en Nueva España en el siglo XVIII es importante el estudio de Ramos Smith, 1994.

El teatro misionero

Hacia la década de 1530, cuando en la península se localizan las primeras noticias de actores profesionales, en Nueva España tienen lugar las primeras representaciones teatrales organizadas por los españoles. Se trata como sabemos del teatro que forma parte de la celebración de fiestas religiosas, que en suelo mexicano adquirió matices particulares cuando se encontró en él un recurso más para ser empleado en la conversión del indígena al cristianismo. Las crónicas misioneras hablan de las fiestas religiosas, y exaltan la capacidad del indio para la realización de las mismas, una manera de elogiar al mismo tiempo la propia labor educativa de los frailes. En las representaciones teatrales que se llevaban a cabo durante las fiestas, según la noticia que de ellas dan Las Casas y Motolinia, entre otros, los «representantes» eran exclusivamente indios, probablemente siempre varones adolescentes, quienes también representaban a las figuras femeninas, según la tradición española de la época. La ausencia de los españoles como «representantes», según declara Las Casas: «y esto se ha siempre de suponer que ningún español entiende ni se mezcla en los actos que hacen con ellos»[2], podría obedecer, entre otras muchas razones, al objetivo de la representación: buscar la identificación del indio, del «representante» y del espectador, con las figuras en la escena y, así, buscar integrarlo, hacerlo partícipe de la historia sagrada y/o didáctica que se desarrollaba en la escena, parte a su vez de la historia de España y de la cultura occidental. Para el trabajo en la escena, las crónicas subrayan las virtudes de los naturales: la facilidad y la rapidez con que comprenden y realizan lo que se debe hacer para la representación; la disposición, el orden, la gracia, el ánimo y, de manera particular, la devoción con la que representan, y la piedad y fervor que despiertan en el público que los observa.

Para los indígenas, muchos aspectos de la actividad escénica debieron resultar totalmente nuevos y distintos de los objetivos de sus propias prácticas representacionales. El indígena debió entender convenciones teatrales europeas que planteaban, entre otros aspectos, una función ideológica, social y estética diferente, la noción de espacios especialmente dispuestos para ese objeto nuevo que era la representa-

---

[2] Casas, *Apologética...*, vol. I, p. 334.

ción teatral, la posibilidad de representar hechos maravillosos, o no, del pasado o del futuro, la existencia de personajes alegóricos, nuevas estructuras dramáticas, modos distintos del trabajo actoral. En síntesis: había un «arte del teatro» que planteaba ideas, condiciones y convenciones distintas a las del «arte de la representación» en su propia cultura. A través del teatro, el español le mostró al indio la imagen que tenía de ambos —de sí mismo y del indio—, e insistió, así, en lo equivocado del mundo indígena y en la urgencia de su transformación. Se esperaba su respuesta devota y el cambio.

La insistencia en las crónicas en que el público que asiste a estas representaciones antes que relajarse, mediante la risa —asunto que suele ser mencionado muy pocas veces y siempre en relación con ingenuos hechos escénicos—, más bien lloraba y esto era signo del arrepentimiento por sus pecados —individuales, comunitarios, históricos—, del temor ante la grandeza y la verdad de la fe cristiana, perseguía, por supuesto, justificar y engrandecer su labor misionera, a propósito de lo cual cito nuevamente a Las Casas:

> Y puesto que a muchas naciones [los indios] exceden en muchos de los oficios que quedan referidos, pero tengo por cierto exceder a todas las del mundo de que tenemos noticia en representar actos, así profanos como eclesiásticos y de cristiandad, señaladamente los de nuestra Redención, y en hacer y ordenar y solemnizar procesiones, días de la fiesta de Corpus Christi u otras solemnidades que la Iglesia suele solemnizar, y en las maneras tan exquisitas y nuevas que inventan, y de cuántas y cuáles cosas sacan y toman materia de adornar y cumplir e perfeccionar los actos que pretenden representar [...]. Cierto parece o que son ángeles o que son monstruos entre hombres[3].

Los indígenas, receptores y «representantes» aprendieron y se apropiaron de las fórmulas y propósitos de la representación teatral. De la carga ideológica eligieron lo que les era útil y mezclada con sus antiguas tradiciones construyeron, a su vez, también un nuevo mundo y una nueva manera de representarlo. Aspectos quizá no tan lejanos de algunas de las formas de teatro popular que todavía hoy se pueden encontrar en nuestro país.

---

[3] Casas, *Apologética...*, vol. I, p. 328.

El teatro criollo

Las manifestaciones del teatro criollo se localizan en Nueva España a partir de la segunda mitad del siglo XVI aproximadamente. Es muy posible que los primeros «representadores», en este caso siempre españoles, fueran individuos no profesionales del teatro. Su intervención se localiza en las «obras e invenciones» que solicitaba el Cabildo de la Ciudad de México para las procesiones de Corpus Christi, y que fueron promovidas de manera especial a partir de 1564 mediante el premio de una «joya» que ofrecía el propio Cabildo a la mejor «obra e invención». Entre 1564 y 1583, las Actas del Cabildo mencionan en seis ocasiones a los ganadores de la joya por la mejor «invención» o por «obra e invención», aunque no en todos los casos se refieren datos sobre las características de la «obra e invención» premiada. En 1570, la «joya» le fue otorgada a Juan Ortiz; en 1573 a Alonso de la Peña; en 1575 a Diego Juárez por *La caída del hombre* y sus entremeses; en 1577 a Juan de Valladolid por la obra *Del cocolistle*; en 1583, el premio fue dividido entre Juan de Tordesillas y «los que sacaron tres pelas»[4]. Algunos de estos nombres aparecen mencionados en las Actas del Cabildo en referencia a otras actividades; sin embargo, a los únicos a los que se les llama «representador», «representante» o «recitador» son Diego Juárez y Alonso de la Peña, quizá por que era uno de los oficios con el que socialmente ya se les identificaba[5].

La etapa que corre de 1585 a 1600 ofrece una lista de autores de comedias, estos sí profesionales de espectáculo, algunos de ellos quizá también «representantes», lista que enriquece la historia del teatro del virreinato hacia fines de siglo XVI: Baltasar Bellerino, Alonso

---

[4] En 1565, en relación con el ofrecimiento de «joya» de 1564, Juan Vázquez solicita el premio, aunque no se especifica si se le otorgó.

[5] *Libro octavo...*, 1893, p. 63. Sobre los ganadores de «joyas», las Actas dan la siguiente información: en 1561, se menciona a un Juan Ortiz de Berlanga, carnicero; en 1567 a Juan Ortiz, nuevo vecino y pregonero y en 1598 y 1599 a Juan Ortiz del Poso, albañil. Alonso de la Peña sólo aparece en el Acta en donde se le menciona como ganador de la «joya», y el Acta lo identifica como «representador». Diego Juárez, como en el caso de Alonso de la Peña, únicamente aparece en las Actas cuando se le premia, se le llama «representador» y «recitante»; en 1595 aparece un Diego Juárez de Peredo, como deudor. Juan de Valladolid y Juan de Tordesillas sólo son mencionados en las Actas en relación con haber sido ganadores de la «joya».

Buenrostro, Hernán González[6], el Bachiller Arias de Villalobos[7], Luis Lagarto, Gonzalo de Riancho[8], Andrés Laris de Durango. También aparece el nombre de un «representador», Alonso García, a quien de manera extraordinaria el Cabildo decidió premiar, en 1588, por el excelente trabajo como «recitante» y «cantante» en la representación de una obra de González de Eslava (tal vez el *Coloquio Octavo*) en la fiesta de Corpus, quizá el primer premio a un «actor» en México y en América. La alusión de Alonso García en el Acta del 17 de junio de 1588 puede ayudar a despejar incógnitas sobre la fecha de representación de una obra de Eslava. Veamos los documentos. El primero, el Acta del 20 de mayo de 1588:

> Este día Juan Luis de Rivera tesorero de la casa de la moneda dijo a esta ciudad como en virtud de la comisión della cerca de las fiestas que se han de hacer el día de Corpus Christi el y el doctor Valderrama habían concertado con Hernán González clérigo una buena comedia en mil y doscientos pesos de oro común [...][9].

El segundo, el Acta del 17 de junio del mismo año:

> Este día habiendo tratado en la ciudad la solemnidad de la fiesta del Santísimo Sacramento que ayer se hizo y la representación que delante del Santísimo Sacramento se representó y que por tan buena y costosa de muchos y muy buenos aderezos que en ello hubo fue poca la cantidad que se les dio de cuya causa faltó para dar premio a un mancebo que representó una figura de ángel ques hijo de Alonso García y llamase Alonso García el cual trabajó tanto así en cantar con los cantores como en la representación que sin él fuera de ningún efecto todo lo demás y por ques justo que habiendo trabajado tanto sea gratificado de su trabajo se le den cincuenta pesos de oro común en reales y se le de libranza para que se le pague de los propios desta ciudad [...][10].

---

[6] En relación con la biografía de Fernán González de Eslava sigue siendo fundamental el trabajo de Alonso, 1940, y los documentos y estudios de Maldonado, 1991, y Frenk, 1989 y 2000.

[7] Sobre la vida de Arias de Villalobos, ver Rojas Garcidueñas, 1973, pp. 129-135.

[8] Datos biográficos sobre Luis Lagarto, pintor y autor de comedias, y sobre Gonzalo de Riancho, son reunidos por Guillermo Tovar de Teresa en su obra de 1998, pp. 19-45. Sobre Riancho también ver Rojas Garcidueñas, 1973, pp. 135-148.

[9] *Libro noveno...*, 1895, pp. 268-269.

[10] *Libro noveno...*, 1895, p. 273.

Si la pieza de Corpus de 1588 fue la de Hernán González —que suponemos puede ser Hernán González de Eslava—, como sugiere el Acta del 20 de mayo, y en ella había como interlocutor un «ángel», como indica el Acta del 17 de junio de aquel año, es posible que se trate entonces de uno de los coloquios de Eslava en donde interviene un ángel de modo protagónico y sobresaliente, de acuerdo con la opinión, en el Acta, sobre el trabajo de Alonso García, «recitante» y «cantante» que lo representó.

Las piezas de Eslava que incluyen como interlocutor a un «ángel», con estas características, son los coloquios Tercero, Octavo, Doce y Dieciséis. De ellos sabemos que el Tercero se representó en 1574 con motivo de la imposición del palio arzobispal a Pedro Moya de Contreras, y que el Doce, *De la batalla naval que el serenísimo príncipe don Juan de Austria tuvo con el turco*, pudo representarse en 1572, fecha en que la noticia sobre el triunfo en Lepanto llegó a Nueva España y que propone Rojas Garcidueñas, fecha muy posible en tanto la implica el título mismo del coloquio y se alude a la batalla en el texto. Arróniz sugiere, además de 1572, el año de 1571 para la representación de este coloquio[11].

Sobre el coloquio Dieciséis, Rojas Garcidueñas no ofrece ninguna conjetura sobre fecha de representación. Arróniz propone 1578, y supone que formó parte de los festejos por el traslado de las reliquias de santos enviadas por Gregorio XIII a México, de la Catedral a la iglesia jesuita de San Pedro y San Pablo[12], opinión que rebate atinadamente Mariscal Hay (2000) sin proponer otra fecha.

Respecto del coloquio Octavo, Rojas no sugiere ninguna fecha, en tanto Arróniz propone algún año entre 1583 y 1585[13]. El eminente estudioso se apoya en el texto con el que se abre la Loa: «¡Oh Soberana Excelencia,/ Pastor divino y Cordero,/ fuente de amor verdadero/ que nos llamas a la herencia/ de que tú eres heredero!»[14], en el cual supone que el hablante (para él, el autor) se dirige al arzobispo Pedro Moya de Contreras, cuando Moya fue Virrey interino del 29 de junio de 1583 al 18 de noviembre de 1585[15] y le ofrece el coloquio.

---

[11] González de Eslava, *Coloquios espirituales*, pp. 95-96.
[12] González de Eslava, *Coloquios espirituales*, pp. 105-112.
[13] González de Eslava, *Coloquios espirituales*, pp. 80-85.
[14] Rojas Garcidueñas, 1973, vol. II, 231.
[15] Rubio Mañé, 1955, p. 292.

Moya regresó a España en 1586[16]. Las deducciones de Arróniz pueden ser, por supuesto, acertadas. Sin embargo, desde mi punto de vista, habría que tomar en cuenta los documentos del Cabildo de 1588, arriba mencionados. En cuanto a la dedicatoria en la loa, y la mención de «Pastor divino y Cordero», lo mismo podría funcionar para exaltar al obispo Fray Pedro de Pravia quien sucedió a Moya en su cargo mientras se nombraba nuevo arzobispo. Pravia murió en 1589. Arróniz cita el Acta de 1588 que menciona a Hernán González a quien identifica con Eslava, pero se le escapa el Acta del mismo año que refiere el premio para Alonso García[17]. En el Coloquio Octavo, la intervención de un Ángel es protagónica. Si a ello añadimos la información de las Actas en donde, en 1588, la pieza de Corpus es de Eslava y Alonso García es premiado por representar a un ángel en la obra, y, además, no hubo más de una obra representada en las festividades, por los problemas económicos del Cabildo, me inclino a pensar que el Coloquio Octavo de Eslava se representó en 1588, y que pudo estar dedicado al obispo Pravia. A Moya de Contreras lo sucedió oficialmente Alfonso Fernández de Bonilla, quien «falleció antes de poder ocupar el puesto para que había sido designado[18], de modo que quien sucedió y ejerció realmente el puesto, después de Moya de Contreras, fue Fray García de Santa María Mendoza de 1601 a 1606[19].

Las Actas, de manera indirecta, ofrecen algunos datos sobre los dramaturgos Juan Bautista Corvera y Juan Pérez Ramírez[20].De entre todos los anteriores, las noticias más abundantes en las Actas del Cabildo son sobre Riancho y Bellerino a propósito de los ofrecimientos, al Cabildo, de sus servicios para la realización de las representaciones de Corpus Christi y, excepcionalmente, para la fiesta de San Hipólito. Hacia 1597 se sabe con certeza de la existencia de una casa de comedias en

---

[16] Chimalpáhin, 1998, p. 261. Alegre señala que: «El año de 1587 salió de México para España el Ilustrísimo Sr. D. Pedro Moya de Contreras [...]» (1940, p. 147). En nota a pie de página de esta edición, Jijón y Caamaño indica: «El 11 de junio de este mismo año, de 86, salió de México para Veracruz el Illmo. y Exmo. Sr. D. Pedro Moya de Contreras» (1940, p. 147, n. 1), en donde murió en 1591 (Gutiérrez de Luna y Sosa, 1962, p. 42).

[17] González de Eslava, *Coloquios espirituales*, p. 42.

[18] Sosa, 1962, p. 122.

[19] Sosa, 1962, p. 122.

[20] Ver el estudio y la edición de las obras atribuidas a Corvera (1995) por López Mena.

la ciudad de México propiedad de Francisco de León, lo cual daría inicio formal a una actividad teatral comercial permanente, que no dependía de las fiestas religiosas o civiles anuales o extraordinarias[21]. La presencia de «representantes profesionales» en los últimos 15 años del siglo XVI, aproximadamente, no eliminó la actividad teatral «de aficionados» en el ámbito de las fiestas de carácter civil o religioso. Sabemos, por ejemplo, que los niños del coro de la Catedral, quizá apoyados por algunos actores profesionales, representaron en la catedral de la Ciudad de México las obras de Eslava y Pérez Ramírez con motivo de la consagración arzobispal de Pedro Moya de Contreras, en 1574; y que en ocasión de la canonización de San Jacinto, en 1594, la orden de los jesuitas preparó una representación que pudo haber tenido lugar en la Catedral o en la iglesia del Colegio de San Pedro y San Pablo a cargo de los estudiantes del colegio.

Tomando en cuenta la información sobre la restringida participación de mujeres en los espectáculos en la península, encontramos que en Nueva España, en 1585, la gran novedad, y hecho excepcional, pues no se vuelve a mencionar acto semejante en el curso del siglo XVI, fue la participación de, supongo, cuatro jóvenes mujeres a caballo cantando y dialogando al abrir la escaramuza en la villa de Guadalupe, con motivo de la entrada en México del virrey Álvaro Manrique de Zúñiga. El Acta dice:

> Este día se trató [...] sobre la invención que se había de sacar para principiar el escaramuza que se ha de hacer en el Campo de Guadalupe y fue llamado y entró en cabildo Baltasar Bellerino clérigo para tratar con él de que se saque la dicha invención y así se concertó con el que se había de sacar cuatro ninfas a caballo muy ricamente aderezadas y vestidas y con sus gualdrapas de tafetán e damasquillo y doradas muy galanas y ha de sacar doce monteros vestidos de tafetán de colores y con sus arcos y ballestas y los vestidos doradillos de guarnición [...] de dos dedos o más que vayan con las ninfas y todo lleve mucho ornato y las ninfas lleven muchas joyas y muy ricas y han de ir cantando cierta letra [y] hacer plática en prosa que el dicho Bellerino se encargue de hacer [...][22].

[21] Rojas Garcidueñas, 1973, pp. 169-179.
[22] *Libro noveno...*, 1895, p. 72. A propósito de esta «invención» de Bellerino, con la participación de cuatro doncellas, y en otro orden de asuntos, podría ser interesante revisar el significado simbólico de la presencia de cuatro personajes en

El teatro jesuita

El teatro jesuita, a diferencia del primer teatro americano, el de la orden franciscana, estaba lejos del propósito evangelizador del teatro de los mendicantes y apartado de los objetivos del teatro profesional. Los representantes en este tipo de teatro eran los estudiantes de los colegios.

Entre los jesuitas, la escritura dramática y la representación teatral se concebían, en principio, como un modo de enseñar y aprender. Las tareas y los resultados de esta formación regular fueron útiles con frecuencia para complacer a un público, formado por la elite social, política y religiosa del virreinato, así como para concebir textos y representaciones para ocasiones extraordinarias, asunto este último que favoreció la conservación de la mayoría de las pocas piezas dramáticas novohispanas de colegio jesuita que conocemos hoy. El fin didáctico que se ha mencionado no fue ajeno a la intención ideológica ni a la política. Textos, representaciones y fiestas se emplearon, como antes se ha dicho, para contribuir en la definición del sitio de la orden, su jerarquía en relación con el resto de las comunidades religiosas, la altura de su posición política y social ligada a la aristocracia y a las esferas del poder. Andrés Pérez de Rivas, importante figura dentro de la Compañía de Jesús en México, en la primera mitad del siglo XVII, se encarga de subrayarlo y dice:

> Consiguiéronse, por la misericordia de Dios, felicísimamente en la juventud mexicana, nobilísimos y preciosos frutos luego que se ocupó en el ejercicio de las letras, porque en los estudiantes que comenzaron a cursar nuestras Escuelas, se echó de ver tal aprovechamiento y se lucía tanto la diligencia de discípulos y maestros, que dentro de muy breve tiempo, los que habían entrado con muy cortos principios de gramática, ya componían elegantes declinaciones y composiciones poéticas, que merecían recitarse en público. Y era tal el gusto de la república en ver ya tan aprovechados sus hijos en letras, que cuando había ejercicios de ellas, concurría lo más florido de ella a honrarlos, y hallándose presentes los más nobles de la ciudad, y lo que más es, y digno de referir aquí, que el mismo Virrey D. Martín Enríquez gustaba de saber cuando había algunos de

algunas obras dramáticas del periodo: las ocho virtudes, cuatro femeninas y cuatro masculinas, del *Desposorio espiritual...*, de Pérez Ramírez; los cuatro niños del *Juego entre cuatro niños*, posiblemente de Cigorondo, y hasta el *Coloquio cuarto* de los cuatro doctores de la iglesia, de González de Eslava.

estos ejercicios, y aunque no muy solemnes, los honraba con su presencia, trayendo consigo algunos señores de la Audiencia Real. Salían todos con notable consuelo de ver tales frutos de los nuevos estudios, y esto era en lo que tocaba á las letras[23].

La escritura dramática y la representación teatral, como se ha indicado, tenían un fin eminentemente didáctico: el ejercicio para el dominio del latín y el español en lo oral y lo escrito, lo que incluía: la comprensión, la traducción, la composición literaria y el desarrollo de un «estilo propio», según palabras de Pérez de Rivas. En la enseñanza y el aprendizaje sobre la oralidad y la escritura, y a un lado de los ejercicios sobre la elocuencia, el teatro apoyaba y aportaba para desarrollar en los jóvenes estudiantes el dominio de la voz y la actitud, las habilidades en el control y empleo del ademán y el gesto, el uso del cuerpo, y la capacidad, mediante estos recursos, para despertar y/o nutrir las virtudes en el espectador.

En las *Constituciones* de San Ignacio de Loyola (1491-1556) —fundador de la Compañía de Jesús—, en lo referente a los actos públicos, en tareas que acercan el ejercicio escolar al hecho teatral se podría señalar una de las normas del capítulo 16 «De lo que toca a buenas costumbres»:

> 3. También habrá cada semana [...] una declamación de alguno de los estudiantes, de cosas que den edificación a los que oyen y los conviden a desear aumento en toda puridad y virtud, porque no solamente se ejercite el estilo, pero aun se ayuden las costumbres [B]. Y todos los que entienden latín deberán hallarse presentes. B. *Aunque más comúnmente sea de la primera clase el que ha de hacer esta declamación, ahora sea de los Escolares de la Compañía, ahora de los que vienen de fuera* [...][24].

Pérez de Rivas recoge los planteamientos de San Ignacio e indica las virtudes de este modo de enseñanza y aprendizaje de la siguiente manera:

> Viniendo ahora a los ejercicios que en los menores se practican [...], y aunque la edad de los que oyen gramática, humanidades y retórica siem-

---

[23] Pérez de Rivas, *Corónica...*, vol. I, pp. 64-65.
[24] Loyola, *Obras completas*, p. 516.

pre es más tierna y nueva, y su capacidad aún no está ejercitada, pero cultivándola, da esperanzas y promete grandes frutos, que es lo que alienta a nuestros Maestros para trabajar en adelantar con varios ejercicios proporcionados a esta edad [...]. Procuran que en ocasiones de celebridades o fiestas se reciten y representen por estudiantes de menor edad varios coloquios literarios [...] de que se siguen muchos y provechosos frutos. El primero, despertarse con este ejercicio a hablar con estilo propio y lenguaje no sólo latino, sino también español y materno. Segundo, el acostumbrarse a entender y romancear el latín. Tercero, el desenvolverse estos niños para hablar después cuando mayores, en cátedras y púlpitos, perdiendo el temor y encogimiento natural de hablar en público y en grandes concursos de oyentes. Lo cuarto, facilitarse con este ejercicio los entendimientos para hacer varias composiciones, así latinas como españolas, de honra y provecho en varios, y muy honestas ocasiones de celebridades de fiestas santas, como lo son los fines a que tales ejercicios en nuestras escuelas se ordenan. Y son muchas las oraciones panegíricas que entre año o fiestas de santos [...] tienen recitadas en público estos jóvenes, a que han acompañado muchas veces premios repartidos a los que en todos estos ejercicios honestísimos se han aventajado, y de todos ellos ha habido y hay mucha práctica en nuestras escuelas de la Compañía de Jesús mexicanas [...][25].

Es claro, además, que todos los «representantes» eran varones, como en todo el teatro novohispano del siglo XVI del que venimos hablando[26].

---

[25] Pérez de Ribas, *Corónica...*, vol. I, pp. 98-99.

[26] En relación con los «representantes» en el teatro de colegio, Ferrer Valls señala: « [...] no hay que olvidar que en la tradición de los espectáculos no profesionales, relacionados con los círculos eruditos, colegios y universidades, quienes representaban eran los propios estudiantes, que eran, claro está, varones. Y otro tanto podría decirse de las representaciones religiosas vinculadas al templo. De manera que toda una tradición espectacular hacía natural a los ojos del público de la época el que los hombres pudiesen representar personajes femeninos cuando empiezan a surgir las primeras compañías profesionales» (2003, p. 192). Hasta la fecha, parece que no hay estudio que se haya ocupado de rastrear en detalle la presencia de actrices en el teatro novohispano del siglo XVI. En el teatro profesional peninsular es posible que ya hubiera actrices profesionales antes de 1586, pues existe licencia para su ejercicio en 1587, aunque se promulgaron nuevas prohibiciones en Madrid en relación con su aparición en escena en 1597, las cuales quizá en la práctica no se llevaron a cabo. Tomando en cuenta lo anterior, es difícil que, en México, en un ambiente teatral mucho menos activo que en España, hubiera actrices profesionales antes del siglo XVII, siglo del cual provienen las pri-

En las piezas dramáticas jesuitas que conocemos no hay personajes femeninos, a menos que se entiendan como tales algunas alegorías, como en el caso del *Triunfo de los santos* (*Iglesia, Fe, Esperanza, Caridad, Idolatría*, etcétera), los diálogos y coloquios representados durante la octava en las festividades por las reliquias (*Justicia, Clemencia, Concordia, Vírgenes, Envidia*, etcétera) o en la *Comedia a la gloriosa Magdalena* (*Vergüenza, Templanza*). En todos estos casos, el carácter alegórico del personaje podría desdibujar el aspecto femenino en tanto que no se trata efectivamente de la representación de una mujer, sino de la representación de una idea abstracta de género femenino[27].

Un caso particular sería el de María Magdalena en la *Comedia de la gloriosa...* pero aún en esta ocasión, en que se trata de la pecadora convertida, su discurso podría ser genéricamente neutro, es decir, el de las palabras de un pecador arrepentido. Por otra parte, en el resto de las obras cuyo texto conocemos, la obra de Cigorondo o de Llanos, sólo hay personajes masculinos, y en la de Cigorondo, especialmente, jóvenes adolescentes cuyas características y ocupaciones los acercan a las de los jóvenes que los representaban en la escena.

Amplio es el tema, muchas las preguntas que surgen y varios los aspectos por revisar. Concluyamos de momento con estas observaciones con el deseo de que esto pueda ser apenas un punto de arranque útil para futuros trabajos sobre la presencia de los actores en el primer siglo del mundo novohispano y el desarrollo del arte del actor en nuestro país, en beneficio del conocimiento del arte teatral mexicano.

---

meras noticias sobre mujeres ligadas a la actividad teatral. Sobre las actrices en el teatro español del XVI, ver Diago, 1995, y, particularmente, el artículo de Ferrer Valls arriba citado, a quien, desde aquí, agradezco las enormes atenciones y generosidad al habermne facilitado personalmente un buen número de sus estudios. En relación con la mujer y el teatro en México puede ser útil el texto de Tavira, 1992, que hace una revisión general desde el siglo XVI.

[27] Louise Fothergill-Payne explica que «Desde la sede en Roma la Compañía vigilaba la instrucción y regularizaba la producción teatral por medio de la publicación periódica de una *Ratio Studiorum*. En ésta inicialmente se imponían restricciones en cuanto a la frecuencia de las representaciones, se proscribía el uso de la lengua vulgar y la inclusión de papeles femeninos en la obra, al tiempo que se les vedaba a las mujeres la entrada al colegio para presenciar la función. Sin embargo, muchas de estas reglas fueron contravenidas por los colegios mismos. En España se mezclaba el latín con el español y se presentaban historias dramatizadas sobre famosas mujeres romanas o bíblicas, papeles desempeñados con gran éxito por los alumnos» (2002, p. 288).

Bibliografía

Alegre, F. J., *Memorias para la historia de la provincia que tuvo la Compañía de Jesús en Nueva España*, ed. J. Jijón y Caamaño, México, Porrúa, 1940, tomo I.
Alonso, A., «Biografía de Fernán González de Eslava», *Revista de Filología Hispánica*, 2, 1940, pp. 213-321.
Casas, Fr. B. de las, *Apologética historia sumaria*, ed. E. O'Gorman, México, Universidad Nacional Autónoma de México-Instituto de Investigaciones Históricas, 1967, (Serie de Historiadores y Cronistas de Indias, 1).
Chimalpáhin, D., *Las ocho relaciones y el memorial de Colhuacan*, México, Consejo Nacional para la Cultura y las Artes, 1998 (Cien de México).
Corvera, J. B., *Obra literaria*, ed. S. López Mena, México, Universidad Nacional Autónoma de México, 1995.
Covarrubias Orozco, S. de, *Tesoro de la lengua castellana o española*, ed. F. C. R. Maldonado y M. Camero, Madrid, Castalia, 1995 (1a. ed. Madrid, 1611).
Diago, M. V., «La mujer en el teatro profesional del Renacimiento: entre la sumisión y la astucia. (A propósito de *Las tres Comedias* de Joan Timoneda)», *Criticón*, 63, 1995, pp. 103-117.
Diccionario de autoridades, disponible en http:// buscon.rae.es/ntlle/ SrvltGUILoginNtlle, [última consulta septiembre de 2007].
Ferrer Valls, T., «Damas enamoran damas, o el galán fingido en la comedia de Lope de Vega», en *Amor y erotismo en el teatro de Lope de Vega, Actas de las XXV Jornadas de Teatro Clásico de Almagro, Almagro 9, 10 y 11 de julio de 2002*, ed. F. Pedraza, R. González Cañal y E. Marcello, Almagro, Festival de Almagro-Universidad de Castilla-La Mancha, 2003, pp. 191-212.
Fothergill-Payne, L., «El teatro en colegios jesuitas», en *Diccionario de la comedia del Siglo de Oro*, ed. F. P. Casa, L. García Lorenzo y G. Vega García-Luengos, Madrid, Castalia, 2002, pp. 288 - 289.
Frenk, M., «Nuevas aportaciones a la biografía de Fernán González de Eslava», *Anuario de Letras*, 38, 2000, pp. 485-502.
González de Eslava, F., *Coloquios espirituales y sacramentales*, 2a. ed., J. Rojas Garcidueñas (ed., pról. y notas), México, Porrúa, 1976 (Colección de Escritores Mexicanos, t. I, 74; t. II, 75).
González de Eslava, F., *Villancicos, romances, ensaladas y otras canciones devotas*, ed. M. Frenk, México, El Colegio de México, 1989 (Biblioteca Novohispana, I).
González de Eslava, F., *Coloquios espirituales y sacramentales*, ed. O. Arróniz, México, Universidad Nacional Autónoma de México, 1998.

GUTIÉRREZ DE LUNA, C. y F. SOSA, *Cinco cartas del Illmo. y Exmo. Señor D. Pedro Moya de Contreras arzobispo-Virrey y Primer Inquisidor de la Nueva España, precedidas de la Historia de su Vida según Cristóbal Gutiérrez de Luna y Francisco Sosa*, Madrid, Ediciones José Porrúa Turanzas, 1962.

Libro octavo de Actas de Cabildo que comenzó en 29 de octubre de 1571 y terminó en fin de diciembre de 1584, México, 1893.

Libro noveno de Actas de Cabildo que comenzó en 1o. de enero de 1585 y terminó en 21 de mayo de 1590, México, 1895.

LOYOLA, S. I. de, «Ejercicios espirituales» y «Constituciones», en *Obras completas*, ed. I. Iparraguirre, Madrid, Biblioteca de Autores Cristianos, 1963, pp. 161-273 y 387-596, respectivamente.

MALDONADO MACÍAS, H., «Testamento y muerte de Fernán González de Eslava», *Literatura mexicana*, 2, 7, 1991, pp. 175-194.

MARISCAL HAY, B., «*El Bosque divino* de Fernán González de Eslava: anotaciones sobre su representación», *Anuario de Letras*, 38, 2000, pp. 537-552.

PÉREZ DE RIVAS, A., *Coránica y historia religiosa de la provincia de la Compañía de Jesús de México en Nueva España, fundación de sus Colegios y Casas, Ministerios que en ellos se ejercitan y frutos gloriosos que con el favor de la Divina gracia se han cogido, y Varones insignes que trabajando con fervores santos en esta Viña del Señor pasaroná gozar el premio de sus santas obras á la gloria: unos derramando su sangre por la predicación del santo Evangelio, y otros ejercitando los Ministerios que el Instituto de la Compañía de Jesús profesa, hasta el año de 1654*, México, Imprenta del Sagrado Corazón de Jesús, 1896, tomos I y II.

RAMOS SMITH, M., *El actor en el siglo XVIII. Entre el Coliseo y el Principal*, México, Grupo Editorial Gaceta, 1994.

ROJAS GARCIDUEÑAS, J., *El teatro de Nueva España en el siglo XVI*, México, Secretaría de Educación Pública, 1973 (Sepsetentas, 101).

RUBIO MAÑÉ, J. I., *Introducción al estudio de los virreyes de Nueva España, 1535-1746*, México, Ediciones Selectas, 1955 (Universidad Nacional Autónoma de México— Instituto de Historia, 32).

SOSA, F., *El episcopado mexicano. Biografía de los Ilmos. Señores Arzobispos de México desde la época colonial hasta nuestros días*, México, Jus, 1962, 2 vols. (1a. ed. 1877).

TAVIRA, L. de, «La mujer y el teatro en México», en *Memoria del III Encuentro Nacional de Investigación Teatral*, México, Centro Nacional de Investigación Teatral Rodolfo Usigli-Instituto Nacional de Bellas Artes, 1992, pp. 53-74. También en *México en el Arte*, núm. 20, pp. 53-65. (s/a, Instituto Nacional de Bellas Artes - Secretaría de Educación Pública).

TOVAR DE TERESA, G., *Un rescate de la fantasía: el arte de los Lagarto, iluminadores novohispanos de los siglos XVI y XVII*, México-Madrid, El Equilibrista - Turner Libros, 1988.

EL TEATRO CORTESANO EN LA LIMA COLONIAL: LAS OBRAS Y SU RECEPCIÓN[1]

José A. Rodríguez Garrido
Pontificia Universidad Católica del Perú

Entre 1672 y por lo menos hasta mediados del siglo XVIII, el Palacio Virreinal de Lima se convirtió en el espacio propicio para que, en distintas festividades, se efectuaran espectaculares montajes de teatro que seguían los parámetros de los de la corte madrileña. La aparición y el desarrollo en esta ciudad a lo largo de varias décadas de estas prácticas teatrales cortesanas, que se desarrollaron paralelamente a las del teatro comercial en el corral de comedias, obedece, en mi opinión, a condiciones políticas particulares propias del virreinato peruano, las cuales he tratado de mostrar en un trabajo más amplio[2].

---

[1] Una versión más amplia del presente trabajo, que incluye también un análisis pormenorizado de los medios espectaculares empleados en la puesta en escena, aparecerá publicada en la revista *Histórica*, XXXII: 1 (julio de 2008), en un volumen dedicado a honrar la memoria del distinguido historiador Guillermo Lohmann Villena, quien, con su libro *El arte dramático en Lima durante el virreinato* (1943), abrió el camino para la investigación sobre las prácticas teatrales de los siglos XVI-XVIII en dicha ciudad.

[2] Rodríguez Garrido, 2003. En síntesis, puede decirse que la aparición en Lima, en 1672, del teatro espectacular de corte durante el gobierno del conde de Lemos —aparición tardía respecto de Madrid, pero la más temprana en América— obedece al propósito de robustecer los signos de la autoridad del virrey como representante del monarca en un momento en que distintos sectores de la sociedad colonial pugnaban por la afirmación de un poder local. Sin embargo, ese origen asociado a fines y programas políticos ocasiona que, justamente, en las décadas posteriores, el teatro espectacular de corte fuera visto como un instrumento propicio para que los grupos locales (particularmente los sectores de elite, tales como la nobleza y los intelectuales criollos), ya fuera a través de su participación en la organización del festejo teatral o incluso a través de la escritura misma del texto dramático, lo emplearan como medio para proponer una participación simbólica en el poder imperial.

El lugar político que el teatro palaciego adquirió en Lima se sostuvo sobre unos medios materiales y unas prácticas de escenificación, a través de los cuales se transmitió el complejo aparato de signos que lo componían. Me propongo en esta ocasión indagar sobre tales condiciones a lo largo del período a través del cual puede documentarse activamente la existencia de este tipo de representación en el Palacio virreinal de esta ciudad, es decir, entre 1672 (fecha del primer montaje de una pieza teatral empleando los recursos espectaculares característicos del teatro cortesano europeo), hasta 1747, en que (hasta donde he podido testimoniar) continúa vigente. Esto supone romper los límites cronológicos que han sido establecidos como marco para la investigación en el congreso que dio origen a esta publicación. Me permito hacerlo, sin embargo, por varias razones. En primer lugar, el repertorio teatral de la primera mitad del XVIII para estos espectáculos, fuera de las piezas que se escribieron en Lima expresamente para determinadas celebraciones, continúa siendo el procedente del acervo teatral hispano de las últimas décadas del siglo XVII, con la presencia dominante de Calderón de la Barca. En segundo lugar, con ligeras novedades, tanto los mecanismos escénicos como el espacio de la representación parecen haber sido básicamente los mismos durante los cerca de ochenta años que me propongo examinar.

Mi objetivo en esta ocasión consistirá, por lo tanto, en establecer tres aspectos fundamentales del desarrollo de las prácticas escénicas del teatro cortesano en el Palacio virreinal de Lima: 1) identificar el repertorio de piezas que fueron representadas; 2) precisar el contexto y las finalidades para las que sirvió; y 3) identificar el lugar donde se ubicaba el escenario a la italiana que permitía los despliegues espectaculares que eran característicos de este tipo de teatro.

El corpus

El corpus sobre el que se sustenta este trabajo está compuesto por un conjunto de doce representaciones de piezas teatrales que pueden documentarse recurriendo a relaciones de fiestas, noticias procedentes de diarios o los propios manuscritos teatrales. En el siguiente cuadro se presentan y ordenan cronológicamente dichas representaciones y se indica la fuente que avala su montaje:

Año	Autor y título	Fuente
1672	A. Martínez de Meneses, P. Rosete Niño y J. de Cáncer, *El arca de Noé*	M. de Mugaburu, *Diario* J. de Buendía, *Vida del P. Francisco del Castillo*
1689	L. de las Llamosas, *También se vengan los dioses*	Manuscrito (BNM)
1701	P. Calderón de la Barca, *La púrpura de la rosa*	*Diario de Lima (1700-1711)* Manuscrito musical (BNL)
1702	P. Calderón de la Barca, *Fineza contra fineza*	*Diario de Lima (1700-1711)*
1707	P. Calderón de la Barca, *La fiera, el rayo y la piedra*	*Breve relación de las reales fiestas* (por el triunfo de Felipe V en la batalla de Almansa) *Diario de Lima (1700-1711)*
1708	Marqués de Castell dos Rius, *El mejor escudo de Perseo*	*Diario de Lima (1700-1711)*
1711	P. de Peralta y Barnuevo, *Triunfos de amor y poder* (o *Isis y Júpiter*)	Manuscrito teatral (B. Menéndez Pelayo de Santander y British Library) P. de Peralta Barnuevo, *Imagen política del gobierno de Diego Ladrón de Guevara* *Diario de Lima (1700-1711)*
1711	A. de Salazar y Torres, *También se ama en el abismo*	*Diario de Lima (1700-1711)*
1720	P. de Peralta Barnuevo, *Afectos vencen finezas*	Manuscrito teatral (B. Menéndez Pelayo de Santander y British Library)
1724	A. de Salazar y Torres, *Los juegos olímpicos*	J. Fernández de Castro, *Elisio peruano* (relación de fiestas a la coronación de Luis I)
1724	P. Calderón de la Barca, *Hado y divisa de Leonido y Marfisa*	J. Fernández de Castro, *Elisio peruano*
1725	A. de Salazar y Torres, *Tetis y Peleo*	J. Fernández de Castro, *Elisio peruano*
1725	A. de Zamora, *Amar es saber vencer y el arte contra el poder*	J. Fernández de Castro, *Elisio peruano*
1727	P. de Peralta Barnuevo, *La Rodoguna* [3]	Manuscrito teatral (B. Menéndez Pelayo de Santander)
1747	P. Calderón de la Barca, *Ni Amor se libra de amor*	*El día de Lima* (relación de fiestas a la coronación de Fernando VI)

[3] La fecha que aquí atribuyo a la representación de *La Rodoguna* discrepa de las que han sido sugeridas hasta el momento. He sustentado mi propuesta en Rodríguez Garrido, 2005.

Respecto de esta lista, es necesario establecer algunas precisiones. En primer lugar, este conjunto no representa la totalidad de piezas teatrales representadas en el interior del Palacio virreinal entre el período que corre de 1672 a 1747, sino sólo aquellas obras sobre las que existe indicación de que correspondieron a montajes espectaculares sobre un escenario 'a la italiana'. Los testimonios de escenificaciones de comedias dentro del Palacio de Lima se remontan por lo menos a la década de 1630 y alrededor de las fechas que aquí consigno se documentan de manera constante otras representaciones. Entre 1630 y 1670, la práctica es bastante aleatoria y parece obedecer puramente al propósito de abastecer de entretenimiento al gobernante y su corte. Sin embargo, a partir de la década de 1670, con la llegada del conde de Lemos como virrey del Perú, una de las novedades que se introduce es la de, siguiendo el modelo de la corte madrileña, asociar la escenificación de una comedia en Palacio con una celebración imperial, tal como la conmemoración de los años o el onomástico del rey y la reina, así como de los de su representante en el virreinato[4]. La mayor parte de estas representaciones, a semejanza de las practicadas allí desde 1630, requerían de un escenario muy simple que debía probablemente limitarse a ocupar una de las paredes extremas de algún salón de Palacio y a emplear las puertas laterales de éste para las entradas y salidas de los actores, y su repertorio procedía seguramente del disponible por la compañía que servía al corral de comedias de la ciudad. En tal sentido, se trataba de las habituales representaciones *particulares*, igualmente frecuentes en los salones palaciegos de Madrid. En cambio, el conjunto de espectáculos teatrales en los que aquí me detengo requería de un escenario muy complejo que hiciera posible el despliegue de mutaciones de decorados, vuelos de los actores y efectos de luz artificial.

Por otra parte, la lista que presento está limitada obviamente por la documentación con que contamos. Muchos de los vacíos temporales podrían obedecer tan sólo a la falta de testimonios para esos años. En verdad, el único indicador seguro de la continuidad de representaciones teatrales en Palacio lo ofrece el *Diario de Lima*, que se publicó entre 1700 y 1711, y de allí que sea éste el período en que es

---

[4] Trato del asunto con mayor detalle en Rodríguez Garrido, 2003, pp. 24-27 y 32-33, a partir de la información proporcionada por el *Diario* de Suardo.

posible documentar el mayor número de piezas representadas en el Palacio limeño, tanto en su modalidad de comedias *particulares* como en el de teatro de espectáculo[5]. Con todo, las noticias son suficientemente precisas, como se verá, como para concluir que Lima gozó durante varias décadas de un escenario que permitió los despliegues espectaculares que remedaban los de las cortes europeas y, en particular, los del Retiro de Madrid.

La finalidad de las representaciones

El primer punto que quiero abordar es el del contexto y el motivo de la representación de este tipo de teatro en el Palacio virreinal de Lima. En España y, en general, en las grandes cortes europeas, tales espectáculos sirvieron fundamentalmente como reflejo de la magnanimidad del poderoso, aunque, a partir de ello, se ha observado cómo actuó también como espejo instructivo para él[6]. En el caso de Lima, hay que reconocer que, en virtud de su propia adscripción al ámbito palaciego y a la presencia dominante del virrey en el auditorio, también se cumplió esta finalidad. El teatro espectacular en Lima sirvió, en efecto, como representación del poder, ya fuera como signo que cubría la ausencia de la figura del rey o que reflejaba la de su representante en el virreinato. Aún así, sin embargo, su función no fue del todo equivalente a su correspondiente madrileño. Las condiciones y los objetivos con que surge en 1672 establecen, de alguna manera, un modelo propio que determinaría su futuro desarrollo.

El primer montaje de esta naturaleza ocurre la noche del 12 de febrero de 1672 y obedece a una iniciativa del propio virrey, el conde de Lemos. Él es quien dispone efectuar este novedoso espectácu-

---

[5] Actualmente preparo junto con Paul Firbas y miembros del Grupo de Investigación y Edición de Textos Coloniales Hispanoamericanos (GRIETCOH) una edición de este importantísimo documento, lo que permitirá un conocimiento muy directo de la vida colonial en el Perú a inicios del siglo XVIII, y de los medios y las estrategias de difusión de noticias dentro del virreinato. La investigación se ha efectuado con el apoyo de la Dirección de Investigación de la Pontificia Universidad Católica del Perú.

[6] Para el caso de España remito a los libros de S. Neumeister, 2000, y M. R. Greer, 1991.

lo como culminación de las fiestas por la consagración del nuevo templo de la Virgen de Desamparados, un proyecto en el que el propio virrey participó activamente y que estaba muy asociado a las acciones religiosas de su confesor, el sacerdote jesuita Francisco del Castillo. Para ello elige la escenificación de *El arca de Noé*, comedia de Pedro Rosete Niño, Antonio de Meneses y Jerónimo Cáncer, que incluía una prefiguración mariana apropiada para el objeto del festejo limeño[7]. En tal sentido, en su nacimiento, el teatro espectacular en el Palacio limeño no obedeció propiamente a una circunstancia cortesana (como podían ser, por ejemplo, en Madrid, los años del rey); sino que formó parte de un ciclo festivo que involucró a toda la ciudad. De hecho, esta representación no fue sino la culminación de un conjunto de actividades que incluyeron ceremonias religiosas y procesiones que estuvieron acompañadas por el despliegue de artefactos efímeros construidos por los diferentes sectores de la ciudad, tales como los gremios, la universidad y las órdenes religiosas.

El interés y el impulso que puso el conde de Lemos en celebrar la consagración de la iglesia de Desamparados formaba parte, en mi opinión, de un proyecto por robustecer la imagen del virrey como gobernante virtuoso que se regía por los principios de la devoción y la piedad. Por eso, su concepción misma sobre la recepción del espectáculo que —a instancias suyas y financiado por él— había de cerrar los festejos, distaba en parte de la finalidad original propia de este tipo de teatro. Se trataba, según deja consignado el padre José de Buendía (el biógrafo del confesor del virrey), de un modo de «festejar a los ciudadanos, por premiar con alguna demostración el empeñado afecto con que se mostraron no menos devotos de Nuestra Señora, que amantes de su Excelencia»[8]. Esta declaración contrasta con la habitual descripción de los espectáculos teatrales montados en la corte madrileña como «festejos hechos a Su Majestad». Aquí, por el contrario, es el propio virrey quien pretende halagar y persuadir a la ciudad mediante la escenificación de un tipo de espectáculo hasta entonces desconocido en Lima.

---

[7] Estudio el caso por extenso en Rodríguez Garrido, 2003, cap. I. También se ocupó de ella Lohmann Villena (1945, pp. 277-278), quien identificó la obra representada en Lima con la comedia de Rosete Niño, Meneses y Cáncer. La puesta en escena está testimoniada por el *Diario* de Mugaburu (pp. 144-145) y por el P. José de Buendía, *Vida del venerable P. Francisco Castillo* (pp. 278-294).

[8] Buendía, *Vida del venerable Padre Francisco Castillo*, p. 301.

La orientación que el conde de Lemos imprime al teatro espectacular en la sede del virreinato peruano se conserva, pero también se redefine en los años posteriores. Desde entonces este tipo de práctica se percibe como un poderoso instrumento para impresionar a todos los habitantes de la ciudad, particularmente en lo que concierne a cimentar la imagen del poderoso. Si, como he advertido, el conde de Lemos empleó el teatro como parte de su intento de afirmar su imagen como gobernante, décadas después, en los años críticos que corresponden al cambio de dinastía y a la prolongada Guerra de Sucesión en torno al trono español, los montajes espectaculares, en muchas ocasiones dirigidos nuevamente por el virrey de turno, estarán orientados también a consolidar la figura del gobernante, aunque entonces se trate de la del propio rey. Así, a lo largo de la primera década del siglo XVIII el teatro espectacular servirá de vehículo para afirmar la idea de una transmisión natural y legítima del poder del último Austria al primer príncipe Borbón. Ejemplos de ello son montajes como los de *La púrpura de la rosa* en 1701, para celebrar el primer cumpleaños de Felipe V como rey de España; el de *La fiera, el rayo y la piedra* en 1707 como parte de las fiestas por el triunfo de Felipe V en la Batalla de Almansa el año anterior; el de *El mejor escudo de Perseo* en 1708, en reconocimiento por el nacimiento del príncipe Luis Fernando, primer vástago real de la nueva dinastía que luego reinaría por un corto período como Luis I; o, por último, el de *Triunfos de amor y poder* en celebración por el triunfo de Felipe V en la batalla de Villaviciosa, con que se sella la Guerra de Sucesión[9].

Este vínculo entre teatro espectacular y constitución del poder quedará consagrado en la práctica de celebrar la coronación y proclamación de un nuevo monarca con un festejo teatral, tal como ocurrirá

---

[9] La escenificación de *La púrpura de la rosa* de Calderón en Lima ha dado pie a diversos trabajos desde que Robert Stevenson difundió la existencia de la partitura de Torrejón y Velasco, compuesta para la ocasión. Ver Stevenson, 1959 y 1964; Cardona, 1992 y Rodríguez Garrido, 1998 y 2003, cap. 3. Existen tres ediciones de la partitura acompañadas de sus correspondientes estudios: Stevenson, 1976; Cunningham, 1990, con la edición crítica del texto de Calderón a cargo de D. Cruickshank y A. Cardona, y Stein, 1999. Sobre *El mejor escudo de Perseo* del marqués de Castell dos Rius, ver Lohmann Villena, 1945, pp. 325-327, y Rodríguez Garrido, 1999. Sobre la representación en Lima de *La fiera, el rayo y la piedra* de Calderón, ver Williams, 1990, y Rodríguez Garrido, 2003, pp. 248-254. Sobre *Triunfos de amor y poder* de Peralta, Williams, 2006, y Rodríguez Garrido, 2008.

entre 1724 y 1725 con la llegada al trono de Luis I, en las que se observa una intensa actividad de teatro en el Palacio, y, en 1747, por el ascenso de Fernando VI, la última escenificación de este tipo que podemos documentar[10]. Tal identificación del teatro espectacular palaciego con la afirmación de la autoridad hará que pronto los grupos locales lo reconozcan como una forma del lenguaje del poder y se esmeren por participar activamente en su organización y en su contenido, y así lo revela ya en 1689 la redacción de la comedia *También se vengan los dioses* del entonces joven escritor criollo Lorenzo de las Llamosas, escrita para celebrar el nacimiento de un hijo del virrey conde de la Monclova en Lima, y, posteriormente, en las tres primeras décadas del siglo XVIII, de un modo muy destacado, las tres comedias del polifacético sabio limeño Pedro de Peralta Barnuevo[11].

El espacio de la representación

Las condiciones que acabo de precisar y que sitúan estas representaciones palaciegas como parte del contexto más amplio de la fiesta barroca explican tanto la elección del lugar para su escenificación, como el público para el que estarán destinadas. Ambos aspectos quedan prácticamente definidos desde aquel montaje de 1672 efectuado a instancias del conde de Lemos. De un lado, el Palacio virreinal era

---

[10] El festejo teatral central para la proclamación en Lima de Luis I corresponde a *Amar es saber vencer* de Antonio de Zamora. Documenta profusamente el montaje la relación de la fiesta escrita por J. Fernández de Castro, *Elisio* peruano, pp. 97-107. Ver al respecto Williams, 2000, pp. 71-105, y Rodríguez Garrido, 2001. La proclamación de Fernando VI da pie al montaje de *Ni amor se libra de amor* de Calderón, documentado en la relación festiva correspondiente, titulada *El día de Lima*, pp. 223-233.

[11] La comedia de Llamosas se ha transmitido en manuscrito que conserva la Biblioteca Nacional de España. Fue publicada con muchas mutilaciones por Vargas Ugarte (en Llamosas, 1950) y de manera más completa por Debarbieri (en Llamosas, 2000). Zugasti, 1997, por su parte, ha editado y anotado la loa de esta comedia. Trabajos críticos sobre esta obra, con posiciones en parte discrepantes, son los de Hernández Araico, 1996, 1998 y 2001, y Rodríguez Garrido, 2003, cap. 2. Sobre el teatro de Peralta, además de lo ya señalado en la nota 8 respecto de su primera comedia, ver Leonard, 1937; Riva-Agüero, 1962, y Rodríguez Garrido, 2006 y 2007.

el símbolo arquitectónico principal de la autoridad en la ciudad, y el solo hecho de que alojara estos grandes espectáculos teatrales proyectaba sobre ellos el principio de poder al que pretendían servir; pero, al mismo tiempo, la apertura hacia toda la ciudad exigía un espacio de grandes dimensiones que pudiera dar cabida a un público numeroso. La primera solución está en el empleo de uno de los patios de Palacio para este fin, específicamente el segundo de ellos, según se precisa en algunos de los testimonios, y que solía ser el más amplio en las construcciones de la época.

A pesar del empleo del patio, no hay que pensar, sin embargo, que se tratara de un aprovechamiento que siguiera el modelo del corral de comedias, al menos en lo que al escenario se refiere. Como se verá más adelante, todas las noticias dan testimonio inequívoco de que las representaciones se llevaban a cabo de noche y de que se sirvieron de efectos especiales de iluminación artificial, así como del despliegue de bastidores, telones y decorados, característico del teatro cortesano. No hay ninguna indicación de que este patio contara con una estructura estable para un escenario que admitiera estos desarrollos. Hay que concluir, por tanto, que se trató de un escenario portátil que, una vez concluidas las funciones, pudiera desmontarse, es decir, de un escenario semejante al que se instaló en múltiples ocasiones en el Salón Dorado del Alcázar de Madrid, al menos desde la década de 1640[12], el cual permitió a la corte madrileña disfrutar de espectáculos teatrales 'a la italiana', independientemente del teatro estable de gran maquinaria que se construyó dentro del Palacio del Retiro[13]. En abono de esta conclusión, contamos con la manera como el *Diario de Lima* se refiere al montaje del 17 de septiembre de 1708 de *El mejor escudo de Perseo* «en majestuoso teatro *levantado de propósito* en el segundo patio de Palacio»[14].

Este escenario desarmable usado en Lima debía admitir, sin embargo, mayores posibilidades que aquellas de las que dispuso el del

---

[12] Shergold y Varey, en su edición de Vélez de Guevara, *Los celos hacen estrellas*, p. lxi.

[13] Sobre las posibilidades de despliegue espectacular que permitía el teatro portátil del Salón Dorado, ver Flórez Asensio, 2004, pp. 53-57. Puede confrontarse con lo relativo al Coliseo del Buen Retiro, también en Flórez Asensio, 2004, pp. 69-76.

[14] *Diario de Lima (1700-1711)*, fines de agosto-23 de oct. 1708. El subrayado es mío.

Salón Dorado[15]. Cuando el diarista Manuel de Mugaburu se refiere a los despliegues a que dio lugar *El arca de Noé* y afirma que fueron «como se hacen en el Retiro de Madrid»[16], no quiere ser seguramente meramente ponderativo, sino que nos da el referente al cual quería imitar el naciente teatro espectacular en Lima. De hecho, a partir de la observación sobre las exigencias escénicas de algunas de las obras allí representadas, es claro que la elevación del escenario debía ser la suficiente como para permitir el uso del escotillón y la salida por debajo del escenario, tal como lo exige la entrada de Angelio, el demonio, en *El arca de Noé*, o incluso la colocación de alguna maquinaria en el subsuelo, como podría desprenderse de la escena en que Atlas se convierte en el enorme gigante que sostiene el mundo, al final de *El mejor escudo de Perseo*, una escena que parece remedar la de la loa de Calderón para *Fortunas de Andrómeda y Perseo* compuesta para el Retiro[17].

El uso del patio para este tipo de representaciones se documenta a lo largo de la primera etapa: *El arca de Noé* (1672), *La púrpura de la rosa* (1701), *La fiera, el rayo y la piedra* (1707) y *El mejor escudo de Perseo* (1708)[18]. Sus dimensiones debían ser grandes, pues la noticia relativa a esta última obra describe el dicho patio como «capaz para gran nú-

---

[15] Al menos para la representación de *Los celos hacen estrellas* de Vélez de Guevara en el Salón Dorado del Alcázar, Shergold y Varey (en su edición, p. lxxxv) comprueban que el escenario no tenía allí más de dos peldaños bajos de elevación. En general, sobre las posibilidades de despliegue escénico que admitía este teatro, dice Varey: «Clearly this theatre could not be as elaborate or as flexible as the specially-built Coliseo of the Buen Retiro, but it did have a proscenium arch, three sets of perspective flats, and provision for stage effects» (Varey, 1982, p. 56).

[16] *Diario de Lima (1640-1694)*, p. 145.

[17] Ver el dibujo de esta espectacular escena de la obra de Calderón con el texto correspondiente de la loa, tal como fue montado en el Coliseo del Retiro de Madrid, contenido en el manuscrito que fue elaborado para enviar a Viena, en Calderón, *Andrómeda y Perseo*, pp. 41-48. El texto de la comedia del marqués de Castell dos Rius, en su versión originalmente escrita en 1694 para Lisboa, durante los años en que el Marqués ejerció allí los cargos de enviado extraordinario y luego embajador ante la corte portuguesa, se conserva actualmente en la Biblioteca de la Hispanic Society. Sobre su reutilización en el nuevo contexto limeño de 1708, ver Rodríguez Garrido, 1999.

[18] Los testimonios se consignan correspondientemente en el *Diario de Lima (1700-1711)*, p. 145: 20 de octubre-19 de diciembre de 1701; mediados de febrero-fines de abril de 1707 y fines de agosto-23 de octubre de 1708.

mero de asientos de graduación de personas, y jerarquías diversas»[19]. En 1710, sin embargo, para una reposición de esta misma pieza al final del gobierno de su autor, el marqués de Castell dos Rius (esta vez desprovista del gran marco festivo en el cual fue originalmente escenificada dos años atrás), el escenario se traslada a «un salón de Palacio»[20]. Durante todos estos años, alguno de estos salones había continuado siendo espacio propicio para comedias de carácter más restringido, las llamadas *particulares*, que no requerían del despliegue espectacular. La noticia no nos dice nada sobre si las exigencias escénicas de la obra del Marqués fueron reducidas para permitir el traslado; pero en todo caso se silencia por completo toda descripción propia del teatro de aparato. En cambio, tan sólo un año después, el 3 de diciembre de 1711, la información es inequívoca al dejarnos saber que la representación de *Triunfos de amor y poder* de Peralta —una obra cuyas necesidades de despliegue escénico están claramente precisadas por el manuscrito que la ha transmitido y cuyo desarrollo de mutaciones y vuelos es descrito en dos fuentes— tuvo lugar en el «salón del regocijo»[21]. Apenas veinticuatro días después, en el mismo escenario y en el mismo salón, se efectúa el montaje de la obra de Salazar y Torres *También se ama en el abismo*[22]. Es obvio, a mi parecer, que estamos ante un traslado del escenario portátil al interior de una de las grandes salas del Palacio, la misma que habrá de ser preferida para el montaje, la noche del 9 de febrero de 1725, de *Amar es saber vencer* de Zamora. Para entonces, la relación de la fiesta correspondiente, el *Elisio peruano*, señala que el Palacio cuenta con un «gran salón» dispuesto para estos fines[23].

La nueva ubicación del teatro desarmable no disminuyó el efecto masivo que buscaban estas representaciones, pues la misma relación asevera que las dimensiones de la sala permitían albergar hasta nove-

---

[19] *Diario de Lima (1700-1711)*, fines de agosto-23 de octubre de 1708. Añade la noticia: «Representose esta noche a su Excelencia, la Real Audiencia, tribunales y señoras, con diferente reparación y con lugares destinados sobre almohadas de terciopelo carmesí, quedando sobrada capacidad a numerosísimo concurso de hombres y mujeres: tal es la espaciosa amplitud del coliseo».
[20] *Diario de Lima (1700-1711)*, mediados de febrero-principios de abril de 1710.
[21] *Diario de Lima (1700-1711)*, 16 de noviembre-fin de diciembre de 1711.
[22] *Diario de Lima (1700-1711)*, 16 de noviembre-fin de diciembre de 1711.
[23] Fernández de Castro, *Elisio peruano*, p. 98.

cientas personas[24]. Ello era posible gracias al ordenamiento y la distribución del público, que en buena medida nos deja conocer la descripción que ofrece el *Elisio peruano* para la primera función en que se representa *Amar es saber vencer*. Frente al escenario se dispone un semicírculo compuesto por los asientos destinados a los miembros de la Audiencia, la Contaduría Real y el Ayuntamiento, y cuyo centro ocupa la silla del virrey. El área del semicírculo es ocupada por un estrado destinado a las damas de la ciudad, mientras que la parte posterior de la sala se destina al público en general[25]. Para la función de *Los juegos olímpicos* de Salazar, llevada a cabo semanas antes (el 11 de diciembre de 1724), la misma relación ofrece también una descripción de la distribución del público, la cual guarda cierta afinidad con la seguida en la representación de la pieza de Zamora, con la salvedad de que para esta ocasión se construyó una galería o luneta para las señoras[26]. Sin embargo, no se precisa dónde se llevó a cabo tal función (si en el patio o en el salón de Palacio) y el cambio en la ubicación de las damas pudiera obedecer a la diferencia de lugar.

Con todo, a pesar de la preferencia por un gran salón de Palacio como lugar para la representación entre 1710 y 1725, el patio no fue absolutamente olvidado, pues en 1747 vuelve a ser el elegido para colocar el escenario donde había de montarse *Ni Amor se libra de amor*[27]. A pesar de la ubicación esta vez del escenario en el patio, la disposición del público guarda estrecha semejanza con la ya observada en las funciones de 1725, aun cuando entonces la descripción remitía al interior de un salón del Palacio:

> Construyose de los portátiles asientos la figura de un Semi-círculo, con fácil entrada, aspecto hermoso, y grata commodidad, para que nada perdiesen los ojos, ni los oídos, y dejando área suficiente a un decoroso estrado para las señoras, seguían las primera sillas, que habían de ocupar los señores Ministros de la Audiencia, y demás Tribunales, que acompañaban a Su Exc. cuyo asiento se colocó en el medio mismo al prospecto de la scena[28].

---

[24] Fernández de Castro, *Elisio peruano*, p. 107.
[25] Fernández de Castro, *Elisio peruano*, p. 100.
[26] Fernández de Castro, *Elisio peruano*, p. 45.
[27] *El día de Lima*, p. 223.
[28] *El día de Lima*, pp. 223-224.

Probablemente fuera el fuerte terremoto que la ciudad había sufrido ese año y que causó deterioros mayores en los edificios de la ciudad, incluido el propio Palacio, lo que obligara a preferir nuevamente el espacio abierto del patio.

Además de la ubicación más o menos regular del escenario portátil en el segundo patio o en un gran salón de Palacio, hay noticias de que en ciertas oportunidades se dispuso también en otros lugares. La primera de ellas, que corresponde al montaje de *Fineza contra fineza* de Calderón, resulta, sin embargo, problemática a causa de la peculiar condición escénica de este texto. Lo que sabemos sobre su representación en Lima es que se llevó a cabo el 19 de diciembre de 1702, en celebración por los años del rey Felipe V, en lo que el *Diario de Lima* designa como el compás de Palacio[29]. Ya en el *Diccionario de Autoridades* se define el compás, en esta acepción, como el «espacio o ámbito enlosado, que regularmente suele haber ante las puertas de las iglesias, que comúnmente se llama atrio o lonja», lo cual podría sugerir que el escenario estuvo colocado en la parte exterior del Palacio que daba a la plaza. No obstante, el uso de la palabra podría remitir también al primer patio dentro del edificio (normalmente de dimensiones más pequeñas) y, además, no parece que existiera un atrio exterior hacia la plaza en el antiguo Palacio de los virreyes. En confirmación de que es a este patio interior al que se alude, viene la indicación, que proporciona la misma fuente, sobre el público de esta representación compuesto del «gran concurso de lo más noble de la ciudad»[30]. Ello hace pensar, por tanto, en un auditorio restringido y cerrado, y no en un espectáculo abierto completamente a la mirada pública desde la plaza.

Es significativo, sin embargo, el silencio respecto de despliegues espectaculares en este montaje. En verdad, en ninguna de las versiones transmitidas de esta obra se exigen tales cualidades escénicas y, a juzgar por la noticia del *Diario de Lima*, no habría por qué suponer que en esta ciudad las circunstancias fueran distintas[31]. Por consi-

---

[29] *Diario de Lima (1700-1711)*, noviembre de 1702-enero de 1703.
[30] *Diario de Lima (1700-1711)*, noviembre de 1702-enero de 1703.
[31] *Fineza contra fineza* fue estrenada el 22 de diciembre de 1671 en Viena en el Palacio Castiglioni, sede de la embajada española, para celebrar allí los años de la reina de España, Mariana de Austria, hermana del emperador Leopoldo I, quien a su vez estaba casado con la hija de Felipe IV, la emperatriz Margarita.

guiente, parece más probable que no se haya levantado propiamente el escenario portátil con todos sus recursos escénicos para esta ocasión, sino quizá tan sólo algunas estructuras básicas, más bien próximas al escenario del corral.

En cambio, el caso de la representación de *La estatua de Prometeo* de Calderón el 7 de febrero de 1709 es inequívoco. En esta fecha, como parte de los festejos por el nacimiento del príncipe Luis Fernando, el gremio de panaderos financia la representación de esta obra, para lo cual se dispuso «en la plaza teatro capaz y bien vestido para que toda la ciudad libremente gozase la representación de una comedia intitulada *La estatua de Prometeo*»[32]. La obra contó con las condiciones que eran características de los montajes de esta naturaleza: «muy costosas galas para los personajes, músicas bien acordes, mutaciones vistosas»[33]. El virrey contempló el espectáculo desde las galerías de Palacio, acompañado de la Real Audiencia, los Tribunales y las damas de la ciudad,[34] mientras que el grueso de los habitantes se agolpaba seguramente en torno del vistoso escenario. Se trata de un caso excepcional que marca la salida del escenario portátil fuera de los linderos del Palacio para su colocación en la plaza pública de la ciudad. Este hecho, que ubica ocasionalmente al teatro de origen cortesano, en unas condiciones de recepción próximas a las del auto sacramental, es un indicio relevante del impacto que llegó a adquirir esta manifestación teatral en la ciudad de Lima. Los organizadores del festejo, el lugar de la representación y aun un sector importante del público no son aquellos que fueron característicos, en su origen, del teatro cortesano europeo. En su lugar, las nuevas condiciones de este caso revelan un espectáculo perfectamente incorporado a la fiesta barroca, con toda su dimensión de fenómeno público que abarca a toda la ciudad en pleno.

Posteriormente fue representada en el Palacio Real de Madrid en varias oportunidades (Shergold y Varey, 1982, pp. 243 y 248). La primera edición de la obra debe ser la de Viena, seguramente próxima a su estreno allí en 1671 (Imprenta de Matheo Cosmerovio). Apareció luego en la *Cuarta parte de comedias* de Calderón (Madrid, 1672) y la reeditó Vera Tassis en Madrid, 1682. Sobre el estreno en Viena de la obra, ver Neumeister, 1995 y Reyes, 1997. He tratado más en extenso la representación limeña en Rodríguez Garrido, 2003, pp. 233-243.

[32] *Diario de Lima (1700-1711)*, fines de enero- principios de marzo, 1709.
[33] *Diario de Lima (1700-1711)*, fines de enero- principios de marzo, 1709.
[34] *Diario de Lima (1700-1711)*, fines de enero- principios de marzo, 1709.

El éxito y la permanencia que alcanzó durante varias décadas este tipo de espectáculo en la Lima colonial se explican, en conclusión, por una eficaz confluencia (cuidadosamente pensada y ejecutada por quienes fueron responsables de su introducción y desarrollo) entre la selección de las obras, el público y el contexto de representación. En tal medida, una aproximación, como la que aquí he intentado, no es sino la base y el punto de partida para un estudio sobre el lugar del teatro en Lima en el marco de la fiesta y, en tal medida, en el complejo entramado de la vida social durante la colonia.

BIBLIOGRAFÍA

Breve relación de las Reales Fiestas con que la muy Noble y Leal Ciudad de Lima Corte del Perú celebró la noticia de los felizes progressos que el año passado de 1706. consiguieron las Armas de Nuestro Católico Monarca Filipo Quinto (que Dios guarde) contra el Exército de los Aliados, Lima, Joseph de Contreras, 1707.

BUENDÍA, J. de, *Vida del venerable Padre Francisco del Castillo*, Madrid, Antonio Román, 1693.

CALDERÓN DE LA BARCA, P., *Andrómeda y Perseo*, ed. de R. Maestre, Almagro, Museo Nacional del Teatro, 1994.

CALDERÓN DE LA BARCA, P., y T. de TORREJÓN Y VELASCO, *La púrpura de la rosa*, ed. de Á. Cardona, D. Cruickshank y M. Cunningham, Kassel, Reichenberger, 1990.

CARDONA, Á., «Desde La púrpura de la rosa Calderón/Hidalgo (?) 1660; Calderón/Torrejón y Velasco, 1701», en *Las Indias (Américas) en la literatura del Siglo de Oro. Homenaje a Jesús Cañedo*, ed. I. Arellano, Kassel, Reichenberger-Departamento de Educación y Cultura, Gobierno de Navarra, 1992, pp. 73-89.

Diarios y memorias de los sucessos principales y noticias más sobresalientes en esta Ciudad de Lima, Corte del Perú, Lima, Joseph de Contreras y Alvarado, 1700-1711.

El día de Lima. Proclamación real que de el Nombre Augusto de el Supremo Señor D. Fernando el VI. Rey Catholico de las Españas... hizo la muy Noble, y muy Leal Ciudad de los Reyes, Lima, Lima, 1748.

FERNÁNDEZ DE CASTRO, J., *Elisio peruano*, Lima, Francisco Sobrino, 1725.

FLÓREZ ASENSIO, Mª A., *Teatro musical cortesano en Madrid durante el siglo XVII: espacios, intérpretes y obras*, Tesis doctoral, Madrid, Universidad Complutense, 2004.

Greer, M. R., *The Play of Power. Mythological Court Dramas of Calderón de la Barca*, Princeton, Princeton University Press, 1991.

Hernández Araico, S., «Festejos teatrales mitológicos de 1689 en la Nueva España y el Perú de Sor Juana y Lorenzo de las Llamosas (una aproximación crítica)», en *La cultura literaria en la América virreinal*, ed. J. Pascual Buxó, México, Universidad Nacional Autónoma de México, 1996, pp. 317-326.

— «La teatralidad de las fiestas barrocas del peruano Lorenzo de las Llamosas», en *El escritor y la escena*, ed. Y. Campbell, Ciudad Juárez, Universidad Autónoma, 1998, vol. 6, pp. 135-147.

— «Reivindicación de la loa a *También se vengan los dioses* de Lorenzo de las Llamosas, una joya virreinal», en *La producción simbólica en la América colonial*, ed. J. Pascual Buxó, México, Universidad Nacional Autónoma de México, 2001, pp. 333-356.

Leonard, I., «An Early Peruvian Adaptation of Corneille's *Rodogune*», *Hispanic Review*, 5 (2), 1937, pp. 172-176.

Lohmann Villena, G., *El arte dramático en Lima durante el Virreinato*, Madrid, Consejo Superior de Investigaciones Científicas, 1945.

Llamosas, L. de las, *Obras*, ed. R. Vargas Ugarte, Lima, Studium, Clásicos Peruanos 3, 1950.

— *Obra completa y apéndice*, ed. C. A. Debarbieri, Lima, 2000.

Mugaburu, J. y F. Mugaburu, *Diario de Lima (1640-1694)*, Lima, Concejo Provincial, 1935.

Neumeister, S., *Mito clásico y ostentación. Los dramas mitológicos de Calderón*, Kassel, Reichenberger, 2000.

— «Una comedia palaciega en representación particular: *Fineza contra fineza*, de Calderón», en *La puesta en escena del teatro clásico*, ed. J. M. Ruano de la Haza, Cuadernos de Teatro Clásico, 8, Madrid, Compañía Nacional de Teatro Clásico, 1995, pp. 255-267.

Peralta, P. de, *Imagen política del gobierno del Excelentísimo Señor D. Diego Ladrón de Guevara*, en J. Williams, *Peralta Barnuevo and the Discourse of Loyalty: A Critical Edition of Four Selected Texts*, Tempe, Arizona State University, 1996, pp. 23-86.

— *Obras dramáticas, con un apéndice de poemas inéditos*, ed. de I. A. Leonard, Santiago de Chile, Imprenta Universitaria, 1937.

Reyes, M. de los, «El teatro barroco en las cortes europeas: las representaciones de *Fineza contra fineza* en Viena (1671) y en Madrid (1717)», en *Théâtre, Musique et Arts dans les Cours Européennes de la Renaissance et du Baroque*, ed. K. Sabik, Varsovia, Université de Varsovie, 1997, pp. 115-41.

Riva-Agüero, J. de la, «Pedro de Peralta y las influencias francesas en sus obras», en *Obras completas II. Estudios de Literatura peruana: Del Inca Garcilaso a Eguren*, Lima, Pontificia Universidad Católica del Perú, 1962, pp. 165-220.

Rodríguez Garrido, J. A., «Entre Austrias y Borbones: la representación en Lima (1701) de *La púrpura de la rosa* de Calderón de la Barca», en *América y el teatro español del Siglo de Oro*, ed. C. Reverte Bernal y M. de los Reyes Peña, Cádiz, Universidad de Cádiz, 1998, pp. 289-303.

— «Una pieza recuperada del teatro colonial peruano: historia del texto de *El mejor escudo de Perseo* del Marqués de Castell dos Rius», en *Edición y anotación de textos coloniales hispanoamericanos*, ed. I. Arellano y J. A. Rodríguez Garrido, Madrid-Frankfurt, Iberoamericana-Vervuert, 1999, pp. 351-373.

— «Mutaciones del teatro: la representación en Lima de *Amar es saber vencer* de Antonio de Zamora en las fiestas por la coronación de Luis I (1725)», en *La producción simbólica en la América colonial*, ed. J. Pascual Buxó, México, Universidad Nacional Autónoma de México, 2001, pp. 371-402.

— *Teatro y poder en el palacio virreinal de Lima (1672-1707)*, Ph. D. Dissertation. Princeton University, 2003.

— «Sueño y tragedia en *La Rodoguna* de Pedro de Peralta», en *Sueños en la América colonial: tradición indígena, herencia grecorromana, autorrepresentación criolla*, coord. S. Rose, P. Schmidt y G. Weber, Gotha, Schloss Friedenstein, 26-28 de octubre, 2006 (en prensa).

— ''El teatro admirable de Lima': la fecha de composición de *La Rodoguna* de Pedro de Peralta y su significado político», en *Reflexión y espectáculo en la América virreinal*, ed. J. Pascual Buxó, México: Universidad Nacional Autónoma de México, 2007, pp. 375-399.

— «Ópera, tragedia, comedia: el teatro de Pedro de Peralta como práctica de poder», en I. Arellano y J. A. Rodríguez Garrido (eds.), *El teatro en la Hispanoamérica colonial: textos, prácticas escénicas y contextos de representación*, Madrid-Frankfurt: Iberoamericana-Vervuert, 2008.

Shergold, N. D., y J. E. Varey, *Representaciones palaciegas: 1603-1699. Estudio y documentos. Fuentes para la historia del teatro en España*, Londres, Tamesis Books, 1982.

Stevenson, R., «Opera Beginnings in the New World», *Music Quarterly*, 45, 1959, pp. 8-25.

— «La primera ópera del Nuevo Mundo», en *Americas*, 16, 1964, pp. 33-35.

Suardo, J. A., *Diario de Lima (1629-1639)*, ed. R. Vargas Ugarte, Lima, Universidad Católica del Perú, 1936.

Torrejón y Velasco, T. de y P. Calderón de la Barca, *La púrpura de la rosa*, ed. R. Stevenson, Lima, Instituto Nacional de Cultura, 1976.

Torrejón y Velasco, T. de y J. Hidalgo, *La púrpura de la rosa. Fiesta cantada, ópera en un acto*, Texto de P. Calderón de la Barca con Loa de autor anónimo para Lima, 1701, ed. L. K. Stein, Madrid, Instituto Complutense de Ciencias Musicales, 1999.

VAREY, J. E., «Scenes, Machines and the Theatrical Experience in Seventeenth-Century Spain», en *La scenografia baroca. Atti del XXIV Congresso internazionale di storia dell'arte*, ed. A. Schnapper, Bologna, CLUEB, 1982, pp. 51-63.

VÉLEZ DE GUEVARA, J., *Los celos hacen estrellas*, ed. J.E. Varey y N.D. Shergold y ed. y estudio de la música por J. Sage, Londres, Tamesis Books, 1970.

WILLIAMS, J. M., «Enlightened Lima: A Tribute to Philip V, Calderón, and the Return of the Siglo de Oro», *Dieciocho,* 13 (1-2), 1990, pp. 90-109.

— *Peralta Barnuevo and the Discourse of Loyalty: A Critical Edition of Four Selected Texts*, Tempe, Arizona State University, 1996.

— «Peralta Barnuevo´s Loa para la comedia: The Tragic Reign of Luis I», *Dieciocho: Hispanic Enlightenment*, 23 (1), 2000, pp. 7-25.

— «Peralta Barnuevo and the Influence of Calderón's Operatic Legacy to Viceregal Peru», *Bulletin of the Comediantes*, 58 (1), 2006, pp. 245-262.

ZUGASTI, M., «Un texto virreinal inédito: loa para la zarzuela 'También se vengan los dioses' de Lorenzo de las Llamosas», en *Unum et diversum. Estudios en honor de Angel-Raimundo Fernández González*, Pamplona, EUNSA, 1997, pp. 553-89.

EL TEATRO EN PALACIO Y EL PALACIO EN EL TEATRO
EL LICENCIADO VIDRIERA DE MORETO[1]

Javier Rubiera
Université de Montréal

El licenciado Vidriera de Agustín Moreto es una comedia palatina probablemente escrita para ser representada en un ambiente palaciego, aunque no es una pieza de gran fasto cortesano sino lo que podríamos llamar una «comedia de cámara»[2]. Mi artículo estudia cuestiones de técnica dramática relacionadas con la espacialización de esta comedia y de otras de Moreto, cuestiones muy vinculadas, entonces, con aspectos tratados en mi ensayo sobre la construcción del espacio en la comedia española del Siglo de Oro. Mis reflexiones profundizan en la consideración del recurso del «aparte al público» y de la «locución dirigida al público» que responden en esta comedia a una particular necesidad dramática: la de incorporar a los espectadores,

[1] Este trabajo se enmarca en el proyecto de investigación «La obra dramática de Agustín Moreto. Edición y estudio de sus comedias», financiado por el Ministerio de Educación y Ciencia y fondos FEDER (HUM2007-60212).

[2] Actualmente preparo su edición crítica. Todas las citas de la comedia proceden de mi propia edición provisional a partir de la príncipe (1653) cotejada con la incluida en la *Segunda parte* (1676). Las pequeñas diferencias entre una y otra son irrelevantes para el contenido de este artículo. Esta edición provisional, primer paso para una edición crítica, puede consultarse en la página http://www.moretianos.com/. Tomo el resto de las citas de comedias de Moreto a partir de los textos establecidos por el grupo de «moretianos» que coordina María Luisa Lobato y que se pueden consultar en línea. Cuando lo considero necesario, modifico la puntuación o hago alguna variación en el modo de indicar los apartes. Sobre *El licenciado Vidriera*, y en particular sobre los problemas de su interpretación, ver mi reciente artículo Rubiera, 2008.

principalmente cortesanos, en el espacio de la ficción con el fin de hacer más efectivo el discurso final del protagonista sobre el desengaño del mundo.

La interpelación al público en la comedia española

No creo que la cuestión del discurso teatral dirigido explícitamente al público haya sido estudiada con rigor, ni de modo general ni de modo específico aplicado a la comedia barroca española[3]. Para comprobarlo, una ojeada rápida a algunos de los diccionarios teatrales más prestigiosos puede servir de muestra inicial[4]. El diccionario enciclopédico de teatro coordinado por Michel Corvin no recoge una entrada particular para «adresse au public» y la dedicada a «aparté», redactada por G. Forestier, es tan breve como desorientadora[5]. Patrice Pavis sí le dedica una entrada al «adresse au public», pero entre otras cosas[6] es demasiado general y poco útil para el caso de la comedia española del XVII. Aunque la que se refiere al «aparté» tiene más enjundia, tampoco sirve para dar cuenta del caso barroco español. Más útil, como era de esperar, es el texto preparado por Aurelio González bajo la voz «aparte» para el diccionario de teatro del siglo de oro coordinado por Casa,

[3] Tampoco para el caso de la comedia del Siglo de Oro la cuestión del «aparte» en general, aunque para el caso francés se cuenta con un trabajo excelente sobre la materia desde la tesis doctoral de Fournier, 1991.

[4] Próximamente, en el *Homenaje al profesor Luciano García Lorenzo*, aparecerá mi artículo «El aparte al público y la locución a los espectadores en la comedia del Siglo de Oro», donde me detengo a considerar el asunto desde un punto de vista teórico y a revisar la literatura crítica al respecto. Por esta razón, no me referiré ahora a conocidos artículos de S. E. Leavitt, C. Pailler, S. Hernández Araico o I. Arellano, por citar sólo algunos ejemplos.

[5] Tras definir el aparte añade Forestier: «en fait, véritable adresse au public, qu'il faut informer d'un sentiment, d'une situation, d'un ridicule» (en Corvin, 1998, pp. 89-90), lo que no hace sino complicar inútilmente las cosas, y confundir los términos, a partir de la información obvia de que todo lo que ocurre en escena se dirige al espectador.

[6] Dice P. Pavis: «Parties du texte (improvisées ou non) que le comédien, sortant de son rôle de personnage, adresse directement au public, rompant ainsi l'illusion et la fiction d'un *quatrième mur* séparant radicalement la salle et la scène» (1996, p. 13). No estoy tan seguro de que el actor tenga que salir de su papel de personaje en la apelación al público.

García Lorenzo y Vega García-Luengos (2002). Sin embargo, en esta obra lo relativo a la «apelación al público» no tiene entrada independiente y se reduce a un pequeño párrafo de A. González en el que se dan indicaciones para evitar alguna confusión terminológica. Sirvan estas breves notas para resaltar el hecho de la poca atención dedicada a esta técnica dramática y espectacular en obras lexicográficas teatrales recientes, tanto generales como específicas.

Para el caso concreto de la comedia barroca española, según mi opinión, éstos son los criterios básicos para comenzar a definir el recurso de la «interpelación al público». En primer lugar, hay que deshacer un malentendido bastante frecuente y distinguir el *aparte al público* de la *locución a los espectadores*. El criterio para la distinción es muy sencillo: fijarse en si el personaje está solo o no en escena. Para que un enunciado pueda caracterizarse como «aparte» debe ser dicho por un personaje en presencia de otros a los que se oculta la dicción, y por lo tanto el pensamiento, que entonces, si hay una marca concreta de interpelación, va explícitamente dirigida a los espectadores. Este tipo de aparte suele ser breve, de uno o dos versos, y normalmente no sobrepasará los nueve o diez. Por otro lado, cuando el personaje está solo en escena y se dirige a la sala, entonces puede hablarse de «locución al público» y en este caso el soliloquio puede extenderse durante decenas de versos.

La segunda distinción necesaria surge cuando nos preguntamos cuáles son los requisitos para que se deba considerar determinado parlamento como «efectivamente dirigido al público», ya sea en aparte o como locución. Esta materia es más delicada, porque la práctica teatral contemporánea puede interferir en nuestra percepción de los textos y llamarnos a engaño. En las comedias del Siglo de Oro suele ser un personaje de gracioso o de graciosa el que establezca una relación directa con el espectador. Es bien conocida la función mediadora que juega este personaje entre el espacio de la representación y el espacio de la recepción y, como es normal, en ese juego de mediación el actor que representa al gracioso —quizás como sugerencia del director de escena— puede establecer con el público más contactos de los que el texto dramático escrito sugiere o indica. Que funcione, que tenga éxito es una cosa; que responda a lo que recoge el texto del XVII, otra bien distinta[7]. Llevando

---

[7] En este sentido no sabemos, además, casi nada de la técnica de los 'graciosos' a la hora de representar. ¿Dirían todos sus apartes directamente al público, al

las cosas al extremo, es posible pensar en una representación en la que todos los apartes de una comedia —me refiero a todos los apartes tradicionalmente entendidos como dichos «para sí» por cualquiera de los personajes— se digan directamente a los espectadores, como parte de una puesta en escena que no trate de suavizar la inverosimilitud del procedimiento sino todo lo contrario, es decir, subrayar la convencionalidad de la farsa, como es muy normal en escenificaciones de los clásicos en nuestro tiempo. Pero no es eso de lo que se trata de discutir ahora (cómo representar hoy los apartes) sino que, más bien, lo que se pretende es responder a la cuestión de cómo distinguir en los parlamentos de los textos de teatro barroco cuándo el poeta dramático indica que determinado enunciado debe decirse directamente al espectador, ya que nunca (?) se señalaba de modo explícito en acotación[8].

El ejemplo de Moreto: *El desdén, con el desdén*

Al considerar la pieza más famosa del corpus moretiano, el examen de varios parlamentos de Polilla en *El desdén, con el desdén* puede ayudarnos a entender la diferencia entre un aparte a los espectadores, una locución directa al público y un discurso dicho para sí que quizás también podría dirigirse al espectador.

En la primera jornada, durante el primer encuentro de Diana con Polilla (vv. 647-1046), disfrazado de médico y llamado Caniquí, el gracioso debe recitar tres enunciados en aparte, es decir, sin que los oigan Diana ni sus damas (el último ya con los príncipes presentes también), porque si no, se darían cuenta del engaño. Ahora bien, ¿son apartes para sí o deben decirse al público?

La primera intervención nada más entrar en escena es: «¡Plegue al cielo que dé fuego / mi entrada!» (vv. 647-648). La segunda intervención, para cerrar la secuencia del diálogo directo con Diana y justo antes de la entrada del padre de Diana con los príncipes, dice así:

---

que se abrirían desde su primera salida?, ¿lo harían todos los actores de la misma forma?, ¿habría diferentes escuelas de actuación? Aquí el terreno es muy resbaladizo y todo está sujeto a la especulación.

[8] Soy consciente de que son peligrosas estas afirmaciones generales en las que se emplea el término «nunca» a propósito de un corpus tan amplio, y abierto a nuevos descubrimientos, como el de la comedia áurea.

DIANA   Caniquí, a vuestra venida
         estoy muy agradecida.
POLILLA Para las dueñas nací.
         (*Ap.* Ya yo tengo introducción;
         así en el mundo sucede:
         lo que un príncipe no puede,
         yo he logrado por bufón.
         Si ahora no llega a rendilla
         Carlos, sin maña se viene,
         pues ya introducida tiene
         en su pecho la polilla.) (vv. 728-738)

La tercera intervención en aparte la dice Polilla antes de que Diana comience a explicar a los príncipes el fundamento de su aversión al casamiento:

POLILLA (*Ap.*¡Vive Dios, que es raro empeño!
         ¿Si hallará razón bastante?
         Porque será bravo cuento
         dar razón para ser loca.) (vv. 824-827)

En los tres casos se trata, en principio, de apartes dichos para sí, pues no hay ninguna marca explícita de interpelación al público, pero son de esos enunciados que, dichos hacia la sala, proporcionarían un claro efecto cómico y acentuarían la complicidad del espectador en la farsa que se está jugando. Creo que es potestativo del actor o del director decirlos o no al público y depende también de si hay o no en la pieza otros parlamentos dirigidos inequívocamente a la sala. Sin embargo, en la segunda jornada de *El desdén, con el desdén* nos podemos encontrar con otras intervenciones de Polilla, siempre disfrazado de Caniquí, que hay que entender como dichas directamente a los espectadores. Veámoslas y comparémoslas con las que acabamos de recordar para distinguir con claridad la diferencia de estatuto enunciativo.

La jornada segunda se abre, como la primera, con un diálogo entre Carlos y Polilla hasta que salen Diana, Cintia y Laura, una vez que se esconde Carlos. Inicia aquí Polilla su juego a dos bandas («¡Qué gran gusto es ver dos juegos!», v. 1212). Se encuentran Polilla y Diana, hablan entre sí, en presencia de las damas, y finalmente sale Carlos de su escondite, desde el que ha cruzado un aparte con Polilla. En ese momento comienza una complicada situación enunciativa en la que sobre el diálogo en alta voz entre Carlos y Diana se van tejiendo los apartes entre Carlos y Polilla, los apartes entre Polilla-Caniquí y Diana y los apartes para sí del propio Polilla, hasta que el gracioso subraya con un chiste el doble juego que se trae, dirigiéndose, esta vez sí, al espectador. La comicidad de la escena depende de que se entienda bien quién habla a quién:

	[...]
CARLOS	Y yo el primero, señora,
	vengo, pues es deuda igual,
	a cumplir mi obligación.
DIANA	Pues ¿cómo, sin afición,
	sois vos el más puntual?
CARLOS	Como tengo el corazón
	sin los cuidados de amar,
	tiene el alma más lugar
	de cumplir su obligación.
POLILLA	(*Ap.[a Diana]* Hazle un favorcillo al vuelo,
	por si más grato le ves).
DIANA	([*Ap. a Polilla*] Eso procuro.)
POLILLA	(*Ap.* Esto es
	hacerla escupir al cielo.)
DIANA	Mucho, no teniendo amor,
	vuestra asistencia me obliga.
CARLOS	Si es mandarme que prosiga,
	sin hacerme ese favor,
	lo haré yo, porque obligada
	a eso mi atención está.
DIANA	([*Ap. a Polilla*] Poca lumbre el favor da.)
POLILLA	([*Ap. a Diana*] Está la yesca mojada.)
DIANA	Luego ¿al favor que os hago
	no le dais estimación?
CARLOS	Eso con veneración,
	mas no con amor, le pago.
POLILLA	(*Ap.[a Carlos]* ¡Necio, ni aun ansí le pagues!)
CARLOS	([*Ap. a Polilla*] ¿Qué quieres? Templa mi ardor
	aunque es fingido, el favor.)
POLILLA	(*Ap. [a Carlos]* Pues enjuágate y no tragues.)
DIANA	([*Ap. a Polilla*] ¿Qué le has dicho?)

POLILLA	([Ap. a Diana] Que, al oíllos, agradezca tus favores.)
DIANA	([Ap. a Polilla] Bien haces.)
POLILLA	(Ap. [al público] Esto es, señores, engañar a dos carrillos.) (vv. 1236-1268)

Aquí sí tenemos una marca explícita, «señores», que nos permite afirmar que es un parlamento dicho a los espectadores. Como se dice ocultándolo a otros personajes que están en escena, podemos afirmar que nos encontramos ante un «aparte al público», como un modo de reforzar la comicidad de la situación en que se encuentra el gracioso, quien no puede dejar de compartirla con el regocijado espectador. Se establece aquí una conexión que volverá a repetirse, avanzada esta segunda jornada, tras un nuevo encuentro entre Polilla y Diana. Entre la salida de escena de Diana y la entrada de Carlos, el gracioso queda solo, en unos instantes de transición, y de nuevo se dirigirá inequívocamente al público con la misma forma de apelación («señores»):

DIANA	Mira que voy al jardín.
POLILLA	Pues ponte como una Eva, para que caiga este Adán.
DIANA	Allá espero.
	Vase.
POLILLA	¡Norabuena, que tú has de ser la manzana y has de llevar la culebra! [Al público] Señores, ¡que estas locuras ande haciendo una Princesa! Mas, quien tiene la mayor, ¿qué mucho que estotras tenga? Porque las locuras son como un plato de cerezas, que en tirando de la una, las otras se van tras ella. (vv. 1769-1782)

Como se puede apreciar con estos ejemplos, en la primera jornada no había indicios textuales suficientes para afirmar que las intervenciones de Polilla en aparte debieran decirse directamente a los espectadores. En la segunda jornada, por el contrario, sí se observan dos casos de apelación directa al público, uno dicho en aparte y el otro como breve soliloquio. Las dos utilizan el vocativo «señores» para abrir la interpelación. Esta apertura hacia la sala hace más verosímil la posibilidad de que otras intervenciones de Polilla, de esas que no se sabe muy bien a quién van dirigidas, sean dichas «al público». Por ejemplo, una vez que ya se ha establecido la complicidad, no es ilógico pensar que la intervención que cierra la jornada, en ese momento límite tan propicio para ello[9], fuera dicha vuelto el actor hacia los espectadores: «Buena va la danza, alcalde,/ y da en la albarda el granizo». Aunque es más discutible, igualmente pienso que de modo retroactivo podría inducir al actor a decir aquellas otras intervenciones dudosas del primer acto de esta manera, para establecer desde antes su conexión con la sala y ahondar en la comicidad que esta situación propone.

---

[9] En la comedia cómica de enredo, un momento muy propicio para que un personaje se dirija al público directamente es el final de la jornada. Suele contenerse en el breve parlamento una advertencia, con una alusión al título de la pieza, o suele referirse a la complicación del enredo y a cómo acabará todo esto. En Moreto es muy significativo el caso de *No puede ser el guardar una mujer*, pieza en la que encontramos, además del típico final de comedia con interpelación al espectador, sendos finales de jornada con el mismo recurso. Al acabar el primer acto, Tarugo, solo en escena, se dirige explícitamente al público:

> TARUGO   Miren los que ven aquesto
> si es bien grande necedad
> el guardar una mujer
> que no se quiere guardar. (vv. 1044-1047)

De igual manera, otro personaje, esta vez la criada Manuela, espeta este comentario para cerrar el acto segundo:

> MANUELA   Y deste ejemplo...
> DOÑA INÉS   ¿Qué dices?
> MANUELA   ... sepan los necios del siglo
> que *el guardar una mujer,*
> si ella guardarse no quiso,
> *no puede ser*, aunque tenga
> más guardas que el vellocino. (vv. 2147-2152)

La comedia se cierra con estos versos de don Félix: «Y sirva este ejemplo fiel/ para que los que presumen/ que *el guardar una mujer/* es fácil, con este aviso/ digan que *no puede ser*» (vv. 3145-3149).

En la tercera jornada de nuevo nos encontramos con un aparte explícito a los espectadores y con otros que, aunque dudosos por no tener marca textual inequívoca, es muy probable que deban dirigirse al público, una vez que ya ha quedado establecida la complicidad desde el acto anterior. Siempre se trata de situaciones en que Polilla-Caniquí se encuentra al lado de Diana (vv. 2125-2552), a la que oculta su verdadero pensamiento. Dos apartes podrían decirse al público, pero no es obligatorio: «Todo esto es echar especias/ al guisado de mi amo» (vv. 2131-2132) y «Reventando está de pena» (v. 2166). Pero hay un tercero en el que reaparece una marca textual de apelación que no deja lugar a dudas:

> POLILLA (*Ap [al público]* Señores, si esta mujer,
> viendo ahora este desprecio,
> no se rinde a querer bien,
> ha de ahorcarse, como hay credo.) (vv. 2205-2208)

Es importante notar el momento dentro de la acción dramática, pues lo dice Polilla a modo de cierre de su secuencia dialogada con Diana, justo antes de que comiencen a entrar todos los galanes al son de una música cantada, que propicia un cambio de escena. Efectivamente el aparte a los espectadores juega a veces como marca que subraya un momento de cambio de situación dramática. Por eso pienso que más adelante los versos de despedida del gracioso, antes de salir cómicamente de escena, tienen todo el aire de continuar el juego cómplice con la sala, aunque no contengan el signo específico de apelación, «señores»:

> DIANA ¡Vete, atrevido,
> o haré que te arrojen luego
> de una ventana!
> POLILLA ¡Agua va!
> Voyme, señora, al momento,
> que no soy para vaciado.
> (*Ap. [al público]* Madre de Dios, ¡cuál la dejo!
> Voyme, que, donde hay pañal,
> el caniquí tiene riesgo.) (vv. 2545-2552)
> Vase.

El licenciado Vidriera

Con estas observaciones sobre *El desdén* en mente, vayamos ahora a ver lo que ocurre en la comedia de *El licenciado Vidriera*, escrita por los mismos años, probablemente en torno a 1648. La obra sería una pieza palatina más, aunque de buena factura, si no fuera por lo que ocurre a partir de la última escena del segundo acto, cuando el desventurado y desengañado Carlos, el protagonista, tras verse defraudado por todos (amigos, amada, corte de Urbino), toma la resolución de hacerse el loco para mostrar al mundo su ingratitud y su injusticia. Lo que pasa a partir de ahí hace que la comedia sea digna de mención especial por varios motivos. Me detendré ahora solamente en la cuestión que nos ocupa, la interpelación al público, que muestra, en mi opinión, uno de los casos más agudos de la comedia española barroca.

Como ocurría con Polilla, en la comedia de *El licenciado* el gracioso Gerundio, criado de Carlos, juega un papel extraordinario. Durante todo el primer acto lo vemos servir con fidelidad a su amo y en ningún momento recurre al «aparte» para esconderle el pensamiento. Sin embargo, sí es importante notar que al final de esa primera jornada, durante la escena de la batalla en las afueras de Urbino, en dos ocasiones establecerá un contacto con el público. Las dos veces encontramos la marca de apelación «señores» para indicar a quién se dirige su parlamento, abriendo el circuito de comunicación con la sala:

> Carlos, espera, que perdí el camino
> Cielos, este hombre está loco,
> que se viene a meter ciego
> en el campo del contrario.
> [*Ap. al público*] Señores, ¿cuál es su intento?
> Aquí nos prenden y dan
> una vuelta de podenco.   (vv. 826-832)

> ¡Vive Dios que la pescó!
> [*Ap. al público*] Señores, el juicio pierdo:
> ¡que sea pobre mi amo
> pudiendo ganar un reino
> con irse a pescar Casandras!   (vv. 943-947)

En el acto segundo, hay que esperar hasta la última escena, una vez transcurridos más de dos mil versos, para encontrar la situación dramática que da un giro total a la acción y que hace memorable esta comedia de Moreto. Por un cúmulo de casualidades y de intrigas palaciegas (entre ellas la deslealtad de su mejor amigo, Lisardo), los enormes méritos de Carlos nunca son reconocidos en la corte y acaba pobre, enfermo, desdichado y sin ninguna posibilidad de lograr el amor de Laura. A punto de ser abandonado por su criado Gerundio, en el foso de su mala fortuna, sintiéndose agraviado por todos, planea su venganza y decide fingir que se ha vuelto loco, diciendo que es de vidrio y que nadie le toque. Este momento clave transcurre con sólo dos actores en escena, Carlos y su criado. El plan que va ideando lo dice el personaje en aparte, para que no lo oiga Gerundio, en un discurso de cuarenta y nueve versos, y «paseándose», según reza la acotación[10]. En la parte final del discurso Carlos llama la atención de los espectadores sobre lo que va a hacer para desengaño de todos, aunque su acción conlleve la vergüenza, y a partir de ahí la comedia da un giro extraordinario:

> ¡Ah, cielos, si me sufriera
> ajar mi reputación
> el mundo! Denme licencia
> el decoro y la razón
> para que yo no parezca
> quien soy un término breve,
> que yo tomaré tan nueva
> venganza destas injurias
> que se admire el mundo della.
> Yo haré que todos conozcan
> su ingratitud y mi ofensa,
> y que lo vean de suerte
> que sea el castigo su afrenta.
> No ha de haber oído el mundo
> tal venganza de mi queja,
> tal castigo de su culpa.
> Sólo temo la vergüenza
> de ultrajar yo mi persona;

---

[10] «Este discurso le ha de haber hecho paseándose», dice la acotación tras el parlamento.

> pero, ¿qué ultraje me queda
> que temer, con el que paso?
> *[Al público]* Pues todo el mundo me atienda:
> a ajarme voy por vengarme,
> para que los hombres sepan
> quién es el mundo, y cuál son
> los que la fortuna premia.
> Esto ha de ser lo primero :
> engañar ha de ser fuerza
> a ese criado. (vv. 2042-2069)

Las cinco ocurrencias de «mundo» en tan pocos versos me parecen muy significativas y muestran cómo se superponen distintos niveles de significación de esta palabra: «mundo» es «palacio de Urbino», es «fama» u «opinión», es «sociedad humana» y es el «auditorio», el público de la comedia, hacia el que parece dirigirse el personaje para anunciar su resolución: «Pues todo el mundo me atienda»[11]. A partir de aquí tiene lugar la escena en que Carlos se finge loco ante Gerundio, escena de gran comicidad, con un final de acto soberbio, pero que, dada la ausencia total de acotaciones, en la lectura puede quedar apagado si no se entiende bien —si el lector no imagina bien— la acción representada. El efecto cómico sólo se percibe cuando se distingue correctamente a quién dirigen sus parlamentos los personajes, cómo se configura el juego de espacios y cuál es el movimiento escénico. Una vez que se imagina uno a Gerundio sacando de escena a su amo en brazos, hablándose entre sí en tan comprometida situación

---

[11] Es muy propio del «aparte para sí» (ya sea un corto enunciado o un soliloquio de varios versos) la utilización del sintagma «¡cielos!». Así comienza el parlamento de Carlos (vv. 2020-2021): «¡Que me deba el Duque, cielos,/ la corona que gobierna». Reaparece en su soliloquio en el primer verso que reproduzco: «¡Ay, cielos, si me sufriera/ [...]». Poco a poco el discurso se va deslizando desde el ensimismamiento hacia la alteración (permítaseme este pequeño juego orteguiano) del «mundo». Recuérdese lo que dije al principio de que esta comedia probablemente fue escrita para representarse en palacio y, por consiguiente, ese «mundo» es tanto el palacio de Urbino como el palacio real de Madrid. Hay testimonio de que fue representada el 18 de enero de 1651 en la Corte y de que un año después se repuso en el cuarto de la reina en el Palacio del Pardo, quizás por la compañía de Sebastián de Prado o por la de Diego de Osorio. Casi treinta años más tarde hay noticia, del 26 de mayo de 1680, de una nueva representación palaciega, esta vez por Jerónimo García.

y dirigiéndose ambos al espectador con sus respectivos apartes, creo que se reconocerá el hilarante fin de acto. Recordemos la parte final del diálogo, justo en el momento en el que Carlos finge por primera vez que es de vidrio:

CARLOS	¡Quítate allá! ¡No me toques!
	¡Que me quiebras! ¡que me quiebras!
GERUNDIO	¿Qué dices?
CARLOS	Pues, ¿no lo ves?
	De vidro soy.
GERUNDIO	¡Santa Tecla,
	que está loco!
CARLOS	¡Vidrio soy!
GERUNDIO	¡Jesús, qué gracioso tema!
CARLOS	([*Ap. al público*] Ya el criado lo ha creído;
	aquí mi venganza empieza).
GERUNDIO	Señor, ¿qué eres vidrio es cierto?
CARLOS	¿Posible es que no lo veas?
GERUNDIO	Pues, ¿hay duda? Ya lo miro.
CARLOS	Pues, ¿a qué vienes? ¿te acercas
	a quebrarme?
GERUNDIO	No, señor,
	que eres vidro de Venecia.
	([*Ap. al público*] Llevarle quiero el humor).
CARLOS	Pues ¿a dónde vas? ¿qué intentas?
GERUNDIO	Llevarte a casa.
CARLOS	¡Eso no,
	quítate allá, que me quiebras!
GERUNDIO	¿No ves que soy salvilla
	y puedo llevarte en ella?
CARLOS	Pues ven, llévame con tiento.
GERUNDIO	Eso haré. ([*Ap. al público*] ¿Hay risa como esta?).
	Vamos, señor. ([*Ap. al público*] Lindo cuento).
CARLOS	Vamos, ([*Ap. al público*] y el mundo suspenda
	el juicio desta locura
	hasta ver cómo me venga). (vv. 2113-2138)
	[Vanse, llevando Gerundio en brazos a Carlos]

Ahora bien, podría argumentarse que falta una marca explícita indudable (como el «señores» de otros casos ya vistos) para que se reconozcan varios de estos enunciados como «apartes al público». Es cierto, pero creo que la clave[12] está en las palabras del soliloquio de Carlos «Pues todo el mundo me atienda», que hay que poner en relación paralela con los versos del mismo personaje que cierran la jornada: «[...] y el mundo suspenda/ el juicio de esta locura/ hasta ver cómo me venga», parlamentos con los que creo que en este fin de acto se enmarca una acción que se va acercando cada vez más hasta los espectadores de la corte madrileña, quienes finalmente son apelados a mantener la atención hasta ver en qué para todo[13] en la última jornada.

Prueba de que en este final de acto la acción escénica se ha ido abriendo paulatinamente a los espectadores es el sorprendente comienzo de la tercera jornada, que de modo inusitado continúa, ahondando en él, el juego con el auditorio. No conozco dentro de la comedia barroca española un caso tan largo y acentuado de interpelación al público[14]. Gerundio sale solo a escena y comienza a hablar dirigiéndose directamente a los espectadores[15]:

---

[12] Recuérdese, además, que ya Gerundio se había dirigido directamente al público en la primera jornada, dejando la puerta abierta para la comunicación. Cuando esto ya ha ocurrido en una comedia, aumenta la probabilidad de que otros «apartes» no explícitos sean interpretados como efectivamente dirigidos al auditorio, tal como he avanzado en mis comentarios sobre *El desdén, con el desdén*.

[13] Moreto hace muy finamente un último juego de palabras con el uso dilógico de «venga» («venir» y «vengar»), última palabra que oye el espectador.

[14] Evidentemente, que yo no lo conozca no quiere decir que no lo haya y uno de los objetivos de mi trabajo es animar a otros investigadores a continuar y matizar mis afirmaciones, aportando otros ejemplos significativos. Uno de los más notorios que recuerdo es el de Castaño en la jornada tercera de *Los empeños de una casa* de Sor Juana Inés de la Cruz, comedia en la que el gracioso, durante una cómica escena en la que se disfraza de mujer, apela a "Vuexcelencia" y al auditorio femenino de la fiesta cortesana (vv. 349-386).

[15] De las 24 comedias de las dos partes de Moreto, sólo otras dos piezas, aparte de *El licenciado*, hacen comenzar la acción de una jornada con un personaje solo en escena: *La misma conciencia acusa* y *Trampa adelante*. Haría falta extender el análisis a las otras piezas atribuidas a Moreto. En los tres casos ocurre al comienzo del acto tercero. En *Trampa adelante* y en *El licenciado* son los graciosos (Millán y Gerundio) quienes lanzan su soliloquio y en *La misma conciencia acusa* es el galán Carlos. Subrayemos, antes que nada, la rareza del procedimiento (tres comedias sobre veinticuatro) y veamos ahora algunos rasgos característicos que permitirán entender mejor la excepcionalidad del discurso de Gerundio.

El soliloquio de Carlos en *La misma conciencia acusa* (32 versos, vv. 2110-2141), de carácter serio, no está dicho como una interpelación al público o al menos no hay ninguna marca discursiva, ni otro indicio, que así lo haga pensar. En este tipo

[*Al público*] Señores, pierdo el sentido.
No hubiera el diablo pensado
arbitrio más acertado
para haber enriquecido
mi amo en su suerte abatida
que ser loco placentero:
manando estoy en dinero,
en regalos y en comida. (vv. 2139-2146)

Siguen cuarenta y cinco versos en los que explica al auditorio lo que ha pasado entre la última escena del acto anterior y este momento: aquellos mismos cortesanos que despreciaron a Carlos empiezan a halagarlo y a requerirlo para amenizar sus fiestas, y escuchan embelesados sus ingeniosidades y sus aforismos de loco; ahora sí es admitido en la corte y se va haciendo riquísimo, con la ayuda de Gerundio (que es el primer engañado por la falsa locura de su amo), siendo invitado por todo Urbino como figura de entretenimiento. Tras estos versos explicativos, remata Gerundio su discurso con una nueva apelación al público y con un anuncio de que la acción continúa con la llegada de los pretendientes:

Señores, el juicio pierdo[16]:
¡que haya hombre que sea cuerdo,
valiendo tanto el ser loco!
Pudiera haber dado hallazgo
por tan dichosa locura,
porque es cosa, si le dura,
de fundar un mayorazgo.
Y porque vean las gentes
cuál es el mundo, a escuchar,

---

de parlamentos la llamada a los «Cielos» suele ser, además, señal inequívoca de que el personaje habla para sí mismo o de que se dirige retóricamente a ellos.

En *Trampa adelante*, la intervención de Millán (40 versos, vv. 2072-2111), de evidente efecto cómico, podría recitarse sin problema dirigiéndose directamente a los espectadores, pero de nuevo no hay ninguna marca discursiva explícita. Mas bien todo apunta a un parlamento dicho como hablando consigo mismo. Tal parecen confirmarlo versos como: «No sé a qué intento sería,/ dejando a mi amo aplazado;/ mas ¿por qué me da cuidado/ su trampa, estando en la mía? », o ese verso final dándose ánimos a sí mismo: «Millán, ánimo, al enredo».

[16] Recuérdese que son las palabras exactas que decía Gerundio en su segundo aparte de la primera jornada: «Señores, el juicio pierdo» (v. 944).

que ya es hora de empezar
a venir los pretendientes. (vv. 2192-2202)

Tras el diálogo con un criado que viene a requerir los servicios de Vidriera para que vaya a palacio, Gerundio se dirige de nuevo al público:

[*Al público*] Señores, esto es medrar.
Ya mi amo a Laura tuviera,
si loco vuelto se hubiera
desde que empezó a estudiar. (vv. 2223-2226)

Después de recibir dos nuevas invitaciones de sendos criados, tiene lugar hasta el final del cuadro (vv. 2292-2382) un diálogo entre Carlos y Gerundio durante el cual se producen varios apartes de ambos personajes que, siguiendo coherentemente con el juego escénico que parece instaurado, se dirían «al público», aunque no haya marca explícita salvo en uno de Gerundio, que refuerza esta idea de que se mantiene el juego con los espectadores:

CARLOS	Tú has de venirme a quebrar.
GERUNDIO	Esos temores ataja,
	que de ti cuidando estoy,
	y he hecho, porque salgas hoy,
	una vasera de paja
	llena de algodón. ([*Ap. al público*] Señores,
	no es mucho que a esto haya prisa,
	que yo me muero de risa
	de tan graciosos temores.
	Pero llevarle el humor
	es fuerza y disimular).
	¿Quieres venirte a envasar?
CARLOS	([*Ap. al público*] En mi intento la mayor
	advertencia mía ha sido
	engañar este criado,
	pues a todos ha engañado
	verle a él tan persuadido
	a mi fingida locura; (vv. 2998-2315)
	[...]

Lo que hay que subrayar, además, es que el recurso a la técnica de interpelación al público, aparte de su valor lúdico, tiene en *El licenciado Vidriera* una razón dramática profunda. La complicidad progresiva con el auditorio queda tan bien establecida que no parece aventurado afirmar que cuando al final de la obra Carlos decida acabar con su locura fingida[17] y mostrar a todos en palacio en qué consiste la vanidad del mundo, su mensaje de desengaño se dirige por igual a los cortesanos de Urbino sobre el tablado y a la corte madrileña que escucha la comedia, pues se han ido fundiendo los dos públicos en un solo «teatro del mundo». En relación con lo que venimos diciendo, todo podría resumirse en estos versos en que aparecen los términos clave:

DUQUE	Pues, ¿con qué cura o prodigio tan presto habéis restaurado el juicio?
CARLOS	Si lo queréis saber, señor, escuchadlo.
LAURA	([*Ap*] ¡Cielos! ¿qué es esto que miro?)
DUQUE	Decid, que atentos estamos.
CARLOS	Pues si yo os lo he de decir, vos, gran señor, y el teatro del mundo, esta vez permita repetir lo que ha pasado; [...] Y pues es el mundo tal, y los que tienen su aplauso, que dan el favor a un loco, que niegan a un hombre honrado, no quiero más premio dél ni dellos que el desengaño. (vv. 2870-3009)

---

[17] En la escena final Carlos, en vista de que, a pesar de todo el esfuerzo, su amada Laura va a casarse con Lisardo, decide levantar su máscara durante un sarao y explicar toda su historia en un agrio y largo discurso de denuncia y desengaño del mundo (vv. 2876- 3023). Carlos hace un resumen de toda su historia y después acusa a todos, uno por uno, contraponiendo todo el mal que le vino por virtuoso («por docto,/ por valiente, por bizarro,/ por discreto, noble y fino») y todos los bienes que logró al actuar como loco, el mejor pasaporte para lograr el premio en palacio.

Conclusión

Frente a lo que podría pensarse, la comedia española del Siglo de Oro no profundiza ni desarrolla mucho el recurso a que los personajes se dirijan directamente al público, en aparte o en discurso de apelación directa al espectador. Me refiero en concreto al marco estricto de las tres jornadas, que realmente sólo es roto, con mucha frecuencia, en ese parlamento final típico del gracioso —aunque otros personajes puedan hacerlo igualmente— en el que en cinco o seis versos de despedida se piden disculpas al «senado» o se dan vítores al poeta.

El licenciado Vidriera, sin embargo, explota bien a fondo tanto el «aparte a los espectadores» como la «locución al público», recursos técnicos que hemos tratado de dilucidar en este artículo. En el último tercio de *El licenciado Vidriera*, y de modo bien motivado dramáticamente, la acción se abre de forma explícita a los espectadores, miembros del gran teatro del mundo, a quienes quiere tanto acercar o introducir en la ficción de la comedia como extender su mensaje crítico de desengaño, siempre dentro de los términos moderados, discretos, contenidos, con tono admonitorio suave, tan propios de Moreto y tan apropiados para ser entendidos por el público de Palacio, palacio de Urbino en la fábula representada en un palacio real madrileño.

Bibliografía

Casa, Frank P., L. García Lorenzo y G. Vega García-Luengos, dirs., *Diccionario de la comedia del Siglo de Oro*, Madrid, Castalia, 2002.
Corvin, M., *Dictionnaire encyclopédique du théâtre*, Paris, Larousse, 1998, 2 vols.
De la Cruz, Sor Juana Inés, «Los empeños de una casa», *Obras completas IV. Comedias, Sainetes y Prosa*, ed. A. G. Salceda, México, Fondo de Cultura Económica-Instituto Mexiquense de Cultura, 1994, pp. 1-184.
Fournier, N., *L'aparté dans le théâtre français du XVIIème siècle au XXème siècle. Étude linguistique et dramaturgique*, Louvain-Paris, Éditions Peeters, 1991.
Moreto, A., «El licenciado Vidriera», *Parte quinta de varios*, Madrid, Pablo de Val, 1653.
Moreto, A., «El licenciado Vidriera», *Segunda Parte de las comedias de Agustín Moreto*, Valencia, Benito Macé, 1676.
Pavis, P., *Dictionnaire du théâtre*, Paris, Dunod, 1996.

RUBIERA, J., «Las fortunas de Carlos, el licenciado Vidriera de Moreto», en *Moretiana. Adversa y próspera fortuna de Agustín Moreto*, eds. M. L. Lobato y J. A. Martínez Berbel, Madrid-Frankfurt, Iberoamericana-Vervuert, 2008.

http://www.moretianos.com/comedias.html   12-02-2008. Comedias de Agustín Moreto:
-«El licenciado Vidriera». Texto establecido por Javier Rubiera.
-«La misma conciencia acusa». Texto establecido por Elena Di Pinto.
-«No puede ser el guardar una mujer». Texto establecido por María Luisa Lobato y María Ortega.
-«Trampa adelante». Texto establecido por Juan Antonio Martínez Berbel.

TEMAS, MOTIVOS Y FORMAS
DEL TEATRO DEL SIGLO DE ORO

EL TEMA DE LA NOBLEZA EN *LA CRUELDAD POR EL HONOR* DE RUIZ DE ALARCÓN

Serafín González G.
Universidad Autónoma Metropolitana Iztapalapa

Una de las cuestiones que desde hace tiempo se ha debatido con respecto a la comedia de Ruiz de Alarcón *La crueldad por el honor* tiene que ver con el hecho de si se le puede considerar una obra bien lograda o si, por el contrario, se plantean en ella expectativas que finalmente no se cumplen en virtud de que la acción cambia de dirección injustificadamente. Castro Leal dice, entre otras cosas: «En la penúltima escena de *La crueldad por el honor*, cuando lo que importaba era sostener la estatura trágica de Sancho, el hilo de una paternidad de última hora no viene más que a aflojar los nudos dramáticos de la trama»[1]. El crítico considera que lo fundamental en la realización del carácter del protagonista se dirime en el terreno de lo trágico; hacer de lado este aspecto es dejar atrás la esencia misma que lo define.

Como respuesta a esto, Ellen Claydon señala la forma en que hay que entender lo trágico en la época barroca. Explica que la tragedia del hombre barroco consistía en una lucha dolorosa contra el engaño, en busca de la verdad que lo ayudara a salvarse a sí mismo. El hombre que pudiera lograr esto era considerado como un héroe, como pasa con Sancho en *La crueldad por el honor*.[2]

---

[1] Castro Leal, 1943, pp. 173-174.
[2] Dice la estudiosa: «The tragedy of the Baroque man is that somehow he must painfully struggle through these layers of *engaño* and find the truth in order to save

Más recientemente, Lola Josa vuelve sobre este problema y propone que *La crueldad por el honor* no es una tragedia; se conduce al protagonista a lo que parece un desenlace trágico para finalmente salvarlo. Alarcón redime a Sancho, «porque el joven, movido por el dictado de su responsabilidad de Estado, sabe discernir lo que es justicia de lo que es crimen»[3]. El protagonista no es un personaje trágico, sino heroico.

En el marco de estas reflexiones, es conveniente volver sobre el problema de si estamos ante una comedia artísticamente bien desarrollada o no. Para ello, resulta conveniente enfocar una vez más la atención en el protagonista con la idea de ver la trayectoria que sigue en el transcurso de la comedia, así como las relaciones con las que entra en contacto con los otros personajes. A través de él se plantea fundamentalmente en la comedia el tema de la nobleza, que constituye la línea central en la que confluyen otros importantes temas como son la lealtad, el honor, la virtud, etc.

La figura de Sancho Aulaga se va a definir dramáticamente tanto en su actuación pública como en la privada. El primero de estos aspectos se desarrolla dentro de la trama política o principal de la comedia; el segundo se recrea en el interior de la trama amorosa, que corresponde a la subtrama. En el interior, pues, de la trama política, ya desde la jornada I, y en el inicio mismo de la acción, se insiste en poner de manifiesto la nobleza del protagonista. En el encuentro entre Nuño Aulaga y el gracioso, con el que arranca la comedia, el primero de los personajes, que aparece disfrazado de peregrino, pregunta cuál es el estado de las cosas en el Reino de Aragón. Zaratán, el gracioso, le responde: «Todo en discordias se abrasa...» (v. 93)[4]. Nuño pregunta luego expresamente quién es el mejor guerrero de Aragón y Zaratán sin dudarlo afirma que Sancho Aulaga, aunque advierte que no es de muy alto nacimiento. Esta primera mención del protagonista produce ya en el espectador una percepción peculiar del personaje. Es reconocido por sus acciones como un héroe, como un hombre noble, pero la aclaración posterior funciona como una característica que limita su prestigio en escena. Desde el primer momento, queda planteado, por una parte, que el reino está envuelto en una serie de

---

himself. It is no wonder that the man who would accomplish this was considered a hero, as is Sancho in *La crueldad por el honor*» (Claydon, 1970, p. 93).

[3] Josa, 2002, p. 223.

[4] Ruiz de Alarcón, 1959. Las citas se hacen por número de verso.

luchas intestinas. Por la otra, el hombre que es reconocido como el mejor guerrero y en quien, por tanto, se reconoce la nobleza de sus acciones carece de alta alcurnia, lo que en este caso posee un peso dramático indiscutible.

En la conversación que tiene posteriormente Nuño con Pedro Ruiz, le cuenta a éste que hace veintiocho años que dejó Aragón; esto trae a la memoria el recuerdo del rey Alfonso el Fuerte, que hace la misma cantidad de años que partió a la guerra de Fraga donde fue derrotado por los moros[5]. Nuño se entera de lo que ha pasado durante todo este tiempo, lo que le permite saber cuáles fueron los avatares políticos que llevaron a la situación caótica que se vive en el reino. Decide, entonces, hacerse pasar por el rey e inmediatamente su engaño es creído por Pedro Ruiz, que no sólo le ofrece su apoyo, sino que se compromete incluso a conseguirle el de los demás nobles.

Lo anterior ocurre en el interior de una coyuntura política en la que la reina Petronilla quiere renunciar a la Corona en favor de su hijo Alfonso. La intención de ella es tratar de superar las divisiones en las que el reino está sumido. Pero, ante esto, se exhibe la ambición de los arrogantes nobles que forcejean entre sí para adueñarse del poder. El conde Ramón y el conde de Urgel, por ejemplo, disputan enconadamente el uno con el otro acerca de a quién le puede corresponder la mano de la reina.

La segunda ocasión en la que se menciona al protagonista es en la trama secundaria, y si bien en ésta se insiste en que carece de nobleza hereditaria, en este caso la nobleza personal se antepone a la de linaje. Teresa no quiere a Berenguel, que pretende ser su esposo y que por ser heredero del condado de Urgel le conviene como marido. Ella ama a Sancho Aulaga, aunque no pertenezca a la alta nobleza. Aquí tanto los hechos como los personajes se valoran desde el punto de vista de la dama.

---

[5] Recuérdese que los hechos que se recrean en la comedia tienen un trasfondo histórico. Millares Carlo explica: «El propio Alarcón, en los versos finales de la comedia, confiesa haberse inspirado en un pasaje de la *Historia de España* del padre Juan de Mariana, S. J., obra que cita con el título de *Anales de España*. La aludida declaración se completa con decir que el resto de los detalles de carácter histórico que contiene la pieza en cuestión proceden de la misma fuente». (Ruiz de Alarcón, 1959, p. 827).

Se produce en este caso la escena amorosa convencional en la que el galán se queja de la dureza de su amada, pero ella, que también lo ama, le responde: «no siempre la esquiveza/ nace de ingratitud y de dureza» (vv. 707-708). Cuando Sancho queda solo, piensa equivocadamente que el ser él escudero frena el deseo de Teresa; pero el galán confía, por otra parte, en que va a ganar lustre con su valor y piensa en su origen noble. Se manifiesta la íntima preocupación que tiene en cuanto a los dos aspectos que están en la base de la nobleza.

Al final de la jornada I, se retoma nuevamente la trama política, cuando la reina les informa a los nobles que renuncia a la majestad en su hijo Alfonso, que es el sucesor legítimo a la Corona. Procura con esto que se haga la paz en el reino. El conde de Urgel, Ramón, y Bermudo reclaman que tienen los merecimientos para gobernar. El príncipe apoya a su madre, pero ninguno de los nobles levantiscos teme sus palabras. En los apartes, Sancho Aulaga se muestra dispuesto a apoyar a su príncipe en contra de «tanta arrogancia loca» (v. 859). En medio de esta disputa, aparece Pedro Ruiz para decirles que el rey Alfonso está de vuelta en Aragón, después de veintiocho años de ausencia. La reina desconfía de sus palabras y lo acusa de ser leal a un traidor. Petronilla pide apoyo a cada uno de los nobles y todos se lo niegan. Frente a tal situación de rechazo general, le pide apoyo, finalmente, a Sancho Aulaga y éste sin dudarlo se pone a su servicio y al del príncipe. La reina le da entonces el bastón de mando y le pide convocar a su gente para defender al reino. Paralelamente a esto, Teresa le dice a Sancho que si vence en el campo de batalla, será suya, aunque se opongan su padre y su hermano; le da al galán una banda y él le dice: «Con tal favor traeros la cabeza/ prometo del fingido rey tirano...» (vv. 986- 87). Coinciden en este punto, con la intervención de las dos mujeres, la trama política y la amorosa. También Teresa toma partido por la causa de la reina y le promete un galardón a su amado si vuelve triunfante. Tanto el aspecto público como el privado de la actuación del protagonista apuntan en la misma dirección y parecen complementarse.

En el transcurso de la jornada I, se muestra cómo la disputa por el poder está en todo momento imbricada con los intereses particulares de los influyentes nobles, quienes quieren aprovechar el momento de crisis por el que pasa el reino para mejorar su situación. Es en esta atmósfera de sedición y de ambiciones encontradas en la que empieza a delinearse la peculiar figura del protagonista, Sancho Aulaga. No cabe duda de que su nobleza personal se contrasta con la nobleza de sangre de quienes apoyan al impostor. Frente a la corriente predominante, representada por los grandes nobles, en la que se le disputa el poder a la reina, Sancho Aulaga se define dramáticamente como el hombre leal que está dispuesto a apoyarla, aun en una lucha desigual, en contra de los inmensos poderes que pretenden desposeerla y derrocarla. Díez Borque señala acerca de la actuación que debe conducir al hombre noble lo siguiente: «La comedia, por su compromiso con la monarquía, ensalza e idealiza la nobleza activa que pone su actuación al servicio del Rey»[6]. Se pueden entender fácilmente en este contexto de insubordinación a la autoridad las implicaciones negativas que trae consigo el reconocimiento inmediato de todos los nobles al impostor. Si la actuación de Sancho Aulaga pone de manifiesto el valor de la lealtad, el grupo de nobles se aleja de la actuación que como tales les corresponde. Díez Borque señala acerca del mal noble: «La comedia, cuando presenta al noble que se porta al margen de sus obligaciones, suele insistir siempre en el desacato al Rey; actuación que lo descalifica y lo invalida como noble»[7].

A final de cuentas, en el planteamiento de la comedia, la nobleza personal se antepone a la nobleza de sangre. Los nobles linajudos aparecen sobre todo como cortesanos intrigantes y ambiciosos que, al traicionar a la reina, se alejan de las obligaciones que como tales les corresponden, entre las cuales la lealtad a la Corona ocupa el lugar principal.

A partir de la segunda jornada, se va a presentar el carácter noble del protagonista de manera todavía más detallada; esto se da a través de una serie de decisiones que va asumiendo, las cuales le permiten al espectador visualizarlo de forma más compleja como personaje. Junto a la lealtad, que se ha puesto ya de relieve, se proyecta en el horizonte de la comedia como una nota importante el desempeño guerrero del joven noble. En relación con esto, Díez Borque explica: «La comedia ensalza al noble que parte hacia el campo de batalla... »[8]. Sancho aparece al mando de los ejércitos de la reina, dispuesto a combatir contra quienes apoyan al monarca impostor. Su figura irradia un gran prestigio en la escena y se pone de relieve su estatura heroica.

[6] Díez Borque, 1976, p. 290.
[7] Díez Borque, 1976, p. 290.
[8] Díez Borque, 1976, p. 201.

Nuño reflexiona, perplejo, cuando se entera de que Sancho viene a combatirlo: «¡Quien vio confusión igual!/ ¿Mi hijo es contrario mío?» (vv. 992-993). A partir de este momento, como ya ha visto la crítica, la acción empieza a tener fuertes tintes trágicos, en virtud de que parece inevitable que se dé la confrontación entre padre e hijo. Todos los poderosos nobles del reino manifiestan su reconocimiento a Nuño como rey, con lo que se pone en evidencia una vez más la inmensidad de los poderes a los que se tiene que enfrentar el protagonista.

Cuando aparece en escena Sancho Aulaga, listo para lanzarse al combate y terminar así con las discordias que dividen al reino de Aragón, le son enviadas tres cartas: una de Teresa, su amada, una de su madre Teodora y la última de Nuño. Recibe con cólera e indignación la misiva de éste, pero acepta encontrarse con él, pues cree que es conveniente esforzarse para impedir, si se puede, la batalla. Con esto, da prueba de prudencia. Es un hombre valiente, pero no se guía por sus primeros impulsos y sabe pactar cuando así se requiere[9]. En suma, se inclina por el lado de la templanza, pensando en el bien superior de la concordia que debe de existir entre los miembros del reino.

Se da, finalmente, el espectacular encuentro entre Nuño y Sancho Aulaga. Cada uno de ellos está ubicado en un bando opuesto al del otro y al mismo tiempo cada uno de ellos encabeza una de las facciones que se preparan para el enfrentamiento. Se va a contrastar dramáticamente en escena a dos personajes que en principio representan formas de concebir la vida y de conducirse totalmente opuestas, que se excluyen mutuamente. Lo que es más grave, sin embargo, de esta situación es que son padre e hijo quienes parecen estar condenados a una sangrienta lucha a muerte; los lazos consanguíneos existentes entre ellos ubican frente al espectador, como ha visto la crítica, un conflicto con perfiles hondamente trágicos. Hay que advertir, no obstante, que esta línea en la que ahora se ahonda, si bien juega un papel importante en la construcción dramática de las situaciones en las que in-

---

[9] Se destaca en este momento un elemento fundamental que caracteriza el comportamiento del hombre noble: el dominio de sí mismo. Arnold Hauser considera que lo que define a la nobleza es el sistema de las virtudes estoicas, caballerescas, heroicas y aristocráticas. Acerca de las primeras, comenta: «Fortaleza de ánimo, perseverancia, moderación y dominio de sí mismo constituían ya los conceptos fundamentales de la ética aristotélica, y después, de la estoica» (Hauser, 1976, p. 260.)

terviene el protagonista, no es la que tiene un peso mayor en su configuración general dentro de la acción. Lo que va a darle un sentido unitario de principio a fin es el asunto de la nobleza, que se recrea en el protagonista de forma muy amplia y compleja.

Una vez más en el transcurso de la acción, Sancho Aulaga será sometido a prueba ante los embates de fuerzas muy potentes. Por un lado, están todos los grandes señores que se han aliado con Nuño y luchan de su lado; por el otro, intervienen ahora los lazos de parentesco que tiene con el impostor. Cuando se produce el encuentro, Nuño le confiesa a Sancho que es su padre, pensando en que con ello podrá conmoverlo y ponerlo de su lado. El joven protagonista queda perplejo ante tal confesión, pero niega en principio que pueda ser su padre un traidor al rey. Nuño le da una serie de justificaciones para tratar de convencerlo de la legitimidad de lo que está haciendo. Después de escucharlo y de pensar detenidamente la respuesta, Sancho decide continuar siendo leal a la reina en contra de Nuño. Insiste en que él no puede ser hijo de un infame traidor y aclara, además, que su padre hubiera lavado la deshonra en el momento, aunque fuera con algún rey poderoso[10]. No acepta, pues, que Nuño pueda ser su padre, pero sobre todo pone por encima de tal vínculo consanguíneo la lealtad a la Corona.

Resulta interesante constatar cómo existe en Sancho una enorme convicción que le hace confiar en sí mismo y que no se somete a las determinaciones de la sangre y de la herencia. Esto ocurre cuando Nuño lo amenaza con publicar que él es su padre y hablar de la liviandad de su madre. El noble joven responde:

> No importa, no; que mis hechos
> sabrán desmentir los tuyos,
> y mi valor tus engaños;
> que nadie creerá que pudo
> sol que tanto resplandece
> tener padres tan obscuros (vv. 1657- 62)

---

[10] Con respecto a la prontitud con la que debe castigarse una afrenta, Menéndez Pidal comenta: «Pero para que esa venganza lícita lave la afrenta, ha de ser diligente. Todo titubeo en ella es una cobardía» (Menéndez Pidal, 1973, p. 146). A esta luz, Nuño Aulaga es conceptuado como un cobarde.

Sancho, en fin, se muestra decidido a combatir contra Nuño; éste le dice: «Yo procuro tu aumento». Y Sancho le responde: «Yo tu castigo» (vv. 1674-75). Sancho se afirma en su lealtad a la reina, a pesar incluso de que tenga que ejecutarla en contra de su propio padre. Es en esta coyuntura, cuando la noble actuación del joven alcanza su punto álgido. Son enormes las expectativas que sus palabras y su actitud dejan en el ánimo del espectador, ya que el joven se define ante hechos que exigen una gran entereza para poder salir adelante. No deja de sorprender la enorme convicción de su espíritu en cuanto al tipo de valores que lo llevan a actuar. Su convencimiento y la fortaleza de ánimo parecen sobreponerse a todas las dificultades.

No obstante, lo que sigue es una especie de anticlímax, ya que el joven establece al final de la entrevista, como ha hecho notar Claydon, un pacto de silencio con su padre[11]. Inmediatamente después, será apresado de forma no heroica por las mismas fuerzas que comanda, en virtud de que todos los soldados reciben mensajes de los grandes que han reconocido al rey, en los que les piden deponer su actitud beligerante. Sancho Aulaga, debido a la traición de los suyos, se queda completamente solo e imposibilitado para continuar con la lucha.

La forma en que reacciona ante esta situación inesperada es muy singular. Aunque se presume leal, siente alivio en su fuero interno por lo que pasa. Queda claro que aquí empieza el descenso del personaje. Empieza a manifestarse en él una actitud ambivalente. Le dice, por ejemplo, a Nuño, que aunque lo alegra verlo rey de Aragón, si él pudiera, le estorbaría «la tirana posesión» y que la lealtad vencería a la sangre. Le pide que, por lo mismo, lo lleve preso a la corte.

Cuando las expectativas dramáticas ubicaban al héroe en un nivel ideal y lo engrandecían, se inicia inesperadamente su descenso y humanización. A final de cuentas, vuelve preso el que le prometió a Teresa hacerlo como vencedor; pero confía en que a pesar de todo se logren sus planes con ella. Siente que ha cumplido suficientemente su obligación con la reina. Hay, sin embargo, un problema: decide no desengañarla de que quien se opone a su majestad es el padre de él y no

---

[11] Ellen Claydon explica: «After Nuño reveals to Sancho that he is his father, they both make a pact of silence. Thus Sancho commits a breach of loyalty to the true monarch by not revealing that he knows Nuño is an impostor» (Claydon, 1970, p. 92).

el rey, y que, por lo tanto, es un traidor. El acto termina con estas palabras de Sancho: «sólo este error la lealtad/ a un hijo suyo perdone» (vv. 1885-86). Es decir, que Sancho ha sido doblemente vencido, pues ha dejado de ser leal.

Resulta muy relevante que en torno de Sancho Aulaga, tanto en la primera como en gran parte de la segunda jornada, se hayan venido creando una serie de expectativas que lo fueron engrandeciendo. El lado heroico del personaje y la nobleza que lo caracteriza encuentran fundamento en las acciones valerosas que realiza, en la lealtad que lo mueve, en una honda convicción de que lo que está realizando lo ennoblece.

Pero tales expectativas son contrariadas. El final de la segunda jornada, con la caída moral de Sancho, implica también un empeoramiento de las circunstancias en las que se mueven los personajes, pues el único de todos ellos que había actuado de manera leal y se había mostrado, por tanto, como un verdadero noble, manifiesta ahora sorpresivamente su decisión de dejar atrás tal línea de conducta. Esto ocurre, además, cuando ya tiene la certeza de que Nuño es un impostor.

En el inicio de la jornada III, el espectador asiste ya plenamente a la transformación negativa de Sancho que pasa de héroe a ambicioso cortesano[12]. Quedan atrás el campo de batalla y las intenciones heroicas; se mueve ahora en el ámbito de la corte. Una vez que el joven ha sido liberado, don Pedro lo lleva a la presencia de Nuño, a quien le rinde homenaje, en virtud de que Petronilla ya también lo hizo. Cuando es nombrado conde, ensalza sin reparo el poder de quien por su generosidad le ha otorgado una prebenda que él mismo reconoce como inmerecida. La ironía de que sea Nuño quien lo premie por su lealtad con la reina pone al descubierto la conducta engañosa que caracteriza a ambos personajes. Hay que destacar que tanto la venganza como la ambición marcan el carácter de los dos. El viejo impostor tiene gran-

---

[12] Las siguientes palabras de Vicente Lloréns en las que se establece el contraste entre el caballero noble y el noble cortesano ilustran el sentido del cambio que ha sufrido Sancho: «El caballero cortesano no representaba tan solo una degeneración del guerrero feudal. Por su domesticidad frente al rey llegó a personificar lo más opuesto al espíritu de la caballería. En realidad el gentilhombre sometido al monarca de los tiempos modernos no necesitaba para nada la fuerza de su brazo. Lo importante para él era obtener el favor del príncipe, al que aspiraban también los demás cortesanos, y ese favor no se logra por el vigor corporal o el afán combativo». (Lloréns, 1974, pp. 56-57).

des planes para el joven ambicioso. Con el beneplácito de Sancho, Nuño quiere alzarlo hasta el punto más alto del poder.

Cuando Sancho queda solo, después de la conversación con su padre, se manifiesta el conflicto que vive, primero, entre su amor a Teresa y su ambición de poder; después, entre el amor y el honor, en virtud de que Nuño ha sido agraviado por el padre de la dama y, en consecuencia, le tiene que dar muerte. Sabe que al aceptar esto no se está comportando como un buen amante, pero termina pesando más en su ánimo la convicción de que tiene que apoyar a Nuño, su padre, pues la única forma de que éste lave el agravio es con la venganza. Nuevamente coinciden aquí la trama política y la amorosa. Algo muy importante en estas reflexiones que pasan por la mente del personaje es el hecho de que empiece a percibir que el agravio de Nuño lo alcanza también a él, que es su hijo, y que, por tanto, ambos están deshonrados. Sancho considera para sí mismo:

> Mas se opone
> respondiendo el honor que amor perdone:
> sólo muere el agravio en la venganza,
> y el de mi padre con razón me alcanza (vv. 2155-58)

Todas estas complicadas reflexiones con las que el protagonista intenta darse a sí mismo una justificación por la postura que su padre y él adoptan ante los hechos, no toman en cuenta un punto fundamental: el poder no puede estar al servicio de los asuntos particulares de nadie[13], y Nuño, rey espurio, lo está usando para sus propios fines, y lo hace con la aceptación de Sancho. Éste sigue descendiendo moralmente junto con su padre.

Paralelo al descenso moral del personaje, se muestra el alejamiento que empieza a haber entre él y su amada. El poder y el honor, ambos mal entendidos, no dejan lugar dentro de sus planes a Teresa, la mujer a la que ama. Esto resulta muy significativo si recordamos que el protagonista recibió el apoyo de ella cuando decidió heroicamente defender la causa de la reina. La lealtad y el amor lo llevaban en la misma dirección.

---

[13] Cynthia Leone Halpern comenta: «The legitimate monarch becomes a tyrant when he puts personal passion above public good and repays faithful ministers with ingratitude» (Leone Halpern, 1993, p. 4).

No es casual dentro del contexto de esta comedia que el abandono de una actitud heroica se corresponda con el alejamiento del amor. La corrupción moral del personaje abarca tanto su actuación pública como la privada. Para destacar lo anterior, se manifiesta en Teresa un comportamiento totalmente opuesto. En contraste con la actitud vacilante y calculadora del joven, en la escena siguiente, la dama, después de entrevistarse con Bermudo, su padre, y ante la negativa de éste, afirma contundentemente el amor que tiene por Sancho, así como la decisión de continuar su relación con él. Al grado de que manda llamarlo con Inés para que vaya a verla. Esto, como sabemos, precipita los acontecimientos. Cuando Berenguel, haciéndose pasar por Sancho, está en el jardín con la dama, los dos escuchan a Nuño, quien le revela al padre de ella su verdadera identidad con la intención de matarlo y realizar su venganza.

Viene entonces el fundamental momento de la anagnórisis. Nuño Aulaga no logra llevar a cabo su plan, él mismo le descubre a Bermudo, antes de intentar darle muerte, que no es el rey Alfonso el Fuerte; también lo escuchan Teresa y Berenguel. Todos se van a enterar ahora de que es un impostor y un traidor. El conocimiento de la verdad trae consigo una serie de consecuencias importantes. Al ser identificado y quedar preso quien le había usurpado el poder a la reina, ésta es inmediatamente reconocida por todos y queda *ipso facto* restituida en el trono. Berenguel y Bermudo, que formaron parte del grupo de nobles que apoyaron al falso rey, en este momento se dirigen a informarle a la reina lo ocurrido.

Finalmente, la cadena de consecuencias que golpea a los diversos personajes a partir del descubrimiento de la verdadera identidad de Nuño Aulaga va a alcanzar de forma especialmente intensa a Sancho. Como señala Ellen Claydon, el personaje pierde ahora el honor, pues se descubre su relación con el traidor[14]. Por su parte, Lola Josa comenta: «Sancho en este drama muere socialmente cuando se publica el enredo y fingimiento que su padre Nuño ha realizado contra la reina Petronilla, y el castigo del padre dañará el honor del hijo, conquistado, en su caso, por su carácter y obras»[15].

---

[14] «He also loses his honor when his relationship to the traitor is discovered» (Claydon, 1970, p. 92).

[15] Josa, 2002, p. 226.

En este punto, hay que centrar la atención en algo que la crítica ha pasado por alto, en cuanto al comportamiento de Sancho Aulaga cuando se entera de que quieren dar muerte a Nuño en la horca. La forma en la que aquí actúa permite entender aspectos que no se han tomado en cuenta y que constituyen un matiz de primer orden en cuanto a la definición dramática de su carácter. El personaje se queja de tener un padre traidor, reacción que resulta muy sorprendente, desde el momento en que él sabía perfectamente lo que estaba pasando. Pero no es sólo esto, él ahora es también culpable, pues encubrió al impostor ante la reina. Hay que subrayar que Sancho no asume su culpa ni, por ende, su responsabilidad ante lo que pasa, actitud que revela un defecto moral.

Ahora quedan atrás la grandeza, el poder y el amor; él mismo reconoce: «Todo lo pierdo en un día» (v. 2525). Dentro de la misma línea de incongruencia que la de la actuación anterior, se muestra, además, celoso, reacción que resulta extraña, pues él ya había asumido que su padre le diera muerte al padre de Teresa y había aceptado la idea de unirse a Petronilla. Lo que nos queda en conclusión es la imagen de un hombre contradictorio, que no toma una posición clara ante la gravedad de lo que ocurre y ante una culpa que ya no es sólo heredada.

Pero, sobre todo, el hecho fundamental consiste en que Sancho se siente afrentado por la clase de muerte a la que han condenado a su padre. Hace referencia a la fama que se ha ganado por sus obras y lo agravia que quieran empañarla matando deshonrosamente a Nuño. Toma, entonces, la terrible decisión de aconsejarle que él mismo se quite la vida para morir dignamente. Si él recibiera una muerte infame, Sancho también quedaría infamado; se trata de evitar que tal mácula caiga sobre el hijo. Pero las cosas van aún más allá, porque Nuño le propone a Sancho que sea él quien lo mate, para que, como señala Claydon, sea él quien se lleve la gloria de matar al traidor. La misma Ellen Claydon propone que esta acción redime a Sancho[16]. Por otra parte, si a él le toca el agravio que Nuño recibió de Bermudo, el reconocimiento final de que Nuño no es su padre, sino Bermudo, lo libra de la infamia que tenía que vengar.

---

[16] «He decides to go to the prison and persuade his father to commit suicide. Instead, Nuño persuades him to kill his own father and gain the glory of having killed the traitor. In this scene […] full of tension and high drama, Sancho redeems himself and is then free to find his way back to moral health» (Claydon, 1970, p. 92).

La crítica en general considera que se realiza la redención del protagonista, a partir de que él da muerte a su padre y lo salva de una muerte afrentosa. Pero, quizás, más que de redención habría que hablar de restauración de la fama de Sancho Aulaga. Se cumple con aquella parte del honor que tiene que ver con la opinión, con la reputación[17]. Públicamente, ante los personajes de la comedia, el joven recupera la buena fama. Pero esta situación, que es la central de la jornada III, en la que el hijo, de común acuerdo con su padre, le quita la vida, no puede entenderse de forma simple. Ayuda a su padre ayudándose a sí mismo.

En la atmósfera general de culpabilidad que se da en la comedia, él tiene tanto derecho como los demás de ser perdonado por el rey, pues lo abonan, entre otras cosas, los servicios pasados que ha prestado a la Corona. Pero no recupera ya su estatura moral ni su talla de héroe, si bien irónicamente se integra a la nobleza de linaje a partir de la revelación de que su verdadero padre es Bermudo; pero esto ocurre en el momento en que ya ha quedado atrás la nobleza personal que lo caracterizó en buena parte de la comedia. Cuando al final se descubre el origen noble de Sancho, se pone en evidencia que el joven, que con tanta fuerza ha afirmado en el transcurso de la acción que él no podía tener un origen oscuro, tenía razón. Pero, paradójicamente, cuando esto ocurre, se ha puesto en evidencia también que carece en realidad de verdaderas actitudes nobles.

---

[17] En este punto, conviene recordar las palabras de Ludwig Pfandl en las que explica la triple dimensión del honor: «[…] el honor era para todo bien nacido como una virtud de orden interior, espiritual; era la dignidad consciente con que cada cual podía presentarse sin tacha ni menoscabo, ante Dios, ante sí mismo y ante sus semejantes. Sin embargo, en las manifestaciones externas de la vida se exageraba este sentimiento del honor, que solía derivar hacia un concepto puramente humano e, incluso, dependiente de la opinión de los demás, estimable en mayor o menor grado, hasta el extremo de que el *qué dirán* llegaba a sobreponerse al sentimiento íntimo y a constituir regla de conducta […]» (Pfandl, 1942, p. 138). Thomas Austin O'Connor, en el *Diccionario de la comedia del Siglo de Oro,* comenta: «[…] se pueden identificar explícitamente tres fases o etapas en su manifestación. La primera consta del honor inmaduro o egoísta, preocupado frecuentemente por el 'qué dirán', y tal preocupación constituye el punto de partida de la acción dramática que probará al personaje que, en consecuencia, asciende a un entendimiento y práctica más profundos del honor, el honor maduro (segunda fase); o bien, baja a lo que se designa como el honor degenerado (tercera fase)» (2002, *sub voce Amor-honor*).

BIBLIOGRAFÍA

CASTRO LEAL, A., *Juan Ruiz de Alarcón. Su vida y su obra*, México, Cuadernos americanos, 1943.
CLAYDON, E., *Juan Ruiz de Alarcón: Baroque Dramatist*, Valencia, Castalia, 1970.
DÍEZ BORQUE, J. M., *Sociología de la comedia española del siglo XVII*, Madrid, Cátedra, 1976.
HAUSER, A., *Historia social de la literatura y del arte*, Madrid, Guadarrama, 1976, t. I.
JOSA, L., *El arte dramático de Juan Ruiz de Alarcón*, Kassel, Reichenberger, 2002.
LEONE HALPERN, C., *The Political Theater of Early Seventeenth-Century Spain, with Special Reference to Juan Ruiz de Alarcón*, New York, Peter Lang, 1993.
LLORÉNS, V., *Aspectos sociales de la literatura española*, Madrid, Castalia, 1974.
MENÉNDEZ PIDAL, R., *De Cervantes y Lope de Vega*, Madrid, Espasa-Calpe, 1973.
PFANDL. L., *Cultura y costumbres del pueblo español de los siglos XVI y XVII. Introducción al estudio del Siglo de Oro*, Barcelona, Araluce, 1942.
O'CONNOR, T. A., *Diccionario de la comedia del Siglo de Oro* dirs. F. P. Casa, L. García Lorenzo y G. Vega García-Luengos, Madrid, Castalia, 2002, *sub voce Amor-honor*.
RUIZ DE ALARCÓN, J., *La crueldad por el honor. Obras completas*, ed. A. Millares Carlo, México, Fondo de Cultura Económica, 1959, pp. 826-915, t. 2.

FESTÍN DE LAS MORENAS CRIOLLAS: DANZA Y EMBLEMÁTICA EN EL RECIBIMIENTO DEL VIRREY MARQUÉS DE VILLENA (MÉXICO, 1640)

Dalia Hernández Reyes
Seminario de Cultura Literaria Novohispana
Instituto de Investigaciones Bibliográficas, UNAM

LA ENTRADA DEL VIRREY DIEGO LÓPEZ PACHECO: FIESTA MODÉLICA

De las celebraciones del siglo XVII novohispano con motivo de la toma de posesión en el gobierno del virreinato, una de las más notables (y en opinión de un moderno estudioso de la fiesta novohispana modelo de las subsecuentes[1]), por la cantidad de dinero y la ostentación con que se aplicaron las instancias locales, así como por el tiempo que se prolongaron los festejos (cinco meses),[2] fue la entrada en 1640 de don Diego López Pacheco Cabrera y Bobadilla, VII marqués de Villena y VII duque de Escalona, nombrado por Felipe IV como sucesor del virrey Lope Díez

---

[1] Señala Morales Folguera que «Al parecer dos entradas sirvieron como modelo, por distintos motivos, a todas las que se efectuaron durante el periodo virreinal. Desde el punto de vista histórico, la primera de la que tenemos noticia fue la realizada en el año 1608 por el *arzobispo Fray García Guerra* [...]. En el año 1611 el arzobispo sucedería a Luis de Velasco en el cargo de virrey de la Nueva España, por lo que [tuvo] lugar su entrada triunfal como nuevo virrey [...]. A diferencia de la entrada del arzobispo Fray García Guerra que, aunque marcó pautas en el señalamiento de comportamientos y en la apropiación de los lugares claves del espacio urbano de México, fue de una gran sobriedad, [el otro modelo básico:] *la entrada realizada por el Marqués de Villena* destacó por el lujo y derroche económico» en su realización (1991, pp. 100-102).

[2] La flota en que venía el virrey arribó al puerto de la Veracruz el 24 de junio de 1640. Desde este momento los relatores del suceso registran numerosas

de Armendáriz, marqués de Cadereyta; el nuevo virrey era además primo en tercera línea del monarca y tenía estrechos vínculos familiares con el duque de Braganza de Portugal, lo cual le acarrearía —apenas dos años después, en 1642— la destitución[3].

La suntuosidad y trascendencia de estas fiestas se debió fundamentalmente a dos causas: la primera radicaba en que Diego López Pacheco era el primer virrey de la Nueva España que poseía, entre otros muchos, el título de duque, y ostentaba además entre sus varios méritos el ser un grande de España; la segunda, en que el deplorable estado político por el que atravesaba el virreinato hacía más grandes las expectativas de un mejor gobierno[4].

La designación de una persona de tan alta calidad nobiliaria como su dirigente político fue vista por los novohispanos —según las crónicas de la época— como «indicio de la mucha fineza, y amor, que tiene a este Reyno» el rey Felipe IV, «pues le dio dándole tal Virrey la sangre de sus venas»[5] (recuérdese el parentesco entre estos personajes), y si tanto los amaba su rey, no podían hacer menos que prodigar

---

celebraciones con que en las principales ciudades pero también en los caminos y pueblos de indios honraron al de Villena. Las últimas fechas de actos festivos se registran en el mes de noviembre de ese año.

[3] A finales de 1640, Portugal se subleva contra la monarquía española; las noticias llegan a México en abril del año siguiente, creándose un ambiente de tensión entre españoles y portugueses (Israel, 1997, pp. 212-219); en consecuencia, Diego López sería sospechoso «de su posible falta de adhesión a la Corona española» y sería destituido de su cargo por el polémico obispo —y posterior virrey sucesor de Villena— don Juan de Palafox (Bartolomé, 1991, pp. 57-61). A pesar de que se probó su inocencia y se le propuso regresar a la Nueva España, el malogrado virrey rechazó el ofrecimiento.

[4] Durante la primera mitad del siglo XVII se suscitó una serie de enfrentamientos entre el poder civil y el religioso. Virreyes y arzobispos entraron en agrias y públicas disputas que ocasionaron algunos desmanes de proporciones alarmantes (como el cese del oficio religioso o el incendio del palacio virreinal y consecuente huida del virrey) que amenazaban con desestabilizar el virreinato; por otra parte, continuaban y se incrementaban el descontento criollo y los problemas económicos, debido a la más intensa demanda económica metropolitana. Así las cosas, la Corona creyó conveniente designar como virrey a un noble de abundantes y suficientes virtudes —al menos en teoría— como para apaciguar y solucionar los diversos conflictos que aquejaban en aquel momento a la Nueva España (Israel, 1997, pp. 139-202).

[5] Gutiérrez de Medina, *Viaje de tierra y mar*, f. 4r.

a su representante igual afecto mediante admirables festejos; con ello se renovaban y reforzaban los vínculos políticos entre la Corona y el virreinato, entre el monarca y sus súbditos.

Por otra parte, la categoría modélica que adquirió y la relevancia que le otorgaron los promotores a esta celebración pueden advertirse en los numerosos actos festivos que se organizaron y en la cantidad de impresos que éstos suscitaron (por lo menos diez, entre relaciones en prosa y verso, descripciones de arco e incluso una comedia; algunos con segundas ediciones). A través de estos testimonios es posible reconstruir el recibimiento de Villena; entender el valor político y simbólico que diversos sectores sociales del virreinato confirieron a esta entrada en particular, y descubrir los mecanismos y estrategias literarias y espectaculares que emplearon para expresar sus intereses y sus esperanzas.

De entre los actos festivos programados —mascaradas, juegos caballerescos, fuegos artificiales, comedias, loas y coloquios, corridas de toros, bailes indígenas, construcción de arcos y desfile de carros triunfales, y un largo etcétera—, me interesa tratar en esta ocasión una singular fiesta de música y danza llevada a cabo en el palacio virreinal. En el marco de la fiesta de entrada y recepción de virreyes resulta común este tipo de espectáculo cortesano llamado frecuentemente en la época también como sarao; sin embargo, la peculiaridad de esta pequeña fiesta radica en el origen africano de las ejecutantes. Puesto que la población negra ocupaba el último lugar en la jerarquía social novohispana, y debido a los estereotipos degradantes que sobre ésta se generaron a partir de la descalificación moral provocada por la incomprensión de sus costumbres y creencias nativas, llama la atención que se haya incluido en esta magna celebración una danza de negras. De ahí que, una vez estudiadas sus características formales, sea conveniente revisar cuál pudo ser el significado que se otorgó a esta danza en el entramado político-simbólico del recibimiento del virrey marqués de Villena.

El impreso

Los detalles de esta pequeña celebración coreográfica han sido transmitidos en un folleto intitulado:

> FESTÍN HECHO POR LAS Morenas Criollas de la muy noble, y muy leal Ciudad de México. AL RECEBIMIENTO, Y ENTRADA del excellentísimo Señor Marqués de Villena, Duque de Escalona, Virrey desta Nueua España. COMPUESTO POR NICOLÁS DE TORRES Y DEDICADO A ENRIQUE PACHECO Y ÁVILA, caballero de la Orden de Santiago, Capitán de la Guardia de su Excelencia, y Sargento mayor deste Reino. Con licencia en México, en la Imprenta de Francisco Robledo, en la calle de S[an] Francisco, año de 1640.

Se trata de un impreso en 4°, compuesto —incluyendo la portada— de 4 folios sin numerar, distribuidos en una sola columna. La portada está adornada con el borroso grabado de una embarcación en medio del mar tempestuoso, y por entre las nubes asoma lo que parece ser un ángel. El reverso presenta una dedicatoria al virrey y un prólogo al lector, ambos de Nicolás de Torres. El resto de los folios comprende la descripción del festín e incluye la descripción de los emblemas. Este impreso se incorporó al final de la relación de fiestas escrita por Cristóbal Gutiérrez de Medina,[6] publicada en 1640 con el título de:

> Viaje de tierra y mar, feliz por mar y tierra que hizo el excelentísimo señor marqués de Villena, mi señor, yendo por virrey y capitán general de la Nueva España en la flota que envió su Magestad este año de mil y seiscientos y cuarenta, siendo general della Roque Centeno y Ordóñez, su almirante Juan de Campos. Dirigido a don José López Pacheco, conde de Santisteban de Gormaz, mi señor. Con licencia del excelentísimo señor virrey desta Nueva España. México, Juan Ruiz, 1640.

---

[6] El ejemplar por cuya copia cito se localiza en la colección Natalie Benson de la biblioteca de la University of Texas. Existe otro ejemplar incompleto (portada y primeros folios) en la Biblioteca de la Academia de la Lengua en Madrid.

El autor

Del autor, Nicolás de Torres o también llamado Nicolás de la Torre, no se tienen muchos datos, pero los que se conocen son ilustrativos de la importancia que este personaje alcanzó en la sociedad novohispana de su tiempo. Beristáin de Souza consigna que nació en la Ciudad de México en fecha incierta. Hacia 1623 firmaba como bachiller, pero muy pocos años después obtuvo el grado de doctor. Se desempeñó como catedrático de filosofía y de teología en la Real Pontificia Universidad de México, de la cual fue además rector en tres ocasiones. Fue nombrado asimismo canónigo magistral y deán de la catedral metropolitana. En 1644 fue designado obispo de Honduras y luego de Cuba, donde falleció en 1653. Por la información proporcionada por José Toribio Medina se sabe que otra de sus actividades fundamentales consistió en la aprobación y censura de libros, en particular de sermones. Con esta función aparece en varios impresos en el período que va de 1623 a 1646. Después de esta fecha no se tiene noticia de otro impreso en el cual figure su nombre[7]. Al parecer, su participación directa en un festejo cortesano se reduce a ésta del *Festín*.

Las ejecutantes de la danza: expresiones festivas y condición social

El festín coreográfico ideado por Nicolás de Torres resulta por demás interesante, pues constituye un claro y valioso testimonio de la participación de la población negra en estos magnos festejos. A diferencia de las comunidades indígenas o *república de indios* —como solían llamárselas—, los negros pocas veces son mencionados como participantes activos, o incluso como meros espectadores, en las relaciones impresas de las grandes celebraciones cortesanas novohispanas, por lo menos en el siglo XVII. Este hecho parece apuntar a una intención de silenciar sus expresiones festivas por parte de los autores de estas relaciones impresas. Aunque, por supuesto, esto no significa que no hubieran tenido una efectiva presencia en otro tipo de fiestas, sobre todo de carácter religioso. En este sentido, se ha documentado

---

[7] Beristáin de Souza, 1981, p. 209; Medina, 1989.

que la población de origen africano, y algunas veces sólo las mujeres con sus bailes, tomó parte en varias festividades como el Corpus desde el siglo XVI[8]. Y en algunas ocasiones de mayor relevancia para las órdenes religiosas como beatificaciones o canonizaciones, este sector fungió como promotor —a través de sus propias congregaciones religiosas— de alguna parte del festejo[9]. Sin embargo, en estos ejemplos las intervenciones se reducen, por lo general, a expresiones de carácter popular (sobre todo bailes[10]) y son mencionadas como parte integrada en la procesión, nunca destacadas como elementos de cierta autonomía y centralidad en la fiesta, y mucho menos conservadas a través del impreso particular, es decir, dedicado exclusivamente a relatar con detalle esas manifestaciones de los negros, tal como lo hace Nicolás de Torres en su *Festín*.

La omisión frecuente en la oficialidad del impreso refleja quizá el lugar que la comunidad negra tenía en la sociedad novohispana: el más bajo debido a su condición de esclavos, pues aunque sus descendientes (mulatos, morenos criollos y castas) o ellos mismos lograran obtener su libertad, lo cierto es que el estigma de la esclavitud siempre estuvo presente en la mentalidad del estrato social dominante. Por otra parte, las características físicas y lingüísticas, así como muchas de las costumbres de este grupo étnico fueron vistas —muchas veces con el propósito de justificar la esclavitud— como señal de inferioridad intelectual y de acusada inmoralidad. Así, los hombres negros fueron considerados como ejemplo de fuerza y capacidad laboral, pero crueles, mentirosos e inclinados a la lujuria; por su parte, las mujeres, y en particular las mulatas, fueron las más duramente juzgadas. Especialmente sus movimientos desenfadados y su indumentaria llamativa y considerada extravagante dieron lugar a la reprobación social y moral, pues estos rasgos se asociaban

---

[8] Curcio-Nagy, 2004, pp. 58-59, 76-77. Esta misma autora estudió el *Festín* de Nicolás de Torres, pero su interpretación difiere en muchos puntos de la aquí propuesta (ver especialmente las pp. 58-63).

[9] Es el caso de la beatificación de Ignacio de Loyola en 1610, festejo en el cual se registra la participación de la congregación de morenos criollos del convento de Santo Domingo, que costeó dos llamadas *invenciones* (mixtura de dramatización, pirotecnia y finales danzados). Ver Hernández Reyes, 2007, p. 320, y Pérez de Rivas, *Corónica y historia religiosa...*, t. 1, pp. 250-251.

[10] En el Corpus de 1596, por ejemplo, las Actas de Cabildo registran el pago a «Lucrecia de la Cerda negra y sus compañeros [de] los veinte y cinco pesos que se le deben de la danza de pelas» (citado por Ramos Smith, 2002, p. 344).

a un comportamiento desinhibido y lascivo —tanto en el espacio público como el privado—, alejado de la concepción católica de la mujer y lo femenino[11].

LA DANZA DE LAS MORENAS CRIOLLAS: CARACTERÍSTICAS GENERALES

Pese a la marginación apuntada, en la relación de estos festejos es notoria la intención de registrar las expresiones de júbilo de este sector; así, se citan las frases y los gritos de alegría en que irrumpían sobre todo las mujeres al paso del virrey, y se menciona que no pudieron «[de]tener los amos a las esclavas, y morenas, que repartidas en bandas diferentes hacían alegres bailes» en las calles de la capital[12].

Y no obstante la descalificación moral que recaía en este grupo étnico debido en parte a los sensuales bailes que solía realizar, tales como el guineo, panamá, puertorrico, gurumbé, paragumbé, chuchumbé o llamados genéricamente *bailes de negros*,[13] un grupo de *morenas criollas*, es decir, negras nacidas en territorio novohispano,[14] fue seleccionado e instruido para ejecutar una danza, o —en palabras de

---

[11] Sobre la población de origen africano y su condición en la sociedad novohispana, puede consultarse Israel, 1997, pp. 74-82, y el ya clásico estudio de Aguirre Beltrán, 1946. Específicamente sobre las negras en la capital novohispana, ver Velázquez, 2006.

[12] Gutiérrez de Medina, *Viaje de tierra y mar*, f. 38v. No está de más mencionar que esta presencia de la comunidad negra se prolongó incluso al entremés que se intercaló en las jornadas de la *Comedia de San Francisco de Borja*, preparada por la Compañía de Jesús para homenajear al virrey. En la descripción de la puesta en escena se explica que: «Dividieron las jornadas un entremés en Negro, y dos danzas de diez niños estudiantes, de lo más noble de México, en quienes campeó tanto el lucimiento en las galas, y riqueza en las joyas, como el aire, y destreza en las mudanzas, y tejidos que se formaron en un Bran, que fue la primera, y en unas alcancías que jugaron en la segunda» (*Adición*, s. f.).

[13] Acerca de los bailes de negros y su tipología y función en el texto dramático, pero igualmente útil para este trabajo, por la caracterización que se hace de dichos bailes como descompuestos y eróticos, es decir, moralmente reprobables, ver Trambaioli, 2004. En Nueva España este tipo de bailes fue recurrentemente censurado y prohibido por las autoridades eclesiásticas hasta el siglo XVIII, siendo tal vez el llamado *Chuchumbé* uno de los de más larga vida y, por ende, prohibición.

[14] Para la definición y fijación del término 'negro criollo' o 'moreno criollo' durante los siglos XVI y XVII, ver Aguirre Beltrán, 1946, pp. 159-162. También Israel, 1997,

Nicolás de Torres— un «Festín de instrumentos sonoros, y dulce turba en prevenida danza»[15] en el palacio virreinal. No se menciona la fecha, pero por la disposición que ocupa en la relación, se puede conjeturar que fue una de las últimas actividades programadas.

Cabe mencionar que, por una parte, el término 'festín' que da título al impreso ofrece elementos cualitativos del episodio coreográfico; en efecto, con el nombre de festín se refieren los festejos realizados para una selecta concurrencia, lo cual marca entonces su carácter aristocrático y en consecuencia de acceso restringido; y, por otra, la nominación de festín conlleva siempre la participación de música, danza, y a veces de banquetes y algunas demostraciones literarias como el teatro[16]. La concurrencia de música y danza a menudo resultó en el uso equivalente entre festín y *sarao*,[17] analogía que reforzaría su sentido de exclusividad, en tanto que el sarao consistía en «La junta de damas y galanes en fiesta principal y acordada, particularmente en los palacios de los reyes y grandes señores, adonde en una sala muy adornada y grande se ponen los asientos necesarios para la tal fiesta; y porque se danza al son de muchos instrumentos músicos, y también suele haber música de cantores, entiendo venir ese nombre de la palabra hebrea [...] *sir, cantus*, o de *sir*, que vale lo mesmo que señor, se dijo sirao, que valdrá tanto como fiesta real»[18].

---

quien además afirma que los llamados negros criollos resultaron «mucho menos sumisos que los recién llegados de África, los "bozales", y hacia 1600 una fuerte proporción de la población negra de Nueva España era criolla» (Israel, 1997, p. 75).

[15] Torres, *Festín*.

[16] La definición del *Diccionario de Autoridades* mantiene en esencia esos rasgos: «Festejo particular que se hace en alguna casa, concurriendo mucha gente a divertirse con bailes, música y otros entretenimientos». La intitulada *Adición a los festejos* (ver la bibliografía) se autodenomina en el texto como el «mayor Festín de México» (s. f.), que fue realizado en el colegio jesuita de San Pedro y San Pablo ante un selecto público, y además de un arco triunfal y una representación dramática con loa incorporó música y danzas indígenas y europeas. Este mismo carácter presenta la celebración que se ofreció a la virreina condesa de Paredes en el convento de Santa Clara en 1680, cuyos detalles se recogieron precisamente en un impreso titulado *Festín plausible* (Farré, 2007).

[17] En tal sentido es empleado en una instrucción real de 1585: «En los saraos o festines donde la Infanta se hallare se ha de guardar la forma y orden que por acá se acostumbra, no consintiéndose otros bayles ni danças que sean indecentes» (citado por Ruiz, 1999, p. 292).

[18] Covarrubias, *Tesoro de la lengua*, p. 884. Esa misma connotación aristocrática —sumada a la música y danza— pasará al *Diccionario de Autoridades*: «Junta de

Aunado a esto, la sola designación de este espectáculo como *danza* marca su distanciamiento de los *bailes* o *fandangos* populares vinculados a la población negra y lo inserta de esta manera en el ámbito del fasto cortesano; hecho ratificado por su incorporación a una ceremonia de entrada triunfal. Recuérdese también que desde fechas tempranas se hizo una distinción entre danza y baile: según José Antonio González de Salas, «Las danzas son de movimientos más mesurados y graves, y en donde no se usa de los brazos sino de los pies solos; los bailes admiten gestos más libres de los brazos y de los pies juntamente»[19]. El baile —y en particular el de negros— solía identificarse con el movimiento sensual o frenético, y por esto mismo desacompasado[20]. Socialmente la primera (la danza) estaría asociada a los círculos aristocráticos, y el segundo (el baile) correspondería a sectores sociales medios y bajos, o a ciertos grupos étnicos, aunque no debe olvidarse que con rapidez se darían las estilizaciones cortesanas de bailes populares[21]. El impreso no ofrece información suficiente para saber qué tipo de danza era ésta;[22] sin embargo, en los primeros años del siglo XVII —según la documentación conservada— en la Nueva España se distinguían por lo menos cuatro modalidades: «las españolas, de negros, de indios

---

personas de estimación y jerarquía, para festejarse con instrumentos y bailes cortesanos. Tómase por el mismo baile o danza entre muchos».

[19] Citado por Rich Greer, 2000, p. 555.

[20] Etimológicamente, Covarrubias proporciona una definición de *baile* que concuerda con esta idea de movimiento frenético y un tanto sin orden: «Lo que en latín llamamos *tripudiare, saltare* […] Es frecuentativo de […] *iacio, vibro*, porque los que bailan se arrojan en alto con las cabriolas y se tuercen a un lado y a otro en las mudanzas» (*Tesoro de la lengua*, p. 156). Aunque acota que: «El bailar no es de naturaleza malo ni prohibido […]; pero están reprobados los bailes descompuestos y lascivos» (*Tesoro de la lengua*, p. 156). En contraste danzar es definido como: «Bailar con gravedad a compás de instrumento, con orden, escuela y enseñanza de preceptos» (*Diccionario de Autoridades*), y danza como: «Baile serio en que a compás de instrumentos se mueve el cuerpo, formando con las mudanzas de sitio vistosos y agradables plantas» (*Diccionario de Autoridades*). En ambos casos resalta la gravedad o seriedad y el previo conocimiento de un arte de danzar; es decir, se trata de un entretenimiento refinado.

[21] Ver Rich Greer, 2000, p. 556.

[22] «Cotarelo incluye entre los bailes contrapás, chacona, fandango, guineo, jácara, pasacalle, seguidillas, tarantela y villano, mientras que denomina danzas a la alemana, branle, españoleta, furioso, gallarda, gitano, hacha, morisca, pavana, saltarelo, serranía, turdión y zapateado» (Cotarelo citado por Rich Greer, 2000, p. 556).

y de mulatos»,[23] y es de suponer que ésta en honor de Villena correspondiera a las llamadas españolas, con cuya expresión se designarían probablemente las de origen europeo en general.

La danza de morenas criollas, pues, se vincula, en primera instancia, con los llamados saraos de corte. Como ha indicado Hernández Araico, los saraos eran «en principio los festejos palaciegos […], donde miembros de la familia real [y en este caso la virreinal] junto con damas y caballeros de la corte se exhibían en un baile ceremonial, a veces alegórico, como espectáculo y entretenimiento para huéspedes distinguidos en alguna ocasión sobresaliente: bodas y cumpleaños reales, entradas o visitas de ilustres personajes»[24]. Por lo regular se componía de una sucesión de danzas llamadas de 'cuenta' como el turdión, la alemana, el branle, la gallarda, etc., y también era habitual que los ejecutantes se cubrieran el rostro con máscaras;[25] este uso de las máscaras irá paulatinamente desapareciendo, pero en cambio los elementos espectaculares (vestuario, tramoya o decorado) aumentarán considerablemente, y poco a poco se transformarán en espectáculos para el monarca (o para el virrey en la América hispana). Era común asimismo que estas danzas tuvieran letra o que, mientras se ejecutaban las mudanzas, se recitaran o cantaran algunos versos o poemas[26].

---

[23] Citado por Schilling, 1958, p. 147.

[24] Hernández Araico, 2002, p. 608.

[25] De ahí que muchas de las primeras danzas para sarao reciban el nombre de mascaradas. Recuérdese a manera de ejemplo que como cierre de la loa para la comedia de Calderón *Las fortunas de Andrómeda y Perseo*, en las acotaciones del manuscrito se hace referencia a la danza de los signos zodiacales primero como sarao y luego como máscara (Rich Greer, 2000, p. 559).

[26] Hernández Araico, 1999. Por otra parte, la incorporación de texto cada vez más extenso y de un argumento desarrollado en acción coreográfica propiciará el paso de muchas de estas danzas al ámbito propiamente dramático, ya sea como elemento de la comedia —muchas veces cortesana—, como piezas autónomas (bailes dramáticos) o como parte final de ciertos géneros breves (entremés, loa, mojiganga). Ver Madroñal, 2000.

La coreografía: desfile de personajes y panegírico en emblemas

La coreografía de morenas criollas con acompañamiento musical —llamada también por su autor 'pequeño juguete'— adoptó la estructura de desfile de personajes, tan frecuente en los llamados géneros breves cómicos del teatro: loa, entremés, baile dramático y mojiganga, claro está que sin la intención premeditadamente burlesca de los tres últimos. En el *Festín*, las morenas criollas figuraban un conjunto de doce «Estrellas [...] producidas en este Indiano suelo», incluyendo a la capitana o guía de danza, que parecía un «sol de azabache [con] rayos de abalorio»[27]. Otra de las peculiaridades de este festín (aparte del color de la piel) consistió en que cada estrella morena portaba en una tarja «distintos jeroglíficos, que hincadas de rodillas, con la debida reverencia los ofrecían a su Excelencia [el marqués de Villena], con airoso desenfado»[28]. Dichos jeroglíficos eran verdaderos emblemas con su mote, imagen y explicación.

Del mismo impreso se colige que primero danzaban al compás de la música, realizando diversas mudanzas o pasos, según se desprende de la siguiente cita: «La que actuó en octavo lugar en *breves giros* se tuvo por más eminente»;[29] a la vez iban avanzando hacia donde estaba ubicado el virrey marqués de Villena, y después, al llegar frente a él, hacían un alto en la coreografía, se arrodillaban y exhibían sus respectivos emblemas. Nicolás de Torres incluye el texto de todos los epigramas, pero su relato no es claro en cuanto a cómo se presentaban estos poemas: si estaban incorporados en las tarjas, si las mismas danzantes los recitaban o incluso cantaban, o si había algún coro que cumplía esta función[30]. Durante la realización de las distintas mudanzas, los selectos espectadores y sobre todo el virrey habrían tenido oportunidad de admirar los emblemas y comprenderían el significado de cada

---

[27] Torres, *Festín*.
[28] Torres, *Festín*.
[29] Torres, *Festín*; las cursivas son mías.
[30] De acuerdo con Hernández Araico, en el «sarao teatralizado en las tablas, el texto poético no especifica si los actores-bailarines cantaban los versos o si el canto se producía, como parece más probable, por coros fuera del escenario» (2002, p. 609). Por otro lado, Nicolás de Torres tampoco es explícito en la descripción de la coreografía, pues se limita a describir el desfile de morenas criollas portando sus distintos emblemas, mas no aclara los pasos de la danza.

imagen. Este proceso de música, desfile danzado, reverencia y explicación, ya recitada o cantada, se repitió para cada una de las morenas. El conjunto del festín diseñado por Nicolás de Torres pretendía alabar al virrey a través de la exaltación de su noble genealogía; de tal suerte que se reconocen cinco grupos de emblemas que corresponden a su linaje familiar y a los beneficios derivados de esta noble ascendencia: el marquesado de Villena, el marquesado de Moya, el ducado de Braganza, un patronato (o «patronazgo», como se cita en la relación) y un mayorazgo[31].

Inició el festejo con la presentación del escudo de armas del virrey:

> La Capitana que en acorde concierto llevaba un estandarte de lama de plata, cuyos cambiantes eran Norte a quien mariposas buscaban por los reflejos lo restante de su compañía. Ocupaba la primera haz [o frente del estandarte], las armas de su Excelencia, que con realces de oro, y matices de sedas, parece que se quería levantar con título de Primavera: y no fue mucho cuando hubo quien le acreditara por florido Mayo. Hacía igualdad a sus espaldas [es decir, el revés del estandarte] en Regio Trono el Rey Salomón, no con menos ornato, tan amante como agradecido a los dones, que postrada a sus plantas le ofrecía la Reina Saba, con este mote: *Omnia sub pedibus tuis*. La letra Castellana fue la siguiente:
>
> > Saba su cetro enajena
> > por prudente a Salomón,
> > y hoy con toda su nación,
> > se le rinde al de Villena,
> > por ser de mejor Girón.[32]

El emblema se fundaba en el pasaje bíblico de la visita de la reina de la región de Saba al rey Salomón para comprobar su fama de hombre sabio, y en reconocimiento le regala oro, piedras preciosas, sándalo y perfumes;[33] se cree que este reino se localizaba en el actual territorio de Etiopía. De aquí se entiende que Saba —como representante de todos los pueblos negros, y en consecuencia también de los morenos de Nueva España— enajene su cetro a Salomón, es de-

---

[31] Se citan además como parte del linaje de Villena los apellidos Pacheco, Girón, Escalona y Cabrera.
[32] Torres, *Festín*.
[33] Reyes 10: 1-13.

cir, le ceda el dominio de su pueblo. Y si el Salomón bíblico por su virtud de prudencia logró tal honor, el recreado virrey Salomón-Villena de este festín lo merece aún más por ser el mejor descendiente de la casa de los Girón.

El segundo emblema, portado por una «bizarra» morena, ostentaba «lo abrasado de su amor, y entre las aromas de un humoso pebete, a quien de basa servía una compuesta mesa de plata: llevaba por orla este mote: *Usque ad aras*». El epigrama decía:

> Excelente Señor, Pacheco airoso,
> católico Mecenas,
> de quien la fama llenas,
> tablas ocupaba, si pincel anima.
> el más distante clima
> te discanta, la invidia generoso,
> el renombre glorioso
> celebra tus hazañas,
> y en regiones extrañas,
> adora tu arrebol
> mi negra nube, por luciente sol.
> Recibe de Guinea
> este pebete, que en tu luz humea,
> que aunque el blanco color se me limite,
> si se iguala a mi amor, no le compite.[34]

Además de reiterar la fama de Villena, el emblema subraya las sustancias aromáticas provenientes de Guinea ofrecidas en homenaje y muestra del amor de las morenas por su virrey; el origen de las resinas alude a su vez al de las danzantes. Por otra parte, es interesante notar que, si bien se reconoce su condición social definida por el color de la piel («aunque el blanco color se me limite»), esta restricción es superada por el gran amor que demuestran al marqués de Villena.

El quinto emblema aludía al águila que puede mirar directamente al astro rey: «un Sol que haciendo oriente de unas rosas, dejaba examinar sus luces de los desvelos de un águila, que haciendo fortaleza de una peña, atalayaba la vista por los resquicios de una negra nube, donde ansiosa le buscaba, con este mote: *Post tenebras spero lucem*». Y la explicación:

---

[34] Torres, *Festín*.

> Águila de las flores,
> que atenta le examinas rayo a rayo
> al Sol los más dormidos resplandores,
> de tu durable honor continuo ensayo.
> No turbe, gran señor, mi negra tinta
> tu vista clara en mi nación sucinta;
> no quede, no, señor, mi amor dudoso,
> No viva, por ser negro, escrupuloso,
> quando en tu sol florido
> amanece lo afable, y lo entendido[35].

El águila simboliza a México que busca los rayos protectores del sol-Villena,[36] y la nube negra, por analogía, a la población negra que forma parte de la sociedad novohispana (la «nación sucinta»); pero Villena no debe temer que, debido a la «negra tinta» de la piel, el afecto de este grupo étnico no sea sincero, más aún, este cariño hacia el virrey-sol será fomentado por su resplandor bienhechor que hace posible «lo afable, y lo entendido».

Es evidente que estos emblemas —y la mayoría de los otros nueve— desarrollan, junto al tema principal del homenaje, el de la negritud como signo recurrente de la raza de las danzantes. Son así constantes las alusiones al color oscuro: negra nube, higa azabache, negra tinta, negra ventura, negra esfera, negro carbón, negro escrupuloso, y a la procedencia de este grupo étnico: estas morenas forman parte de la nación de la bíblica reina Saba y entregan sustancias aromáticas que traen no de Arabia sino de Guinea. Pero en ningún momento se les adjudican las características estereotipadas con las cuales pasaron al ámbito literario, en particular como personaje dramático: vehículo de la comicidad por la parodia de su peculiar habla,[37] por la ridiculiza-

---

[35] Torres, *Festín*.

[36] Téngase presente que el escudo de armas de virrey estaba presidido por un sol entre nubes.

[37] Al respecto, Parodi señala que: «La pronunciación de los negros, como era común en la literatura de la época, refleja elementos característicos del habla popular meridional española y del habla costeña americana. En efecto, estos personajes son seseantes, yeístas y trocan la /r/ por /l/ o viceversa y convierten la /d/ en /r/ o /l/, además de reducir algunas sílabas y eliminar la consonante /s/» (2007, p. 232). La realización de algunos de estos aspectos puede observarse en el siguiente fragmento del *Entremés famoso. El negrito hablador, y sin color anda la niña*

ción de su vestimenta y por la exageración de ciertas costumbres y prácticas como el baile y la hechicería[38].

De la descalificación moral al ennoblecimiento festivo

Este festín logró un alto grado de espectacularidad mediante la música, el atractivo de la coreografía, los textos icónico-verbales y probablemente el canto; estos elementos se vieron reforzados principalmente por la fina y vistosa tela que se eligió para el vestuario y hacía reconocibles a las fingidas estrellas: telas de lama de plata, que de acuerdo con la definición del *Diccionario de Autoridades* se trata de una «Tela de oro o plata en que los hilos de estos metales forman el tejido y brillan por su haz sin pasar al envés». Seguramente el efecto metálico se intensificaba con el movimiento de la danza y la iluminación artificial, lo cual crearía el efecto centellante o titilante asociado a las estrellas. Por otra parte, cabe la posibilidad que las danzantes estuvieran caracterizadas con otros atributos además del vestido; téngase en mente que la llamada capitana se identifica como un sol, y es reconocida fácilmente por una probable corona que imitase los rayos solares que brillaban por estar formados de abalorios o cuentas de vidrio.

Que este *Festín de morenas criollas* se ejecutó con amplios visos de teatralidad es cierto; sin embargo, no alcanza la categoría de dramática,

---

de Quiñones de Benavente, género teatral en el que frecuentemente se incorporó como personaje al negro: «El culazón me cosquiya, / guitaliya. ¡Oh, cómo suena! / No cé que liabo ce tiene / ezte modo de instulmenta: / como le tengo infición / y tora er arma me yeva, / aquí embozado re escucho, / aunque el día me amanesca» (en Cotarelo, 1911, p. 605).

[38] Sobre la caracterización del negro como tipo dramático, ver Fra Molinero, 1995, especialmente pp. 19-51. A pesar de que existen algunas excepciones, el tipo dramático del negro se distinguió primeramente por su habla en ocasiones incomprensible, pero también por ciertas actitudes y cualidades que se le atribuyeron: ingenuidad o cierto infantilismo (por no decir falta de capacidad racional) que provoca, entre otras cosas, su propensión a la risa fácil o sin razón; gusto por la reunión escandalosa, la música y el baile sensual. Pero además de estos rasgos que acentuarían su condición ridícula, se propusieron otros relativos a su consideración moral: sexualidad desinhibida y hábitos licenciosos, particularmente en las mujeres, que llegarán a convertirse en algunas piezas en objeto erótico; mentirosos, desobedientes con los amos, alejados de la religión y practicantes de la magia o hechicería.

pues a pesar de que comparte una estructura común de desfile de personajes o figuras con otros géneros breves, y tiene unas ejecutantes que adoptan una personalidad simbólica, carece casi de acción y de diálogo, pues el texto recitado o cantado se reduce a unos pocos versos, los personajes no interactúan entre sí y la acción realizada se limita a ofrecer coreográficamente emblemas, de lo cual podemos abstraer el asunto de la danza: el homenaje[39].

A lo largo del texto, Nicolás de Torres nombra a los personajes de la danza como estrellas, pero por el número (doce) se puede proponer asimismo que en realidad simbolizaran a los signos zodiacales o tal vez a los planetas; en cualquiera de los casos cuerpos celestes. En este sentido es pertinente comentar que la elección de astros como los personajes simbólicos de esta danza haría quizá eco a la revaloración renacentista de la danza cortesana, sustentada en la creencia de que la danza reflejaba el movimiento armonioso y perfecto de las esferas celestes, que producía una música celestial, de acuerdo con la tradición pitagórico-platónica, que planteaba «un cosmos divinamente ordenado, a la vez fijo y en constante movimiento»[40].

Desde las primeras líneas del *Festín*, Nicolás de Torres deja muy clara la procedencia de las danzantes: morenas «producidas en este Indiano suelo», otorgando con ello una distinción dada por el lugar del nacimiento (Nueva España), pues de esta tierra obtendrían «la predominacion de su influencia»;[41] en otras palabras, la circunstancia negativa proveniente de la esclavitud de sus padres —y que determina, sin duda, su posición en la sociedad— se trastocaría en una condición

---

[39] Este festín representa entonces para la Nueva España una etapa intermedia entre las danzas alegóricas, con o sin argumento, tan frecuentes y muy promovidas en los festejos jesuitas novohispanos, aludidas regularmente como saraos, ya fuera de ángeles, de los elementos, de las partes del mundo, de los planetas, de ciudades, de guerra; y entre las obras breves actuadas, bailadas y cantadas de Sor Juana, como las loas cortesanas o el sarao de cuatro naciones.

[40] Rich Greer, 2000, p. 551. Entre los maestros de danzar españoles, como Esquivel Navarro, se extendió y reprodujo la idea de que la danza era imitación del concertado movimiento de los cuerpos celestes, un movimiento que se creía derivado de la voluntad divina; y en este sentido la música y la danza tenían la finalidad de expresar los sentimientos y las pasiones de los hombres, a la vez que intentaban restaurar la armonía perdida en el mundo terrestre, al ser reflejo de la armonía y equilibrio celestes.

[41] Torres, *Festín*.

positiva al ser alegorizadas como estrellas. Su participación en la danza logra diluir, aunque sea temporalmente, su estatus social al ennoblecerlas en el marco de la fiesta de entrada triunfal, no sólo por su origen novohispano sino por la manera en que son caracterizadas: no son ya las negras ni mulatas que bailan desenfrenada y sensualmente en las calles de la ciudad, se trata de un grupo selecto de morenas criollas que ofrece una refinada coreografía emblemática como digna alabanza de su virrey.

Simbólicamente, la incorporación de las morenas criollas —como representantes de toda la población negra de la Nueva España— en esta fiesta puede verse como la imagen idealizada de la sociedad: blancos (españoles y criollos), mestizos (el pueblo), indígenas y negros, que en armónica unión celebran a su gobernante. Y así, en palabras de Nicolás de Torres: «dieron discreto fin curiosas consonancias, admiración a los ojos, aplauso a los oídos, tan conforme asunto; festejo corto para tanto Príncipe»[42].

BIBLIOGRAFÍA

Adición a los festejos, que en la Ciudad de México, se hicieron al Marqués mi señor, con el particular que le dedicó el Colegio de la Compañía de Jesús, México, Bernardo Calderón, 1640.

AGUIRRE BELTRÁN, G., *La población negra en México*, México, Fuente Cultural, 1946.

BARTOLOMÉ MARTÍNEZ, G., *Jaque mate al obispo virrey. Siglo y medio de sátiras y libelos contra don Juan de Palafox y Mendoza*, Madrid, Fondo de Cultura Económica, 1991.

BERISTÁIN DE SOUZA, J. M., *Biblioteca Hispanoamericana Septentrional*, México, Universidad Nacional Autónoma de México-Instituto de Estudios y Documentos Históricos-Claustro de Sor Juana [2ª ed. facsimilar], 1981, t. 3,.

COTARELO Y MORI, E., *Colección de entremeses. Loas, bailes, jácaras y mojigangas desde fines del siglo XVI a mediados del XVIII*, Madrid, Editorial Bailly-Baillière, 1911, t. 2.

COVARRUBIAS OROZCO, S. de, *Tesoro de la lengua castellana o española*, ed. de F. C. R. Maldonado, rev. por M. Camarero, Madrid, Castalia, 1995.

[42] Torres, *Festín*.

Curcio-Nagy, L. A., *The great festivals of colonial Mexico City. Performing power and identity*, Albuquerque, University of New Mexico, 2004.

Diccionario de Autoridades, ed. facsímil de la 1732, Real Academia Española, Madrid, Gredos, 1990.

Farré Vidal, J., «Sobre loas y festines o el elogio a las virreinas en la Nueva España durante la época de Carlos II», en *Teatro y poder en la época de Carlos II. Fiestas en torno a reyes y virreyes*, ed. J. Farré, Madrid, Iberoamericana-Vervuert, 2007, pp. 117-132.

Fra Molinero, B., *La imagen de los negros en el teatro del Siglo de Oro*, Madrid, Siglo XXI, 1995.

Gutiérrez de Medina, C., *Viaje de tierra y mar, feliz por mar y tierra que hizo el excelentísimo señor marqués de Villena, mi señor, yendo por virrey y capitán general de la Nueva España en la flota que envió su Magestad este año de mil y seiscientos y cuarenta, siendo general della Roque Centeno y Ordoñez, su almirante Juan de Campos. Dirigido a don Josef López Pacheco, conde de Santisteban de Gormaz, mi señor*, México, Juan Ruiz, 1640.

Hernández Araico, S., «Mudanzas del sarao: entre corte y calles, conventos y coliseo. Vueltas entre páginas y escenarios», en *La creatividad femenina en el mundo barroco hispánico. María de Zayas —Isabel Rebeca Correo — Sor Juana Inés de la Cruz, II*, ed. M. Bosse, B. Potthast y A. Stoll, Kassel, Reichenberger, 1999, pp. 517-533.

Hernández Araico, S., «Coros y coreografía en Sor Juana», en *De palabras, imágenes y símbolos. Homenaje a José Pascual Buxó*, ed. y coord. E. Ballón Aguirre y Ó. Rivera Rodas, México, Universidad Nacional Autónoma de México, 2002, pp. 599-613.

Hernández Reyes, D., «El teatro de la Compañía de Jesús en las festividades religiosas de la Nueva España (1600-1630)», en *Reflexión y espectáculo en la América virreinal*, ed. J. Pascual Buxó, México, Universidad Nacional Autónoma de México, 2007, pp. 313-330.

Israel I., J., *Razas, clases sociales y vida política en el México colonial (1610-1670)*, México, Fondo de Cultura Económica, 1997.

Madroñal, A. «El baile dramático», *Ínsula*, 639-649, 2000, pp. 13-15.

Medina, J. T., *La imprenta en México, t. 2. 1601-1684* [ed. facsimilar], México, Universidad Nacional Autónoma de México, 1989.

Morales Folguera, J. M., *Cultura simbólica. Arte efímero en Nueva España*, Granada, Junta de Andalucía-Consejería de Cultura y Medio Ambiente-Asesoría Quinto Centenario, 1991.

Parodi, C. «El lenguaje de las fiestas: arcos triunfales y villancicos», en *Teatro y poder en la época de Carlos II. Fiestas en torno a reyes y virreyes*, ed. J. Farré Vidal, Madrid-Frankfurt, Iberoamericana-Vervuert-Universidad de Navarra, 2007, pp. 221-235.

Pérez de Rivas, A., *Corónica y historia religiosa de la Provincia de la Compañía de Jesús de México en Nueva España*, México, Imprenta del Sagrado Corazón de Jesús, 1896.

Ramos Smith, M., *La danza en México durante la época colonial*, México, Alianza-Consejo Nacional para la Cultura y las Artes, 1990.

Ramos Smith, M., «De la fiesta teatral barroca al ballet de acción: profesionalización de los artistas del espectáculo y danza teatral durante el virreinato», en *La danza en México. Visiones de cinco siglos, vol. 1. Ensayos históricos y analíticos*, dir. M. Ramos Smith y P. Cardona Lang, México, Instituto Nacional de Bellas Artes-Escenología, 2002, pp. 339-370.

Rich Greer, M., «Introducción al teatro cortesano de Calderón», en *Estudios sobre Calderón 2*, ed. J. Aparicio Maydeu, Madrid, Istmo, 2000, pp. 513-575.

Ruiz Mayordomo, M. J., «Espectáculos de baile y danza. De la Edad Media al siglo XVIII», en *Historia de los espectáculos en España*, coord. A. Amoros y J. Mª Díez Borque, Madrid, Castalia, 1999, pp. 273-318.

Schilling, H., *Teatro profano en la Nueva España [fines del siglo XVI a mediados del XVIII]*, México, Imprenta Universitaria, 1958.

Torres, N. de, *Festín hecho por las Morenas Criollas de la muy noble, y muy leal Ciudad de México. Al recebimiento, y entrada del excellentísimo Señor Marqués de Villena, Duque de Escalona, Virrey desta Nueua España. Compuesto por Nicolás de Torres y dedicado a Enrique Pacheco y Ávila, caballero de la Orden de Santiago, Capitán de la Guardia de su Excelencia, y Sargento mayor deste Reino. Con licencia*, México, Francisco Robledo, 1640.

Trambaioli, M., «Apuntes sobre el guineo o baile de negros: tipologías y funciones dramáticas», en *Memoria de la palabra, vol. 2. Actas del VI Congreso de la Asociación Internacional Siglo de Oro*, ed. Mª L. Lobato y F. Domínguez Matito, Madrid, Iberoamericana-Vervuert, 2004, pp. 1773-1783.

Velázquez Gutiérrez, M. E., *Mujeres de origen africano en la capital novohispana siglos XVII y XVIII*, México, Instituto Nacional de Antropología e Historia-Universidad Nacional Autónoma de México, 2006.

A PROPÓSITO DEL TEATRO DOCTRINAL EN LA AMÉRICA HISPÁNICA. UNA COMEDIA A LA VIRGEN DE GUADALUPE (1601-1602)

Blanca López de Mariscal
Tecnológico de Monterrey

En la relación del viaje que hizo Fray Diego de Ocaña por tierras americanas entre 1599 y 1605,[1] se consignan, además de varias relaciones de sucesos[2], la descripción de las fiestas que se realizaron para la entronización de la imagen de la Virgen de Guadalupe en las ciudades de La Plata, los Charcas y Potosí (folios 152-162, 188-190, 255-260[3] del

---

[1] Se trata de un texto que ha sido publicado en forma fragmentaria en varias ocasiones. Dos de ellas por Fray Arturo Álvarez, la primera con el título *Un viaje fascinante por la América Hispana del siglo XVI*, Madrid, Studium, 1969, y la segunda, aún más fragmentada que la primera, titulada *A través de la América del Sur*, forma parte de la colección «Crónicas de América» de Historia 16 (Madrid, 1987). Existe un tercer fragmento de este texto que bajo el título *Fray Diego de Ocaña, Relación del viaje a Chile, año 1600* fue publicado por Eugenio Pereira Salas, en Anales de la Universidad de Chile. Actualmente, por encargo del GRISO, me encuentro elaborando la edición crítica del relato de Ocaña que será publicada en la Colección «Biblioteca Indiana», a partir de un manuscrito que se encuentra en la Universidad de Oviedo. Es a este manuscrito al que remito en todas las citas que hago del texto de Ocaña en el presente trabajo.

[2] Entre las relaciones de sucesos que se encuentran, el texto Ocaña contiene la narración de lo acaecido durante algunos de los terremotos de los que fue testigo a lo largo de su viaje, entre ellos, los de Arequipa (1600 y 1604), el de Chuquisaca (1601) y el de Lima (1605), así como también la descripción de un auto inquisitorial.

[3] Que en el manuscrito aparece como la 301, porque existe un error de paginación, de tal forma que se pasa del folio 250 al folio 300 sin que existan vacíos en la relación del viaje.

manuscrito), y una comedia titulada *Comedia de Nuestra Señora de Guadalupe y sus milagros* (folios 235 al 254 del manuscrito), así como veintidós dibujos y cinco mapas. Sin embargo, en ninguna de las ediciones modernas del relato de viaje se incluyen ni la comedia, ni las relaciones de fiesta, ni los grabados con los que Ocaña ilustró su texto.

La comedia ha sido publicada, por separado, por Carlos G. Villacampa en un libro titulado *La Virgen de la Hispanidad* (Sevilla, 1942). A partir de esa edición se hizo otra en La Paz, en 1957, en los Cuadernos de teatro de la «Biblioteca Paceña», dirigida por Jacobo Liberman, con introducción de Teresa Gisbert. Contamos también con una edición de la misma comedia preparada por Fray Arturo Álvarez para la edición de *Un viaje fascinante por la América Hispana del siglo XVI*[4], publicada por Studium ediciones en Madrid en 1969.

La comedia de Ocaña parece ser la primera de una serie de piezas dramáticas dedicadas a la Virgen de Guadalupe y sus milagros que fueron escritas y representadas entre los años de 1601 y 1722. Y digo parece ser porque debido al estado actual en que se encuentra mi investigación, no puedo asegurar que no existiera una pieza anterior, de la que tal vez procedan la de Ocaña y las que le suceden. En estos momentos tengo noticias de la existencia de al menos cuatro piezas que tienen como tema central los milagros de la imagen de la Virgen extremeña y que de alguna forma recogen la leyenda guadalupana cuya tradición milagrosa circulaba en la Península Ibérica, al menos, desde el siglo XIII. En primer lugar, la *Comedia de Nuestra Señora de Guadalupe y sus milagros*, de fray Diego de Ocaña, que fue representada en el virreinato del Perú en 1601; en segundo lugar, El *Auto de la soberana Virgen de Guadalupe y sus milagros, y grandezas de España*, fechada en 1605, atribuida a Miguel de Cervantes[5]; la tercera es el *Auto sacramental*

---

[4] La edición titulada *Un viaje fascinante por la América Hispana del siglo XVI* (Madrid, 1969) contiene ocho apéndices que se incluyeron al final del libro. En el apéndice VI se consigna: la Descripción de los adornos y pedrería en la imagen que fray Diego de Ocaña pintó para la catedral de Sucre, la relación de sus fiestas y la comedia que se representó en honor de la Virgen de Guadalupe en los años de 1601 y 1602.

[5] Existe, aparentemente, otra versión de esta misma obra impresa en Sevilla en 1617, por Bartolomé Gómez Pastrana, aunque en esta edición el texto aparece como una obra anónima. Desgraciadamente aún no he tenido acceso a esta versión, pero lo que puedo adelantar sobre ella es que el título y la relación de

de la virgen de Guadalupe de Felipe Godínez, que fue publicado en el libro *Autos Sacramentales y del Nacimiento de Cristo,* con sus loas y entremeses, Madrid, 1675; y por último la *Comedia famosa de La virgen de Guadalupe,* de Francisco Bances Candamo, publicada por Blas de Villanueva en un volumen titulado *Poesías cómicas, obras póstumas de Don Francisco Bances Candamo* en Madrid en 1722.

Tanto a nivel temático como estructural, las cuatro obras presentan una serie de similitudes así como un interesante número de diferencias que deseo puntualizar en este trabajo, puesto que la comparación de los textos peninsulares con el texto de Ocaña puede darnos una idea de cuáles eran las características propias de la representación en el teatro virreinal: las exigencias que se derivaban del tema, los requerimientos de representación y, sobre todo, las que proceden de las características de la recepción y enfocan el texto y la puesta en escena al público al que iba destinado el espectáculo teatral. En este aspecto, cabe señalar que la obra de Ocaña ha sido señalada por la crítica como una comedia de escaso valor literario, producto de un autor que carece de experiencia en la construcción de textos dramáticos.

La dimensión dramática

En primer lugar deseo abordar las cuatro obras en términos de secuencias, y para ello es necesario observar el número de escenas o cuadros de los que se conforma cada una de las obras. El texto de Ocaña se puede dividir en ocho cuadros en los que participan 48 personajes distintos, que cambian casi en su totalidad de un cuadro a otro y sólo en casos de excepción alguno de los personajes reaparece en otro de los cuadros. Las tres obras restantes, en cambio, responden a la estructura tripartita propuesta por Lope de Vega en *El arte nuevo de hacer comedias* y característica del teatro barroco peninsular. El texto de 1605, atribuido a Cervantes, puede ser dividido en tres cuadros en los que intervienen 16 personajes; el Auto sacramental de Felipe Godínez consta de tres jornadas en las que intervienen 12 personajes y la obra

personajes son idénticos a la obra que Ángel Valbuena Prat atribuye a Cervantes y que publica en la edición de las *Obras Completas* (1975).

de Bances Candamo consta también de tres jornadas y en ella intervienen 15 personajes, además de un personaje colectivo al que se le denomina Música. Seguramente bastaría esta primera observación para sustentar un juicio con respecto a la falta de oficio de fraile extremeño, pero antes de precipitarnos con una conclusión semejante, es preciso abordar la dimensión semántica del texto.

La dimensión semántica

En las cuatro piezas se presentan escenas relacionadas con la imagen de la Virgen de Guadalupe y aunque las escenas varían de una obra a otra, los bloques significativos sobre los que se arma el entramado dramático suelen coincidir, ya que en todas las comedias la advocación guadalupana está consagrada a brindar amparo y protección a aquellos que se encuentran en situaciones de desamparo, o en peligro debido a la invasión de España por los árabes.

La segunda de estas circunstancias es quizá la que tiene mayores implicaciones en la estructura dramática de los textos, pues mientras la información sobre la relación de la Virgen con la historia de España (la invasión de los árabes en el año 700 que obliga a los cristianos a esconder la estatua milagrosa en una cueva, la protección a las tropas de Alfonso XI en la batalla del Salado en el año de 1340 y la construcción del monasterio) forma parte del imaginario colectivo y se transmite a través de la tradición popular. En cambio, para el texto americano constituye un enorme reto: ¿cómo presentar a los espectadores del Alto Perú la historia del rey don Rodrigo y la traición del conde don Julián? ¿Cómo informarlos del enfrentamiento de las tropas cristianas de Alfonso XI con Almohacen con el objetivo de impedir la llegada de nuevas tropas desde el norte de África? Cómo, me pregunto, informar sobre temas tan ajenos a los receptores americanos, sobre todo si entre los destinatarios un importante porcentaje eran hablantes del *quechua* o del *aimara*.

En el caso de las comedias peninsulares esta información se inserta en la representación a partir de rápidas alusiones a los pasajes históricos, puestas en boca de alguno de los personajes. En el texto atribuido a Cervantes existe un pasaje en el que Benhalmar, desde su óptica árabe, le informa a Rosimunda:

BENHALMAR   Que España va de vencida,
             la morisma la atropella,
             de vuestro Julián vendida;
             no ha de quedar templo en ella,
             ni cruz ni imagen a vida.
             Pues si ha de ser de Mahoma,
             su secta y su nombre toma...[6]

Alarico, esposo de Rosimunda, más adelante retoma el tema para hacer alusión los culpables de la pérdida de España:

ALARICO   Rodrigo malhadado,
             y arrepentido tarde,
             por sus pecados hoy a España pierde
             del bárbaro incitado
             de Julián cobarde
             haced que de su tuerto se le acuerde
             que tiñe el campo verde,
             entrando por Sevilla.[7]

La estrategia narrativa con la que se hace alusión a la historia de España funciona frente a los destinatarios peninsulares, pero en el caso en que los receptores son indígenas o mestizos americanos las alusiones al pasado español difícilmente podrían ser detectadas. Por tal motivo el dramaturgo extremeño se ve en la necesidad de hacer evidentes esos pasajes por medio de la representación. El texto de Ocaña está dividido en dos partes y ocho cuadros; en los primeros cinco se representa la historia de la imagen, desde sus primeros milagros en Roma, hasta el momento en que un canónigo y un aldeano la esconden en Extremadura para librarla de los sarracenos (Cuadro V). En el primer cuadro se da cuenta de un milagro acaecido en Roma, hacia el año 600 de nuestra era. En él participan: un ángel, el papa Gregorio, Sulpicio su criado e Isidro (o Isidoro), hermano de Leandro y obispo de Sevilla. A través de los diálogos de los personajes, los espectadores se enteran de que el Papa desea enviar como regalo a la ciudad de Sevilla una imagen para agradecer su intersección al librar

---

[6] Cervantes, *Obras completas*, p. 1086.
[7] Cervantes, *Obras completas*, p. 1087.

a Roma de una enorme peste. El segundo cuadro sucede en el año 710, en la corte del rey don Rodrigo en Toledo, en él se presenta el «mal de amor» que sufre el Rey por Florinda, hija del conde don Julián, y sus afanes por poseerla. La escena culmina con la transgresión del Rey, quien es justificado por los comentarios de sus consejeros para gozar de la joven:

> CRISANTO Adórasla con razón,
> que es por todo extremo bella.
> Calva pintan la ocasión;
> no dejes, señor, perderla.
> EL REY DON RODRIGO ¿Con qué traza?
> CRISANTO Escucha, advierte:
> Tu estrella, tu hado o suerte
> te inclinan sólo a querer
> a Florinda que es mujer;
> tu, Rey, la cosa más fuerte.
> Ella, te desdeña a ti,
> como yo lo he visto aquí;
> tú la adoras; pues, por fuerza
> ve y haz que su gusto tuerza.
> Pues eres Rey, ¡pese a mí!,
> en caso justo o injusto,
> con razón o contra ley
> enderezado a su gusto,
> puede hacer, señor, un Rey
> que no sea a todos muy justo.
> A más, y eres Rey, en fin,
> ella una mujer, y sin
> remedio alguno te mata,
> entra, y goza de la ingrata,
> pues sola está en el jardín. (fol. 238 y 238v.)

El pasaje, por demás explícito, construye para los espectadores un doble contexto, ya que si por una parte hace evidente la trasgresión de Rodrigo, por la otra, justifica ante los ojos del público del Alto Perú el derecho que el monarca tiene sobre sus súbditos, y por extensión, el superior sobre el inferior, el hombre sobre la mujer, etc. Ya que como lo corrobora Gaudencio más adelante, «Rey eres, y sólo quien/ puede hacer ley y no hacerla./ O naciera menos bella, o no mostrara desdén» (fol. 238 v.).

Este cuadro se complementa temáticamente con el cuarto; la acción sucede en Sevilla y en él, por una carta de su hija, el conde don Julián se entera de su deshonra y jura venganza. El tema, como puede verse, es de difícil tratamiento, por lo que, cuando asuntos escabrosos como este aparecen en el teatro de evangelización novohispano, suelen abordarse de forma velada o definitivamente se encubren con un conveniente silencio. Como ocurre, por ejemplo, con el tratamiento que se le da a la concubina Agar en *El sacrificio de Isaac*[8], o el enfoque con el que se plantea el adulterio en el *Auto del juicio final*[9]. En la obra de Ocaña, La Cava le habla a su padre de una sortija que tenía sobre una mesa: «suelta y descuidada, joya de mí y de los míos tan estimada [...], cayó sobre ella el estoque real, y desgraciadamente la hizo pedazos, partiendo por medio la verde piedra, sin ser yo parte a remediarlo» (fol. 241 v.) El que definitivamente habría de ser un mensaje críptico para la audiencia americana, para el conde don Julián y los árabes que lo acompañan en la escena en la que se lee la carta de Florinda, es evidente e indiscutible, de tal manera que la afrenta debe ser limpiada de forma inmediata:

> TARIFE   Al que ha intentado tu afrenta,
> Conde por muerto le cuenta.
> Pues poner quiso el traidor
> mancha en la sangre mejor
> que el alto cielo sustenta.
> Si por su apetito ciego
> Florinda, cual ves, forzada,
> se inclinó a cumplir su ruego,
> verá su España azolada. (fol. 242)

Frente a esta leyenda tan compleja y llena de embrolladas aristas, el tratamiento del tema del honor y lo que se puede y no se puede decir en escena, parece fácil justificar que Ocaña dedique cuatro de

---

[8] El auto *Sacrificio de Isaac: auto en lengua mexicana* fue publicado y traducido por Del Paso y Troncoso en homenaje al XII Congreso internacional de Orientalistas que se llevó a cabo en Roma en 1899. Es un auto anónimo en lengua mexicana escrito en el año de 1679 tomado de un manuscrito que perteneció a don Alfredo Chavero.
[9] «El cuadro ejemplar que se llama Juicio Final», en Fernando Horcasitas, 1974.

los primeros cinco cuadros de la obra a poner a su público en contexto, ya que, sin entender la llegada de la imagen milagrosa a Sevilla y la invasión española por los árabes, no puede justificarse el quinto cuadro, en el que un canónigo y un aldeano esconden la imagen en una gruta para librarla de los sarracenos. Así como tampoco se puede justificar que en la segunda parte, integrada por los tres últimos cuadros, se presenten las secuencias en las que se recupera la imagen que había sido ocultada y ésta hace milagros enfocados a la recuperación de España y a la protección de los humildes.

Precisamente, la protección de los humildes es el otro bloque temático que comparten las cuatro obras de nuestro corpus. En él se presentan tres motivos que constituyen los motores de la acción y los ejes sobre los que se sustenta la acción dramática. En todas las obras la protección a los humildes se hace evidente a través de conflictos en los que se ven involucrados doncellas ultrajadas, cautivos liberados y pobres en desgracia.

Guadalupe suele estar relacionada y percibirse como protectora de este tipo de desvalidos, no sólo en las obras de teatro que nos ocupan, sino también en otros géneros narrativos en los que el motivo de la peregrinación y el santuario están presentes. El tema de la doncella que por sus relaciones amorosas ha caído en desgracia es utilizado por Cervantes en varias ocasiones. En *La ilustre fregona*, la rica y opulenta viuda, enferma de hidropesía, que viaja como peregrina a Guadalupe, resulta finalmente que «sólo» se encontraba embarazada. En *Los trabajos de Persiles y Segismunda*, nos encontramos también con un personaje femenino, Feliciana la de la Voz, quien después de parir fuera del matrimonio se reencuentra con el autor de su deshonra, justamente frente al Santuario de Guadalupe y después de encomendarse a la Virgen, consigue que el galán, para salvarla de una muerte inminente, la declare su esposa.

En las obras dramáticas que aquí nos ocupan, las doncellas acosadas por sus amantes suelen acudir a la Virgen para que su situación se resuelva. La Rosimunda del texto de 1605 invoca a la Virgen para que la libere de Benhalmar y es justo en ese momento cuando su esposo Alarico aparece en escena para librarla. Isabel, la heroína del texto de Felipe Godínez, se lamenta de que su enamorado Sancho la goza cada noche sin cumplir su palabra de matrimonio, y es justamente la intervención de la guadalupana, la que lleva el desenlace a un final feliz. Por último la Benita y la Teresa de Bances Candamo también suplican a la Virgen para que se resuelvan los problemas con sus parejas:

BENITA Salve, la mejor esposa,
pues vuestro amparo, y favor,
contra los malos maridos,
nos sirve de protección.
[...]
TERESA Virgen, tibio miro a Sancho,
cuando es dueño de mi honor,
bien sabéis vos, que palabra
de casamiento me dio:
casada soy, aunque vivo
de doncella en opinión,
volved por mí, pues vos, Virgen,
casada y doncella sois[10].

La representación de milagros cuyos destinatarios son personajes que encarnan a seres comunes, característicos de la sierra de las Villuercas, dan cuenta de los inicios del culto mariano una vez que la imagen ha sido recuperada del espacio en el que se la confinó para protegerles de la invasión árabe. Constituyen una serie de anécdotas que dan forma al presente de la representación, y aunque de un texto a otro se presentan con diversas características, tienen la finalidad de difundir el culto a la Virgen de Guadalupe. Es por esto que en todas ellas se recurre a motivos extraídos de la leyenda y con los que el público peninsular se encontraba muy familiarizado, como la resurrección de una vaquilla extraviada, que posteriormente se ve corroborada con la resurrección del hijo de Gil, la sanación de ciegos y de sordos, o la liberación de los cautivos. Este tipo de secuencias no implican, como las relacionadas con la historia de España, un cambio estructural para la obra virreinal ya que los temas presentados resultaban familiares y de común interés para el público del alto Perú.

---

[10] Bances Candamo, *Comedia famosa de la Virgen de Guadalupe,* pp. 300 y 301.

La dimensión pragmática en la obra de Bolaños

La representación de la *Comedia de la Virgen de Guadalupe y sus milagros*, dentro de las festividades de entronización de la imagen, es una parte muy importante del aparato espectacular del las fiestas del Potosí y de Chuquisaca. En la organización del octavario estuvieron involucrados los dos Cabildos, y a cada uno de los espectáculos o de las ceremonias religiosas que conformaron las festividades. Ocaña reporta que acudieron: «tanta gente de indios y españoles que la iglesia de san Francisco se me representaba la nuestra en tiempo de feria» (fol. 191).

La presentación de la imagen de la Virgen a la ciudad fue celebrada como si se tratara de la entrada de un virrey, por lo que no sólo la gente del pueblo estaba presente para darle el merecido recibimiento sino también, y con toda solemnidad, participaron los principales para quienes se habían dispuesto estrados especiales: «Sentados todos el obispo y la Audiencia y los dos cabildos, eclesiástico y seglar, sonó la música de ministriles y acabadas salieron al teatro las guitarras y se comenzó con riquísimos trajes, libreas y apariencias una comedia de la misma historia de Nuestra Señora de Guadalupe...» (fol. 234v).

Ocaña, como pintor y artífice de la Imagen, tiene un lugar especial reservado para presenciar la puesta en escena de una obra de la que declara ser el autor en el manuscrito. La misma Virgen está presente durante la representación y es testigo de la historia en la que se narran sus milagros y la devoción que sus fieles le brindan:

> ...vino la imagen a la plaza donde estaba un teatro suntuosísimo, hecho con muchos árboles y frescura y un sitial y altar con dos[el] donde se puso la imagen y todos los demás santos que iban en hombros españoles con sus andas. Todos cercados de la imagen como dando la aprobación de su venida a su ciudad, y así, como cuando entra un rey o una reina en una ciudad salen los cortesano della a recibirla con contento grandísimo de ver a su rey y señor en su ciudad, ansí salieron todos los santos de las cofradías con mucha cera recibir a la Reina de los Cielos como cortesanos que son de ella. y por buen orden mientras los cantores cantaban curiosas letras, iban pasando por delante de la imagen y humillándose todos (Fol.. 234 y 234v).

Todo este aparato festivo tiene como finalidad fomentar el culto mariano en su advocación de Guadalupe, utilizando el milagro como recurso dramático para adoctrinar sobre la función mediadora de María. A lo largo de la descripción de la fiesta, Ocaña hace patente cómo cada uno de los actos y de las celebraciones es un factor más para acrecentar la fe de los espectadores y su devoción por la imagen Mariana. A través de la Comedia se logra informar al público peruano sobre la historia milagrosa de la imagen e invitarlos a la oración frente a una imagen que ha probado ya su cercanía con el pueblo hispano. Les ayuda frente a los enemigos en situaciones de guerra, protege a las doncellas en desgracia, ayuda a los pobres y los desvalidos. Pero sobre todo la obra, enmarcada en el contexto de todas las celebraciones, cumple con una función propagandística del Santuario. A fin de cuentas el propósito del viaje de Ocaña era fomentar el culto a la advocación de Guadalupe para captar limosnas para el convento extremeño.

Es por eso que en el cuadro VIII se cierra la comedia con una escena en el Monasterio de Guadalupe; en él un fraile de san Jerónimo recibe a un alcalde y a un regidor: Menelaque que lleva un cántaro de leche y Malceñido cuya ofrenda es un cirio. El objetivo es remarcar el tipo de ofrendas que es aconsejable llevar a la Virgen y destacar el privilegio que recibe la Villa del Potosí al albergar la imagen recién entronizada:

> Cautivo
> Y tú, villa imperial
> de Potosí, con razón
> puedes en esta ocasión
> juzgar tu ventura igual
> a España, pues también tienes
> el tesoro que ella alcanza;
> de quien tan cierta esperanza
> que te vendrán grandes bienes.
> [...]
> Tened siempre en la memoria,
> sin que otra cosa la ocupe.
> la virgen de Guadalupe.
> y aquí se acaba la historia

BIBLIOGRAFÍA

El cuadro ejemplar que se llama Juicio Final, en *El teatro Nahuatl, Épocas novohispana y Moderna,* ed. F. Horcasitas, Instituto de Investigaciones históricas, México, UNAM, 1974.

Sacrificio de Isaac: auto en lengua mexicana, ed. y trad. F. del Paso y Troncoso, Florencia, Tipografía de Salvador Landi, 1899.

BANCES CANDAMO, F., *Comedia famosa de la Virgen de Guadalupe,* en *Poesías cómicas, obras póstumas de Don Francisco Bances Candamo,* Madrid, Blas de Villanueva impresor de libros, 1722.

CERVANTES SAAVEDRA, M. de, *Obras Completas,* ed. Á. Valbuena Prat, Madrid, Aguilar, 1975.

GODÍNEZ, F., *Auto sacramental de la virgen de Guadalupe,* en *Autos Sacramentales y del Nacimiento de Cristo, con sus loas y entremeses,* Madrid, 1675.

OCAÑA, Fr. D. de, *Comedia de Nuestra Señora de Guadalupe y sus milagros,* ed. T. Gisbert, La Paz, Biblioteca Paceña, Talleres de Empresa Gráfica E. Burillo y Cía., 1957.

OCAÑA, Fr. D. de, *Comedia de Nuestra Señora de Guadalupe y sus milagros,* en *Un viaje fascinante por la América hispana del siglo XVI,* ed. A. Álvarez Álvarez, Apéndice VI: *Fiesta del Potosí,* Madrid, Studium ediciones, 1969.

VILLACAMPA, C. G., *La Virgen de la Hispanidad,* Sevilla, Editorial de San Antonio, 1942.

LA BATALLA NAVAL DE LEPANTO EN EL TEATRO DE FERNÁN GONZÁLEZ DE ESLAVA

Beatriz Mariscal Hay
El Colegio de México

Y en el dichoso día que siniestro
tanto fue el hado a la enemiga armada,
cuanto a la nuestra favorable y diestro,
de temor y de esfuerzo acompañada,
presente estuvo mi persona al hecho,
más de esperanza que de hierro armada.
Vi el formado escuadrón roto y deshecho,
y de bárbara gente y de cristiana
rojo en mil partes de Neptuno el lecho;
La muerte airada, con su furia insana,
aquí y allí con priesa discurriendo,
mostrándose a quién tarda, a quién temprana;
El son confuso, el espantable estruendo,
los gestos de los tristes miserables
que entre el fuego y el agua iban muriendo[1].

Con estos versos iniciaba Cervantes, en la epístola que dirigió desde Argel a Mateo Vázquez, secretario del rey, el recuento de su participación en la batalla naval de Lepanto que tuvo lugar el 7 de octubre de 1571, considerada por el propio Cervantes: «Ocasión, la más alta que vieron los siglos pasados, los presentes, ni esperan ver los venideros»[2].

La victoria de la armada cristiana sobre «el crudo pueblo infiel» venía a frenar la campaña de expansión de las fuerzas otomanas en el Mediterráneo oriental, las cuales, después de atacar varios puertos venecianos, habían logrado tomar Nicosia el 9 de septiembre de 1570, sin

---

[1] Cervantes, «Epístola a Mateo Vázquez», en *Obras completas,* pp. 1170-1171.
[2] Cervantes, «Epístola a Mateo Vázquez», en *Obras completas,* pp. 1170-1171.

que la Liga Santa, convocada por el papa Pío V y al mando de Andrea Doria, hubiera podido defender a la isla de Chipre del ataque turco.

Ante la urgencia de detener el avance del infiel, después de esa derrota, el papa logra reconstituir la Liga Santa cuya flota, al mando de Juan de Austria, nombrado Generalísimo de la Liga, se reúne en Mesina. La flota aliada cristiana quedaba conformada ahora por 200 galeras, 90 de ellas españolas, 106 venecianas al mando de Juan Andrea Doria y 12 de la armada papal al mando de Agustino Barbarigo.

Cabe señalar que si bien la flota reconstituida estaba mejor organizada que la que había sido incapaz de defender Chipre, pues contaba con un número mayor de navíos, armas y soldados: además de las galeras, la flota contaba con 28 fragatas y galeazas venecianas, 74 fragatas y bergantines españoles y 6 fragatas de los estados pontificios, pertrechadas con 250 piezas de artillería y un total de 91,000 soldados, la armada turca, bajo el mando del General en Jefe Ulluch Alí era superior, ya que estaba constituida por 210 galeras y 87 galeotas y fustas y 92,000 combatientes.

Las noticias del triunfo en Lepanto corrieron casi de inmediato por el mundo cristiano[3], bien en forma de relaciones compuestas por combatientes, cronistas y poetas, algunos de la talla de Fernando de Herrera[4]; bien en forma de poemas que vitoreaban a la armada cristiana, a don Juan de Austria, o al papa, salidos de la pluma de Juan Rufo[5], Francisco Pedrosa[6] o Alonso de Ercilla, quien incluye la batalla de Lepanto en su *Araucana*[7], de la de Góngora que le dedicó el romance «Desbaratados los cuernos»[8]; o de la de eruditos humanistas que compusieron sus loas en verso o en prosa, bien en latín, bien en italiano, en portugués o en español, sin faltar en ello la musa popular que hizo correr de boca en boca romances relativos al glorioso

---

[3] El embajador veneciano en Madrid es el que se encargó de dar la noticia al rey.

[4] Herrera, *Relación,* pp. 242-382.

[5] Juan Rufo participó en la batalla de Lepanto, en la galera de don Juan de Austria; su poema *La Austriada* fue publicado en 1584.

[6] Francisco Pedrosa escribió un largo poema en latín sobre Lepanto. En la Biblioteca Nacional de México se conserva el poema latino en 6 libros, ms. 97.

[7] En *La Araucana*, un hechicero eleva al narrador en vuelo sobre la tierra con lo que le permite presenciar la batalla de Lepanto.

[8] Góngora, *Romances,* p. 229.

suceso[9] y, como era de esperarse en el Siglo de Oro, en piezas dramáticas compuestas entre otros por el propio Cervantes cuya *Batalla Naval* desgraciadamente no ha sido localizada[10], por Luis Vélez de Guevara: *El Águila del Agua y Batalla Naval de Lepanto,* por Lope de Vega: *La Santa Liga*[11]*,* y en la Nueva España por Fernán González de Eslava[12].

Como sabemos, González de Eslava aprovechó sucesos y celebraciones como materia alegórica para la elaboración de sus *Coloquios espirituales,* tal es el caso de la consagración de Pedro Moya de Contreras como Arzobispo de México (*Coloquio Tercero*)[13], o la construcción de fuertes en la «ruta de la plata», destinados a la defensa de comerciantes, mineros y administradores que se dirigían a los yacimientos de plata que había en lo que ahora son los estados de Zacatecas, Nuevo León, San Luis Potosí, Guanajuato y Aguascalientes y eran constantemente atacados por indios guachichiles, zacatecos, guainares, cazcanes, pames y otomíes, llamados genéricamente 'chichimecas' (término peyorativo que significaba 'perro sucio'), los cuales sirvieron para la explicación plástica de los siete sacramentos (*Coloquio Octavo*)[14].

La victoria de Lepanto, fuente de inspiración de una abundante producción literaria, pictórica y hasta numismática en las naciones que conformaban la Liga Santa, sirvió a González de Eslava para la elabo-

---

[9] Un importante registro de los romances dedicados a la gloriosa hazaña militar que aparecieron en pliegos sueltos, romanceros y cancioneros, lo constituye el *Romancero del Almirante de la Mar Don Juan de Austria (1571-1800).*

[10] Cervantes la menciona tanto en «Adjunta al Parnaso» (*Obras completas,* p. 1218) como en el «Prólogo al lector» de sus *Ocho comedias y ocho entremeses nuevos nunca representados* (*Obras completas,* p. 877).

[11] Marcelino Menéndez y Pelayo (1919-1927, vol. VI, pp. 125-154) hace referencia a esas obras y analiza la comedia de Lope de Vega, *La Santa Liga,* anterior a 1603. El crítico considera que si bien los hechos eran tan conocidos en España que no hubiera sido necesario para Lope consultar las cuatro principales relaciones sobre Lepanto que ya habían sido impresas, Lope consultó la *Relación* de Hernando de Herrera arriba citada, aunque la deuda más notable es con la obra de Antonio de Fuenmayor, ya que Lope versifica partes de la obra que publicó Fuenmayor en 1595. Ver la comparación entre ambas obras que hace Menéndez y Pelayo en las pp. 131-136.

[12] Publicados por primera vez en México, en 1610, por Fernando Vello de Bustamante.

[13] Sobre este coloquio ver el interesante estudio de Rivera, 2003, pp. 171-185.

[14] Ver Mariscal Hay, 2004, pp. 93-102.

ración de su *Coloquio Doze, De la Batalla Naval que el serenísimo Príncipe Don Iuan de Austria tuvo con el Turco*, el cual, si bien no sabemos cuándo se representó, es probable que lo haya compuesto con la fiesta de *Corpus* de 1572 en mente[15].

Antes de adentrarnos en el *Coloquio Doze* de González de Eslava, considero importante mencionar un dato que nos proporcionan las Actas del Cabildo de la ciudad de México, en las que no se registra pago alguno para González de Eslava por su Coloquio, pero sí se nos informa sobre las fiestas cívicas en conmemoración de la victoria de Lepanto que habían de celebrarse por todo lo grande en la plaza mayor, y que incluyeron la representación de la batalla entre la flota cristiana y la flota turca[16].

Para la elaboración de «un castillo muy solemne, dos fuertes para plantar la artillería, todo muy suntuoso, e seis galeras con dos patafes, todo sobre ruedas», el Cabildo de la Ciudad de México contrató al alarife Miguel Martínez. El castillo debía ser adornado y pintado, con almenas y banderas de lienzo teñido; las galeras con proas, popas y gabias con todos sus gallardetes pintados. Para sufragar los costos le asignan 1.050 pesos de oro común a Martínez.

Además queda noticia del pago del vestuario de sesenta hombres «cristianos» que entrarían a caballo, con sayos y capellares de toldillos pintados de morado y amarillo, para luchar contra cuarenta hombres que conformarían una cuadrilla «turca», vestidos con marlotas de toldilla pintadas de azul y blanco[17].

La complejidad, elevado costo y suntuosidad de la representación preparada por las autoridades civiles para la celebración mexicana de la victoria de Lepanto, en junio de 1572, exige una consideración especial del Coloquio que Fernández de Eslava dedicaba a ese mismo tema, puesto que las fiestas de *Corpus* corrían por cuenta del Cabildo que en esas fechas estaba destinando cifras muy elevadas para la fiesta cívica.

---

[15] Ésa es la propuesta de Othón Arróniz en su «Estudio Introductorio» a la edición póstuma de los *Coloquios* de Eslava (González de Eslava, *Fernán González de Eslava.*).

[16] Ver O'Gorman, 1970. La única mención que se hace sobre un premio con motivo de las fiestas de *Corpus Christi* en 1572 es una recompensa de 50 pesos para la «obra artesanal más destacada»: Acta del 9 de mayo de 1572.

[17] Acta del 9 de junio de 1572 que aparece en el *Libro octavo...*, 1893 (O'Gorman, 1970).

A favor del argumento de que González de Eslava hubiera compuesto el *Coloquio Doze* con la fiesta de *Corpus* de 1572 en mente, tenemos en el Coloquio al *Ángel* llamando la atención del *Soldado muerto* sobre la fiesta de *Corpus*:

> En la Ciudad Mexicana
> mira cómo hazen fiesta
> a Dios vivo en carne humana;
> mira en la custodia puesta
> la Majestad Soberana[18].

Al tiempo que hace referencia a las celebraciones en torno a la batalla de Lepanto:

> Mira cómo su excelencia
> con honras y sacrificios
> los muertos honró en su ausencia,
> haziéndoles beneficios
> con entrañas de Clemencia.

El Coloquio de González de Eslava sobre la batalla de Lepanto no ha interesado demasiado a la crítica. En primer lugar son solamente siete los personajes que aparecen en escena, *la Vida, la Muerte, un Simple, un Soldado de la casa de la Fama, un Turco, un Ángel y un Soldado difunto*, cuyos disfraces no tendrían el lujo que tanto llamaba la atención del público; el decorado escénico (no hay acotaciones al respecto) tampoco tiene nada de especial y se reduciría a la ambientación de un vergel para representar al cielo en la escena final, mientras que el tema principal, la batalla naval, no se representa en escena sino que es brevemente descrita por uno de los personajes.

Vida y *Muerte* son los primeros personajes que aparecen en escena y discuten sobre quién es mejor. La vida es bella, pero la muerte es el «puente» por el que debe pasar el hombre para llegar a la vida eterna. El ejemplo lo puso Cristo: al haberse «humanado», tuvo que morir para vencer a la muerte.

La discusión doctrinal no deja de incluir elementos de comicidad tan útiles para hacer llegar el mensaje al pueblo, para «dorar la píldo-

---

[18] Todas las citas proceden de la edición de Arróniz arriba mencionada.

ra» del misterio doctrinal. A ese efecto, la *Vida* se dirige a la *Muerte* como «costal de gusanos» y la *Muerte* califica a su adversaria de «presuntuosa», y le asegura que, a pesar de ser hermosa, tendrá que pasar por el puente de la *Muerte*.

Eslava mantiene ese tono cómico con la aparición en escena, primero de un *Simple*, sin nombre, que tiembla y se asusta con la apariencia de la *Muerte*. *Vida* y *Muerte* pretenden ponerlo como juez de su disputa y él, como buen cobarde, trata de zafarse con un 'yo por qué'. Su intervención está marcada, además de por su ignorancia y cobardía, por su lenguaje chusco: a la *Muerte* la descalifica llamándola «rozín con que cargan la basura», además de «rana dessollada, vieja clueca, carcomida», mientras que a la *Vida* la llama «carilamida»[19]. Finalmente, aunque el «juez» no dicte sentencia, la *Muerte* se presenta como ganadora frente a la *Vida*.

Para dar entrada al tema de Lepanto, la *Vida* cierra la discusión con la *Muerte* pidiendo a la *Fama* que aclare «cómo pinta y sobredora/ un paño que agora trama», en esa tela en la que se plasma la fama de don Juan de Austria.

La primera noticia sobre lo que sucedió en Lepanto la da un *Turco*, sujeto de burla con su habla en «algarabía», que se queja de Mahoma porque los abandonó en Lepanto y alaba el valor de los castellanos. La aparición del infiel permite al *Simple* subir de tono sus insultos: llama al *Turco* «hijo de perra» y «puto» a su linaje, y termina por maniatarlo a instancias del *Soldado de la casa de la Fama*, acentuando con ello la comicidad dramática.

Los detalles más precisos sobre la batalla misma son puestos en boca del *Soldado de la casa de la Fama,* como respuesta al *Simple,* quien declara su ignorancia sobre ese tema, tal y como lo había hecho en la discusión entre la *Vida* y la *Muerte*. El testimonio del *Soldado* es el de un participante en la batalla y sólo el *Simple* podía ignorar los hechos[20]:

> Los sabios, los idiotas,
> tienen el hecho entendido
> que pasó entre las dos flotas,

---

[19] Frida Weber de Kurlat (1963) estudia la comicidad de este y otros personajes de los coloquios de Eslava.

[20] Arróniz califica de «insólito» al Coloquio en razón de la «cierta crudeza» con la que se describe la batalla (1998, p. 95).

> y la Fama lo ha estendido
> a las partes más remotas.

La conmemoración del triunfo de la Armada cristiana sobre el infiel sirve para exaltar el valor de su comandante, don Juan de Austria:

> Debajo un palio de gloria
> puso al Príncipe excelente
> Don Juan de Austria, y su vitoria
> consagrada eternamente
> al Templo de la Memoria.

España, se nos dice, se podía felicitar del triunfo de Carlos V, ya que era heredero de su valor y de su celo religioso:

> Si querías heredero,
> ya ves tu gozo cumplido;
> si vencer al turco fiero,
> ya lo deja en lid vencido
> tu brazo, fuerte y guerrero.

Sin embargo, al tratarse de la rama bastarda del Emperador y no de su descendencia legítima, los honores que se le rendían podían llegar a causar problemas de Estado:

> Será nuevo laberinto
> loar tan ilustre rama,
> y creo, por lo que pinto,
> que será inmortal la fama
> del hijo de Carlos Quinto.

En todo caso, era una empresa en la que Cristo había dado la victoria al ejército cristiano. El triunfo de don Juan de Austria se debió sí a su valentía, pero más que a ella, a la gracia divina:

> Juan se interpreta gracioso,
> nombre de gracia y consuelo,
> y el Príncipe valeroso
> tuvo la gracia del Cielo
> para hecho tan famoso.

> Que los cristianos vencieron
> por ser Cristo de su parte.
> Que el Pontífice Romano
> ha sido como Moisén,
> que orando a Dios soberano
> salió con vitoria y bien
> el ejército cristiano.

El triunfo de los soldados de Dios había sido sobre los soldados del infiel y, como en toda cruzada, Dios había de premiar con la gloria a sus soldados muertos en la lucha contra el infiel. De ahí que el *Soldado difunto* aparezca en escena guiado en el vergel del cielo por un *Ángel* quien le asegura que se encuentra ahí por su servicio a Dios. Para efectos dramáticos, las heridas en el pecho del *Soldado* son representadas por medio de rosas[21].

Como ya habíamos indicado, la representación espectacular y grandiosa de la batalla de Lepanto estaba siendo contratada por el Cabildo de la Ciudad de México, traerla a escena en el Coloquio de la fiesta de *Corpus* hubiera requerido recursos materiales importantes que difícilmente le hubieran proporcionado en ese momento a González de Eslava[22].

Cabe señalar que Lope de Vega tampoco pone la batalla en escena, sino que la describe por medio de las exhortaciones que hacen a sus hombres los capitanes cristianos: Andrea Doria, don Juan de Austria y el Marqués de Santa Cruz[23].

El Coloquio de Fernán González de Eslava sobre la batalla de Lepanto no es excepcional en términos de lo que dicen otros autores del momento; al igual que ellos, atribuye el triunfo de la Armada cristiana sobre las fuerzas otomanas a la intervención divina y al valor del hijo de Carlos V, delegado por su hermano el rey en la tarea

---

[21] No concordamos con la opinión de Arróniz de que Eslava se hubiera visto en la necesidad de disminuir los méritos de don Juan de Austria achacando la victoria de Lepanto a la Iglesia y enalteciendo a los soldados fallecidos en la batalla, para no prodigar excesivas lisonjas al hermano bastardo del rey, ya que ambos motivos son parte de casi la totalidad de la literatura sobre el tema.

[22] Creemos interesante insistir en que ese año el Cabildo ofrece premiar la «obra artesanal» que se presente y no la obra tal cual, con lo que podríamos pensar en que se premiara una obra dramática.

[23] Vega y Carpio, 1994.

de la conducción de la Armada española[24]. Pero no es solamente una muestra más del fervor poético que desató la victoria de Lepanto, ya que el novohispano se permite cuestionar en escena el peligro que representaba un triunfo más del hijo bastardo del emperador, un triunfo que, después de su victoria frente a la rebelión de las Alpujarras, daba mayor fuerza a las ambiciones del valeroso guerrero[25].

Su discusión sobre la vida y la muerte tampoco sobrepasa los límites de la ortodoxia doctrinal, pero sí monta con ella un espectáculo gracioso con el que logra transmitir las enseñanzas de la Iglesia en torno a la redención del hombre por medio de la muerte de Cristo.

En contraste con otras de sus piezas dramáticas, más complejas y ambiciosas, el *Coloquio Doze* de Fernán González de Eslava exigía pocos recursos materiales, lo que se justifica dada la poca disponibilidad de recursos económicos con que podría contar en ese momento nuestro dramaturgo.

A pesar de su limitada espectacularidad, el coloquio *De la Batalla Naval que el serenísimo Príncipe don Iuan de Austria tuvo con el Turco* constituye una muestra importante de la voz novohispana en la labor propagandística que pretendía hacer de España la máxima defensora de la fe cristiana, por medio de la exaltación del triunfo de la Armada española que había logrado detener los avances de las fuerzas otomanas. Un triunfo de gran significado político en un momento en que el imperio español había de hacer frente a la competencia que representaban los nuevos infieles: las naciones protestantes que le iban quitando territorio y la hegemonía que reclamaba en el concierto de las naciones.

---

[24] Tratándose de una victoria sobre el infiel y dado el ambiente religioso del momento, era natural que se atribuyera la victoria a la voluntad divina, lo que inspira un número notable de sermones. Ver López del Toro, 1950.

[25] Don Juan de Austria ya se había encargado exitosamente de la rebelión de las Alpujarras. Con el triunfo de Lepanto a su haber, exigió una vez más a su hermanastro un reino propio, un favor que Felipe II le negó.

BIBLIOGRAFÍA

CERVANTES SAAVEDRA, M. de, «Adjunta al Parnaso», en *Obras completas*, ed. F. Sevilla, Madrid, Castalia, 1999.
CERVANTES SAAVEDRA, M. de, «Epístola a Mateo Vázquez», en *Obras completas*, ed. F. Sevilla, Madrid, Castalia, 1999a.
— *Ocho comedias y ocho entremeses nuevos nunca representados*, en *Obras completas*, ed. F. Sevilla, Madrid, Castalia, 1999b.
ERCILLA, A. de, *La Araucana*, Madrid, 1568, 1578 y 1589.
FUENMAYOR, A. de, *Vida y hechos de Pío V. Pontífice Romano, dividido en seis libros; con notables sucesos de la Cristiandad del tiempo de su Pontificado, por Fuenmayor*, Madrid, Luis Sánchez, 1595.
GÓNGORA, L. de, *Romances*, ed. A. Carreira, Madrid, Cátedra, 2000.
GONZÁLEZ DE ESLAVA, F., *Fernán González de Eslava. Coloquios Espirituales y Sacramentales*, ed. O. Arróniz, México, Universidad Nacional Autónoma de México, 1998.
HERRERA, F. de, *Relación de la guerra de Cipre, y sucesso de la batalla Naval de Lepanto. Escrito por Fernando de Herrera... En Sevilla. Por Alonso Picardo impresor de libros*, 1572. Reimpreso en *Colección de documentos inéditos para la Historia de España*, Madrid, Imprenta de la Viuda de Calero, tomo XXI.
LÓPEZ DEL TORO, J. *Los poetas de Lepanto*, Madrid, Instituto Histórico de la Marina, 1950.
MARISCAL HAY, B., «Del contexto histórico al contexto literario: observaciones sobre dos *Coloquios Espirituales* de Fernán González de Eslava», en *Perspectivas trasatlánticas. Estudios coloniales hispanoamericanos*, ed. R. Marrero-Fente, Madrid, Editorial Verbum, 2004, pp. 93-102.
MENÉNDEZ Y PELAYO, M., *Estudios sobre el teatro de Lope de Vega*, Madrid, Suárez, 1919-1927.
O'GORMAN, E., *Guía de las Actas del Cabildo de la Ciudad de México, Siglo XVI*, México, Fondo de Cultura Económica, 1970.
PÉREZ GÓMEZ, A., *Romancero del Almirante de la Mar Don Juan de Austria (1571-1800)*, Valencia, «...la fonte que mana y corre...», 1956.
RIVERA, O., «Fiesta, rito, teatro y la consagración de Pedro Moya de Contreras, México 1574», en *Estudios del teatro áureo. Texto, espacio y representación*, ed. A. González *et. al.*, Universidad Autónoma Metropolitana/El Colegio de México, México, 2003, pp. 171-185.
VEGA Y CARPIO, L. de, *La Santa Liga*, en *Comedias*, vol. X, Madrid, Turner, 1994.
WEBER DE KURLAT, F., *Lo cómico en el teatro de Fernán González de Eslava*, Buenos Aires, Universidad de Buenos Aires, 1963.

DE LA APARIENCIA HORRIBLE EN *EL BURLADOR DE SEVILLA*

Lillian von der Walde Moheno
Universidad Autónoma Metropolitana - Iztapalapa

A inicios del siglo XVII, la populosa, activa y opulenta Sevilla es, también, la ciudad del delito y el libertinaje; de las «malas artes», como dice Deleito y Piñuela, a la que acuden «aves rapaces ansiosas de lucro o explotación: gitanas embaucadoras [...], rameras, truhanes, aventureros y ladrones»[1]. Es allí donde posiblemente Tirso, según la más fiable atribución de la autoría de la obra que estudio, no gratuitamente ubica a «uno de los más fascinantes canallas que ha dado la historia literaria»[2]: don Juan Tenorio. Parte del interés que despierta este personaje se debe a que no se mide con los estereotipos que en la época privan sobre la gente indigna que pulula en el lugar, hecho que lo hace sobresalir. A diferencia de los infames comunes y conocidos, el autor hace pertenecer a don Juan a los más altos estratos de la nobleza, pero trasgrede criterios particulares de honor que se dictan para su estamento[3]. Es, en síntesis, «el gran burlador de España» (vv. 1279 y 1487)[4], como en dos ocasiones se pone en voz del criado Catalinón, pues tal es su especial gozo:

---

[1] Deleito y Piñuela, 1948, p. 190.
[2] Walde Moheno, 2007b.
[3] Hay otros personajes nobles que tampoco quedan bien parados, pues son disolutos o corruptos.
[4] Cito con base en mi propia edición. Las referencias a los versos siempre aparecerán entre paréntesis y en el cuerpo del texto.

> Sevilla a voces me llama
> «el Burlador», y el mayor
> gusto que en mí puede haber
> es burlar una mujer
> y dejalla sin honor.
> (vv. 1312-1316)

Se trata, por tanto, de una perversión que lo envilece, que lo hace un ser deforme pero de compostura hermosa, en contraste con las prostitutas que se indica ha frecuentado, cuyos cuerpos monstruosos expresan ya su pecaminosa vida. Hay, pues, un desarrollo particular del tópico del engaño de los ojos[5] en relación con el protagonista, que asimismo lo aleja de otros estereotipos populares: el ser de don Juan no se lee mediante los signos del cuerpo, contra lo que enseña la ciencia y varias representaciones tradicionales. Esto, desde luego, ciertamente colabora a la creación de tensiones dramáticas; sin embargo, la fealdad del alma de quienes hacen mal uso de su sexualidad, así como el castigo que tal ignominia conlleva, se subrayan en las mentes de los receptores mediante los contenidos que se desprenden de los retratos de las prostitutas, que son significados que se revierten en nuestra percepción o descodificación de las acciones de don Juan, más pecador que ellas en cuanto hombre perteneciente al estamento privilegiado y por la intencionalidad de daño que hay en su proceder, puesto que se mueve para alcanzar una aberrante satisfacción: deshonrar a las mujeres.

En la *descriptio superficialis* de las rameras (vv. 1211-1248)[6] se precisa el decaimiento físico de varias de ellas, como en la siguiente cita en la que, dicho sea de paso, se aprecia un ingenioso juego con el doble sentido que se deriva de la voz *Vejel* (el pueblo *Vejer de la Frontera* de Cádiz, y «*vejez*»):

DON JUAN	¿Inés?
MOTA	A Vejel se va.
DON JUAN	Buen lugar para vivir la que tan dama nació.

---

[5] Conocido como «*ludibrium oculorum*».
[6] Para la definición de este tipo de retrato, ver Vendôme, *Ars versificatoria*, p. 135, §74.

Mota	El tiempo la desterró a Vejel.
Don Juan	Irá a morir.

(vv. 1212-1216)

Los versos puestos en boca de don Juan («Buen lugar para vivir / la que tan dama nació») revelan, por vía irónica, no sólo cierto desprecio a la población de la morisca localidad gaditana, sino que la vejez es el destino de una prostituta (seguramente de sangre 'impura'), que los receptores sobrentienden no es tan mayor en años, aunque sí en cuerpo. Y es que desde el Medioevo se hizo lugar común aseverar que el desordenado ejercicio sexual acarrea, a manera de castigo, el propio detrimento «en cuerpo & en ánima»; conduce claramente «a gra<n>d pobreza» y a «fedionda vegez»[7], que son aspectos que se explotan en las descripciones de estas mujeres.

Cabe destacar, por otra parte, lo irónico de la ironía de don Juan, pues no se ve reflejado en la imagen de una que peca sexualmente; esto, a mi juicio, es una expresión más de esa suerte de inconsciencia con la que se le caracteriza, y que se condensa en el repetido enunciado «tan largo me lo fiáis» (vv. 904, 944, 960, 1448, 2267, y, en canto, *2379, 2395* y *2734*)[8].

En la descripción que sigue, la de Constanza, igualmente se emplea un juego fonético con el que se redunda en la idea de la vejez; hay, también un retrato fisonómico que al receptor no le debe resultar intencionalmente grotesco, puesto que «es sabido [que] la pérdida del cabello venía a simbolizar la mujer adúltera, lujuriosa, que quedaba marcada ante la sociedad»[9]; asunto éste que tiene sustento científico: la abundante cabellera y/o la espesa vellosidad son producto de una complexión caliente que provee potencia sexual; pero si hay abuso, la consecuencia es el debilitamiento físico que produce su pérdida, de allí que, por ejemplo, Bartolomé el Inglés diga que «los cabellos

---

[7] Eiximenis, *Libro de las donas*, f. 57r. Soy responsable de los acentos, la puntuación y demás modernizaciones de las citas contenidas en este artículo.

[8] Desde luego, la frase no sólo muestra tal inconsciencia del personaje, sino que sirve a los receptores como irónico recordatorio del *exemplum ex contrario* que será la obra, misma que se constituye como un interesantísimo tratamiento del tópico de lo fugaz e inasible de la propia vida y del *locus* cristiano referente a la justicia divina.

[9] Sanz Hermida, 1994, p. 22, n. 13.

caen por mucho ussar de luxuria»[10] o que en un tratado fisiognómico se asiente que «el que en la moçedad es calvo, significa ser el hombre muy movido a luxuria, vano, osado, variable & parlero»[11]. Transcribo, a continuación, la *descriptio* del decaimiento físico de esta mujer, que como vimos es trasunto moral:

Don Juan	[...]
	¿Co[n]stanza?
Mota	Es lástima vella
	lampiña de frente y ceja.
	Llámale el portugués «vieja»,
	y ella imagina que «bella».
Don Juan	Sí, que «*vel[h]a*» en portugués
	suena «vieja» en castellano.
	(vv. 1217-1222)

Pero hay más sobre la alopecia. En la España de la época moderna, endeudada, con limosneros y pícaros, con políticos corruptos, con libertinajes y liviandades, con 'dinerismos', desprecios y ambiciones ilimitadas, y en la que se nos presenta a don Juan como quien pretende ser el mayor burlador del reino, hay una muy extendida enfermedad que bien podría simbolizar la descomposición moral de la sociedad y el castigo consecuente. Me refiero al «mal de bubas», que hoy conocemos como «sífilis», tan contagioso que obligó a que en 1553 se dictaran en Sevilla estrictas ordenanzas sobre la mancebía pública que pronto se aplicaron en todas las ciudades españolas[12]. Justamente este mal, llamado también —entre otros varios nombres— «morbo gálico», tiene entre sus síntomas la caída del cabello debido a «un vapor sutil y delgado, el qual va saliendo al cuero hazia la rayz de los mismos pelos»[13]; ahora bien, no siempre la pérdida de cabello se debe a la sífilis, pues

> Dize Matiolo que, qua\<n\>do es de bubas, universalmente se caen los pelos por todo el cuerpo, y el cuero se desnuda dellos por todas partes porq\<ue\> el humor vicioso, que tiene su assiento en el hígado, acude no

---

[10] Bartholomaeus Anglicus, *Libro de proprietatibus rerum...*, lib. V, cap. XLVI, sin foliación.
[11] *Tratado de Phisonomia*, f. 58r.
[12] Ramos Vázquez, 2006, p. 103.
[13] Torres, *Libro que trata de la enfermedad de las bubas*, f. 15v.

solamente a la boca, pero a todo el cuerpo [...]; mas quando no es de la enfermedad dicha, sólo faltan de la barba y cabeça, de tal manera que unos se caen y otros tornan a nacer. Notan aquí algunos doctores que esta enfermedad suele librar de otras más graves, saliendo por el cuero el humor vicioso y maligno del cuerpo[14].

Con lo visto, no es posible a ciencia cierta aseverar que la cabeza monstruosa de Constanza se asocie directamente al mal de bubas, aunque sí revela su horrible vida disoluta; pero en la siguiente descripción no hay lugar a dudas de que esta peste, realidad del mundo prostibulario del siglo XVII, se ve reflejada en la obra:

DON JUAN   [...]
               ¿Y Teodora?
MOTA   Este verano
se escapó del mal francés
[por un río de sudores;]
y está tan tierna y rec[i]ente,
que anteayer me arrojó un diente
envuelto entre muchas flores.
         (vv. 1223-1228)

El verso 1225 de *Tan largo me lo fiáis*[15] (y ausente en la deturpada *princeps*) precisa la más conocida cura para el morbo gálico. Al paciente se le sometía a unciones, preferentemente en verano[16] como sucede con Teodora (v. 1223), de acuerdo con este procedimiento:

[...] El lugar más convenible para las unciones es debaxo de un pavelló<n>, en un aposento abrigado co<n> brasero de lu<m>bre [...].
Hecha la untura, se ha de cubrir desde el cuello hasta la planta del pie con una sávana grande, y estése sudando una hora poco más o menos; si las fuerças no dieren más lugar, y en acabando de sudar, se limpiará todo el cuerpo, sin ayrearse, con unos paños calientes de lienço y blandos, y después se vista una camisa caliente, usando de los mismos paños y lienços todo el tiempo que durare la cura [...].
Para que no desmaye el enfermo que se ha de untar [etc. etc.][17].

---

[14] Torres, *Libro que trata de la enfermedad...*, ff. 26r-26v.
[15] Consulté la edición facsímil de la *princeps* (Fernández, 1988, v. 1301).
[16] Torres, *Libro que trata de la enfermedad...*, f. 41v.
[17] Torres, *Libro que trata de la enfermedad...*, ff. 38r-38v.

El deterioro físico de la mujer que se expresa mediante la imagen ridícula del diente entre flores (vv. 1227-1228), puede asimismo remitir —al menos en la mente de algunos receptores— al terrible mal. Y es que se utilizaba el muy agresivo azogue como uno de los remedios, y éste causaba, entre muchas otras cosas, la pérdida de dentadura[18].

Como se ha podido observar, el autor aprovecha un mal existente para evidenciar la interrelación entre el alma y el cuerpo; ahora bien, incluso si la secuencia que analizamos fuese la primera en escena y nada supiésemos de don Juan y el marqués de la Mota, cabe la sugerencia del contagio, pues tal es la fama de la enfermedad[19]. Esto nos habla de inconsciencia, torpeza e irresponsabilidad de estos jóvenes, pero también de la continuación de la propagación del mal; que si no es en el cuerpo, sí —a nivel simbólico— en el alma. Además, siempre en el plano simbólico-interpretativo, puede entenderse que los torpes contaminados igualmente infectarán a quienes entren en contacto con ellos. Y don Juan, como todos sabemos, causa indudable daño, a la vez de que es víctima de su propia inconsciencia.

La asociación entre el uso de cosméticos y la prostitución que explica Tertuliano[20], y que en los Siglos de Oro es trillado tópico, se encuentra en la descripción de Julia, quien es «la del Candilejo» (v. 1229); esta precisión incide asimismo, y de manera bastante contundente, en asuntos de verosimilitud, pues se trata de una conocida calle sevillana hasta el día de hoy, principalmente porque en una de sus esquinas se localiza la escultura en piedra del rey Pedro I de Castilla. La breve relación del deterioro de la mujer, que es lo que se espera de cualquier prostituta, se sustenta en dos ejes: por un lado, la indicación de una fealdad que no logran ocultar los afeites, si bien éstos también la producen —sobre todo, cuando se trata de metales cáusticos, como el solimán—[21]; por otro lado, mediante el empleo de una metáfora alimenticia entre dos pescados similares

---

[18] Torres, *Libro que trata de la enfermedad...*, f. 46r.

[19] Torres, *Libro que trata de la enfermedad...*, ff. 11r-11v.

[20] Martínez Crespo, 1993, p. 212.

[21] Los cosméticos mismos provocan asco en la pluma de muchos moralistas, pues se trata de materiales que en su mayoría son muy pestilentes (Colón, 1995, p. 69). Como es obvio, al atacar los afeites se agrede, por vía metonímica, a quien los usa, de tal suerte que asimismo se pretende causar repulsión hacia la mujer afeitada.

pero de diferente calidad, que da a entender que Julia ya no se puede vender como o por algo sabroso:

Don Juan	¿Julia, la del Candilejo?
Mota	Ya con sus afeites lucha.
Don Juan	¿Véndese siempre por trucha?
Mota	Ya se da por abadejo.

(vv. 1229-1232)

La antes vista verosimilitud lograda por concreción espacial se refuerza inmediatamente con otra conocida referencia sevillana, cuyo nombre sirve para hacer un juego lingüístico-semántico más: «barrio de Cantarranas» (v. 1233) con «ranas» (v. 1235). Con este *polyptoton* el barrio se adecua a las prostitutas y viceversa, y todo adquiere un carácter negativo. Y es que, por lo general, las ranas se consideran animales repugnantes; son, como diría Quevedo, «perniabiertas», «húmedas y en cieno», «hablando sin ton y sin son»[22], y en verdad feas; como bien sabemos, incluso en la misma Biblia se hallan relacionadas con el mal (*Exodus* VIII, §§2-13, *Apocalypsis* XVI, §13)[23].

La yuxtaposición animal-persona, que es usual técnica de deformación significante, se aplica también para calificar como «mona de Tolú» (v. 1237) a Celestina, madama («madre», v. 1238) y maestra prostibularia («les enseña dotrina», v. 1239) de «las dos hermanas» (v. 1236). Convertir a la mujer en simio es tópico misógino que utilizan varios autores de los Siglos de Oro, y que frecuentemente se halla asociado al uso de cosméticos; ya en el en Medioevo expresa Martínez de Toledo «que quando la vieja está bien arreada e bien pelada e llepada paresçe mona desosada»[24]. Por tanto, lo que encontramos en *El burlador* es el aprovechamiento de un referente real (monos de la localidad colombiana de Tolú) para aplicar con absoluta economía el tópico a este personaje previamente conocido por el receptor, pues es metónimo del de la evidenciada fuente: la obra maestra de Fernando Rojas. Ahora bien, el tópico significa algo más que la fealdad grotesca de una mujer pintarrajeada, pues las características simiescas se relacionan con la maldad. Éstas, de alguna manera, están implícitas en la alcahueta de

---

[22] *Los sueños* («Sueño del Infierno»), p. 62.
[23] *Vulgata*, 1997.
[24] Martínez de Toledo, *Arcipreste de Talavera o Corbacho*, pp. 181-182.

Rojas, ya que se trata de una mujer barbuda, que quiere decir lujuriosa; muy afeitada, puesto que es «alcoholada», y representante del mal, dado que se sirve del diablo[25]. Y este último, según dictan los bestiarios, se parece mucho al mono por la falta de cola[26]; es más, dice *El Fisiólogo* que el simio simboliza al demonio: «asumió el papel del diablo: tuvo principio, pero carece de fin (es decir, cola)»[27]. Por estos motivos, la expresión «¡Oh, vieja de Bercebú!» (v. 1240) quizá exceda el mero desprecio a esta maestra del oficio y regenta abusiva.

Pero como lo malo no es provechoso sino al contrario, las pupilas de la endemoniada vieja horrorosa están en banca rota. «Blanca, sin blanca ninguna» (v. 1242), en ingenioso juego de repetición de lexema con significado diferente; y la otra muchacha acepta ya a cualquier cliente miserable o repulsivo con tal de que lo sea, según se desprende de esta metáfora de la construcción:

MOTA	[...] no desecha ripio.
DON JUAN	Buen albañir quiere ser.
	(vv. 1247-1248)

Para concluir conviene reiterar que las descripciones sobre el estado de las prostitutas provocan en los receptores ideas y sensaciones que tienen que ver con lo deforme, lo monstruoso y repelente. El pasaje efectivamente cumple, como hemos visto, funciones particulares; otra más puede ser, en lo que respecta a la trama, proveer las bases para que se intuya la exacerbación del deseo de don Juan por una mujer diferente a las descritas, así como acentuar la maldad que hay en la próxima burla que planeará el protagonista, pues se trata de una mujer en muchos sentidos opuesta a las anteriores.

La *lectio* de la secuencia toda bien sirve para descodificar las acciones de don Juan y el resultado final que obtiene, pues se aprecia que las corrupciones sexuales no son simples calaveradas, sino síntomas de maldad y, más aún, expresiones del alma que finalmente se hacen merecedoras de castigo. Un alma horrible, irónicamente, puede hallarse en un cuerpo hermoso, y según dije, éste es el tópico del engaño de los ojos que se aplica al protagonista[28]; pero el interior no es muy di-

---

[25] Walde Moheno, 2007a.
[26] Malaxecheverría, 1987, p. 40.
[27] *El Fisiólogo*, pp. 65-66.
[28] Tópico, por cierto, muy frecuentado en la literatura de los siglos áureos.

ferente al que exteriorizan en su cuerpo las prostitutas, quienes ya pagan lo que han sido como lo hará don Juan con su vida misma y con el seguro —aunque no explicitado— infierno como condena.

Bibliografía

Bartholomaeus Anglicus, *Libro de proprietatibus rerum en romance: hystoria natural do se trata[n] las p[ro]piedades d[e] todas las cosas...*, trasladado de latin en romance por [...] fray Uincente de Burgos, Toledo, en casa de Gaspar de Auila [...], a costa y espensas del noble varon Joan Thomas [...], 1529, [A. Res. Bibl. Univ. de Sevilla 16/4/08, consulta en línea].

Colón Calderón, I., «De afeites, alcoholes y hollines», *DICENDA, Cuadernos de Filología Hispánica*, 13, 1995, pp. 65-82.

Deleito y Piñuela, J., *La mala vida en la España de Felipe IV*, pról. de G. Marañón, Madrid, Espasa Calpe, 1948.

Eiximenis, Francesc, *Libro de las donas*, [Monasterio de El Escorial, h-III-20], transcr. G. Lozano López, *Admyte II (Archivo digital de manuscritos y textos españoles)*, Madrid, Micronet, 1999.

Fernández, X. A., *Las dos versiones dramáticas primitivas del don Juan: «El burlador de Sevilla y convidado de piedra» y «Tan largo me lo fiáis»*, Madrid, Estudios, 1988, [reprod. en facs. de las eds. príncipes].

El Fisiólogo, trad. de M. Ayerra Redín y N. Guglielmi, introd. y notas de N. Guglielmi, Buenos Aires, Editorial Universitaria de Buenos Aires, 1971.

Malaxecheverría, I., ed., *Bestiario medieval*, Madrid, Siruela, 1987.

Martínez Crespo, A., «La belleza y el uso de afeites en la mujer del siglo xv», *DICENDA, Cuadernos de Filología Hispánica*, 11, 1993, pp. 197-221.

Martínez de Toledo, Alfonso, *Arcipreste de Talavera o Corbacho*, ed. de Michael Gerli, Madrid, Cátedra, 1981.

Molina, Tirso de, *El burlador de Sevilla*, ed. de L. von der Walde Moheno, México, Fondo de Cultura Económica, 2007.

Quevedo, Francisco de, *Los sueños*, ed. de H. Ettinghausen, Barcelona, Planeta, 1984.

Ramos Vázquez, I., *De meretricia turpidine. Una visión jurídica de la prostitución en la Edad Moderna castellana*, Málaga, Servicio de Publicaciones de la Universidad de Málaga, 2005.

Sanz Hermida, J., «"Una vieja barbuda que se dice Celestina": Notas acerca de la primera caracterización de Celestina», *Celestinesca*, 18-1, 1994, pp. 17-33.

Tratado de Phisonomia, Zaragoza, 1494, [Biblioteca Nacional, Madrid, I-51], ed. de M. Nieves Sánchez, en *Corpus médico español*, coord. de Ma. T.

Herrera y Ma. E. González de Fauve, Madison, Hispanic Seminary of Medieval Studies, 1997.

Torres, Pedro de, *Libro que trata de la enfermedad de las bubas*, Madrid, Luis Sánchez, 1600, [Biblioteca Nacional, Madrid, R-3612], ed. de A. María Bau, en *Corpus médico español*, coord. de Ma. T. Herrera y Ma. E. González de Fauve, Madison, Hispanic Seminary of Medieval Studies, 1997.

Vendôme, Matthieu de, *Ars versificatoria*, en *Les arts poétiques du xiie et du xiiie siècle. Recherches et documents sur la technique littéraire du Moyen Âge*, ed. Edmond Faral, Paris, Honoré Champion, 1962, pp. 106-193.

Vulgata, trad. de Hieronymus, en *Bibliotheca Augustana*, ed. Ulrich Harsch, Fachhochschule Augsburg, 1997, disponible en http://www.fh-augsburg.de/~harsch/Chronologia/Lspost04/Hieronymus/hie_v000.html.

Walde Moheno, L. von der, «El cuerpo de Celestina: un estudio sobre fisonomía y personalidad», *eHumanista*, [issn 1540 5877], 9, 2007a, pp. 129-142, disponible en http://www.ehumanista.ucsb.edu/volumes/volume_09/Articles/5 Lillian von der Walde Moheno.pdf

Walde Moheno, L. von der, «Prólogo», en Tirso de Molina, *El burlador de Sevilla*, ed. de L. von der Walde M., México, Fondo de Cultura Económica, 2007b.